云南师范大学
汉藏语研究院文库

跨境语言研究系列丛书

国家社科基金重点项目"东南亚苗语志"（项目编号：16AYY018）阶段性成果

总主编 ◎ 戴庆厦 余金枝

苗瑶语言历史研究

HMONG-MIEN LANGUAGE HISTORY

［美］玛莎·拉特利夫 (Martha Ratliff) ◎ 著

余金枝 (YuJinZhi) 范秀琳 (FanXiuLin)
韩　蔚 (HanWei) 芦　珺 (LuJun) ◎ 译

中国社会科学出版社

图字：01-2019-5585 号

图书在版编目（CIP）数据

苗瑶语言历史研究 /（美）玛莎·拉特利夫著；余金枝等译.
—北京：中国社会科学出版社，2019.10
书名原文：HMONG-MIEN LANGUAGE HISTORY
（跨境语言研究系列丛书）
ISBN 978-7-5203-5177-5

Ⅰ. ①苗…　Ⅱ. ①玛…②余…　Ⅲ. ①苗瑶语族–语言史–
研究　Ⅳ. ①H43-09

中国版本图书馆 CIP 数据核字（2019）第 245342 号

出 版 人　赵剑英
责任编辑　任　明
责任校对　周　昊
责任印制　郝美娜

出　　版　中国社会科学出版社
社　　址　北京鼓楼西大街甲 158 号
邮　　编　100720
网　　址　http://www.csspw.cn
发 行 部　010-84083685
门 市 部　010-84029450
经　　销　新华书店及其他书店

印刷装订　北京君升印刷有限公司
版　　次　2019 年 10 月第 1 版
印　　次　2019 年 10 月第 1 次印刷

开　　本　889×1194　1/16
印　　张　16
字　　数　477 千字
定　　价　150.00 元

《云南师范大学汉藏语研究院文库》总序

戴庆厦

建业难，建业苦，建业乐。

为促进我国汉藏语学科的发展，2012 年我们在时任云南师范大学校长杨林教授的积极支持和时任《云南师范大学学报》主编、汉语史专家罗骥教授的倡议和运作下，于 2012 年 4 月 27 日在云南师范大学成立了国内外第一个以汉藏语研究为对象的汉藏语研究院。到现在走过了七个年头。回忆从建院到现在，既有困难缠绕的愁苦，又有取得成绩的欢乐。我们从无到有，从心里没底到如何办成一个有特色的汉藏语研究机构，有了初步的经验。开初，整个研究院只有我（院长）和罗骥（常务副院长）、胡韶星（办公室秘书）三人，后来逐渐调进新人余金枝（副院长）等，目前已有九位专职研究人员，初具规模。

学校给汉藏语研究院的定位是：办成以汉藏语系语言为研究对象的科学研究和高层次人才培养的实体机构。七年来，在学校的支持和老师们的共同努力下，研究院在队伍建设、科学研究、人才培养等方面都取得了显著成绩。研究院已建立起一支结构合理、素质优良、团结实干的科研教学队伍。研究院现有教授 3 人，副教授 3 人。其中，具有博士学位的 7 人，博士后 1 人；博导 2 人，硕导 7 人。

七年来，研究院九名研究人员共获得省级以上的科研项目 20 项。其中省重大招标项目 1 项，国家社科基金重点项目 2 项，国家社科基金一般项目 2 项、青年项目 2 项、西部项目 2 项；部委级项目 3 项；获准建设 1 个省级科研平台。已出版专著 19 部，其中 A 类出版社 14 部；发表论文 83 篇，其中核心期刊 38 篇。研究院已建立起一套高层次人才培养体系。从 2013 年开始招收培养博士研究生，2015 年开始招收培养硕士研究生，2015 年开始招收博士后。已有 3 届博士生毕业；现有在读博士研究生 5 人，在读硕士研究生 28 人；其中外国留学生 5 人。

七年来有一些项目获奖：田阡子的《格西霍尔语动词的时 – 体范畴》获"李方桂田野调查奖"（2014 年）；余金枝的《湘西矮寨苗语参考语法》（著作），获云南省第 20 届哲学社会科学优秀成果奖三等奖（2016 年）；罗骥的《〈舜典〉三危考》，获云南省第 21 届哲学社会科学成果奖一等奖（2017 年）；和智利的《纳系族群父辈女性亲属称谓的类型及地理分布》，获云南省第 21 届哲学社会科学成果三等奖（2017 年）；彭茹的《汉藏语系语言基数词研究》（著作），获云南省第 22 届哲学社会科学优秀成果三等奖（2018 年）。陈娥、和智利被评为云南省"万人计划"青年拔尖人才。

这些成绩来之不易。我们的体会主要是：

坚定地树立"实力是硬道理"的理念，团结一致地为提高我国的汉藏语研究的实力而尽力奋斗。研究院始终要求老师们尽力多出有新意的成果。

突出特色。根据国家的总体规划和学科建设的要求，以及研究院的实际情况，安排我们的工作，形成我们的特色。近期，我们把研究院的工作重点放在两个方面：一是云南境内汉藏语系语言研究，特别是研究薄弱或空白的语言；二是研究与云南跨境的语言。

立足本土，眼观四方。我们把焦点聚在云南及我国这块语言学沃土上，努力挖掘本土的"金"资源。但是，我们也重视学习、吸收国内外有关现代语言学、汉藏语言学的研究经验，来丰富、改善我们的视角和方法。

"摸着石头过河"。在学科建设方向、奋斗目标、人才培养、机构设置等方面，我们在继承前人经验的基础上，努力在实践中摸索总结自己的经验。

为了更好地保存、推进我研究院的研究成果，我们决定出版"云南师范大学汉藏语研究院文库"。我希望这一文库能够不断丰富新成果，为我国汉藏语的研究事业贡献力量。

是为序！

2019 年 5 月 26 日
于云南师大新校区青年公寓

《苗瑶语言历史研究》翻译前言

余金枝

云南师范大学

《苗瑶语言历史研究》（太平洋语言学出版社，2010 年）的作者是美国语言学家玛莎·拉特利夫 (Martha Ratliff)。她是底特律韦恩州立大学的语言学终身荣誉教授，东南亚语言学协会的创始人之一。她主要对苗瑶语系的语言进行共时描述和历史研究，同时还研究亚洲的语言接触及变化以及世界各地语言的声调。她还著有《有意义的声调》（北伊利诺伊大学出版社，2010 年），还与保罗·纽曼（Paul Newman）合作编写了《语言学田野调查》（剑桥大学出版社，2001）。

《苗瑶语言历史研究》对原始苗瑶语进行了新的构拟，使我们看到了与以往构拟不一样的视角，为我们深入研究苗瑶语语言的历史演变提供重要的参考。下面我们从主要内容、创新点及翻译该书的价值三个方面进行介绍。

一、主要内容

该书分为七章。第一章是"绪论"。介绍研究范围和目的、苗瑶语系概况、苗瑶语历时研究综述、构拟方法论等，为读者理解该书的核心内容提供参考。

第二章"原始苗瑶语构拟"。这一章是该书的核心内容，占据全书一半以上的篇幅，由"构拟概述""原始苗瑶语声母构拟""原始苗瑶语韵母构拟"三节构成。"构拟概述"一节，介绍了现代苗瑶语的音系特征以及声母和韵母构拟的问题。"原始苗瑶语声母构拟"一节，构拟 126 个原始苗瑶语声类，并提供了每个声类对应组的例词。"原始苗瑶语韵母构拟"一节，构拟了 127 个原始苗瑶语韵类，提供每个韵类对应组的例词。

第三章"声调的起源与发展"。介绍了声调对立起源于音节末尾喉部辅音*-ʔ 和*-h (< *-s)的丢失。无音节末尾喉部辅音，产生了 A（-*∅）调。丢失了音节末尾喉部辅音*-ʔ，产生了 B（*ʔ）调。丢失了来自*-s 的*-h，产生了 C（*h）调。丢失韵尾塞音*-p, *-t, *-k，发展出了 D 调。在声母阻塞音清浊合并之后，这些原始的声调翻倍成 8 个。苗瑶语的声调是平行产生的，不是从汉语借来的。发声态演变为声调分为四个阶段。第一阶段还没有产生声调，音节末尾还有辅音。第二阶段丢失了音节末尾辅音，产生了 A、B、C 三种发声态的对立，而不是音高的对立。第三个阶段，由于浊声母丢失，产生了来自浊音声母的气嗓音，重叠在第二阶段已经形成的发声态。第四阶段是现代声调阶段，大部分苗瑶语只有音高声调没有发声态的对立，但是气嗓音经常出现在 C2 调。

第四章是"形态"。主要分析原始苗瑶语的名词前缀，指出鼻冠音不是名词前缀留下的痕迹，而是纯粹的音系特征。名词前缀是原始苗瑶语的最古老的特征。在苗瑶语中，名词前缀有着较弱的分类功能，原始苗瑶语并不像现在的大多数苗瑶语言那样孤立语特征明显。这种前缀系统的强弱与汉语的接触强度有关。瑶语族的语言比苗语族语言表现出更强的汉语接触效应，苗语族语言比瑶语族语言保留了更多的本族的名词前缀。名词前缀来源于类别名词，本来是名词与名词组成的复合词中的第一个成分。苗瑶语系中所有语言的前缀都没有一致性，难以构拟原始苗瑶语前缀，在本语词汇中，尚未在整个语系的范围内发现这种指向鼻冠音早期形态作用的对立。

第五章"数词、人称代词及指示词"。数词分为原生数词和借用数词。苗瑶语数词仅有"二"和

"三"，可能还有"一"。"四"到"九"是来自于原始藏缅语中的某种未知语言。"十"不能确定是来自原上古汉语还是古藏缅语。"百"和"千"都是来自中古汉语。第二人称代词的双数形式、第三人称代词复数形式及双数形式是人称代词单数形式以不同的方式扩展而来的。指示词与人称代词之间存在意义交替和声调融合的关系。

第六章"语言接触"。在所构拟的原始语之前，苗瑶语的使用者就已经与中国南方以及东南亚地区一些其他语系语族的使用者接触了。苗瑶语的唇化声母来自汉语。识别了苗瑶语中的汉语借词。苗瑶语的形态句法和句法都受到汉语的强烈影响。苗瑶语缺乏屈折形态、大量使用复合以及重叠构词，苗瑶语的语序为 SVO 语序，并列式结构（动词并列、名词并列、小句并列）等都是受汉语影响的结果。量词系统是从汉语借过来的。苗瑶语与汉藏语、侗台语、孟高棉语、南岛语存在关系词。

第七章"古代苗瑶社会"。专门介绍了苗瑶语最古老的固有文化词。从原始苗瑶语固有的三个词汇和三个植物词汇判断原始苗瑶民族生活长江流域的南部。从狩猎、农业、测算、物质文化和非物质文化的一些词汇推测原始苗瑶语文化的一些特点。

二、创新点

1. 玛莎·拉特利夫构拟的原始苗瑶语音位系统库藏减少，更靠近自然语言

玛莎·拉特利夫(Martha Ratliff)构拟了 126 个原始苗瑶语声类，127 个原始苗瑶语韵类。王辅世和毛宗武构拟了 263 个声类、210 韵类。与王辅世、毛宗武相比，玛莎·拉特利夫(Martha Ratliff)构拟的声类减少了 137 个，韵类减少 83 个。

玛莎·拉特利夫参考原始苗语韵类的合并模式，她要求原始苗瑶语的韵类合并为原始苗语的韵类必须有语音上的共同点。因此，她所构拟的复辅音声类更像会出现在自然语言中。她提出原始王辅世和毛宗武构拟的部分复辅音，如 *mphtsh-、*phtsh-、*mpʷts-、ntθhj-、tθhʷj-[①]，在自然语言中出现的可能性不大；所构拟的韵类中，展唇低元音出现了 a、ʌ、ɐ、ɑ 四个对立，在自然语言中出现的可能性不大。

2. 尽可能排除构拟古音对应组中的汉语借词

拉特利夫构拟原始苗瑶语的材料主要来自基于王辅世（1994）、王辅世和毛宗武（1995），也参考了他们的构拟。她指出王辅世和毛宗武（1995）构拟中的 829 个同源词有 35%是汉语借词。她在构拟中，尽可能地排除了汉语借词。

3. 提出了以下新观点

（1）原始苗瑶语的声调是平行产生的

拉特利夫认为原始苗瑶语的声调，是语言内部自我调节的结果，而不是受汉语的影响产生的。

（2）原始苗瑶语的分析性不及现在强

拉特利夫认为原始苗瑶语有前缀，在苗瑶语系中，与汉语的接触强度和这种前缀系统的强弱情况有关。众所周知的是，苗瑶语系中，在文化和语言方面，瑶语族的语言比苗语族语言表现出更强的汉语接触效应。一个主观感受是，苗语族语言似乎总体上表现出最古老的特征。但是，尽管这种名词前缀系统很明显非常古老，但在苗瑶语系的某些语言中，名词前缀至今仍然非常显著，甚至出现在一些民族自称中。

拉特利夫用原始苗瑶语前缀的弱化解释原始苗瑶语声母不对应的问题。她认为原始苗瑶语前缀的元音脱落之后，剩余声母代替了其后的词根的声母。

（3）量词结构是从汉语借来的

拉特利夫认为前缀系统是原始苗瑶语固有的，而量词结构却是从汉语借来的，最初可能是随着双方贸易借用必要的汉语量词（measure word）而传入的。从苗瑶语的量词结构建立开始，从汉语中借用量词导致原生词汇语法化。

---

① 王辅世、毛宗武：《苗瑶语古音构拟》，中国社会科学出版社 1995 年版，第 42-43 页。

三、价值

苗瑶语的历史研究离不开原始苗瑶语的古音构拟。到目前为止，国内的苗瑶语研究者主要是借鉴王辅世构拟的《苗语古音构拟》（1994）和王辅世、毛宗武的《苗瑶语古音构拟》（1995），这两部构拟，特别是《苗语古音构拟》在国内苗瑶语言的历史研究具有里程碑式的意义。但由于苗瑶语没有传统的历史文献，在运用王辅世和毛宗武先生的构拟时，遇到了一些难以解释的问题，如：复杂复辅音问题、汉语借词问题等，因此，期盼能从不同的构拟中找到答案。拉特利夫的构拟是基于苗瑶语是独立语系的观点，很注重从对应组中剔除出汉语借词；拉特利夫的构拟还注重从跨域语系的视角来看待原始苗瑶语系与侗台、孟高棉、南岛的共同点，从而提出自己的观点。且不论这些观点是对是错，但总能给国内的学者展示一种苗瑶语历史研究的新视角。

目录

1 绪论

1.1 研究范围和目的

本书的写作目的，是对中国南方以及东南亚苗族以及瑶族语言的祖语——原始苗瑶语进行一种新的构拟。同时也会讨论与这些语言历时发展相关的一系列问题，有些讨论详细论证了历时演变的一些特定方面（例如声调的发展，数量结构的起源，长短元音的产生），另外一些讨论则只是为未来的工作描绘出大致的探索领域。本书汇集了作者在各种出版物和会议报告中首次提出的想法和一些新的分析。

1.2 苗瑶语系

苗瑶语主要通行于中国南方地区，越南、老挝以及泰国的北部地区。在中国，多数苗瑶语的使用者都是苗族或者瑶族，虽然不是所有的苗族人或瑶族人都说苗瑶语，许多人目前都已经改说当地的汉语方言了（Wurm et al. 1988）。中国的苗瑶语使用者主要分布在贵州省、湖南省、云南省以及广西壮族自治区，还有一小部分分布在四川、广东、湖北、江西以及海南岛。

随着汉族人口的不断扩张，在 19 世纪和 20 世纪早期出现了移民潮，许多苗瑶语使用者移民到了越南、老挝以及泰国（Jenks 1994，Culas and Michaud 2004）。20 世纪 70 年代，随着越南战争的结束又出现了移民潮。东南亚成千上万的苗瑶语使用者移民到美国、加拿大、法国、法属圭亚那以及澳大利亚[①]。

中国的学者一般认为苗瑶语属于汉藏语系，该语系还包括汉语、藏缅语（包括藏语、缅语、克伦语和一些亚洲东部、南部地区的一些语言）、侗台语（包括泰语、老挝语、掸语、壮语和东南亚的一些语言）。最近多数中国的语言学研究都支持这一观点（Wang 1986，Pan 2006）。虽然学界一般都认同汉语和藏缅语（两者同属于汉藏语系）存在发生学上的关系，但多数国外的语言学家们并不认同汉藏语系包括苗瑶语和侗台语这一观点。尽管苗瑶语中存在大量的汉语借词，但基本词汇的差异则让人严重怀疑汉语与苗瑶语的亲属关系。此外，多数语言学家都反对将类型学上的相似性作为发生学上的证据。两者在语法、词汇结构以及音系上的相似性可以认为是由于汉语在这些地区的强大影响力以普遍的双语制而造成的。

关于亲属关系这一问题还有一些不同的观点，Forrest（1973 [1948]：93-103），Downer（1963），Haudricourt（1966），和 Peiros（1998：155-160）认为苗瑶语可能跟孟高棉语族有亲属关系，而白保罗则认为苗瑶语、南岛语、侗台语有亲属关系，都归属于"澳泰"语系（白保罗，1942，1975）。但多数学者都没有接受这些观点。在完全剥离苗瑶语中的汉语借词层，并且将其剩余的核心部分与其它语系进行系统地比较之前，都不能很好地解决这些语言之间的亲属关系问题。目前，较为谨慎的态度应该是将苗瑶语看作是一个独立的语系（见第六章）。

---

① 在 Southeast Asia Resource Action Center (http://www.searac.org/)上可以找到关于 20 世纪末东南亚移民到美国的更多信息。在 Hmong Studies Internet Resource Center (http://www.hmongstudies.com/)上可以找到苗族移民的详细信息。

　　在这一语系内，包含了两个语族。苗语族（使用人数约 500 万）和瑶语族（使用人数约 130 万）、苗语内部差异较大，包含了许多相互间不能通话的语言（有一些语言还包含相互不能通话的方言）：苗语川黔滇方言（Hmong，使用人数 180 万，主要分布在贵州省、云南省以及东南亚地区）、苗语黔东方言（Hmu，使用人数 110 万，主要分布在贵州省）、湘西苗语（Qo Xiong，使用人数 77 万，主要分布于湖南省）。布努语（使用人数 25.8 万，分布于广西壮族自治区）、苗语滇东北方言（A-Hmao，使用人数 20 万，分布于贵州西北部，云南省）以及畲语（Ho Ne，使用人数 900，分布于广东省）等等。[①]瑶语则较小一些，内部差异也更少，但在该地理区域内，都有分布，从西南地区的云南省到东南地区的广东省以及东南亚北部地区。包括勉方言（Iu Mien）、金门方言（Mun）、标敏方言（Biao Min）、藻敏方言（Zao Min）。以下为暂定的谱系树：

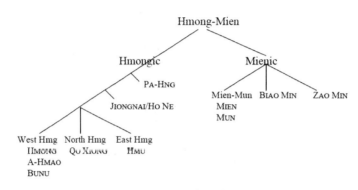

图　苗瑶语系谱系树

　　鉴于两种语族之间存在明显的词汇、语音和语法结构差异（Ratliff 1998），最高层级下有两个分支的结构是毫无疑问的。但每个语族的内部结构还需要更多的检验（见下面部分 1.4）。

　　"苗瑶"这两个民族的名称和语系的名字都源于汉语。它们更多地表现出一种"民族"的观念而不是纯粹的语言学分类，并且这种分类还考虑到文化、政治以及自我认同等因素（Sun 1992）。例如，在中国，说勉方言的人、说布努语（苗语族）的人和说拉珈语（侗台语族）的人都被划分为瑶族（毛宗武、蒙朝吉、郑宗泽 1982）。相反地，海南岛上说金门方言的人则被划分为苗族，尽管他们的语言属于瑶语（新谷忠彦、杨昭 1990）。为了避免民族学和语言学上分类的混乱，许多西方的语言学家采用"川黔滇-勉（Hmong-Mien）"来指称这一语系，本书也采取这种方式。而西方的人类学家们则继续使用"苗瑶语（Miao-Yao）"来指称这一语系，主要原因是这一名称是被中国境内这些少数民族所广泛认同的名称，并且这一名称也没有随意地将这两种代表性语言的名称提升为整个语系的名称。用来自不同分支并且地理分布广泛或者具有大量使用人口的两种语言来命名一个语系，是该地区语系、语族命名的一种常见方式，例如"藏缅语族"（不仅包含了藏语和缅语，还有很多其他语言），孟高棉语族（不仅包含孟语和高棉语，也包括很多其他语言）。"Hmong-Mien"这个名称并不是说苗语川黔滇方言和瑶语勉方言比该语系其他的语言更重要，此外，用"Hmong-Mien"这一名称也并不排斥使用传统的"苗瑶（Miao-Yao）"来指代这一族群的人。

---

　　① 使用者的人数主要来自 Gordon2005 年的文章，该文章主要基于 Wurm 等人 1988 年的数据。在 Niederer 1988 年的文章中可以找到该语系各种语言的描述，包括分布的区域、使用者的人数。如果将东南亚以及亚洲西部的苗瑶语使用者也算在内。那么该语系语言的使用者将超过 650 万。

1.3 苗瑶语历时研究综述

我们目前的研究在很多方面是基于前人关于苗瑶语历史研究的成果。下面，我们将对已完成或部分完成的构拟以及一些关于苗瑶语有影响的大规模历史研究成果进行简要介绍。

最早的严谨构拟工作是由张琨（张琨 1947，1953，1966，1972）进行的，他当时一系列关于苗瑶语声调的历时演变的文章在现今的苗瑶语声调研究中仍然不可或缺。此外，还有奥德里古尔（1954a）对 8 种苗语、勉语以及金门方言中的 131 个词根的比较研究。张琨（1976）还曾发表过研究原始苗语声母的文章。

康纳尔大学的 Herbert C. Purnell（1970）的博士论文首次对原始苗瑶语进行了构拟，在对 1069 组同源词进行分析的基础上，对原始以及中古苗瑶语进行了全面的构拟。这本博士论文同样对 20 种语言进行了共时的描写，以这些语言为基础对原始苗瑶语进行构拟。虽然现在单个语言的材料更丰富了，似乎使得这种构拟的作用没有原来重要，但它多年来仍是其他人参考的一个标准。

1979 年，王辅世在巴黎举办的第 12 届汉藏语及语言学会议上，宣讲了他对原始苗语的构拟（王辅世 1979）。他在此次会议上的手稿后来经过一些修改，在东京出版成书（王辅世 1994）。第二年，王辅世和毛宗武根据 23 种样本语言构拟了原始苗瑶语，他们选择了 14 种苗语族语言和 9 种瑶语族语言来代表该语系内部的多样性（王辅世，毛宗武 1995）。毫无疑问，这是迄今为止对苗瑶语历时研究最重要的贡献，它将 829 组可能的同源词汇集到一起，并且放到对应关系中去考察。这本著作使得该语系进一步的历时研究工作成为可能，当然，我们也不能夸大其重要性。例如，目前构拟的数据主要来源于王辅世（1994）、王辅世和毛宗武（1995）的文章。但是构拟出的结果看起来并不像是一种自然语言，而且王和毛也没有说它应该像一种自然语言：他们构拟出的原始语有 260 个声母（包括单辅音和复辅音）和 210 个韵母，尽管每一个对应集都被赋予了语音价值，但其中很多音显然只是"占位符"，等待着进一步的研究工作。

在北京举办的第 15 届汉藏语及语言学国际会议上，Gordon B. Downer 报告了一篇未发表的关于原始苗瑶语韵母构拟的重要文章（Downer，1982）[①]，这篇文章并不是完整的构拟，但在文章中，Downer 提出了关于如何进行构拟的想法，并且他根据王辅世 1979 年的数据以及自己调查搜集的苗语川黔滇方言的数据，对四种语言进行比较后，提出了一些构拟形式。虽然会议论文不值一提，但 Downer 关于苗瑶语历时研究的文章都是很有先见之明的（Downer，1963，1967，1971，1973，1978，1979）。

Theraphan L-Thongkum 在 1993 年发表了一篇精彩且实用的原始瑶语构拟的文章（L-Thongkum 1993），这篇文章的数据完全基于她在泰国和中国广西壮族自治区实地考察的结果，因此在分析和数据方面都非常有价值。对于历史语言学家们来说，更重要的是文章还包含了广西阳朔县龙尾村的瑶语北部土语数据，该土语与标敏方言一样，保留了其他瑶语方言乃至整个苗瑶语系中已经丢失的复辅音。本书中没有单独讨论原始瑶语的构拟，因为 L-Thongkum 的构拟已经符合本书提出的原始苗瑶语的大框架。事实上，本书有意地借用了她构拟的一系列符号：原始苗瑶语的 *NT-，*NTH-以及 *ND-对应原始瑶语的 *ʔD-，*DH-以及 *ND-（大写字母"N"代表鼻冠音，"T""D"代表所有发音部位的塞音）。这非常高效地展示了鼻冠音以及浊音的事实，这两套声母在瑶语中有不同的发展，对声调音域也有不同的影响（见第二章 1.4、2.2 及后面的讨论）。

最后，Barbara Niederer 在 1998 年出版了一本对从事苗瑶语历时研究的语言学家们来说不可或缺的参考著作，该书汇编了到 1994 年为止的所有已发表的苗瑶语相关的文章著作等，里面也包含了中

---

① Downer1979 年的文章中也有较低层次的构拟。

国学者的研究成果。该书还提供了 40 种苗瑶语的简单描写，并且书中还对上面提到的不同学者的构拟进行了比较，此外，书中还记录了方言或者语言之间对等的名称以便其他学者在不同著作中能查找到同样的方言或者语言。Niederer 还在中国和越南对苗瑶语进行了大量的田野调查，其中最知名的是她对巴哼语两种方言的调查，这些在她的历时研究中都有所讨论（1997，1999，2004）。

以上的这些并不是对苗瑶语历时研究的详尽综述，除了上面说到的这些学者，Michael Johnson，李云兵，David Mortensen，Ilia Peiros，David Solnit，David Strecker 以及田口善久等学者也都有卓越的贡献，在后文中也会提及。

1.4　构拟方法论

目前的构拟与早期的构拟在许多重要方面有所不同，下面的前三点反映了中国南方语言接触情况以及这一特殊语系内部结构的一些基本观点，这几点对构拟的形式有非常重要的影响。

1）目前构拟工作的一个主要假设是，苗瑶语不属于汉藏语系，苗瑶语和汉语那些看似同源的词，即使是最深层次的那些词实际上都是汉语借词。这是基于汉语和苗瑶语共有词的性质得出的，这些词基本上都是文化词而不是基本词。鉴别与排除汉语借词可以让我们能更好地了解苗瑶语词汇语音和语义特征的本质面貌（见第七章），并且还能深入地了解两种语系语言接触的本质（见第三章及第六章），以往对于原始苗瑶语、原始苗语或原始瑶语的构拟都没有尝试将汉语的成分与本族成分剥离开来[①]。

2）对"声母"[②]的构拟反映了一种假设，即作为单音节语言的现代苗瑶语曾经具有非常复杂的词汇结构。在苗瑶语复杂的复辅音声母中，双音节或一个半音节的词汇结构有一定程度的保留，同样的情况，在一些音系上不寻常但又相当规则的声母对应系列上，以及一些原始形态在音段以及超音段上留下来的痕迹也有所体现。另外，在一些特定的后代语言中，前缀加词根组合式的名词也保留甚至更新了这种词汇结构。相关的讨论以及例子，请参看第二章，2.1.2.1 部分"古前置声母"以及第四章的形态部分。

3）苗语族语言的主要创新在于原始苗瑶语中大量的韵母在原始苗语中合并成了较少的韵母。这一点在原始苗瑶语和原始苗语两个层次韵母的构拟中作为参考，正如在第二章，2.1.3 的引言中所详细解释的那样，在原始苗语的发展演变中，原始苗瑶语超过 125 个韵母缩减成原始苗语的 28 个。这为我们进行构拟提供了一个强有力的路径。为了使一组韵母合并，组内的韵母必须具备一些共同的语音特征，因此，在原始苗瑶语韵母的构拟中，合并存在某种限制，即它们必须是"可合并的"。另一方面，对原始苗语 28 个韵母的构拟又可以往前追溯哪些原始苗瑶语韵母合成哪些原始苗语的韵母，这样有助于原始苗语的构拟。原始苗语的韵母数量不多，但具体的表现却差异巨大。例如，原始苗语韵母第三组对应，将它构拟为*æw，在现代苗语中有如下的表现形式：a，ɯ，e，i，a，æ，i，e，ei，o，a。王辅世（1994）在没有考虑该语系瑶语族的情况下为原始苗语的第三组韵母构拟为*æ。但原始苗语中的第三组同源词对应原始瑶语的五个不同的韵母组，这五个原始瑶语韵母组应该构拟为一个后元音与圆唇音的组合，即*æu，*əu，*au，*ɔu 和*uw。原始苗瑶语的*æu，*əu，*au，*ɔu 和*uw 在原始苗语中合并为"*æw"并不是不可能，而且还可以为苗语族中一些较为保守的语言中存在圆唇或舌位靠后的韵母提供了合理的解释。但是以前的原始苗瑶语的构拟中，并没有利用原始苗语韵母合并来提供的线索的先例。

下面的 4）和 5）反映了有关构拟方法的一般假设：

4）从上述的第三点可以总结出第四点，即较高层次的模式相比较低层次的模式要更容易分辨。

---

① 王辅世和毛宗武（1995:19）承认他们在构拟中使用的"同源词"可能是古汉语借词，但他们认为这些词也的确可能是同源词，所以这些词也被算入到他们的数据中而没有另外区分出去。

② 本书的作者将声母和介音合称为"声母"。

在相对较小的语系中，相互关系并不存在问题，在对苗语族和瑶语族继续细分下属分支以及低层次的构拟之前，有必要在苗瑶语及其下属语支语群中同时进行构拟。如果采用传统的"自下而上"的方法，那么每一个下属的语支语群在往回追溯之前就必须被鉴别和构拟出来，这样容易被发生在较小地理范围内的同化以及语言接触导致的变化所误导，而这些与常规的语言传承效应有着不同的历史地位。而且这样也是费时费力的，因为这样需要在不考虑所有相关证据的情况下不断修正较低层次的构拟。

5）虽然构拟的原始语是一个许多交叉假设具体化后的一个人工产物，但一般一种构拟出的原始语应该看起来是自然的，并且我们是有可能想象出它是如何通过自然地演变从而形成各种后代语言的。因此需要尽量做到以下几点：（1）不过度构拟（王辅世和毛宗武 1995 年构拟的对应组应该尽可能合并），（2）不要用那些反映各种形式特征的音段去"填充"原始形式（马提索夫 1990），（3）不要构拟不自然的音素库藏（在第二章 2.2 及 2.3 部分声母以及韵母的描述中会提及这一点）。类型学也可以作为参考，在高频词汇中更容易出现常见音段而非不常见音段这一假设的前提下，在那些出现频率高的对应组，应该尽可能地构拟简单的原始音段以及复辅音。

1.5 本书的结构

本书的主要内容为第二章构拟的部分，包括如下几点：

1. 构拟的概述部分，简要介绍现代苗瑶语的音系，并讨论声母、韵母以及声调构拟中的一些特定问题。

2. 原始苗瑶语声母库藏和声母的对应组，以及每个对应组的讨论和个别同源词的考察。

3. 原始苗瑶语和原始苗语的韵母库藏和韵母对应组，以及每个对应组的讨论和个别同源词的考察。

第三到五章将讨论原始语的一些特定问题以及苗瑶语的历时发展。其中，第三章主要是声调的历时发展。对苗瑶语声调的起源和汉语声调的起源一起进行讨论，并且提出在第一套汉语借词被借用时，汉语和苗瑶语都没有声调。这一章也提出以下观点：在"狭义声调"（即有辨义音高的声调）产生之前，分别在两个不同历时层次，存在发声上的对立，用以完善苗瑶语声调的产生与苗瑶语分化的解释。第四章主要考察现代苗瑶语中残存的古苗瑶语形态的痕迹。主要涉及前缀的三种情况，这些情况由今到古出现在不同的历时层次：（1）还存在的名物化前缀；（2）鼻冠音声母可能是前缀的融合；（3）少数声母清浊对立、意义相关的词对也间接地反映前缀的痕迹。还有少量词源双式词显示可能曾经存在一种古老的"变调派生"过程。第五章讨论了三种封闭词类的构拟：数词、人称代词以及指示词。

第六章介绍语言接触，也对苗瑶语与其他语系语族之间的关系作出一些简要的推测，这项工程非常浩大。这章对现有观察的总结必然是不完整的，同时由于作者本人注重苗瑶语研究而带上个人色彩。但其目的仅仅只是想在这一片语言纷繁复杂的地区为语言接触和发生学关系提出一些不同的观点。这一章首先考虑的是汉语对苗瑶语的影响，这也是长久以来汉学家们一直很感兴趣的问题，它也可以为汉语的历史提供一些线索。这一章也讨论了苗瑶语中的汉语借词的音系，总结了词汇借用的内容和本质，还提供了一个关于量词结构借自汉语的论证。这一章的最后还列出了一些苗瑶语词汇表，该词汇表中也列出了藏缅语、侗台语、孟高棉语以及南岛语系中与之具有语音和语义相似性的词，我对如何解释这些相似性也有一些推论。

简短的第七章按照不同的语义场展现动植物、狩猎、农业、清算、物质文化以及非物质文化相关词汇，这些词汇与汉语没有联系，因此，将有利于重绘 2500 年前原始苗瑶语的使用者们日常生活的场景。

本书最后是参考文献以及两个索引，分别是构拟形式的英文索引以及构拟形式的白苗索引，收录第二个索引是希望本书能引起苗语学者和学生的研究兴趣。

1.6　未来的研究

　　未来的研究重点主要集中在两个方面：进一步研究这一语系内部的发展历史，同时也要深入探索这一语系与东亚其他语群之间的内在关联。在第一个方面的研究中，需要仔细考察基于精确的分类方法而建立的谱系树，该方法要权衡语音、语法以及词汇创新的相对重要性。在构拟过程中出现的模式（见第二章 2.1.3 中对巴哼语以及湘西苗语的论述）会为这项工作提供新的起点。在解决下位分类问题之后，可以进行较低层次的构拟，此时也需要对这里的构拟进行调整。最后以加州大学汉藏语数据库（http://stedt.berkeley.edu/）为蓝本的同源词典，它可以提供语言、文化以及历史的详细情况，其内容将远远超过基于为数不多的同源词进行的构拟。

　　苗瑶语是如何通过语言接触与相邻的语言联系到一起，又是如何通过共同的祖语从而与相邻的语言产生联系，解决这两点是未来的研究中最令人激动的挑战。对 Downer 1973 年的模型中来自于不同汉语方言借词层的研究最好由汉语史研究方面的专家学者来进行。苗瑶语与孟高棉语族、侗台语、藏缅语族以及南岛语等语系之间的共同点需要添加更多的证据到现有的研究中，并且这些证据还需要各种验证，这些验证旨在区分继承关系与接触关系（Thomason & Kaufman 1988，Ratliff & Holst 2005）。虽然苗瑶系的规模相对较小，但其中心的地理位置却对我们理解史前的华南地区以及东南亚北部地区来说至关重要。

2 原始苗瑶语构拟

2.1 构拟概述

2.1.1 现代苗瑶语的音系特征

苗瑶语的音节结构属于典型的东南亚语言音节结构类型：

表 2-1 东南亚语言音节结构类型

			T	
(C)C	{j/w/l}	{i/u̯}	(V)V	(C)
音节首		音节尾		

下面译者根据原文对表 2-1 进行说明。作者认为东南亚语言的音节结构可以分为音节首（onset）和音节尾（rime）前后两个部分。音节首由"声母 initial+（介音，medial）"构成。音节尾由"（滑入音 on-glide）+［韵核 nucleus+（韵尾 coda）］final"构成。根据国内读者的习惯，译者把音节首翻译为"声母"，把音节尾翻译为"韵母"。

在共时音系学和历时音系学中都很棘手的难题是音节内部的滑入音究竟是归在声母的介音位置，还是归在韵母的滑入音位置。从历史的角度看，这个问题之所以会产生混淆，是因为在经年累月的过程中，本来在声母里的介音可能移到了韵母里去，或者本来是韵母里的滑入音移到了声母里。除了少数次要语素，所有语素的韵母在韵核上都有区别词汇意义的声调。本章沿袭了亚洲语言研究文献中的传统，将音节结构为声母和韵母而不是辅音和元音来进行构拟。这样，不仅可以有效地构拟出音位，还能很好地构拟出它的音位组配方式。同时，从声母和韵母的库藏中抽象出它们辅音元音的库藏也比较容易。

在现代苗瑶语中，起首的阻塞音通常展现出送气和不送气的对立，而不是清浊对立。另外，苗语支声母中的塞音可能会有前鼻音化（prenasalized）这个区别特征。在构拟原始苗瑶语时必不可少的浊阻塞音，被保留在一部分苗语支语言中，而在瑶语支语言中，它们则是从鼻冠塞音二次演化而来。响辅音（即鼻音和流音）可能在两个语支的语言中都呈现出清浊对立。塞擦音（tθ，ts，dz，pʐ，tʃ，dʒ，tɕ，dʑ 等）和硬腭辅音一样，在整个苗瑶语族中都很普遍。现代苗瑶语中的介音包括近音-j-、-w-和-l-。"后 l"［-l̩-］在西部苗语（川黔滇方言）中既可以做一个简单的声母，也可以做声母里的介音（Johnson 2002）。卷舌辅音在苗语支中也很常见。有一些苗语支语言的辅音也呈现出软腭和小舌部位的对立。

瑶语支语言的韵母比苗语支语言呈现出更多的对立。金门方言（Mun）在部分元音中呈现出长短对立；勉方言在元音/a/中也呈现出长短对立。此外，瑶语支语言可能有多达六个辅音韵尾：-m，-n，-ŋ，-p，-t，-ʔ。[①]在苗语支语言中，韵母数量很少，元音没有长短对立，并且最多只有两个韵尾：

---

① 韵尾-k 出现在一些借词中，但苗瑶语中的*-k 在瑶语支中一般演变为/-ʔ/。

-n 和- ŋ。

所有苗瑶语都有声调。声调的主要功能是区别词义。通常来说，苗瑶语声调与"普通话"型的重音节相关，而不是"上海话"型的轻音节（端木三 1999），因此，声调会附着于它所属的音节，而几乎不会延伸到它相邻的音节上去（参看 Ratliff 1992b 和 1992c 对声调语言类型和苗瑶语在其中的地位的讨论）。在一些西部苗语中，连读变调属于受限的纵聚合（替代）类型，这似乎是一个连读变调演进过程的遗迹，这个过程更为古老，并且是音系驱动的（参看 Downer 1967 和 Ratliff 1992a 的第二章的讨论）。当连读变调发生时，在西部苗语中，声调从左往右进行变调（即，触发变调的声调在左边，发生变调的声调在右边），而在北部苗语（湘西方言）和瑶语支语言中，声调是从右往左进行变调的。苗瑶语的声调库藏相对较大：施洞口苗语（"黑苗"）八个声调中有五个不同音高的平调，这是世界现有记录中平调最多的语言（Kwan 1966）；宗地苗语有十二个对立的声调，包括平调和非平调（王辅世、毛宗武 1995）。有些语言中的声调除了音高对立外，还伴随着显著的发声态特征（如：气嗓音、嘎裂音，或两者兼有）（Andruski 和 Ratliff 2000）。

这样一个对苗瑶语音系特征的描写概述自然会省略大量的细节。想要深入了解现代苗瑶语音系的音段特征，请参阅 Niederer（1998）。读者也可以参看本章的主体部分，即 2.2 和 2.3 两小节，来浏览代表例词的词形。

考虑到苗语支里声母数量更多（如：小舌音，鼻冠音，阻塞音-流音丛），而瑶语支里韵母的数量更多（如：长元音，辅音韵尾），所以对这两个语支关系的普遍描写是苗语支更好地保留了原始苗瑶语音节的声母，而瑶语支更好地保留了韵母（Purnell 1970:180；Downer 1982）。这在宏观的框架下确实如此，但细节往往更为复杂。比如，瑶语支保留了原始苗瑶语声母前的浊音成分（此处构拟为*N-），而这在苗语支里却了无痕迹。标敏话（Solnit 1996）和 L-Thongkum（1993）记录的北部瑶语阳朔土语中在双唇和软腭声母后都有介音-l-。在"角""虫""路"等词（声母 5.31）的复辅音*kl-中介音-l-并没有保留在苗语支中，所以这类音只能基于瑶语支语言进行构拟。同理，原始苗瑶语的韵母也并不总是等同于原始瑶语支的韵母。在一些韵母中，瑶语支语言发生了合并现象，以至于需要从苗语支语言中引入证据来确定最好的原始苗瑶语的构拟形式（参见下文2.1.3.1）。

在构拟原始苗瑶语声韵调的过程中产生的这些问题，包括其他一些一般性的问题和挑战，都会在下面谈到，这里所作的一些决定也会在下文中进行解释。关于具体的对应关系问题的讨论将会在构拟过程中进行陈述，即在 2.2 节中讨论原始苗瑶语的声母，在 2.3 节中讨论原始苗瑶语的韵母。

2.1.2　构拟声母时的若干问题

2.1.2.1　声母前的成分

之前的构拟和此处将要呈现的构拟之间的一个不同点是，此处假设原始苗瑶语中有更多的双音节词。在下文呈现出来的四个方面中，会展现此构拟中主要音节左边的成分。

（1）关系紧密的复辅音*NC-和关系松散的复辅音*N-C

Sagart（1999：13ff）在构拟上古汉语时区分了聚合在主要音节上的前缀和松散地附加在主要音节上的前缀，他提到的这种关系紧密的复辅音*NC-和关系松散的复辅音*N-C 也可以用来构拟原始苗瑶语。这是因为对前置鼻音成分的合理构拟有两种不同的对应模式。苗瑶语的前鼻音化的阻塞音在苗语支中保持不变，但在瑶语支中却演变为浊阻塞音。比如，苗瑶语*ntəut"肚脐"（2.4/13）[1]：

---

① （2.4/13）是原始苗瑶语（包括原始苗语和原始瑶语）的两个数字编码，2.4 表示声母的对应组，13 表示韵母的对应组。如：*ntəut"肚脐"（2.4/13），2.4 表示声母出现在对应组 2.4（*nt-）中，13 表示韵母出现在对应组 13f：*-əut。

表 2-2　　　　　　　　　　　"肚脐"在现代苗瑶语言中的表现形式

苗语支							瑶语支			
1[①]	2	3	4	5	6	7	8	9	10	11
tu⁷	ntu⁷	ntaɯ⁷	ntə⁷ᵃ	n?toᴰ	ntu⁷	--	dut⁷	du:t⁷ʼ	din⁷	--

关系松散的复辅音*N-C 在瑶语支中也演变为浊阻塞音（它是从原始清阻塞音演变而来，还是从原始浊阻塞音演变而来，可以从它声调的调域来判断），但在苗语支语言中却了无痕迹。比如：苗瑶语*N-top"皮肤"（2.1/13）[②]：

表 2-3　　　　　　　　　　　"皮肤"在现代苗瑶语言中的表现形式

苗语支							瑶语支			
1	2	3	4	5	6	7	8	9	10	11
tu³	tə³	tau³	tə³ᵃ	toᴮ	--	--	dup⁷	dup⁷	din⁷	dip⁷

这些声母前的成分在原始苗瑶语中是否有形态功能，将在第四章第三节中进行论述。

（2）清响音

清响辅音在这里构拟为*hC-，而不是*Ç-。因为这样构拟不仅有利于清鼻音/清流音与那些声母前必须构拟出喉塞成分的声母（*?C-）之间的比较，而且特别指出引起响音清化的原因是一个声母前置成分，拟测为*S-。支持这一想法的外部证据来自苗瑶语中的藏缅语借词，这些借词在藏缅语中被构拟为前缀*s-。按照白保罗的说法，"前缀*s-是藏缅语/克伦语前缀系统中的多功能前缀，一般附加在动词词根上表示趋向（directive）、致使（causative）或强化（intensive），同时它还可以加在名词词根上用作'动物前缀'或'身体部位前缀'（<*śa '动物，肉'），但也频见于其他领域的名词词根上。"（白保罗 1987b：44）。

比如，以下藏缅语借词（马提索夫 2003）构成了一个紧密的语义组：

表 2-4　　　　　　　　原始苗瑶语借自原始藏缅语带清擦音成分的词

月亮/月份	苗瑶语*hlaH（2.41/4）
	藏缅语*s/g-la "月亮/月份"
太阳/（一）天	苗语支*hnεŋᴬ（2.8/22）；瑶语支*hnųiçᴬ（2.8/11）
	藏缅语*s-nəy "太阳"
夜晚	苗瑶语*hməŋH（1.8/21）
	藏缅语*muːŋ "多云；黑"
	比较：缅语 hmuiŋ "非常黑"（白保罗 1972：78）

有三个苗瑶语动词似乎反映了藏缅语中表示"趋向/致使/强化"功能的前缀*s-：

表 2-5　　　　　　　　原始苗瑶语动词借自原始藏缅语带前缀*s-的词

切成薄片	苗瑶语*hlep（2.41/10）
	藏缅语*s-lep "切片"

---

① 1—11 表示调查点的号码，详见 2.2。
② 田口善久（2005）发现苗语支巴那语的"皮肤"一词有/tl-/，于是，他认为瑶语支的声母是浊而不是清，其原因是声母受到了介音 -l- 的影响。这在分析齿/龈部位的辅音系列时很有效，但在分析其他发音部位时，在"松 N-C"模式中却并未发现有介音-l-的证据。

续表

伸舌头[①]	养蒿 ḻhei³，吉卫 ḻha³，布努 ɬe³；勉 ɬɛ⁵，标敏 ɬia⁵
	藏缅语*s-lyak "舔（使动）"
嗅	苗瑶语*hmjiəmH（1.23/18）
	藏缅语*s-nam（及物）/*m-nam（不及物）"闻"

更多例子可参见 Ratliff 2001a。当然，尽管不是所有的苗瑶语清响音都是藏缅语借词，但这种发展显示了所有这类音可能都有共同来源，也是我们选择用*hC-来标记这类音的动因。

（3）前缀声母替代词根声母

某些名词显示出非常奇怪的声母对应。事实上，因为没有哪两种模式相似，所以根本没有所谓的"对应"，但却在一种或多种语言的这组音中反映出几种可能的名词前缀的一种不可预测的合并。比如：苗瑶语的*-bouX（1.3/3）"手/手臂"一词，在韵母和声调上都极为规则，但在苗语支语言中却分别表现为双唇、舌冠和软腭的声母。在瑶语支中则极为一致地表现为双唇声母，这使得上述的构拟得以实现。所有可以被构拟为首音节的都是前缀，用左加连字符来标示。更多的讨论和用例参见第四章第二节。

（4）其他不常见的声母对应

另外还有两组非常奇怪的声母对应类型，这两种对应类型暗含原始苗瑶语可能有双音节词。第一类的声母对应组跟鼻音声母有关，第二类的声母对应组是 2.55（*ʔr-），2.56（*hr-）和 2.57（*r-）。第一类有两个对应组：1.9 和 2.9。在 1.9 中有清晰的*m-对应，每种语言要么有一个带/m-/的语音形式，要么有一个可理解的偏离/m-/的语音形式。在 2.9 中有清晰的*n-对应。在这组对应中，每种语言有一个带/n-/的语音形式。令人感到奇怪的有两个现象。第一个奇怪现象是："有""去"这两个词在除了瑶语金门方言以外的所有调查点中，都出现了/m-/，而瑶语金门方言却出现了一个无法解释的/n-/。第二个奇怪现象是："鸟""雨"这两个词在除了苗语支巴哼语以外的所有调查点中，都出现了/n-/，但巴哼语却有一个无法解释的/m-/。因此，在表 2-6 中，构拟出一个"次要"鼻音松散地附着在声母前。

表 2-6 原始苗瑶语带有*m-和*n-的词

例词	原始苗瑶语构拟
有	苗瑶语*n-mɛj（1.9/11）
去	苗瑶语*n-mʉŋ(X)（1.9/30）
鸟	苗瑶语*m-nɔk（2.9/29）
雨	苗语支*m-noŋ^C（2.9/28）

表 2-6 中"有"的苗瑶语词根*mɛj，出现在一个跟"拥有"义有关的四个词里，所以声母前有可能是一个成分，这个成分可能是状态前缀（参见第四章第四节）。"鸟"这个词等同于原始马来-波利尼西亚语的*manuk "鸟/禽"（《南岛语比较词典》）和原始台语的*n-lok "鸟"（李方桂 1977），这清楚地表明巴哼语的词形保留了原始苗瑶语双音节词的首音节痕迹。

第二类奇怪的声母对应类型，是系列声母 2.55（*ʔr-），2.56（*hr-）和 2.57（*r-）。所有现代语音形式都指向一个简单的声母，除了苗语支的炯奈语。炯奈语在这三组对应中有不规则的语音形式：在 2.55 中，常表现为一个前鼻音软腭复辅音/ŋkj-/并伴随着一个高调域的声调；在 2.56 中表现为/ŋkh-/

---

① 词形出自《苗瑶语方言词汇集》（1987）。参见白苗/hḻe³/（hlev），"伸（舌头）"。由于音节尾的对应不规则，所以没有构拟形式。

或/ŋkj-/并伴随着一个高调域的声调；而在 2.57 中则为/ŋkj-/并伴随着一个低调域的声调。这种语音形式的反复出现引导王辅世和毛宗武将苗瑶语中的该系列合理地构拟为*ŋkl-/*ŋkhl-/*ŋgl-，而不是一个简单的流音。但事实上，前鼻音化的软腭音只出现在炯奈语一种语言中，这说明这里的鼻音是声母前的成分，而不是声母的一部分，同时也说明炯奈语保留了原始双音节词的首音节痕迹。这里的难点在于：我们无法预测同样的声母前的成分会出现在每一例中，除非这个声母前的成分是某个历史形态的遗迹，但这几乎不太可能，因为这些对应组的相关例词（"肝""高""声音""蕨"等）的语义范围都不一样，所以不太可能带同一个前缀。

2.1.2.2　声母

（1）鼻冠塞音

鼻冠塞音和塞擦音是现代苗语支语言和原始苗瑶语的共同特征。在固有词汇中，它们似乎并不反映任何古老的"融合"前缀，因为前鼻音化出现在所有词汇类别中（参见第四章第三节）。因此，这些声母的鼻音成分在此处被构拟为音系成分。

无论在类型上有多么奇怪，构拟时，清阻塞音和浊阻塞音都要构拟出鼻冠特征。以声母清浊为条件的声调分化只以带鼻音的口塞音或塞擦音的清浊为条件，这是一个区域共享的特征。换句话说，由于在子语中有/mpo¹/和/mpo²/两种类型的音节，所以我们必须要构拟出*mpoᴬ和*mboᴬ，或者构拟出的两个复辅音中，必须一清一浊。

（2）擦音

在构拟原始苗瑶语辅音库藏的过程中，值得注意的是擦音相对较少。我们只能为本语词构拟出四个擦音，即*s-、*sj-、*ɕ-和 h-。考虑到这些对立组中的词汇，好像只有*h-是本语词。在前三组对立中，有一半词要么显然是汉语借词，要么有可能是汉语借词，这就为这些对立组中的其他词汇带来了疑问，更何况这几组对应中的词都不是核心词汇。有一些存在于子语中的擦音是从塞擦音或送气塞音派生而来的；另一些是通过强化从滑音中派生而来的，如*w- > /v-/，*j- > /z/。

（3）送气塞音

送气塞音在原始苗瑶语的构拟中是必不可少的，但是被构拟出来的有送气塞音的原始词数量并不多，它们在原始苗瑶语中的功能负担量要低于不送气清塞音和浊塞音，这表明送气可能是某种后来产生的语音现象。在王辅世、毛宗武（1995）的构拟中，送气塞音对应组里词汇全部是汉语借词。比如：对应组 2（"床 这床被子""拱 猪拱土""剖 剖鱼"），对应组 14（"晒 晒谷""捧 捧米""扫 扫地"），对应组 17（"洒 洒水"），对应组 38（"泼二"），对应组 134（"千""漆"），对应组 137（"插二 插刀"），对应组 206（"桶""风箱_""箍儿、箍 箍桶""炭（木炭）"），对应组 254（"拔 拔刀""插_ 插刀"），对应组 350（"炒二 炒菜""床""水獭二""稻谷二（谷粒）"），等等。因此，任何一个必须构拟为送气声母的原始词都有可能是个借词。但是，许多有复杂送气声母的苗瑶语词汇与汉语并没有明显的关联，所以一定要被当作本语词（参见第七章）：苗瑶语*phlei "壳"（1.32/12），苗语支*mphjeᴰ "女儿/女孩"（1.20/10），*mphleᴬ "指环"（1.35/10），*nthaŋᴬ "阁楼"（2.5/24），*nthroŋᴬ "绑腿"（2.50/29）。

复辅音中舌冠音组合的限制
并不是每一个舌冠音类别都能构拟出一个介音。下面是关于这些限制的陈述：

齿/龈音（"T"）系列：口塞音或塞擦音不能与-l-组合
齿/龈塞擦音（"TS"）系列：口塞音或塞擦音不能与-l-或-r-组合
硬腭音（"C"）系列：口塞音或塞擦音不能与-j-、-l-或-r-组合

舌冠音系列无法构拟出一个介音-l-，但这并不意味着有-l-的复辅音不会出现在子语中。参看 Lyman（1974：35）关于绿苗/tl-/作为/kl-/的发音变体，以及田口善久（2005）关于巴那语复辅音/tl-/

和/dl-/的论述。

（4）软腭音和小舌音

苗语支语言既有软腭音又有小舌音，而瑶语支语言只有软腭音。到目前为止所有的构拟，包括本书的构拟，都将软腭/小舌的对立带回到原始苗瑶语中，并在瑶语支中将两者合并。然而，有证据表明有些最初是软腭部位的音在苗语支中"向后滑落"，变成了小舌音，如果把苗语支的小舌音构拟为苗瑶语的小舌音，会使原始苗瑶语出现更多的小舌声母词汇，而实际上它并没有那么多。

要论证苗语支中发生过软腭后移（velar retraction），首先要注意有软腭声母的汉语词借入苗语支语言后常常变成小舌声母：

表 2-7　　　　　　　　　汉语借词的软腭声母对应原始苗语的小舌声母

汉语借词	汉语借词的软腭声母对应原始苗语的小舌声母
甘"甜"	上古汉语*[k]ˤam > 中古汉语 kam > 普通话 gān
	苗瑶语*Kam > 苗语支*qaŋᴬ（5-6.1/24）
槁"干/枯萎"	上古汉语*[kh]ˤawʔ > 中古汉语 khawX > 普通话 gǎo
	苗瑶语*KhæwX > 苗语支*qhæᴮ（5-6.2/5）
鶏"鸡"	上古汉语*kˤe > 中古汉语 kej > 普通话 jī
	苗瑶语*Kəi >苗语支*qeᴬ（5-6.1/10）

如果这些词借自中古汉语，那么这可能反映了一个事实：在当时借用的过程中，软腭后移是一个起作用的规则。或者，如果这些词借自上古汉语，那么有可能是咽化的*k-在原始苗瑶语中借为*q-。无论是哪种情况，这一对应证明苗语支部分小舌音来源于古代的软腭音。

第二，软腭后移也见于该地区的其他语言。马提索夫（2003：20）观察到"软腭后音一般是古藏缅语软腭音系列的次要发展，比如在黑拉祜语（拉祜纳）中，软腭后音往往来源于不带滑音的简单软腭音。"Solnit（1996：13-14）认为，这一过程也可能发生在苗瑶语中，除了在介音-r-和后-l-之前，以及"在某种其他条件下可能涉及的前元音或滑音"以外，苗瑶语的软腭音也可以变成小舌音。

最后，也是最有说服力的是，这个"其他条件"已经被发现了，即：并不是前元音或滑音，而是后圆唇元音或不成音节的后圆唇滑音（u，o，ʉ，ʊ̯）阻碍了软腭后移。注意下面的例词以及在现代白苗中，*k-后的韵母构拟与*K-（*k-或*q-，无法辨别）后的韵母构拟是不一样的：

表 2-8　　　　　　　　　汉语借词的软腭声母对应原始苗语的小舌声母

原始苗瑶语-苗语白苗话	原始苗瑶语 -苗语白苗话
5.1 *k- (＞k-)	5-6.1 *K- (＞q-)
*kʉeiX"弟弟" > kɯ³	*KæŋX"青蛙" > qa³
*kowᴰ"唷" > kau⁷	*N-KəjX"粪便" > qua³
*kuwᴰ"斗笠" > kau⁷	*N-Kaŋ"后（与前相对）" > qa¹

后圆唇元音和后圆唇流音比前元音和流音构成了一个更加自然的类别，并且使在*k-中出现的分化可以理解。后圆唇元音和流音这种语音的"后移"类别阻止了软腭后移到小舌，这是异化约束的结果，异化约束条件要求：声母与其后续成分要能被清晰地区分开来，这非常重要。

因此，苗语支语言中有些带声母 q-的词汇来自于*q-，而另一些带声母 q-的词汇来自于*k-。于是，苗语支语言中带声母 k-（＜*k-）的词出现了特例：*k-在流音和后圆唇元音前不后移。

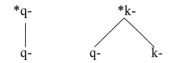

因此，此处只在流音和后圆唇元音前构拟出*k-和*q-两个声母，因为在流音和后圆唇元音前，它们是对立的。但是对于苗语支语言中有/q/的词汇，在所有其他元音之前，只能构拟出*K-，这是因为由于发生了合并，而不可能在这种环境下区分来自*k-的/q/和来自*q-的/q/。

这一论述可以解释王辅世、毛宗武（1995）构拟中的一个有趣的不对称现象。他们用*q-系列的某些音构拟了苗语支中任一含 q 的语音形式的对应组，因此含有类型学上有标记的*q-（麦迪逊1984b：32）的词汇比无标记的*k-多得多。下面的数据显示了每个对应组中出现的词数：

表 2-9   王辅世和毛宗武构拟原始苗瑶语声母的词频

原始苗瑶语声母	词频	原始苗瑶语声母	词频
*k-	5	*q-	13
*kh-	2	*qh-	5
*g-	1	*G-	7
*nk-	1	*nq-	5
*nkh-	1	*nqh-	1
*ng-	3	*nG-	8

如果许多小舌音来源于不圆唇的非后元音之前的软腭音，那么这种不对称性就很容易解释。在这些对应组中，对每个词韵的构拟也支持了这一假说。

（5）流音

王辅世、毛宗武（1995）和 Solnit（1996）将西部苗语前"l"和后"l"（即：[l]和[ɭ]）的对立看成一个保守特征，并将该对立投射到原始苗瑶语中①。但是王辅世和毛宗武将带有原始苗瑶语支*r-（出现在王辅世（1994）的构拟中）的词带回原始苗瑶语时，构拟出的*ŋkl 系列（本构拟中的声母对应组 2.55，2.56，2.57）虽然有趣但是很有问题，结果是他们根本没有在原始苗瑶语层面构拟出*r-。他们将原始苗瑶语构拟为一种双流音语言，但这个双流音对*l-和*ɭ-总有点不那么自然，因为没有*r-②。

本书的构拟只为原始苗瑶语构拟出*r-和*l-，两者都可以作声母和介音。一些西部苗语中的"后l"[ɭ]被看作*lj-（*ʔlj-/*hlj-/*lj-；2.40.1-2.42.1）的现代语音形式。为了支持这一构拟，需要注意以下对应组中的汉语借词：苗瑶语*ljim（2.42.1/18）"镰刀"（在宗地苗语中是/læin²/），借自中古汉语"镰"ljem；苗语支中*ljeŋA（2.42.1/22）"测量"（在宗地苗语中是/loŋ²/），借自中古汉语"量"ljang；瑶语支*ljioŋB（2.42.1/26）"两"（40 克），借自中古汉语"两"ljangX③。王辅世 1994 年用来构拟原始苗瑶语*ʔr-/* r̥-/*r-的对应组和 1995 年用来构拟原始苗瑶语*ŋkl-/*ŋkhl-/*ŋgl-的对应组，本书在这两个历史层面上都将其构拟为*(-)r-（*ʔr-/*hr-/*r-；2.55–2.57）。也可参见田口善久（2006），其中，在原始苗瑶语层面，作者在为什么构拟*r-方面给出了很有说服力的论述。其他支持此分析的证据来自现代苗瑶语中的语音特征：东部苗语中的软腭塞擦音，北部和西部苗语中的卷舌塞擦音，以及标敏话中的/l-/。

———————

① Johnson（2002）将该组对立带入"原始滇东北-川黔滇次方言"，这是一个非常合理的近世构拟。

② Purnell（1970）根据瑶语支语言的对应关系，而不是西部苗语的[ɭ]，为原始苗瑶语构拟出三个流音，即：*l₁-、*l₂-和*r-。白保罗（1975：164）将 Purnell 的*l₂-解释为*ɭ-，并利用苗瑶语中构拟的这两个流音将苗瑶语族与南岛语联系在一起，称为"显著的 AT（澳-泰）特征"。

③ 有一个藏缅语借词也能作为构拟*lj-的证据：苗语支*ljeD（在宗地苗语中是/le⁸/）和瑶语支*ljəpD"闪电"都和藏缅语*(s-)lyap"闪光；闪电"有关（马提索夫 2003）。

2.1.2.3　介音

（1）流音

在上一小节构拟流音声母时，我们决定只构拟两个流音，这一做法将沿用到介音的构拟中来。此处在介音的位置只构拟两个流音，即*l-和*r-，而不是*l 和*l̩。我们同样也构拟出复杂介音*lj-。关于舌背-流音丛的不同对应组系列的解释着实困难（参见 Solnit 1996 和 Niederer 1999），所以我们构拟出的第三个流音(即*lj-)迟早会派上用场，此处构拟的这些复杂复辅音和*k-/*q-的对立或许在某种程度上更容易解释上面这个难题。

（2）滑音

我们构拟一个硬腭滑音作为介音，而不再构拟一个双唇部位的滑音作为介音。现代苗瑶语中的介音-w-可以解释为二次演变的结果，可能是以下三种情况之一。它出现在：（1）这样一些对应组中，即带圆唇成分的总是韵母，而不是声母，（2）硬腭化的双唇辅音之后和某些瑶语支语言/a/之前，（3）汉语借词"未拆分的"双唇-软腭声母中，作为其双唇部分。

对于介音-w-的第一种发展，可参看王辅世、毛宗武（1995）的例词，即韵母对应组 242（在本构拟中是韵母对应组 8b）。在瑶语支语言中，该对应组的所有例词都有介音-w-。比如：江底瑶语/mwei²/"你"，/twei³/"尾巴"，/tɕwei³/"蜗牛"，/pwei⁵/"睡"，/tswei⁵/"臭"。王辅世和毛宗武将这些例词的声母中都构拟出一个介音-w-（*mw-，*tw-，*pw-等），但其实这个-w-是与韵母相关联的（此处构拟为*-uei）。根据介音-w-出现的环境，应该把它处理为韵母中的圆唇成分，而不是声母的一部分，这也能解释王辅世和毛宗武第 39、75、77、207 等韵母对应组中江底瑶语和湘南土语里带-w-的例词。

介音-w-的第二个来源出现在瑶语罗香话（8）并偶见于瑶语金门方言览金话（9）中，其出现时的环境是 Pj___/a/（其中"P"代表任何双唇辅音）。在这些瑶语支语言中，音节内部的硬腭滑音丢失，于是-w-就来补位。这个过程的先后次序尚不清楚，但这个硬腭滑音似乎是导致其发生的环境中一个关键的特征：罗香瑶语中也有一些例词的双唇音虽然挨着/a/但并未发展出介音-w-，如：/ɱaŋ³/"夜晚"源于苗瑶语*hməŋH（1.8/21），/ma⁸/"厚/密"源于瑶语支*makD（1.9/4），/pa⁶/"鼻子"源于苗瑶语*mbruiH（1.51/8）等。虽然这个介音-w-仅限于勉方言和金门方言的一些土语，王辅世和毛宗武为瑶语支或原始苗瑶语的每个例词都构拟了其古音形式。

表 2-10　　　　　　　　　　　原始瑶语*Pj___/a/在罗香和览金的表现形式

瑶语支	罗香（勉方言）	览金（金门方言）
*bhiɛkD "糠"（1.5/1）	bwa⁷	
*hmjaB "草"（1.23/4）	ɱwa³	wa³
*pjatD "木盆"（1.16/4）	pwat⁷	
*mjænA "人/勉人"（1.24/19）	mwan²	
*hmjænB "幽灵/鬼"（1.23/19）	ɱwan³	ŋwa:n³
*biəŋA "花"（1.3/24）	pwaŋ²	
*mjəŋA "舅妈"（1.24/29）	mwaŋ²	ŋwaŋ²

最后，介音-w-的第三个来源是汉语借词中"未拆分的"的双唇-软腭声母。如：

表 2-11　　　　　　　　　　带有双唇-软腭声母的汉语借词在瑶语中的表现形式

汉语借词	罗香（勉方言）	览金（金门方言）	标敏方言
瓦*ŋʷæX（5'.9/5）	ŋwa⁴	ŋwa⁴	ŋɔ⁴
斤*kʷjan（5'.16/20）	tɕwan¹	san¹	twan¹
瓜*Kʷa（5-6'.1/4）	kwa¹	kwa¹	kwa¹

2.1.3 韵母的构拟问题

2.1.3.1 韵母合并[①]
（1）苗语支中大规模的韵母合并

在苗瑶语音系发展史中最具戏剧性的一点是在苗语支的演变过程中发生了大规模的韵母合并。本构拟与 Purnell（1970）和王辅世、毛宗武（1995）的构拟的主要区别之一是苗语支的韵母合并被用来帮助原始苗语和原始苗瑶语元音音质的构拟。

基于 Niederer（1998：211-212）记录的 40 种语言，苗语支语言的韵母平均有 14 组对立，瑶语支语言的韵母平均有 60 组对立。这是因为瑶语支语言保留了更多原始苗瑶语韵母的特征，最显著的是-m、-n、-p、-t 和元音、滑入音、滑出音的复杂组合[②]。瑶语支语言也发展出元音长短对立（参见2.1.3.2 节）。王辅世（1994）只为原始苗语确立了 30 个韵母对应组，而王辅世、毛宗武（1995）为原始苗瑶语确立了 210 个韵母对应组。本构拟将原始苗语的韵母对应数量从王辅世的 30 个减少到28 个（他的对应组 12 和 17 可以合并，对应组 26 只包含了借词）。王辅世 30 类的原始标号被用于辅助其与本构拟的比较；这些编号将本章的 2.3 节组织为宏大的苗语支"合并项"。另外，原始苗瑶语韵母对应数量在此处从王辅世、毛宗武的 210 个减少到 127 个，其中 9 个对应组都是汉语借词。

原则上，本书采用的方法论比较直接。因为我们知道，原始苗瑶语有些不同韵母（相当直观地反映在瑶语支韵母的对应中）合并为苗语支的每一个韵母，我们必须用足够的共同特征来构拟原始苗瑶语的这些韵母，这样才能说明合并在原始苗瑶语中的"目标"韵母是有道理的。

比如，对于韵母对应组 3,我们为原始苗语构拟的韵母是*æw。瑶语支对应组反映了原始苗瑶语不同的韵母，这些韵母并入了原始苗语对应组 3 中，显示如下（在每行末尾，我们给出了王辅世、毛宗武（1995）韵母对应组的编号）：

表 2-12 　　　　　　　　　原始苗瑶语与现代瑶语支语言的五个韵母对应

原始苗瑶语	现代瑶语支语言								
*au	aːu/au	a/au	aːu	aːu/a	aːu	aːu/au	au	ɔu/a	u	（76，95）
*ɔu	wo	wə	u	u	u	u	au/u	ɔu	u	（77，244）
*əu	au	au	au	au	au	au	au/a	ɔu	u	（96）
*æu	ou	əu	eu	a/əu	u/ou	əu	au	æ/ɔu	u	（113，259）
*uw	u	u	o	u	o	u	u	u	u	（115）

我们知道这五组对应反映了已并入苗语支的韵母，我们将每组的第一个元音成分构拟为后元音或低元音，将第二个元音成分构拟为圆唇*-u 或*-w，这取决于现代瑶语支的韵母是复合元音还是单元音（这一点会在下文 2.1.3.3 节中进一步讨论）。当然，每一个具体的构拟也受限于其他对应组的构拟形式，而且，每个构拟出来的语音形式也只是推测性的。重点在于这些构拟形式全部有可能演变为现代瑶语支的语音形式，同时，这组构拟出来的语音形式可能相当容易地并入原始苗语的*æw。王辅世和毛宗武构拟了 8 个而不是 5 个韵母，它们分别是*æːu、*aːu、*æu、*ui、*au、*Ai、*ə 和 *Au，这组语音形式的同质性更弱，所以合并的可能性更低。

但除此之外，实际上本构拟的方法涉及"三角定位法"[③]，而不是直接比较苗语支对应组和一些瑶语支对应组中构拟出来的固定语音形式。虽然苗语支的对应组数量比较少，但每一个韵母对应组

[①] 本节内容基于 Ratliff（2002）。

[②] 一些苗语支语言的韵尾-n 是其内部发展的结果：原始苗语只有一个鼻音韵尾（参见下文 2.1.3.3 的讨论）。原始苗语的韵尾*-k 在瑶语支中已经弱化为-ʔ。

[③] 作者所说的"三角定位法"是一种源自于数学的科学原理。用于本书是指用多个方面的证据来论证一个古音构拟。

中的韵母，在现代苗语支语言中的语音形式差异巨大，这使得构拟苗语支韵母比想象中更为困难。比如，对于韵母对应组 3，以下给出的现代苗语支语言的韵母就无法推测出一个清楚的构拟：

a ɯ e i a æ æ i i e ei o a a

对于这个对应整齐的对应组（本构拟中有 43 个词呈现出该对应关系），王辅世（1994）将其构拟为* æ，而 Downer（1982）将现代西部苗语的次级对应组/e i a æ æ i i e ei/构拟为*e。但是，这两个构拟都无法解释北部苗语的/ɯ/和巴哼语的/o/。只有当我们参照了原始苗瑶语的韵母——它们被并入了我们上文所述的*æw 韵母，并结合北部苗语和巴哼语跨对应组的保守倾向——它们保留了原始苗瑶语韵母的结尾（此处为一个后高圆唇成分），我们才认为，一个圆唇的滑出音一定要在原始苗语支中构拟出来。关于北部苗语和巴哼语在韵母反映出来的保守特征我们将在下文中讨论。

此处所采取的立场是，在苗瑶语韵母方面，自上而下和自下而上的约束条件应该共同发挥作用。正如 Anttila 观察到的那样，"那种自上和自下出发的三角定位法通常是一种正确的方法，这是很自然的，否则，既会耗费更多的精力，也会更加麻烦，而且最后也不一定得到正确的结果"（1972：346）。有些历史语言学家可能更喜欢严格的"自下而上"的方法来进行构拟，这种方法不采用跨语支的视角（考虑到瑶语支的保守性，在苗瑶语韵母的问题上，实际上它应该处于苗语支的"历时上层"），目的是为了找到中间层的最佳构拟。这种方法可能存在一种危险的应用，即它会为久远的亲缘关系提供新的合理化提议。当谱系关系的问题尚未有定论时，解释谱系关系的强烈愿望就会有意无意地引导我们对可能的构拟形式进行筛选。因此，我们不应该让那些看起来像孟高棉词汇的韵母构拟形式去不知不觉地影响原始苗瑶语韵母构拟，因为这将会使得苗瑶语和孟高棉语的亲缘关系看起来更为笃定。然而，与该地区其他大语系（或语族）相比，比如孟高棉、藏缅、壮侗（台-卡岱）、南岛等，苗瑶语族还是比较小而且内部较为紧密的，其内部各语言之间的谱系关系从未被质疑过：即使对于表层的考察，词汇的相似性和内部交织的音系对应都使该语族的谱系关系显而易见。所以，没有必要假设苗语支的韵母合并了，显而易见这确曾发生，因此，我们大可以构拟具体的语音形式来支持某个假说，这是没有危险的。使用三角定位法不仅不会产生不良后果，在该语族中不用这种方法反而会产生负面的结果。从苗语支的角度看，当我们进行了构拟时，如果不想着原始苗语是如何融入更大的语族的，我们就会犯一些错误，而这些错误在我们今后的构拟中将不得不再被纠正过来。从瑶语支的角度看，假设今天的瑶语支语言更能反映出原始苗瑶语的面貌，如果不将苗语支合并的历史事实纳入考虑，我们就会把瑶语支语言的现代语音形式完全投射到古代，这将导致原始苗瑶语被过度构拟，并且毫无限制。

（2）瑶语支中小规模的韵母合并

考虑到瑶语支语言完好保留了许多原始苗瑶语的韵母，或者即使有变化，变化也很小，Downer（1982）正确地指出瑶语支语言往往能提供构拟原始苗瑶语的关键证据。他提供了以下例子：在苗语支语言中，"肝"和"高"在每种语言中都是同音词（比如，在白苗中，两者都是/ʃia¹/），因此，在原始苗语层面也是相同的（*hrinᴬ）。但这两个词在瑶语支语言中是清晰区分的，在瑶语支中存在的辅音韵尾的对立在苗语支语言中已经消失，所以在原始苗瑶语层面，这两个词一定要被分别构拟为*-hrjən（2.56/18f）"肝"和*-hrjəŋ（2.56/18g）"高"。

但是，该语族中并非只有苗语支丢失了韵母的关键信息。在几种情形下，合并也发生在瑶语支中，这时，构拟原始苗瑶语就只能采用保留在苗语支中的信息。下文所示是一个典型的例子，其后列出了瑶语支语言韵母合并的其他例子。

瑶语支中有两组词只能合理地构拟为原始瑶语的*ai，正如 L-Thongkum（1993）已经构拟的那样，因为现代瑶语支中的语音形式差别并不显著：

表 2-13　　　　　　**L-Thongkum（1993）关于原始瑶语*ai 在现代瑶语的表现形式**

	瑶语支								
有	ma:i²	ma²	ma:i²	ma:i²	na:i²	na:i²	ma²	mai²	--
買（买）	ma:i⁴	ma⁴	ma:i⁴	mai⁴	ma:i⁴	ma:i⁴	--	mai⁴	mai⁴
賣（卖）	ma:i⁶	ma⁶	ma:i⁶	mai⁶	ma:i⁶	ma:i⁶	ma⁶	mai⁶	mai⁶
来	ta:i²	ta²	ta:i²	ta:i²	ta:i²	ta:i²	ta²	--	tɛi²
腰	tɕa:i³	ka³	kla:i³	kla:i³	kla:i³	kla:i³	kla³	lai³	lai³

然而，这五组词在苗语支里有不同的对应关系，不能全部构拟为原始苗瑶语的*ai：

表 2-14　　　　　　　　**原始瑶语*ai 在苗语中的表现形式**

例词	苗语支的表现形式															原始苗语构拟
有/买/卖	ɛ	e	ua	a	u	ɔŋ	oŋ	a	u	ɔŋ	ə	e	i	ɔ	ɔ	*ɥɛ
来/腰	a	ɑ	ua	a	o	u	a	a	a	ɔ	ɯɔ	a	a	a		*ɥa

我为第一组"有/买/卖"构拟的原始苗瑶语的韵母是*ɛj，为第二组"来/腰"构拟的是*aj。因此，这两个非常相似的原始苗瑶语的韵母合并成瑶语支的*ai 就不足为奇了。

表 2-15　　　　　　　　**原始瑶语韵母*ai 中的来源**

	韵母	苗语支		苗瑶语		瑶语支
a）	11c	*ɥɛ	<	*ɛj	>	*ai
	15d	*ɥa	<	*aj	>	*ai

瑶语支其他韵母的合并如下：

表 2-16　　　　　　　　　**原始瑶语其他韵母的合并**

	韵母	苗语支		苗瑶语		瑶语支
b）	1c	*i	<	*i̯æn	>	*æn
	19b	*æn	<	*æn	>	*æn
c）	3c	*æw	<	*əu	>	*əu
	7d	*o	<	*əw	>	*əu
d）	3d	*æw	<	*au	>	*au
	5c	*æ	<	*æw	>	*au
e）	3f	*æw	<	*uw	>	*u
	7c	*o	<	*ɥo	>	*u
	16c	*u	<	*u	>	*u
f）	9d	*uw	<	*ut	>	*ut

	韵母	苗语支		苗瑶语		瑶语支
	13f	*ow	<	*əu t	>	*ut
g)	9e	*uw	<	*uk	>	*ok
	13e	*ow	<	*ok	>	*ok
h)	18g	*in	<	*iəŋ	>	*iəŋ
	24d	*aŋ	<	*iaŋ	>	*iəŋ
i)	20e	*en	<	*eŋ	>	*eŋ
	29j	*ɔŋ	<	*u̯eŋ	>	*eŋ
j)	21d	*əŋ	<	*əŋ	>	*u̯eŋ
	29e	*ɔŋ	<	*u̯ɔŋ	>	*u̯eŋ
k)	21g	*əŋ	<	*əu̯ŋ	>	*uŋ
	28b	*oŋ	<	*uŋ	>	*uŋ
l)	21h	*əŋ	<	*əaŋ	>	*aŋ
	24c	*aŋ	<	*aŋ	>	*aŋ
m)	22c	*ɛŋ	<	*ɛŋ	>	*əŋ
	29h	*ɔŋ	<	*u̯eŋ	>	*əŋ

（3）新发现模式

新发现模式是指跨对应组的创新模式、保留模式和合并模式，这些新发现模式为原始苗瑶语的构拟提供了支持。构拟原始苗瑶语时我们使用的方法是上文描述的三角定位法。这样做的好处是，一旦独立形成了这些模式，它们就可以帮助我们确定其他问题重重的对应组将如何构拟。下文所描述的跨对应组模式是在本研究进行的过程中发现的。

第一个新发现模式：以-i 和-j 结尾的韵母在苗语支中的圆唇化

上文提到，原始苗语支的*u̯ɜj 和*u̯a 来自于原始苗瑶语的*ɛj 和*aj，这看上去可能有点奇怪。有必要解释一下苗语支中圆唇的语音形式在瑶语支的许多对应的韵母中却没有圆唇的迹象，比如表 2-17 中的对应：

表 2-17　　　　　　　　　　苗语支的圆唇音对应瑶语支的非圆唇音

韵母号码	苗语支的现代语音形式												瑶语支的现代语音形式									
12/17c	u	ei	ou	au	u	o	ɔ	ou	uo	a	ja	i	i	i	i	ei	ei	e	ei	ei	ei	ei	i	i	ɛi
15c	a	ɑ	ua	a	o	u	a	a	a	ɔ	cu	a	a	a	ai	ai	ai	ai	ai	ai	ai	ai	ai	ai

我们大可以在原始苗瑶语中构拟一个圆唇成分，这个成分在瑶语支中最终消失了。然而，这样处理就会忽略上例中的模式证据：在每一例中，瑶语支都以/i/结尾。因此，我们在此处将圆唇成分

处理为苗语支的内部创新，即当原始苗瑶语以*-i 或*-j 结尾时，苗语支中会插入一个滑入音-ṵ-：

表 2-18　　　　　　　　　　　原始苗瑶语*-i 或*-j 尾在原始苗语支的创新

韵母号	原始苗瑶语		原始苗语支
11	*ɛj，*ṵɛj	>	*ṵɛ
12	*ei, *æi, *ṵei, *ṵəi	>	*ṵei
15	*əj ,*aj, *ṵəj	>	*ṵa

我们更倾向于这样处理，是因为不仅韵母的创新在苗语支中比在瑶语支中更为常见，而且在不相关的语言中也会有相似的平行发展，这说明此现象是一个自然的异化过程。相同的音系创新也发生在古法语-ei 发展为现代法语-wa 中（Posner 1997:252-262）:[①]

拉丁语 *lēgem*　　>　　早期古法语 *lei*　　>　　现代法语 *loi*

拉丁语 *mē*　　>　　早期古法语 *mei*　　>　　现代法语 *moi*

第二个新发现模式：原始苗语支保留了原始苗瑶语复杂韵母的第一部分，而巴哼语和湘西苗语经常保留了第二部分。

考虑到苗语支保留了更完整的声母，所以如果苗语支只需要保留原始苗瑶语复杂韵母的一部分，那无疑是第一部分。[②]在以下几例中，原始苗瑶语复杂韵母的简化涉及非居首元音成分的丢失或弱化（为滑音）：

表 2-19　　　　　　　　　　原始苗语支保留了原始苗瑶语复杂韵母的第一部分

韵母号	苗瑶语		苗语支
1	*i, *i̯æn, *i̯əu, *i̯ɛk	>	*i
2	*i, *i̯eu, *eu, *ik, *ek	>	*i
3	*æu, *əu, *au, *oɯ	>	*æw
9	*uj, *up, *ut, *uk, *ṵɛt, *ṵɛk	>	*uw
10	*e, *ej, *ep, *et	>	*e

与上述模式形成对照的是，巴哼语的韵母在跨对应组的比较中表现最为独特，同时，它还保留着古老的辅音声母（白保罗 1986；Strecker 1987a,b；毛宗武、李云兵 1997；Niederer 2004），这些使得它似乎是最先从苗语支中分化出来的。如果我们将上文提到的"苗语支保留了原始苗瑶语韵母的第一部分"一般化，那么我们可以将其更精确地应用于"狭义的苗语支"，即除巴哼语之外的苗语支语言。关于本构拟研究的一项新发现是湘西苗语（北部苗语的代表）在这方面与巴哼语采用同一种模式，见下文。湘西苗语的古代特征表明原始苗瑶语族的谱系树结构需要从头开始重新梳理，不能先入为主地认定现在的苗语支下的分类是正确的。

首先，在以下三组对应中，巴哼语和湘西苗语似乎都保留了原始苗瑶语双元音的第二部分，这与苗语支通常呈现出的模式相悖，即通常来说，如果只能保留一部分的话，则会保留第一部分（以下括号中的语音形式与此模式相悖）：

---

　① 我很感激 Geoff Nathan（p.c. 2002）指出法语也有类似的平行演变。
　② 其他可能的结果有：完整保留原始苗瑶语的音节尾，或形成一个折衷的音节尾，即把原始苗瑶语的两个元音音质合并。尚未发现的情形是原始苗瑶语的音节尾缺失第一部分而保留第二部分。

表 2-20　　　　　巴哼语和湘西苗语保留了原始苗瑶语双元音的第二部分

韵母号	原始苗瑶语		巴哼语	湘西苗语
3	*æu, *əu, *au, *ɔc	>	o	ɯ, o, u
11	*ɛj, *ɥɛj	>	ɪ	e
12/17	*ei, *æi, *ɥɛi	>	i, ɪ	i, ei, (ɔ)

第二，在以下两组对应中，根据原始苗瑶语音节的开闭，巴哼语或湘西苗语通过区分元音音质保留着辅音韵尾的痕迹。

表 2-21　　　　　巴哼语和湘西苗语通过区分元音音质保留辅音韵尾的痕迹

韵母号	原始苗瑶语		巴哼语	湘西苗语
4	*at	>	e, i	ei, i
	*a	>	a	ɑ
7	*əp, *ət, *ɥət	>	a	
	*o, *ɥo, *əw, *iou	>	o	

在下面这组对应中，根据原始苗瑶语音节的开闭，湘西苗语通过声调分化保留着辅音韵尾的痕迹。上文提到，在其他苗语支语言（"狭义苗语支"语言）中，原始苗瑶语是开音节还是闭音节并不重要，在这些语言中，两种类型的音节只是简单地合并成一个。

表 2-22　　　　　湘西苗语通过声调分化保留辅音韵尾的痕迹

韵母号	原始苗瑶语		湘西苗语的声调体现
13	*-p, *-t, *-k	>	u7
	无尾*-p, *-t, *-k	>	əl, 3, 4, 5, 6

在下面这组对应中，湘西苗语通过改变元音音质来表现原始苗瑶语是否有圆唇滑入音。王辅世（1994）将该对应组分为两组（12 组，17 组）仅仅基于湘西苗语这两个不同的语音形式。对原始苗瑶语中合并为这组的韵母更好的构拟应该可以反映出合并条件的制约。

表 2-23　　　　　湘西苗语通过元音音质表现古圆唇滑入音的痕迹

韵母号	原始苗瑶语		湘西苗语
12/17	*ei, *æi	>	ei, i
	*ɥɛi	>	ɔ

基于全部相关标准为苗瑶语族画出新的谱系树超出了本研究的研究范围，但有一点是清晰的，即这些模式将会帮助我们进行谱系树的次级划分，而且可以比以往做得更好。然而，除非重新考察北部苗语支系的地位，否则，提出的任何新的谱系划分都是不充分的。

（4）汉语借词

如果苗瑶语的构拟工作做得好，对构拟出来的语音形式的一项依据应该来自于我们已知的汉语借词的语音形式，这些被苗瑶语借来的汉语借词的韵母分布在各种各样的韵母类别中。明显的汉语借词的构拟形式应该与此处苗瑶语的构拟完美吻合。为了与某一具体的韵母对应组相协调，一个既定的汉语借词必须与苗瑶语本语词共享同样的音系特征，无论是原始苗瑶语、原始苗语，还是原始瑶语。

中古汉语（约公元 500 年）的语音形式已为人所熟知（Pulleyblank 1991，Baxter 1992），同时上古汉语（约公元前 1500 年）的构拟工作正在进行中（Baxter 1992，Sagart 1999，Baxtert、Sagart，2009）。上古汉语构拟中最棘手的难点是声母而不是韵母，所以汉语借词对于构拟苗瑶语韵母的帮助大于其对声母的帮助。反而，在声母方面，苗瑶语对阐明汉语历史音系的问题有更好的作用。对于下文 2.3 节中的每一个韵母对应组，与该组其他词采用同一模式的汉语借词都被纳入其中，同时还列出了苗瑶语的构拟，以及 Baxter（2000）对中古汉语的最新构拟，或者 Baxter、Sagart（2009）对上古汉语的最新构拟，我们所构拟的苗瑶语形式会采用这两者中与之最相像的那个作为参照。

2.1.3.2　瑶语支的元音长短①

苗语支语言没有元音的长短对立，就连瑶语支的标敏方言和藻敏方言也没有该对立。然而，绝大多数学者认为元音的长短对立应该构拟在原始苗瑶语中，因为在勉方言和金门方言中存在该对立。Purnell（1970）和 Downer（1982）只为原始苗瑶语构拟了 /a/-/a:/ 对立。王辅世和毛宗武为所有的元音都构拟了长短对立，但正如他们在《苗瑶语古音构拟》（1995：15）的引言中所指出的那样，只有金门方言的一些土语中才有 /a/ 以外的其他元音的长短对立。

Downer 希望，构拟出其他元音的长短对立可以帮助我们消除一些困难，这些困难反映在瑶语支韵母和大量合并的苗语支韵母的关系上。他认为："既然将瑶语支的长短对立投射到原始苗瑶语（但非原始苗语）的低元音中是必要的，那么进一步的假设可能是：原始苗瑶语在其他元音上也有类似的长短对立。这种假设可能可以解释一些其他现象，比如一个苗语支韵母对应两个不同的瑶语支韵母……"（1982：5）。但是，没有证据表明原始苗瑶语的元音长短在合并到原始苗语的模式中发挥作用：元音音核和外围元音成分本身似乎已经决定了合并的结果，正如目前的构拟所呈现的那样。

构拟元音长短对立是一个合理的想法，尤其因为瑶语支很多时候保留了韵母对立，而这些对立在苗语支中都合并了。但 Purnell 是对的：构建与原始瑶语支韵母（包括长短对立）相同的原始苗瑶语韵母，"仅仅是为了方便组织数量庞大的原始苗瑶语韵母对应组，尝试用一种可以促进进一步调查的方式……这并不意味着原始瑶语支完整地保留了原始苗瑶语的韵母系统。"（1970：183）。尽管如此，但大多数学者仍然假设它完整地保留了原始苗瑶语的韵母系统，并在此基础上进行研究。

但是，L-Thongkum 是一个例外。她在自己 1993 年构拟的原始瑶语支中并没有构拟长短元音。她将 /a/ 中发生的长短对立解释为原始瑶语支元音音质对立（*-ə > -a; *-a > -a:）的结果②。根据她的论述，其他元音的长短对立只是偶发现象，是因为接触到周边有长短元音对立的语言才产生的。在原始瑶语支层面将元音长短对立解释为一种音质对立可以打消为原始苗瑶语更早的阶段构拟长短元音的念头。L-Thongkum 用接触-扩散来解释瑶语支的长短元音具有一定的优越性，理由如下（进一步的解释参见 Ratliff 2007）：

1）勉方言和金门方言使用者与有长短元音的语言的使用者有接触关系。泰国的勉方言使用者与有长短元音的标准泰语和北部泰语的使用者有接触关系（Purnell 1965：3；L-Thongkum 1993：193）。在中国湖南、云南、广东、贵州、江西和广西壮族自治区，勉方言和金门方言使用者与壮傣民族和汉族杂居，尤其是壮族，这些壮傣民族的语言中都有长短元音。在海南岛，金门方言使用者与黎语和广东话使用者有接触关系，而这两种语言都有元音的长短对立。此外，勉方言并不是唯一一只有 /a/ 元音长短对立的语言。掸语、傣泐语、武鸣壮语（壮侗语族，或台-卡岱语系），粤语（汉语支），占语或回辉话（南岛语系）以及该地区的其他语言也有这个特征。

2）带长元音的借词数量多于带长元音的本语词数量（Kosaka 2002）。

3）对于没有长短元音对立的语言，想要发展出长短元音对立，语言接触是一个重要的诱发因

---

① 该节基于 Ratliff（2007）的论述。
② 在一项关于勉方言音系的共时研究中，Purnell（1965：78ff.）也将短[a]分析为/ə/，将长[a:]分析为/a/。

素。但我们在研究声调起源时发现，即使有外部接触，语言内部也必须先"准备就绪"才能发展出接触语言的韵律特征。并且，存在一个内部语音方面的原因使得新兴的长短对立的音位特征首先出现在[a]元音上，如在勉方言中，然后才扩散到其他元音上，如在金门方言中。Gordon（2002：73）提到，从跨语言的角度来说，有丰富的材料证明一种倾向性，即低元音比高元音更长，并解释了其与元音形成长短对立音位之间的关系。潜伏在内部准备采用长短对立音位的次音位变异是低元音的自然倾向，这种倾向表明低元音比其他元音有更宽的长度变化范围。但显著的是，[a]元音的较大的时长差异仅发现于尚未产生元音长短对立的语言中，"事实上，在所有案例中，没有元音长短对立的语言在不同音质的元音之间呈现出更大的时长差异……在有元音长短对立的语言中，没什么余地留给本质上更长的低元音通过额外拖长的方式去延长其内部时长，因为额外的非对立时长有可能导致长短音位对立的中和"（Gordon 2002：72-73）。元音长短对立的发展必须经历以下几个历史阶段：

（a）一开始没有长短对立，而低元音在时长上显示出更大范围的变异；

（b）接着，低元音这种时长上的变异被开发出来（即被音系化）；

（c）然后，该特征通过类推被扩散到其他元音。

（4）关于勉方言的两种独立描述（Downer 1961，Purnell 1965）以及新谷忠彦、杨昭（1990）关于金门方言的记录，都显示出这两种有长短元音对立的语言是以彼此交替出现的长短音节（或轻重音节）的韵律为特征的。Downer（1961：539）将勉语（"高地瑶语"）描写如下："[弱化音节]有两种——常规弱化音节和含-a 的弱化音节。这两种音节都比紧随其后的完整音节更轻短，以至于双音节词出现了一种强烈的抑扬格节律……"鉴于这些语言的抑扬格韵律，非短语结尾的音节一定是轻音节，而短语结尾的音节（句法核心）就必须是重音节（维持一定的重量）①。这在元音形成长短对立的过程中也许是促成因素之一。

由于韵律是音系中最易扩散的方面（Matisoff 2001），因此，以下的论述听起来似乎很有道理，勉语和金门方言变成有元音长短对立的语言是与有该特征的其他语言接触的结果，刚开始只在元音[a]中出现了比较明显的内部长度差异，那时，这些语言中的元音[a]尚未有过长短对立的特征。

2.1.3.3　苗语支的鼻音韵尾

没必要为原始苗语支构拟*-n/*-ŋ 的对立（也可参见 Downer 1982 和 Niederer 1998:276）。这两个鼻音韵尾在原始苗语中呈现出互补分布，*-n 只出现在前元音后，*-ŋ 出现在其他地方：

表 2-24　　　　　　　　　　　　　本书对原始苗语鼻音韵母的构拟

in	iŋ	uŋ	uŋ
en, ein			oŋ
ɛŋ	əŋ	ɔŋ	
æn			aŋ

这不同于王辅世（1994）对原始苗语支的构拟，王辅世的构拟中有四对韵母含有*-n 和*-ŋ 的对立：

表 2-25　　　　　　　　　　　　　王辅世对原始苗语鼻音韵母的构拟

in			uŋ
en, eŋ			on, oŋ
ən, əŋ	ɛn, ɛŋ	ɔn, ɔŋ	
æn	aŋ	ɑŋ	

----

① 在新谷忠彦和杨昭的《海南金门方言词典》（1990）中，有 135 个基本句法类型的句子呈现出元音长短和短语结尾位置（短语句法核心的位置）之间的强相关性。

在现代苗语支语言中，并没有证据支持上述四个构拟出来的韵母最小对立组。在与瑶语支语言比较后，也并未发现支持此构拟的证据，因为每个韵母要么对应着-m、-n、-ŋ 这三个鼻音，要么任意地对应着这三个鼻音的其中一个或两个。

有两种可能的构拟方式来反映原始苗语支中鼻音韵尾对立的缺失：只构拟*-N，其具体的语音形式由它前面的元音来决定；或者，构拟出音位变体，正如本构拟所做的处理。两种方法都是可行的：本构拟选择后一种做法是为了使构拟出来的语音形式更清楚而且直接地反映出它与原始瑶语支的联系，但这并不意味着在原始苗语支中存在两个对立的鼻音韵尾①。

2.1.3.4 元音还是滑音？

考虑到我们需要构拟出具体的元音音质，所以在构拟韵母时，另一个棘手的问题是要决定一个音段究竟应该构拟为元音，还是应该构拟为滑音。考虑到我们的处理原则是一个韵尾要么只包含一个滑出音，要么只包含一个辅音，而不能两者兼有，我们推测出如下的原始语韵母类型库藏：

表 2-26　　　　　　　　　　　　　原始苗瑶语韵母类型库藏

单元音音核	V	VC	VG	GV	GVC	GVG
双元音音核	VV	VVC	--	GVV	--	--

许多可能的韵母类型在现代语言中并不典型，而且也并未被构拟出来。这意味着对于苗瑶语韵母，存在某个最大的重量值，在这个韵母中只有元音和滑出音才可能进入音节重量的计算。这就排除了 VVG 和 GVVG 这两种音节类型，因为音节太重了。根据这种算法，理论上来说，GVVC 音节类型是可能的，但在本构拟中是不需要的。

除此之外，还有一种相当笼统的判断方法，如果一个具体的对应组中的语音形式显示出稳定的双元音特征，那么就要构拟双元音，但如果该语音形式显示出单元音和双元音的混合，那么通常要构拟出 GV 或者 VG，同时要将跨对应组中不太稳定的音段构拟为重量更轻的滑音。

2.1.3.5 关于韵母构拟的结束语

一个具体的原始苗瑶语韵母的构拟形式可以通过三种主要的方式来评估：
（1）是否可以直接从原始苗瑶语韵母派生出现代瑶语支的相应形式；
（2）合并到相同的苗语支韵母中的那些韵母是否属于音系上比较自然的集合；
（3）借自汉语与苗瑶语模式一致的词汇，早期的汉语语音构拟在音系上与早期的原始苗瑶语构拟形式类似。

如果一个构拟形式符合这三条独立的标准，我们就完全可以肯定该构拟形式；如果跨对应组模式（即上文提到的"新发现模式"）也随着这些构拟而形成，我们就觉得更好了。但是，问题仍然存在。第一，韵母的过度构拟仍然十分麻烦，找到制约条件来降低原始苗瑶语韵母库藏的过度膨胀尤为重要。王辅世和毛宗武对每一个可能的低元音都进行了构拟，在国际音标表上显示为*æ、*a、*A、*ɐ、*ɑ、*ɒ②。这似乎是"过度构拟"的典型案例，但有人可能也会认为，本书的构拟也不是那么自然：现代苗瑶语怎么会区分/ei/和/ej/、/æi/和/æj/,甚至区分/ɔu/、/ou/和/ow/这些我们宣称在原始苗瑶语中清楚区分的韵母呢？的确，这些语音形式比较抽象，而且是以一种隐蔽的方式来提取原始语的真实本质。第二，有些决定做得相当随意，可能需要在考虑更多的证据或进行更好的分析后再进行修改。比如，将原始苗语支对应组 21 构拟为*əŋ，将 22 构拟为* ɛŋ，就只是基于这两个原始音位的现代语音形式中极细微的差异。此外，考虑到苗语支的二次圆唇化，在原始苗瑶语层面，区分圆唇的鼻音韵母对应组 27-30（*uŋ,*oŋ,*ɔŋ,*ʉŋ）也相当困难。

---

① 有些语言的-n 和-ŋ 呈现互补分布（-n 出现在前元音后，-ŋ 出现在后元音后）。其他语言，比如炯奈语，已经发展出两种鼻音韵尾的对立：/an~ai/来自*in 和* æn，/aŋ/来自* əŋ、* ɛŋ 或* ɔŋ。

② [A]不是一个常规的国际音标符号，它表示"一个完全打开的不圆唇央元音"（Pullum 和 Ladusaw 1996）。

2.1.4　声调构拟

苗瑶语声调被构拟为抽象的历史调类,而不是有具体调值的古调(比如高调、低调、上升调等)。考虑到在具体调类中的语音形式存在很大的变异性,对于任何一个具体调类,很少会出现相同的声调特征。然而,调类本身却极其稳定,这就使得声调方面的构拟最为直接[1]。快速浏览一下 2.3 节中有韵母表的那一页,就能看出同源词一般都属于相同的调类,正如上标 1 到 8 所标示的那样[2]。偶尔出现非对应的声调,也许是因为连读变调变体代替了本调,也许是其他什么原因,一般不会弄不清楚一个词应当被归入哪个具体的调类,因此,也不会弄不清原始语中的一个词应当归入哪个具体的音节类型。参见第三章对苗瑶语声调起源的讨论和对历史调类的解释。

声调(即调类)构拟的主要难点在于:有一些词,用其他标准判断可以判断为原始苗瑶语的同源词,但通常这些词在原始苗语支和原始瑶语支中显示出两个不同的调类。如表 2-27 中的例词。

表 2-27　　　　　　　　　　原始苗语、原始瑶语属于不同调类的例词

苗瑶语同源词	原始苗瑶语		原始苗语支	原始瑶语支
吃	??	>	*nuŋ^A	*ɲən^C
手指	??	>	*nta^B	*ʔdok^D
十字弓,弩	(*hnək)	>	*hnæn^B	*hnək^D
第三人称单数(他/她/它)	*nɪæn(X)	>	*ni^B	*næn^A
去	*n-muŋ(X)	>	*n-muŋ^B	*n-miŋ^A

尽管"吃""手指"和"弩"毫无疑问是原始苗瑶语词汇,但它们在此处被分别列出,因为它们分属于不同的对应组。在一些以鼻音开头的词汇中,比如"弩",韵母的二次鼻音化使得苗语支和瑶语支很难在更高的层面中保持一致。但是,当只有声调是模棱两可的成分时,比如在"他/她/它"和"去"中,原始语形式就可以被构拟出来,我们用括号标注出可能存在于原始语中的变体形式。因此,万一声调发生跨语支错配,我们就要决定在原始苗瑶语层面是否进行声调构拟,以及如何构拟。我们对每个案例都要进行判断,其他人可能会选择对这些案例进行不同的处理。

一个错配的典型案例是瑶语支的 7 调对应苗语支的 5 调和瑶语支的 8 调对应苗语支的 6 调。在该例中,我们可以自信地构拟出原始苗瑶语层面的语音形式:有充足的证据表明原始苗瑶语中含韵尾-k(调类 D)的词汇与苗语支中对应着调类 C 调域的词汇发生了合并(Downer 1967,张琨 1972)[3]。这种合并并不影响原始苗瑶语中以-p 或-t 结尾的词汇。比如:

表 2-28　　　　　　　　　原始苗瑶语带韵尾*-k 的 D 调在原始苗语并入 C 调

同源词	苗瑶语		苗语支	瑶语支
鸟	*m-nok	>	*m-noŋ^C	*nok^D
客人(中古汉语 khæk)	*khæk	>	*qhæ^C	*khæk^D
百(中古汉语 pæk)	*pæk	>	*pæ^C	*pæk^D
力气(上古汉语*kə.rək)	*-rək	>	*-ro^C	*khlək^D
六(藏缅语*k-ruk)	*kruk	>	*kruw^C	krok^D

---

① 张琨(1947,1953,1966,1972)是第一个阐述苗瑶语声调历史的。

② 或者如原始语和复员话(一种苗语支语言)中上标字母所标示的那样,复员话并没有因为清浊辅音的合并而从原来的四声调分裂为八声调。

③ 对于"C 调""D 调"和"调域"的解释,参见第三章。

2.2 原始苗瑶语声母

表 2-29 原始苗瑶语声母构拟

	1	2	3	4	5	6	7
1. 清塞音	p	t	ts	c	k	q/(qʷ)	ʔ
2. 送气塞音	ph	th	tsh	ch	kh		
3. 浊塞音	b	d	dz	ɟ	g	ɢ	
4. 鼻冠清塞音	mp	nt	nts	ɲc	ŋk	ɴq	
5. 鼻冠送气塞音	mph	nth	ntsh	ɲch	ŋkh		
6. 鼻冠浊塞音	mb	nd	ndz	ɲɟ	ŋg	ɴɢ	
7. 前喉塞鼻音	ʔm	ʔn		ʔɲ			
8. 送气鼻音	hm	hn		hɲ			
9. 浊鼻音	m	n		ɲ/(ɲʷ)	(ŋ)/(ŋʷ)		
10. 前喉塞滑音	ʔw			ʔj			
11. 送气滑音	(hw)			hj			
12. 浊滑音	w			j			
13. 清擦音		s		ɕ			
14. 送气擦音							h
15. 浊擦音					(ɣ)		(ɦ)

-j-

	1	2	3	4①	5	6	7
16. 清塞音	pj	tj	tsj		kj/(kʷj)		
17. 送气清塞音	phj	(thj)	tshj		khj		
18. 浊塞音	bj	dj	dzj		gj/(gʷj)		
19. 鼻冠清塞音	(mpj)	ntj	ntsj		ŋkj		
20. 鼻冠送气塞音	mphj	nthj	ntshj				
21. 鼻冠浊塞音	mbj	(ndj)	ndzj		ŋgj		
22. 前喉塞鼻音							
23. 前送气鼻音	hmj	hnj					
24. 浊鼻音	mj				(ŋj)		
25. 前喉塞滑音							
26. 送气滑音							
27. 浊滑音	wj						
28. 清擦音		sj			(xj)		

① 第 4 列是空白的原因是由于第 4 列的发音部位不与 -j- 相匹配。下同。

续表

	1	2	3	4	5	6	7
29. 送气擦音							
30. 浊擦音					(ɣj)		

l-，-l-

	1	2	3	4	5	6	7
31. 清塞音	pl/plj				kl/(klj)	ql	
32. 送气清塞音	phl				khl		
33. 浊塞音	bl/blj				gl/(glj)	Gl/(Glj)	
34. 鼻冠清塞音	mpl/mplj				ŋkl/ŋklj		
35. 鼻冠送气塞音	mphl						
36. 鼻冠浊塞音	mbl/mblj				ŋgl/ŋglj	ɴgl	
37. 前喉塞鼻音							
38. 送气鼻音							
39. 浊鼻音	ml						
40. 前喉塞流音	ʔl/ʔlj						
41. 送气流音	hl/hlj						
42. ①浊流音	l/lj						

r-，-r-

	1	2	3	4	5	6	7
46. 清塞音	pr	tr			kr	qr	
47. 送气清塞音	phr	(thr)					
48. 浊塞音	br	dr			gr	Gr	
49. 鼻冠清塞音	mpr	ntr			ŋkr		
50. 鼻冠送气塞音		nthr					
51. 鼻冠浊塞音	mbr	ndr			ŋgr		
52. 前喉塞鼻音							
53. 送气鼻音		hnr					
54. 浊鼻音	mr						
55. 前喉塞流音		ʔr					
56. 送气流音		hr					
57. 浊流音		r					

（1）对应组

　　对应组是根据发音部位的类别进行编排的。排在前面的类别不包含介音。后面的类别与前面的类别发音部位相同，只是每个类别分别包含了介音-j-、-l-、-r-。在每个对应组中，最先呈现的是那些可以构拟为原始苗瑶语（PHM）的同源词，接着是只能构拟为原始苗语（PH）的同源词，然后是

---

　　① 表2-29中没有43-45的原因是，43-45对应的发音方法是擦音，而擦音不与-l-介音匹配。后同。

只能构拟为原始瑶语（PM）的同源词。在每一个次级对应组中，先构拟没有声母成分的同源词，再构拟有声母成分的同源词。在每一个更小的组别中，同源词会先根据调类进行排列，再根据词义的首字母进行排列。

本构拟会先列出含有一个介音的声母，再列出含有两个介音（比如：*hlj）的声母（因此，*pr-标为1.46，*prj-标为1.46.1）。有三级数字分类的声母都属此类。

明显的汉语借词会列入其所属的对应组中。这些词条会列在每组的最后。如果出现一个可能与某个具体的汉语形式有联系的词，但这种联系又不是直接由某个或某些特征（声调、声母、韵母或意义）严重的错配导致的，那么在注释中我们会给出该形式的说明。如果一个对应组只包含汉语借词，就说明构拟的声母属于借词音系，这种情况出现在上面声母表中的括号里。借词音系会在第六章语言接触中进行讨论。

（2）语言

以下11个特点鲜明的语言点用来代表苗瑶语族中20-30种语言。由于苗语支比瑶语支的内部多样性更丰富，所以这11个语言点中有7个是苗语支语言。如果一个构拟形式取自王辅世、毛宗武（1995），王辅世（1994），或者下列第一（主要）来源，该形式的出处将不再标明①。如果一个构拟形式取自下列第二或第三来源，或者，有一个关系相近的方言代替了被列在此处的一个语言点，我们会在注释中对出处和该方言点进行说明。这11个代表点在讨论时会使用加下划线的名称。

1. 东苗语支（苗语黔东方言）：北部土语：贵州省凯里县养蒿镇，养蒿

数据来源：王辅世、毛宗武（1995）调查点1 = 王辅世（1994）调查点1

2. 北苗语支（湘西苗语方言）：西部土语：湖南省花垣县吉卫乡，吉卫

数据来源：王辅世、毛宗武（1995）调查点2 = 王辅世（1994）调查点2

3. 西苗语支（川黔滇方言）：川黔滇次方言，第一土语：老挝/泰国，白苗

数据来源：Heimbach 1979, Bertrais 1979 [1964]

4. 西苗语支（川黔滇方言）：麻山次方言，中部土语：贵州省紫云苗族布依族自治县宗地乡，宗地

数据来源：王辅世、毛宗武（1995）调查点7 = 王辅世（1994）调查点7（声调1a，3a，5a，7a ＜ 清塞音、前喉塞塞音、前喉塞响音声母；声调1b，3b，5b，7b ＜ 送气清塞音、清擦音、清响音声母）

5. 西苗语支（川黔滇方言）：罗泊河次方言，第二土语：贵州省福泉县，复员

数据来源：王辅世、毛宗武（1995）调查点8 = 王辅世（1994）调查点8（声调没有分裂）

6. 苗语支：广西壮族自治区金秀瑶族自治县，长垌乡，炯奈

数据来源：王辅世、毛宗武（1995）调查点13；毛宗武、李云兵（2001）

7. 苗语支：广西壮族自治区融水县白云乡，巴哼

数据来源：Niederer 1997

8. 勉语支：勉语罗香土语：广西壮族自治区金秀瑶族自治县罗香乡，勉

数据来源：王辅世、毛宗武（1995）调查点17；L-Thongkum 1993 "JX"（调类5 ＜ 清塞音、前喉塞塞音、前喉塞响音声母；调类5' ＜送气清塞音、清擦音、清响音声母)

9. 勉语支：金门方言：广西壮族自治区凌云县览金乡，览金

数据来源：王辅世、毛宗武（1995）调查点20（声调1，3，5，7 ＜ 清塞音、前喉塞塞音、前喉塞响音声母；声调1'，3'，5'，7'＜送气清塞音、清擦音、清响音声母）

10. 勉语支：标敏方言：广西壮族自治区全州县东山瑶族乡，标敏

---

① 由于某种原因，王辅世（1994）中并不是所有的构拟形式都出现在王辅世、毛宗武（1995）中。除非出现明显的汉语借词，否则所有的构拟形式都会在此处显示。

数据来源：王辅世、毛宗武（1995）调查点 21；Solnit 1982

11. 勉语支：藻敏方言：广东省连南瑶族自治县大坪乡，<u>藻敏</u>

数据来源：王辅世、毛宗武（1995），调查点 23

上文画线的语言名称是苗瑶语文献中最常使用的名称。但它们的命名方式并不一致：其中有四个汉语地名（养蒿、吉卫、宗地、复员），有一个苗语本名的英语翻译，依据的是他们的民族服装（白苗），还有六个本名依据的是他们自称最常用的写法（炯奈、巴哼、勉、览金、标敏、藻敏）。这 11 个语言点的语音形式列在下列对应组中每列的数字标号下方。

双唇音

1.1　*p-

原始苗瑶语*p-	1	2	3	4	5	6	7	8	9	10	11
1. 知道*pei(12/17)①	pu¹	--	pau¹	po¹ᵃ	--	pe¹	pɪ¹	pei¹	pei¹	pəi¹	bɛi¹
2. 白齿*pæ(5)	--	pa²	pua¹	--	--	--	--	--	--	--	ba¹
3. 饱*pɯɛŋX②(22)	pɛ³	pe³	pu³	poŋ³ᵃ	paŋᴮ	paŋ³	pɔ̃³	pwən³	pɔŋ³	pɔŋ³	baŋ³
4. 射击*pənX(21)	paŋ³	pɑŋ³	po³	poŋ³ᵃ	poŋᴮ	poŋ³	pɔ̃³	pwan³	fan³	--	bun³
5. 睡觉/躺下*pɯeiH③(8)	pi⁵	pɔ⁵	pɯ⁵	pu⁵ᵃ	puᶜ	pau⁵	pɛ⁵	pwei⁵'	fei⁵	--	bui⁵
6. 第一人称复数(我们)*N-pou(3)	pi¹	pɯ¹	pe¹	pæ¹ᵃ	peiᴬ	pa¹	pɯ⁵	--	pu¹	--	bu¹
7. 丈夫*N-poX(7)	--	po³	--	--	--	--	--	--	--	bu³	--
8. 大豆*N-peiX(12/17)	pu³	--	pau³	--	--	--	--	--	bei³	bi³	mɛi³
9. 百*pæk	pa⁵	pa⁵	pua⁵	pa⁵ᵃ	piᶜ	pa⁵	pe⁵	pɛ⁷	pe⁷	pɛ⁷	ba⁷

原始苗语*p-	1	2	3	4	5	6	7
10. 落下*pɯŋᴬ(30)	--	--	poŋ¹	paŋ¹ᵃ	poŋᴬ	--	--
11. 喂*pɛŋᴬ(22)	pɛ¹	--	pu¹	--	--	--	--
12. 大腿*pæᴬ(5)	pa¹	pa¹	pua¹	pa¹ᵃ	--	--	pe¹
13. 开（门）*powᴰ(13)	pu⁷	pu⁷	--	--	poᴰ	--	pɔ⁷
14. 風（风）*poŋᶜ(28)	poŋ⁵	--	pa⁵	paŋ⁵ᵃ	poŋᶜ	--	--

原始瑶语*p-	8	9	10	11
15. 烧*pouᴮ(3)	pu³	pu³	pau³	bu³
16. 鞭*pinᴬ(18)	biŋ¹	pin¹	pin¹	--
17. 斧*pouᴮ(13)	pou³	pɔu³	bəu³	pu³
18. （粤语/pɛːŋ⁵/）躲*pinᶜ(18)	pi:ŋ⁵	--	pjɛ⁵	bɔŋ⁵
19. 放*puŋᶜ(21)	puŋ⁵'	puŋ⁵	pɔ⁵	bɔŋ⁵

---

① (12/17)表示本书作者将王辅世的第 12 号和第 17 号韵母合并为一组。

② *pɯɛŋX 中的 X 表示原始苗瑶语发声态系统对应原始苗瑶语或原始瑶语的 B 调。

③ *pɯeiH 中的 H 表示原始苗瑶语发声态系统对应原始苗瑶语或原始瑶语的 C 调

注释（以下序号与上表中序号相对应）：

1. 可能来自汉语的"别"（上古汉语*N-pret > 中古汉语 bjet > 普通话 bié）。

2. 在白苗中，是"下巴"。

3. 比较马来-波利尼西亚语的*penuq"（容器）满的"（《南岛语比较词典》）。

4. 比较马来-波利尼西亚语的*panaq"射击"，孟高棉语的*paŋʔ"射击"（Shorto #905）。在白苗中是"扔"。

5. 罗香勉语（8）中的声调次类显示声母可能是送气的。

6. 这个词在瑶语中用作复数后缀，暗示着它最初的语义是"群体"。在海南金门方言中，这个词是第一人称复数排除式代词。瑶语支中的浊声母暗示着一个前声母浊音成分。

7. 比较汉语"父"（上古汉语*[b](r)aʔ > 中古汉语 bjuX > 普通话 *fù*。也可参见苗瑶语的"父亲/男性"*pjaX（1.16/4）。

10. 可能来自汉语的"崩"（上古汉语*Cə.pˤəŋ > 中古汉语 pong > 普通话 *bēng*）

11. 在养蒿（1）中是"允许"；在白苗中是"给"。在《苗瑶语方言词汇集》（1987）中养蒿（1）、叙永苗语是/po¹/"喂"，石门苗语是/pu¹/"喂"。

18. 江底勉语（王辅世、毛宗武 15）替换了罗香勉语（8）。

1.2　*ph-

原始苗瑶语*ph-	1	2	3	4	5	6	7	8	9	10	11
1. 片*phəan(21)	phaŋ¹	--	pho¹	--	phoŋᴬ	--	phɯ⁵	pha:n¹	--	phəu¹	--
2. 劈*phek(2)	pha¹	pha¹	tshi¹	--	phoᴬ	--	phɯ⁵	phi⁷	--	--	--
3. 破*phajH(15)	pha⁵	pha⁵	phua⁵	pa⁵ᵇ	phaᶜ	pha⁵	pha⁵	pha:i⁵	pa:i⁵ʼ	pha⁵	

原始苗语*ph-	1	2	3	4	5	6	7
4. 刨*phɯᴬ(8)	phɛ¹	--	phua¹	pou¹ᵇ	--	phau¹	phɪ¹
5. 雷*S-phoᴬ(7)	ho¹	so¹	sɔ¹	so¹ᵇ	suᴬ	xu¹	(mo¹)
6. 线*S-phoᴮ(7)	fhə³	so³	sɔ³	so³ᵇ	suᴮ	--	(mo³)
7. 扭，搓 *S-phu̯aᴬ(15)	fha¹	--	sua¹	sa¹ᵇ	saᴬ	va¹ʼ	--

原始瑶语*ph-								8	9	10	11
8. 奉*phu̯ɛŋᴮ(22)								phwən³	pɔŋ³	phɔŋ³	--
9. 拂*phu̯ətᴰ(7)								phut⁷	--	--	--

讨论：

此处"雷"很有可能与苗瑶语的*mpu̯ə"雷"（1.4/16）相关，巴哼语"线"的语音形式也暗示相似的模式。此处将"雷""线"和"搓"构拟为*ph-是基于其他点的 ph-声母：枫香（西部苗语支）、七百弄布努和瑶里布努（在王辅世、毛宗武（1995）的 9、10、11 对应组中）。上表括号里是巴哼语的语音形式，它与瑶语支是同一种模式，暗示着它声母的构拟应该有一个鼻音成分，但由于上述其他语言中并没有鼻音成分的迹象，所以鼻音可能是"可拆分的"，即，鼻音更有可能属于形态范畴而不是音系范畴。最后，将这三个词构拟成送气声母只是尝试性的：宗地（4）的清"ᵇ"声调表明它最初是[+延展性声门]声母，但一个古老的[+延展性声门]声母有可能是一个送气塞音，或者是一个清擦音，又或者是一个清响音。一个假设性的 S-前缀有可能对作为送气声母的宗地声调同样的影响，因此，这三个词的原始形式有可能是*S-p-（后来在枫香、七百弄布努和瑶里布努中变成了送气）。也可参见例词"糠"，它也有一个类似的分化（苗语支的*S-phjæ^C(1.17/5)和瑶语支/巴哼语的*mphi̯ɛk(1.5/1)）。

注释：

1. 江底勉语（王辅世、毛宗武 调查点 15）替换了罗香勉语（8）。在白苗中，该词是用来描述皮革的量词，类似"一层皮""一张皮"中的"层"或"张"。

2. 江底勉语（王辅世、毛宗武 调查点 15）替换了罗香勉语（8）。该词是具有亚洲区域性特征的词：比较原始泰语*phreːk"劈开"；汉语"劈"（上古汉语*(m-)pʰˤek > 中古汉语 phek > 普通话 *pī*）。这些语音形式很有可能来自汉语，因为声调上没有对应关系，它们可能在较早的时期将*-k 借入了瑶语支中，稍后又借入了苗语支中（在 D > A 之后）。

1.3　*b-

原始苗瑶语*b-	1	2	3	4	5	6	7	8	9	10	11
1. 花*bi̯aŋ(24)	paŋ²	pei²	pa²	pua²	venᴬ	pen²	pɛ²	pwaŋ²	faŋ²	pjaŋ²	pjaŋ²
2. 看见*bu̯ət(7)	poŋ⁸	--	pɔ⁸	po⁸	mpuᴰ	pu⁸	pa⁸	pwat⁸	fat⁸	phi⁸	--
3. 孵，抱窝；拥抱*bu̯əH(16)	pə⁶	--	pua⁶	pəa⁶	vaᶜ	pu⁶	po⁶	pu⁶	pu⁶	pu⁶	pu⁶

原始苗语*b-	1	2	3	4	5	6	7				
4. 女人*boᴬ(7)	--	--	pɔ²	--	vuᴬ	--	--				
5. 还（钱）*bu̯eiᴬ(12/17)	pɔ²	pi²	pau²	pɔ²	vuᴬ	--	--				
6. 脸*bowᴮ(13)	--	--	--	pɯ⁴	--	--	--				
7. 山*bæwᴮ(3)	pi⁴	--	pe⁸	pe⁴	veiᴮ	--	--				
8. 手镯*bɔᶜ(6)	--	pɔ⁶	pau⁶	po⁶	vuᶜ	--	po⁶				
9. 脓*bu̯eiᶜ(12/17)	pu⁶	pɔ⁶	pau⁶	po⁶	vuᴮ	pei⁶	pɪ⁶				
10. 肩膀*bʉᶜ(8)	--	pə⁶	pɯ⁶	--	vuᶜ	--	--				
11. 腐*bu̯aᴮ(15)	pa⁴	pɑ⁴	pua⁴	pəa⁴	vuᴮ	--	--				

原始瑶语*b-								8	9	10	11
12. 捧*bouᴬ(13)								pou²	pɔu²	--	--
13. 平*beŋᴬ(29)								pɛŋ²	peːŋ²	pɛ²	pɛŋ²
14. 耙*baᴬ(4)								pa²	pa²	--	pa²
15. 薄*bi̯ɛkᴰ(1)								pwa⁸	fa⁶	--	pjɛ⁸
16. 白*bækᴰ(5)								pɛ⁸	pe⁶	phɛ⁸	pa⁸

讨论：

尽管"前缀声母替代词根声母"的过程模糊了对应关系（Matisoff 1997），但原始苗瑶语的"手/手臂"和原始苗语的"刺ᵣ"最好还是构拟为该声母。参见第二章 2.1.2 节和第四章 4.2.3 节的讨论。

	1	2	3	4	5	6	7	8	9	10	11
手/手臂*-bɔuX(3)	pi⁴	tɯ⁴	te⁴	ʂe⁴	weiᴮ	tʃa⁴	tɛ-pɯ⁴	pu⁴	pu⁴	pau⁴	pu⁴
刺儿*-boᴮ(7)	pə⁴	to⁴	pɔ⁴	pɯ⁴	vuᴮ	--	--				

除了上述语音形式，苗语支畲语中属于这些对应组的语音形式有对应的韵母和声调，但其声母却是软腭部位的（"手"/khwa⁴/，"刺儿"/khɤ⁴/）。

注释：

1. 罗香勉语（8）的-w-是二次发展的结果：首先-j-脱落，然后-w-出现在双唇音和元音/a/之间。比较南岛语的*buŋa "果树或灌木的花"（《南岛语比较词典》），缅语书面语的/pwaŋ¹/ "果树或灌木的花"，和 Laqua 语（泰-卡岱）/puŋ/ "花"（白保罗 1975：295）。

3. 比较汉语"抱"bào 的语义"抱在怀里、拥抱；孵蛋，抱窝"。"抱窝"这个语义被证实是该语族的普遍语义；"拥抱"这个附加语义被证实只存在于苗语支。

4. 叙永苗语是/po²/，石门苗语是/po²/（《苗瑶语方言词汇集》1987）。可能借自汉语的妇"妻子，已婚妇女"（中古汉语 bjuwX > 普通话 fù），但声调并不对应。

6. 石门苗语是/bey⁴¹/，青岩是/pau⁴/，高坡是/pə⁴/，枫香是/po⁴/（王辅世、毛宗武 1995）。叙永苗语带介音-l-的语音形式/bleu⁴/也可能是同源的（在叙永苗语/bleu⁴ plho⁷/中，《苗瑶语方言词汇集》[1987]；对于第二个语音成分，比较白苗的/phlu⁵/ "颊"）。

7. 白苗中表示"坡上"。白苗的声调是晚近时期出现形态类别的结果，形态类别的形成是通过声调转移（地理特征>地区性）(Ratliff 1992a:104-112)。

8. 绿苗替换了白苗（3）。

12. 江底勉语（王辅世、毛宗武 调查点 15）替换了罗香勉语（8）。

15. 罗香勉语（8）的-w-是二次发展的结果：见注释 1。

1.4 *mp-

原始苗瑶语*mp-	1	2	3	4	5	6	7	8	9	10	11
1. 雷*mpuə(16)	--	--	--	--	--	--	mo¹	bu¹	bu⁵	--	bjau¹
2. 做梦*mpeiH(12/17)	pu⁵	mpei⁵	mpau⁵	mpɔ⁵ᵃ	mʔpuᶜ	mpe⁵	mi⁵	bei⁵	bei⁵	bəi⁵	bɛi⁵
3. 名字*mpɔuH(3)	pi⁵	mpu⁵	mpe⁵	mpæ⁵ᵃ	mʔpeiᶜ	mpa⁵	mo⁵	bu⁵'	bu⁵	bau⁵	bu⁵
4. 沸（不及物）*mpu̯eiH(12/17)	--	--	mpau⁵	mpɔ⁵ᵃ	mʔpuᶜ	mpei⁵	mɪ⁵	bwei⁵'	vei⁵	--	bui⁵

原始苗语*mp-	1	2	3	4	5	6	7
5. 叫*mpæᴮ(5)	--	--	mpua³	mpa³ᵃ	mʔpziᴮ	--	--
6. 猪*mpæᶜ(5)	pa⁵	mpa⁵	mpua⁵	mpa⁵ᵃ	mʔpeiᶜ	mpei⁵	me⁵
7. 匆忙穿上(衣服)*mpu̯aᶜ(15)	pa⁵	mpa⁵	mpua⁵	mpa⁵ᵃ	--	--	ma⁵

原始瑶语*ʔb-(<*mp-)								8	9	10	11
8. 响/声音*ʔbujᴬ(9)								bui¹	bu:i¹'	bəi¹	bai¹
9. 蝙蝠*ʔbujᴬ(9)								bui¹	bu:i¹'	bəi¹	bai¹
10. 猴子*ʔbiŋᴬ(18)								biŋ¹	bi:ŋ¹'	--	bjaŋ¹

续表

原始苗瑶语*mp-	1	2	3	4	5	6	7	8	9	10	11
11. 灰*ʔbɔuᴮ(3)								bu²	bu³	bau³	--
12. 岩石*ʔbeŋᶜ(29)								bɛŋ⁵ʼ	--	bɛ⁵	beŋ⁵
13. 報，告诉*ʔboᶜ(7)								bu⁵ʼ	bu⁵	bu⁵	bɔu³

讨论：

在该组以及后续所有的鼻冠声母对应组，我们都遵循 L-Thongkum（1993）的模式：

苗瑶语（*NT-）> 瑶语支（*ʔD-）

苗瑶语（*NTH-）> 瑶语支（*DH-）

苗瑶语（*ND-）> 瑶语支（*ND-）

如非必要，我们不用构拟更多的语音形式，现有材料已经足够解释下列现象：（1）浊声母在每个例词中通常会对应苗瑶语的鼻冠音；（2）正确的调域：1、3、5、7调在声门和送气的声母之后（*ʔD-，*DH-），2、4、6、8调在浊声母之后（*ND-）。

注释：

1. 该词可能与苗语支的"雷"*S-phoᴬ有关。参见上文 1.2 中的讨论。

2. 金秀瑶语（8）出自 L-Thongkum 1993:205。

6. 比较藏缅语的*pʷak"猪"。

7. 在白苗中表示"裹住身体"。可能来自于汉语"被，遮住自己"（上古汉语*m-p(r)ajʔ > 中古汉语 bjeX > 普通话 bèi）。

8. 金门方言（9）的声调次类暗示着它可能有送气声母；L-Thongkum 将原始瑶语构拟为*bhui A (1993:215)。

10. 苗语支的"猴子"（*ʔlinᴬ 2.40/18)一词与该词有相同的声调和韵母，但起首的声母不同。为了将这两种形式在苗瑶语层面统一起来，白保罗（1975：338）构拟了一个复辅音：*ʔbliŋ。

11. 在海南金门方言中，表示"蓝"的同源词与"灰"是复合词"白蓝"；在标敏中，它也表示"霉"的意思（Solnit 1982）。

1.5　*mph-

原始苗瑶语*mph-	1	2	3	4	5	6	7	8	9	10	11
1. 糠*mphiɛk(1)	--	--	--	--	--	--	m̥e⁵	bwa⁷	va⁷ʼ	bja⁷	bjɛ⁷
2. 噴，喷洒 e*mphunH(29)	--	mphu⁵	mphɔŋ⁵	--	mʔphoŋᶜ	--	--	bwan⁵	ban⁵	--	--

原始苗语*mph-	1	2	3	4	5	6	7
3. 蚂蚁*mphæᴮ(5)	phen³	mpha³	--	--	--	mphai³	m̥je³

原始瑶语*bh-(<*mph-)	8	9	10	11
4. 拍*bhækᴰ(5)	bɛ⁷	be⁴	bɛ⁷	--

注释：

1. 参见苗语支的*S-phjæᶜ"糠"（1.17/5）以及 1.2 中对有类似模式词汇的讨论。罗香勉语（8）

的-w-是二次发展的结果：首先-j-脱落，然后-w-出现在双唇音和元音/a/之间。

　　2. 长坪勉语（王辅世、毛宗武 调查点 18）替换了罗香勉语（8）。

　　4. 这也很有可能是苗语支*mbæ^A"拍"（1.6/5）的来源。

1.6　*mb-

原始苗语*mb-	1	2	3	4	5	6	7
1. 盖*mbɔ^C(7)	mə^6	--	mpɔ^6	mpu^6	mpu^C	--	pho^5
2. 拍*mbæ^A(5)	ma^2	ma^2	mpua^2	mpa^2	mpzi^A	--	--

原始瑶语*mb-								8	9	10	11
3. 妇，儿媳妇/新娘*mbu̯ɛŋ^B(22)								bwəŋ^4	bɔŋ^4	bɔŋ^4	--
4. 浮*mbi̯əu^A(1)								bjeu^2	bjɔu^2	bjau^2	bɛu^2

注释：

　　2. 这很有可能也是瑶语支*bhæk"拍"（1.5/5）的来源。

　　3. 尽管该词有可能来自汉语的妇"女人/妻子"（上古汉语*Cə.[b]ə? > 中古汉语 bjuwX > 普通话 *fù*），但汉语没有鼻音韵尾。

1.7　*ʔm-

原始苗瑶语*ʔm-	1	2	3	4	5	6	7	8	9	10	11
1. 病/痛*ʔmun(27)	moŋ^1	moŋ^1	mɔ^1	məŋ^1a	ʔmoŋ^A	mɛŋ^1	mæ^1	mun^1	mun^1	mən^1	man^1

原始苗语*ʔm-	1	2	3	4	5	6	7
2. 抓住，抓紧*ʔmu̯ɛ^A(11)	mɛ^1	me^1	mua^1	muɑ^1a	--	--	--

原始瑶语*ʔm-								8	9	10	11
3. 绿/蓝*ʔmeŋ^A(29)								mɛŋ^1	me:ŋ^1	mɛ^1	mɛŋ^1

注释：

　　2. 在宗地苗语中，"抓住"的词义缩小为"娶妻"。原始苗语的*ʔmu̯ɛ^A(11)"抓住"和原始苗瑶语的"有"*n-mej（1.9/11）之间存在一种形态关系。苗瑶语"有"一词也许带有表示状态的浊音前缀，原始苗语"抓住"一词也许带有表示致使的清音前缀（例见表 2-30）。（这可以解释金门方言中/n-/声母的来源）。更多讨论，请参见第四章。

表 2-30　　　　　　　原始苗语的"抓住"和苗瑶语的"有"之间的形态关系

	1	2	3	4	5	6	7	8	9	10	11
原始苗语"抓住，抓紧"*ʔmu̯ɛ^A(*ʔ-mej)	mɛ^1	me^1	mua^1	muɑ^1a	--	--	--				
原始苗瑶语"有"*n-mej	mɛ^2	me^2	mua^2	--	ma^A	mɔ^2	mĩ^2	ma:i^2	na:i^2	ma^2	--

　　3. 苗语支的*mpru^A"绿/蓝"（1.49/16）可能与之相关。

1.8　*hm-

原始苗瑶语*hm-	1	2	3	4	5	6	7	8	9	10	11
1. 跳蚤*hmiəŋ(23)	m̥hen^1	--	hm̥ɔ^1	moŋ^{1b}	m̥en^A	mɔ^1	ɲ^1	mɛŋ^1	muŋ$^{1'}$	m̥au^1	moŋ^1
2. 藤*hmein(25)	--	ɕi^1	hm̥a^1	ma^{1b}	moŋ^A	m̥e$^{1'}$	m̥a^1	mei^1	mei$^{1'}$	m̥əi^1	mɛi^1
3. 尝/试*hmeiH(12/17)	m̥hu^5	--	--	--	--	--	--	--	--	m̥i^5	--
4. 夜晚*hməŋH(21)	m̥haŋ^5	m̥haŋ^5	hm̥ɔ^5	mɔ^{5b}	moŋ^C		mæ̃^{4}	m̥aŋ^3	--	m̥oŋ^5	moŋ^5

原始苗语*hm-	1	2	3	4	5	6	7
5. 苗族*hmʉŋ^A(30)	m̥hu^1	ɕoŋ^1	hm̥ɔ^1	maŋ^{1b}	mjo^A	--	ŋŋ^1
6. 野狗*hmaŋ^C(24)	m̥haŋ^5	--	hm̥a^5	ma^{5b}	--	--	--

原始瑶语*hm-	8	9	10	11
7. 动物油脂*hmej^A(10)	m̥ei^1	mei$^{1'}$	m̥əi^1	mi^1
8. 面，脸*hmien^A(C)	mjen^1	min$^{1'}$	m̥in^1	mɛn^1
9. 米*hmei^B(12/17)	m̥ei^3	mei^3	m̥i^3	mɛi^3

注释：

2. 可能与汉语的**蔓**"攀缘植物"（上古汉语*ma[n]-s > 中古汉语 mjonH > 普通话 *wàn*）相同。

3. "尝/试"和"嗅，闻闻"（原始苗瑶语*hmjiəmH，1.23/18）都指特意品尝或闻嗅。有其他词表示无意中尝到或闻到。可能与汉语的"味"（名词）味道"（上古汉语*m[ə][t]-s > 中古汉语 mjijH > 普通话 *wèi*）有关。

4. 汉语的"夜晚"（普通话 *wǎn*）> 瑶语 /muən¹/，两者似乎并不相同。更有可能与藏缅语的*s-mu:ŋ "黑"或孟高棉语的*m[h][ɯ]h "晚上，夜晚"（Shorto #264）或*maŋ "夜晚，晚上"（Shorto #638）有联系。

5. "勉/瑶"及其变体很有可能来自汉语的"民"（上古汉语*mi[n] > 中古汉语 mjin > 普通话 *mín*）。

6. 该词有很多指称，比如"狼""狐狸""豺"等。比较原始泰语的*hma¹ "狗"。

7. 比较南岛语的*SimaR "油脂/油/脂肪"（《南岛语比较词典》）。

9. 与汉语的"米"（上古汉语*[m]ˤij? > 中古汉语 mejX > 普通话 *mǐ*）和藏缅语的*may 相同，但其直接来源尚不清楚，因为它有一个清声母。比较南岛语（AN）的*Semay "饭"（《南岛语比较词典》）。

1.9　*m-

原始苗瑶语*m-	1	2	3	4	5	6	7	8	9	10	11
1. 第二人称单数（你）*mʉei(8)	moŋ^2	mu^2	--	--	--	mɐŋ^2	mɯ^6	mwei^2	mei^2	məi^2	mui^2
2. 第二人称复数（你们）*miəu(1)	maŋ^2	me^2	ne^2	mein^2	men^A	--	mɯ^5	--	njou^2	--	--
3. 精制（面粉）*mənX/H(21)	moŋ^4	maŋ^4	mɔ^4	--	--	mæ̃^{4}	mwən^6			mun^6	mun^6
4. 眼睛*mʉɛjH(11)	mɛ^6	me^6	mua^6	moŋ^6	ma^C	mɔ^6	mĩ^6	mwei^6	ŋwei^6	mi^6	mai^2
5. 有*n-mɛj(11)	mɛ^2	me^2	mua^2		ma^A	mɔ^2	mĩ^2	ma:i^2	na:i^2	ma^2	

续表

原始苗瑶语*m-	1	2	3	4	5	6	7	8	9	10	11
6. 去*n-muɯ(X)(30)	mon^4	mon^4	mu^4	məŋ^4	mu^B	ŋŋ^4	nĩ^2	miŋ^2	niŋ^2	--	mi^2
7. 買，买*mɛjX(11)	mɛ^4	--	mua^4	--	ma^B	mɔ^1	mĩ^6	ma:i^4	ma:i^4	--	mai^4
8. 賣，卖*mɛjH(11)	mɛ^4	me^6	mua^6	moŋ^6	ma^C	mɔ^4	mĩ^6	ma:i^6	ma:i^6	ma^6	mai^6
9. 蟒（名词）*məuŋX(21)	--	maŋ^4	mɔ^4	moŋ^4	moŋ^B	mɐŋ^4	mæ̃^{4}	--	--	mə^4	moŋ^4
10. 望*maŋH(24)	--	--	--	--	--	--	--	--	ŋwɯ:ŋ^6	mə^6	moŋ^6

原始苗语*m-	1	2	3	4	5	6	7
11. 柿子*min^B(18)	mi^4	mɛ^4	--	--	men^B	--	--
12. 麦子*muŋ^C(27)	maŋ^4	--	mɔ^6	məŋ^6	mu^C	--	--
13. 女性*min^D(18)	mi^8	--	nia^8	mi^8	men^C	mai^8	mɛ̃^{7}

原始瑶语*m-	8	9	10	11
14. 蜜蜂*m$_u$ei^B(8)	mwei^4	ŋwei^4	mi^4	mui^4
15. 兄弟*mɔu^B(3)	mai^4	--	mau^4	mu^4
16. 扁担*m$_u$əŋ^B(29)	moŋ^5	muŋ^4	məŋ^4	--
17. 回家*mu^B(16)	mu^4	mu^4	mu^4	mu^4
18. 厚/密*mak^D(4)	ma^8	ma^6	--	mɔu^8
19. 霧，雾*mow^C(16)	mou^6	--	--	mu^6
20. 廟，寺庙*miu^C(A)	miu^6	miu^6	--	miu^6

注释：

1. 与南岛语的第二人称复数词根*-mu（《南岛语比较词典》）相似；在南岛语中，第二人称单数词根是由第二人称复数延伸出来的。西部苗语有一个不同的词根：*gɯ^A(5.3/8)。

2. 除巴哼语（7）之外的苗语支语音形式出自王辅世（1994），巴哼语的语音形式出自 Niederer（1997）。金门方言（9）的语音形式出自新谷忠彦、杨昭（1990）。

4. 可能来自汉语的"目""眼睛"（上古汉语*[m][u]k ＞ 中古汉语 mjuwk ＞ 普通话 *mù*）。

5. 关于"抓住"和"有"的关系，参见上文 1.7 中的注释 2。

5 和 6. 根据金门方言的声母 n-，我们为这两个词暂时构拟了前声母*n-。

10. 该词可能也与苗语支活聂（畲语）的/mɔ^8/和石门苗语（西部苗语）的/maɯ^5/同源，所以此处将其当作原始苗瑶语列出。

13. 在白苗中表示"妈妈"。

19. 江底勉语（王辅世、毛宗武 调查点 15）替换了罗香勉语（8）。比较粤语的/mou^6/。

20. 该词有一个布努语的同源词/mjɔ^6/"寺庙"，但这并不足以将其置于主要韵母的对应组中。

1.10　*ʔw-

原始苗瑶语*ʔw-	1	2	3	4	5	6	7	8	9	10	11
1. 女婿*ʔweiX(12/17)	--	--	vau³	wɔ³ᵃ	ʔwuᴮ	ve³	vi³	vei³	--	--	vɛi³
2. 冠*ʔwi̯æn(1)	--	--	ʔi¹	--	ʔweᴬ	--	--	--	--	--	vɔn¹

原始苗语*ʔw-	1	2	3	4	5	6	7
3. 樱桃*ʔwaᴬ(4)	va¹	wa¹	--	zi¹ᵃ	--	--	--
4. 簸箕*ʔwaŋᴬ(24)	vaŋ¹	wei¹	va¹	wua¹ᵃ	ʔwenᴬ	ven¹	vɛ¹
5. 遮盖自己*ʔwoᴮ(7)	--	--	vɔ³	wo³ᵃ	ʔwuᴮ	--	va³
6. 妻子*ʔwæwᴮ(3)	vi³	--	vi³	--	--	va³	vo³

原始瑶语*ʔw-								8	9	10	11
7. 那*ʔweᴮ(10)								wa³	va³	wə³	vɛi³
8. 碗*ʔwənᴮ(D)								van³	van³	wan³	vjɛn³
9. 抉，挖*ʔwetᴰ(10)								vet⁷	ve:t⁷ˀ	wun⁷	vɛt⁷

注释：

1. 长坪勉语（王辅世、毛宗武 调查点18）替换了罗香勉语（8）。比较藏缅语的*krwəy"女婿"。其平行语义"妯娌/儿媳妇"*ʔɲam (4.7/24)强化了这种联系，该平行语义与藏缅语的*nam"儿媳妇"极为相似（白保罗 1987a）。

2. 也可参见/vi¹/（西部苗语的高坡和枫香）和/vai¹/（西部苗语支布努语）。该词来自汉语的冠（上古汉语*[k]ˤon > 中古汉语 kwan > 普通话 guān，比如"鸡冠"中的"冠"）。

6. 在白苗中表示"姐姐"。

1.11　*hw-

原始瑶语*hw-	8	9	10	11
1. 園，园子*hwunᴬ(27)	hun¹	vin¹ˀ	hun¹	von¹

注释：

1. 同一个词借入苗语支中是*waŋᴬ(1.12/24)。

1.12　*w-

原始苗瑶语*w-	1	2	3	4	5	6	7	8	9	10	11
1. 天*weŋ(22)	vɛ²	--	--	--	--	--	vɔ̃²	--	--	--	vaŋ²
2. 芋*wouH(13)	vu⁶	wə⁶	vaɯ⁶	wɯ⁶	woᶜ	vau⁶	vɔ⁶	hou⁶	hɔu⁶	--	vu⁶

原始苗语*w-	1	2	3	4	5	6	7
3. 第一人称单数（我）*weŋᴮ(22)	vi⁴	we⁴	--	--	--	va⁴	vɔ̃⁴

续表

原始苗语*w-	1	2	3	4	5	6	7			
4. 圈，园子*waŋᴬ(24)	van²	--	va²	wua²	--	vi²	ɦje²			
5. 萬，万*wi̯aŋᶜ(26)	van⁶	--	va⁸	waŋ⁶	waŋᶜ	--	--			
原始瑶语*w-								8	9	10	11
6. 皇，黄①*wi̯ənᴬ(24)								waŋ²	van²	waŋ²	vjaŋ²

注释：

1. 这是一个极不规则的对应组的一部分，该对应组是苗瑶语的*ɴɢɛuŋ "天"（6.6/22）和苗瑶语的*ndɛuŋ "天"（2.6/22）。

4. 同一个词借入瑶语支中是*hwunᴬ（1.11/27）。

6. 苗语支从汉语中借入了 "黄"（参见 5-6'.3/24）。

1.16 *pj

原始苗瑶语*pj-	1	2	3	4	5	6	7	8	9	10	11
1. 三*pjɔu(3)	pi¹	pu¹	pe¹	pæ¹ᵃ	pziᴬ	pa¹	po¹	pu¹	pu¹	pau¹	bu⁵
2. 臭虫*pji(1)	--	--	--	--	--	pi¹	pɿ⁵	pi¹	pi¹	pi¹	bɛi¹
3. 父亲/男性*pjaX(4)	pa³	pɑ³	tsi³	pi³ᵃ	paᴮ	pe³	pa⁷	pwa³	fa³	--	--
4. 水果*pji̯əuX(1)	tsen³	pi³	tsi³	pei³ᵃ	pzeᴮ	pi³	pje³	pjeu³	pjɔu³	pjau³	bɛu³

原始苗语*pj-	1	2	3	4	5	6	7				
5. 鸟的嗉囊*pjinᴮ(18)	pi³	--	tsia⁵	pjein⁵ᵃ	puᴮ	pai³	pẽ¹				
6. 结（果实）*pjiᶜ(1)	tsen⁵	--	tsi⁵	pei⁵ᵃ	pzeᶜ	--	--				

原始瑶语*pj-								8	9	10	11
7. 木盆*pjatᴰ(4)								pwat⁷	--	--	--

注释：

1. 除了复员（5），暗含-j-的语音形式在石门苗语中是/tsi¹/，在枫香苗语中也是/tsi¹/。

2. 带有-j-的语音形式在活聂（畲语）中是/pji³/，在江底勉语中是/pje¹/，在湘南勉语中是/pje¹/。

3. 比较汉语的 "父"（上古汉语*[b](r)aʔ > 中古汉语 bjuX > 普通话 *fù*）。也可参见苗瑶语的 "丈夫" *N-poX(1.1/7)。

4. 也可参见西部苗语叙永苗语的/tsɿ⁵/，石门苗语的/tsi⁵/和布努语的/pi⁵/（《苗瑶语方言词汇集》1987）。比较苗语支的派生词*pjiᶜ "结(果实)"（1.16/1）。

6. "结(果实)" 是苗瑶语*pji̯əuX "果子"（1.16/1）的 C 调派生形式；参见第四章。

7. *pj-的构拟是基于勉语的/pjet⁷/和/pje⁷/（王辅世、毛宗武 调查点 15、16）。

---

① 原文是 "皇 yellow"。我们遵照原文翻译为 "皇，黄"。

1.17 *phj-

原始苗语*phj-	1	2	3	4	5	6	7
1. 烧（及物）*phjæw^B(3)	phi^3	--	--	--	--	ɣa^3	pho^3
2. 半*phje^C(10)	--	--	--	pje^{7b}	phje^C	--	--
3. 糠*S-phjæ^C(5)	fha^5	sa^5	sua^5	sa^{5b}	si^B	ɣei^5	(m̥e^5)

注释:

3. 比较苗瑶语的*mphi̯ɛk "糠"（1.5/1）并参见 1.2 中关于模式相似词汇的讨论。

1.18 *bj-

原始苗瑶语*bj-	1	2	3	4	5	6	7	8	9	10	11
1. 进入*bji̯ɛk(9)	pə^6	pɔ^5	--	--	--	pɔ^6	pɯ^6	pja^8	--	phja^8	pjɛ^8

1.19 *mpj-

原始苗瑶语*mpj-	1	2	3	4	5	6	7	8	9	10	11
1. 補，修补*mpjaX(4)	pu^3	mpɑ^3	ntsi^3	mpi^{3a}	mʔpa^B	mpan^3	ma^3	bwa^3	va^3	bja^3	bjɛ^3

1.20 *mphj-

原始苗语*mphj-	1	2	3	4	5	6	7
1. 女儿/女孩*mphje^D(10)	phi^7	mphɑ^7	ntshai^7	mpje^{7b}	mʔphje^D	phai^7	phe^7

1.21 *mbj-

原始苗瑶语*mbj-	1	2	3	4	5	6	7	8	9	10	11
1. 辮，编辫子/辫子*mbjinX(18)	mi^4	--	ntsia^4	mpjein^4	mpen^4	pjen^6	ma^1	bin^4/bin^5	bin^4	--	pin^4/bjɛn^6

原始苗瑶语*mbj-	8	9	10	11
2. 小伙子*mbjau^A(5)	bja:u^2	ba:u^2	--	--

注释:

1. 许多语言（包括上文中的勉语（8）和藻敏（11））会根据词性（动词或名词）来区分该词（它们会以动词-名词这样的顺序出现），或者，更有可能是，它们分别从汉语中借入该词的动词和名词。在大多数调查点，同一词形既用来表示名词，也用来表示动词，或者只出现其中的一个词性。

2. 江底勉语（王辅世、毛宗武 调查点 15）替换了罗香勉语（8）。

1.23① *hmj-

原始苗瑶语*hmj-	1	2	3	4	5	6	7	8	9	10	11
1. 足迹，痕迹*hmjænX(19)	m̥ha³	--	hn̥ɛŋ³	mein³ᵃ	m̥aᴮ	--	--	m̥wan³	ŋwa:n³'	m̥jɛn³	--
2. 牙齿*hmjinX(18)	m̥hi³	ɕɛ³	hn̥ia³	mi³ᵇ	m̥jenᴮ	m̥ai³	m̥ĩ³	--	--	m̥jen³	--
3. 闻，嗅*hmjiəmH(18)	m̥hi⁵	--	hn̥ia⁵	mi⁵ᵇ	m̥jenᶜ	m̥ai⁵	mi⁵	hom⁵	hɔ:m⁵'	m̥ja⁵	--

原始瑶语*hmj-								8	9	10	11
4. 草*hmjaᴮ(4)								m̥wa³	wa³	m̥ja³	mjɛ³
5. 幽灵，鬼*hmjænᴮ(19)								m̥wan³	ŋwa:n³	m̥jɛn³	mjɛn³

注释：

1. 比较藏缅语的*naŋ "跟随"，*s-naŋ "跟着，与……一起"，克钦的/mənaŋ/ "伴随"，莱语（哈卡钦）的/neʔ-hnaŋ/ "足迹，脚印"(Kenneth Van Bik，私下交流)

2. 三江标敏（王辅世、毛宗武 调查点22）替换了东山标敏（10）。

3. "嗅，闻闻"和"尝/试"（原始苗瑶语*hmeiH，1.8/12）都指特意闻嗅或品尝。有其他词表示无意中闻到或尝到。比较藏缅语的*s-nam "闻"（表示"趋向、致使、强化"的s-前缀；参见马提索夫 2003：99ff）。

5. -w-在罗香勉语（8）和览金金门方言（9）中是二次发展的结果：首先-j-脱落，然后双唇音和元音/a/之间发展出介音-w-。

1.24 *mj-

原始苗语*mj-	1	2	3	4	5	6	7				
1. 马*mjænᴮ(19)	ma⁴	--	nɛŋ⁴	mein⁴	m̥aᴮ	me⁴	mĩ⁴				

原始瑶语*mj-								8	9	10	11
2. 人，勉人*mjænᴬ(19)								mwan²	mun²	min²	min²
3. 舅妈*mjəŋᴬ(29)								mwan²	ŋwaŋ²	mjaŋ²	mjaŋ²

注释：

1. 虽然苗语支的"马"与汉语的"馬"（上古汉语*mˤraʔ > 中古汉语 mæX > 普通话 *mǎ*）有渊源关系，但这些语音形式暗示着它们与藏缅语的"马"*mraŋ 联系更为直接。此外，该词的韵母与苗瑶语的*hmjænX "足迹/痕迹"（1.23/19）相匹配，很有可能也是藏缅语借词。瑶语支"马"的词汇都借自汉语。

2. 也可参见江底勉语（王辅世、毛宗武 调查点15）的/mjen²/和湘南勉语（王辅世、毛宗武 调查点16）的/mjəŋ²/。巴哼语/mjɛ²/以及巴哼语的许多其他例词（参见"糠"和"雷"）的模式与瑶语支的模式是一样的。瑶语支自称的一个可能来源是汉语的"民"（上古汉语*mi[ŋ] > 中古汉语 mjin > 普通话 *mín*），这带来一些变体形式，如"勉 Mien"、（金）门 Mun"、"敏 Min"。王辅世和毛宗武将这些瑶语支的语音形式列在表示"人"和"团体"的m-对应组中，并把它们与苗语支的*nænᴬ "人"

---

① 1.22 本对应*ʔmj-。但作者认为没有这个声母，所以没有出现。下文空缺的 1.25、1.26、1.53、1.56、1.57 等多个序号原因相同。

（2.9/19）联系起来，因为它们的韵母和声调是对应的。苗语支表示"人"的词（*næn^A）会在 2.9 中单独列出。

　　2 和 3，罗香勉语（8）和览金金门方言（9）的-w-是二次发展的结果：首先-j-脱落，然后双唇音和元音/a/之间发展出介音-w-。

1.27 *wj-

原始苗语*wj-	1	2	3	4	5	6	7
1. 炒锅*wjin^B(18)	vi^4	wɛ^4	jia^4	zein^4	wen^B	van^4	vĩ^4

讨论：

该词的模式与白苗（3）和宗地苗语（4）的*j-一样，和其他地方的*w-一样。

1.31 *pl-

原始苗瑶语*pl-	1	2	3	4	5	6	7	8	9	10	11
1. 四*plei(12/17)	ɭu^1	pʐei^1	plau^1	plɔ^1a	plou^A	ple^1	pi^1	pje^1	pjei^1	pləi^1	pɛi^5

原始苗语*pl-	1	2	3	4	5	6	7
2. 胃*plaŋ^A(24)	--	--	pla^1	--	--	--	--
3. 面粉*pluei^B(12/17)	--	--	--	plɔ^5a	plou^B		
4. 猫头鹰*ploŋ^D(28)	ɭioŋ^5	--	pla^7				

原始瑶语*pl-								8	9	10	11
5. 埋*plɔp^D(9)								plop^7	plɔp^7	--	--

注释：

1. 来自藏缅语的*b-ləy（参见第五章）。

3. 比较原始马来-波利尼西亚语的*palu "西米粉"（《南岛语比较词典》）。

4. 养蒿（1）的语音形式出自《苗瑶语方言词汇集》（1987）。

5. 海南金门方言（新谷忠彦、杨昭 1990）替换了览金金门方言（9）。

1.31.1　*plj-

原始苗瑶语*plj-	1	2	3	4	5	6	7	8	9	10	11
1. 头发/毛*pljei	ɭu^1	pi^1	plau^1	plɔ^1a	plou^A	ple^1	pi^1	pje^1	pjei^1	pli^1	pɛi^1

原始苗语*plj-	1	2	3	4	5	6	7
2. 心脏*pljow^B	ɭu^3	--	plau^3	plə^3b	plo^B	--	--
3. 野猫*plji^D(2)	ɭaŋ^7	--	pli^7	plei^5a	ple^C	--	--

注释：

3. 可能与汉语的"狸"（即"野猫"，上古汉语*[m]ə.rə > 中古汉语 li > 普通话 *li*）相同，来自一个表示声母*pə- (Sagart 1999:88)的变体 *bù lái*。在苗瑶语中，该词可能还有一个韵尾-p 或-t，所以该词可能是从苗瑶语借入了汉语。

1.32 *phl-

原始苗瑶语*phl-	1	2	3	4	5	6	7	8	9	10	11
1. 壳/覆盖物*phlei(12/17)	ɬhu⁷	--	phlau¹	--	phlauᶜ	--	--	--	--	--	fɔu¹

原始苗语*phl-	1	2	3	4	5	6	7
2. 颊/脸*phl-ᶜ(xx)	--	phɑ⁵	phlu⁵	--	--	--	--
3. 抚摸*phlu̯ᶜ(8)	ɬhɛ⁵	phʐə⁵	phlu⁷	plou⁵ᵇ	phluᶜ	--	--

原始瑶语*phl-							8	9	10	11
4. 抚摸*phlunᴬ(27)							phjun¹	--	phlən¹	--
5. 吹（笛子）*phlu̯əmᴮ(29)							pwəm³	pjom³	--	--

注释：

1. 养蒿（1）的语音形式出自《苗瑶语方言词汇集》（1987）。大部分西部苗语的同源词有 1 调。在养蒿（1）和复员（5）中，该词的语义缩小为"壳内的软膜"。比较原始泰语的*pl-k "壳，树皮"（李方桂 1977）。

3 和 4. 尽管韵母和声调并不对应，但它们很可能是同一个词。苗语支的语音形式除了白苗（3）出自 Heimbach（1979）外，其他均出自王辅世（1994）。勉语（8）出自《苗瑶语方言词汇集》（1987），标敏（10）出自 Solnit（1982）。比较汉语的抚"抚摸"（上古汉语*[pʰ](r)aʔ > 中古汉语 phjuX > 普通话 *fǔ*）。

5. 长坪勉语（王辅世、毛宗武 调查点 18）是/phləm³/。与苗语支的*phroᶜ "吹（笛子）"（1.47.1/7）比较相似。

1.33 *bl-

原始苗瑶语*bl-	1	2	3	4	5	6	7	8	9	10	11
1. 额头*bl-ᴬ（××）	--	--	plia²	--	--	--	--	pɔŋ²	plɔŋ²	plə⁴	paŋ²

原始苗语*bl-	1	2	3	4	5	6	7
2. 贻贝/蚌*blinᶜ(18)	ɬia⁶	pɹɛ⁴	plia⁶	--	--	--	--

注释：

1. 金秀勉语（8）出自 L-Thongkum（1993）。标敏的语音形式（10）出自《苗瑶语方言词汇集》（1987）。比较原始泰语的*ph(r/l)aak (李方桂 1977)。

2. 养蒿（1）和吉卫（2）出自《苗瑶语方言词汇集》（1987）。

1.33.1 *blj-

原始苗语*blj-	1	2	3	4	5	6	7
1. 灵魂，幽灵*blja^A(4)	l̪u²	pjə²	pli⁶	pl̪ɿ⁶	vlo^A	--	pjɔ²

注释：

1. 比较藏缅语的*b-la"魔鬼，灵魂"＞阿侬语/phəla/。6 调形式可以解释为连读变调的推动，但韵母却高度不规则。

1.34 *mpl-

原始苗瑶语*mpl-	1	2	3	4	5	6	7	8	9	10	11
1. 蝴蝶*mpleuH(2)	--	--	--	mpei⁵ᵃ	mʔple^C	--	--	bjeu⁵ʼ	blɔu⁵ʼ	bja⁴	--

原始瑶语*ʔbl-(<*mpl-)								8	9	10	11
2. 瞎，盲*ʔblɔu^B(3)								bu³	bu⁴	--	--

注释：

2. 介音*-l-是基于海南金门方言的/blou⁴/（新谷忠彦、杨昭 1990）构拟出来的。""瞎，盲"构拟为*ʔblɔu^B(3)，但也可能构拟为*mbl-，因为已被证实：它既反映了高调域，也反映了低调域。

1.34.1 *mplj-

原始苗语*mplj-	1	2	3	4	5	6	7
1. 双胞胎，孪生*mplje^A(10)	pi¹	--	ntsai¹	mpje¹ᵃ	mʔple^A	--	--

1.35 *mphl-

原始苗语*mphl-	1	2	3	4	5	6	7
1. 指环，戒指*mphle^A(10)	--	--	mphlai¹	--	--	mʔphle^A	-

1.36 *mbl-

原始苗瑶语*mbl-	1	2	3	4	5	6	7	8	9	10	11
1. 稻子/稻谷*mbləu(3)	na²	nu²	mple²	mplæ²	--	mpla²	mjo²	blau²	blau²	blau²	bjau²
2. 光滑/平滑有光泽*mbliəŋH(18)	--	mjɛ⁶	mpla⁶	mplein⁶	mplen^C	--	wĩ⁶	--	bjaŋ⁶	--	--
3. 黏的，有黏性的*mblut(9)	nə⁸	nu⁸	mplau⁸	mplu⁸	mplo^D	--	--	but⁸	blut⁸	blun⁸	bit⁸
4. 舌头*mblet(10)	ŋi⁸	mjɑ⁸	mplai⁶	mple⁸	mple^D	mpli⁸	mje⁸	bjet⁸	bjet⁸	blin⁸	bɛt⁸

原始苗语*mbl-	1	2	3	4	5	6	7
5. 叶子*mblɔŋ^A(29)	nə²	nu²	mplɔŋ²	mplaŋ²	mplɔŋ^A	mplɔŋ²	mjɔ̃²
6. 鞭子*mblow^D(13)	--	--	mplaɯ⁸	mplə⁸	mʔplo^D	--	--

续表

原始瑶语*mbl-								8	9	10	11
7. 落叶，掉落*mbluͅeiᶜ(8)								blwei⁶	blei⁶	--	--
8. 雨*mbluŋᶜ(28)								bluŋ⁶	buŋ⁶	blə⁶	biŋ⁶

注释：

2. 在白苗中表示"非常明亮的，光辉夺目的"。

3. 在苗语支中，该词用于"糯米"一词中；在瑶语支中，该词既表示"黏的"，又表示"鼻涕"。比较原始马来-波利尼西亚语的*belit/*bulit"黏稠的，黏的"（《南岛语比较词典》）和汉语秫（上古汉语*m.lut > 中古汉语 zywit > 普通话 shú）（Sagart 1999:79）。

4. 很可能借自汉语的"舌"（上古汉语*m.lat > 中古汉语 zyet > 普通话 shé）（Sagart 1999:79）；参见上一条"黏的"的相同演变。

5. 比较原始马来-波利尼西亚语的*buluŋ"草药"，它在许多南岛语中已经变为"叶子"的意思（《南岛语比较词典》）。苗语支的"叶子"一词可能与瑶语支的*nɔm^A(2.9/29)有关，因为它们的韵母和声调相匹配。

8. 比较高棉语的/phliəŋ/"雨，下雨"，可能与苗语支的*m-noŋᶜ"雨"(2.9/28)有关，因为它们都属于同一个韵母对应组。

1.36.1　*mblj-

原始苗瑶语*mblj-	1	2	3	4	5	6	7	8	9	10	11
1. 扇子*mbljæp(5)	zen⁸	mjə⁷	ntsua⁸	mpja⁸	mpzi^D	mpli⁸	mi⁸	bjap⁸	bja:p⁸	bjɛn⁸	dzjɛp⁸

原始苗语*mblj-	1	2	3	4	5	6	7
2. 疯狂的*mbljoŋ^A(29)	--	--	--	mpjaŋ²	mpzoŋ^A		
3. 同时吃米饭和食物*mbljæᶜ(5)	--	--	ntsua⁶	mpje⁶	mpji^C		

注释：

2. 有一个介音-l-出现在高坡苗语/mploŋ²/中（西部苗语，王辅世、毛宗武 调查点6）。

3. 有一个介音-l-出现在高坡苗语/mplɑ⁶/中（西部苗语，王辅世、毛宗武 调查点6）。

1.39　*ml-

原始苗瑶语*ml-	1	2	3	4	5	6	7	8	9	10	11
1. 柔软的*mluͅɛjH(11)	mɛ⁶	ne⁶	mua⁶	noŋ⁶	mja^C	mɔ⁶	mĩ⁶	mwei⁶	ŋwei⁶	mi⁶	mai⁶

注释：

1. 介音-l-是根据高坡苗语的/mləŋ⁶/（西部苗语，王辅世、毛宗武 调查点6）构拟出来的。比较原始马来-波利尼西亚语的*ma-lumu"柔软的，纤弱的，温柔的"（《南岛语比较词典》）。

1.46　*pr-

原始苗瑶语*pr-	1	2	3	4	5	6	7	8	9	10	11
1. 五*pra(4)	tsa^1	$p\underset{.}{z}a^1$	$t\textrm{ʂ}i^1$	$p\underset{.}{z}\textrm{ɿ}^{1a}$	pja^A	pui^1	pja^1	pla^1	pja^1	pla^1	$pj\varepsilon^5$
2. 房子*prəuX(3)	$ts\varepsilon^3$	$p\underset{.}{z}u^3$	$t\textrm{ʂ}e^3$	$p\underset{.}{z}\textrm{æ}^{3a}$	pei^B	pja^3	pjo^3	$pjau^3$	$pjau^3$	pla^3	pju^3
3. 棍子*praX(4)	--	$p\underset{.}{z}a^3$	--	--	--	--	pja^3	pla^3	pja^3	--	--

原始苗语*pr-	1	2	3	4	5	6	7
4. 播种*præw^A(3)	--	$p\underset{.}{z}o^1$	$t\textrm{ʂ}e^1$	$p\underset{.}{z}\textrm{æ}^{1a}$	pji^A	--	--
5. 簸谷，扬谷*prɔŋ^B(29)	--	$p\underset{.}{z}u^3$	$t\textrm{ʂ}ɔŋ^3$	$p\underset{.}{z}aŋ^{3b}$	$pjoŋ^B$	$pjoŋ^3$	--
6. 倒掉*pra^C(4)	$ts\textrm{ɑ}^5$	$p\underset{.}{z}a^5$	$t\textrm{ʂ}i^5$	--	--	--	--
7. 拧，挤，绞*pro^C(7)	--	$p\underset{.}{z}o^5$	--	$p\underset{.}{z}o^{5a}$	pju^C	--	pja^5
8. 黑，暗*pruw^D(9)	$ts\textrm{ə}^7$	$p\underset{.}{z}u^7$	$t\textrm{ʂ}au^7$	$p\underset{.}{z}u^{7a}$	pjo^D	$pjɔ^7$	--

注释：

1. 该语音形式来自藏缅语的*b-r-ŋa（参见第五章）。

6. 该语音形式出自《苗瑶语方言词汇集》（1987）。

1.47　*phr-

原始苗瑶语*phr-	1	2	3	4	5	6	7	8	9	10	11
1. 头*S-phreiX(12/17)	fhu^3	$p\underset{.}{z}ei^3$	hau^3	$wɔ^{5b}$	hu^B	--	$pfii^{3'}$	pje^3	$pjei^3$	pli^3	$p\varepsilon i^3$

原始苗语*phr-	1	2	3	4	5	6	7
2. 吹，刮风*phru^A(16)	$tsho^1$	$ph\underset{.}{z}o^1$	$t\textrm{ʂ}hua^1$	$p\underset{.}{z}a^{1b}$	$phja^A$	phu^1	$phjo^1$
3. 吹（笛子）*phro^C(7)	--	--	$t\textrm{ʂ}hɔ^3$	$p\underset{.}{z}o^{3b}$	--	--	--
4. 树*S-phru^A(16)	fhu^3	--	--	wa^{1b}	--	--	--

注释：

1. 在白苗中该语义扩展为"基础，根部，来源"，以及"巅峰"（3调）和"领袖，领导，头人"（5调）。瑶语支和苗语支词汇有相同的韵母和声调，但声母稍有不同，可能是受到苗语支前缀的影响。

2 和 3 的这些词在形式和意义上显然是相似的，但它们的韵母和声调不同。

3. 与之相似的有瑶语支的*phlʉəm^B"吹（笛子）"（1.32/29）。

4. 该词主要见于西部苗语，其模式类似上文注释 1 的"头"。养蒿（1）的语音形式是表示蔬菜的量词（《苗瑶语方言词汇集》 1987），相同意义的词在石门苗语（西部苗语）中是/faɯ^1/。

1.48 *br-

原始苗语*br-	1	2	3	4	5	6	7
1. 套索，陷阱*briB(1)	--	--	tʂi⁴	--	--	--	--
2. 老鼠*bru̯aC(15)	--	--	tʂua⁶	pzʐa⁶	vjaB	--	--

讨论：

这两个词在高坡苗语（西部苗语，王辅世、毛宗武 调查点6）中都有介音-l-：/pli⁴/"套索/陷阱"，/plu⁶/"老鼠"

注释：

1. 先进苗语（王辅世、毛宗武 调查点3）替换了白苗（3）。其他形式见于王辅世（1994）。

1.49 *mpr-

原始苗语*mpr-	1	2	3	4	5	6	7
1. 绿/蓝*mpruA(16)	zo²	mzo¹	ŋtʂua¹	mpza¹ᵃ	mʔpjaA	--	mjo¹
2. 肺*mprʉC(8)	zɛ⁶	mzə⁵	ŋtʂu⁷	mpzou⁵ᵃ	mʔpjuC	--	mɔ⁵

1.51 *mbr-

原始苗瑶语*mbr-	1	2	3	4	5	6	7	8	9	10	11
1. 耳朵*mbræu(3)	zɛ²	mzu²	ŋtʂe²	mpzæ²	mpjiA	mpja²	mjo²	--	--	blau²	bju²
2. 鱼*mbrəuX(3)	zɛ⁴	mzu⁴	ŋtʂe⁴	mpze⁴	mpjiB	mpja⁴	mjo⁴	bjau⁴	bjau⁴	bla⁴	bju⁴
3. 竹笋；孤儿*mbrəjH(15)	za⁶	mzɑ⁶	ŋtʂua⁶	mpzəa⁶	mpjaC	mpja⁶	mje⁶	bje⁶	bjai⁶	blai⁶	bɛi⁶
4. 鼻子*mbruiH(8)	zɛ⁶	mzɤ⁶	ŋtʂu⁶	mpzu⁶	mpjuC	mpjau⁶	mjo⁶	pa⁶	--	bli⁶	--
5. 辣*mbrat(4)	za⁸	mzɛi⁸	ŋtʂɿ⁸	mpzɿ⁸	mpjaD	mpwai⁸	mje⁸	bla:t⁸	bjat⁸	blan⁸	bjɛt⁸

原始苗语*mbr-	1	2	3	4	5	6	7
6. 呻吟，悲叹*mbraŋA(24)	zaŋ²	mzɛi²	ŋtʂa²	mpzua²	mpenA	mpwen²	--
7. 蚂蚁*mbrɔD(6)	--	--	ŋtʂau⁸	mpzɔ⁸	mpjuD	--	--

注释：

2. 比较原始台语*pla A1（李方桂 1977），原始侗水语（Kam-Sui）*mprai 3（Thurgood 1988）。

3. 该词根在除了炯奈语、活聂（畲语）和巴哼语以外的所有苗语支语言中也有"孤儿，寡妇/鳏夫"的意思。可能"竹笋"义是基本义，"孤儿，寡妇/鳏夫"是派生义，因为"竹笋"义的分布更广。然而，鉴于原始台语的"孤儿"是*br[a]（李方桂 1977），有可能"孤儿，寡妇/鳏夫"义是基本义。

4. 比较汉语的"鼻"（上古汉语*m-[b]i[t]-s > 中古汉语 bjijH > 普通话 bi）。

7. 比较孟高棉语的*srmuuc (Shorto #873)，原始台语的*mṳit D2S（李方桂 1977），马来语的/semut/。

1.54　*mr-

原始苗瑶语*mr-	1	2	3	4	5	6	7	8	9	10	11
1. 听*(S-)mrŭoŋH(29)	--	--	mlɔŋ⁶	mzəŋ⁶	--	--	mæ̃⁵	moŋ⁵	muŋ⁵'	ȵɔŋ⁵	maŋ⁵

注释：

1. 标敏（10）出自《苗瑶语方言词汇集》（1987）。瑶语支和巴哼语的 5 调、金门方言的次调 5' 和标敏的清鼻音暗示着在一些语言中有使声母清化的清音前缀。

2　齿音（舌尖音）

2.1　*t-

原始苗瑶语*t-	1	2	3	4	5	6	7	8	9	10	11
1. 回答*tau(3)	ta¹	tu¹	te¹	tæ¹ᵃ	ti^A	ta¹	no¹	--	tau¹	--	du¹
2. 儿子/男孩*tŭɛn(22)	tɛ¹	te¹	tu¹	toŋ¹ᵃ	taŋ^A	--	tɔ̃¹	--	tɔ:n¹	twan¹	dan¹
3. 体虱*tɛmX(22)	tɛ³	te³	tu³	toŋ³ᵃ	taŋ^B	taŋ³	nɔ̃³	tam³	tam³	dan³	dam³
4. 肋骨*tamX(24)	taŋ³	--	ta³	tua³ᵃ	ten^B	--	--	--	ta:m³	--	--
5. 尾巴*tŭeiX(8)	tɛ³	tə³	tɯ³	tou³ᵃ	tu^B	ðau³	tɛ³	twei³	tei³	dwai³	dui³
6. 杀死*təjH(15)	ta⁵	tɑ⁵	tua⁵	ta⁵ᵃ	--	ta⁵	ta⁵	tai⁵'	tai⁵	tai⁵	dai⁵
7. 弹响指*tɛŋH(22)	tɛ⁵	te⁵	tu⁵	toŋ⁵ᵃ	taŋ^C	taŋ⁵	tɔ̃⁵	--	--	taŋ⁵	daŋ⁵
8. 地*N-təu(3)	ta¹	tu¹	te¹	tæ¹ᵃ	ti^A	ta¹	to¹	dau¹	--	--	--
9. 深*N-tŭo(7)	to¹	to¹	tɔ¹	to¹ᵃ	tu^A	ðu¹	to¹	do¹	du¹	du¹	--
10. 皮肤*N-top(13)	tu³	tə³	tau³	tə³ᵃ	tʊ^B	--	--	dup⁷	dup⁷	din⁷	dip⁷
11. 翅膀*N-tat(4)	ta⁷	tei⁷	ti⁷	ti⁷ᵃ	ta^D	ðe⁷	te⁷	da:t⁷	da:t⁷	--	dɔt⁷
12. 擣，除去外壳/捣*tuX(16)	to³	--	tua³	ta³ᵃ	ta^B	tu³	to³	--	tau³	tau³	--
13. 得，得到/获得*təuk(6)	tɛ⁵	tɔ⁵	tau⁵	tɔ⁵ᵃ	tu^C	tei⁵	tɯ⁵	tu⁷	tu⁷	tu⁷	--

原始苗语*t-	1	2	3	4	5	6	7
14. 厚*tæ^A(5)	ta¹	ta¹	tua¹	ta¹ᵃ	ti^A	tei¹	te¹
15. 葫芦，瓢*tuw^A(9)	--	tɔ¹	tau¹	tu¹ᵃ	to^A	--	--
16. 裙子*tin^A(18)	tei¹	tɛ¹	tia¹	tæin¹ᵃ	ten^A	ðai¹	tĩ¹
17. 握（手）*tæ^B(5)	--	--	tua³	ta³ᵃ	ti^B	--	--
18. 霜*tæw^C(3)	ta⁵	tɯ⁵	te⁵	tæ⁵ᵃ	ti^C	ða⁵	no⁵
19. 斧头*tŭei^C(12/17)	to⁵	tɔ⁵	tau⁷	tɔ⁵ᵃ	tu^C	ðei⁵	ti⁵
20. 脚*tow^C(13)	tu⁵	tə⁵	tau⁵	ta⁵ᵃ	to^C	--	--
21. 点燃*tow^D(13)	tu⁷	--	tau⁷	tæ⁷ᵃ	to^D	--	--
22. 捡/夹住*te^D(10)	--	tɑ⁷	tai⁷	tæ⁷ᵃ	te^D	--	næ̃⁶

续表

原始瑶语*t-								8	9	10	11
23. 酒*tiu^B(A)								tiu^3	tiu^3	tiu^3	diu^3
24. 碓*tṳɔi^C(11)								tɔi$^{5'}$	tɔ:i^5	twai^5	dui^5
25. 凳*təŋ^C(22)								taŋ$^{5'}$	taŋ^5	taŋ^5	daŋ^5

讨论：

"地""深""皮肤"和"翅膀"在勉语和金门方言中是浊塞音。由于勉语和金门方言中浊塞音的来源在苗语支中通常是前鼻音化，我提议可以为这些词构拟一个"连接松散的"浊音成分（*N-），这个成分不会出现在苗语支中（我们也为其他声母构拟了这些前声母成分：参见 2.3、3.1、3.6、4.1 等）。这四个词在炯奈语（6）（一种保守的苗语支语言）中都是浊擦音声母。基于炯奈语在"裙子""霜"和"斧头"这些词中都显示为浊擦音声母，如果我们认为在这些词中可能也会有一个连接松散的浊音成分似乎也很合理，尽管它们并没有在此构拟出来。田口善久（2005）在第 38 届国际汉藏语会议上报告了其对西部苗语巴那语的调查，该调查表明介音-l-可以解释瑶语支里的浊声母；然而，没有证据显示介音-l-能解释其他发音部位有该模式的词汇。

注释：

6. 养蒿（1）的语音形式出自《苗瑶语方言词汇集》（1987）。该词在苗瑶语的形态构拟中非常重要，因为它和"死"（*dəjH，2.3/15）之间有一个形态上的联系，参见第四章。这两个词也以某种方式与原始南岛语的*pa-aCay"杀死"和*ma-aCay"死"（《南岛语比较词典》）有关。

8. 文界巴哼语（王辅世、毛宗武 调查点 12）替换了白云巴哼语（7）。

23. 单单只有活聂（畲语）同源词/tiu^3/"酒"并未给出足够的信息让我们把这个词放入一个主要的韵母对应组中。参见苗语支的*cow^B（4.1/13），它是从同一个词独立借入的。

2.2　*th-

原始苗瑶语*th-	1	2	3	4	5	6	7	8	9	10	11
1. 桶*thɔŋ(X)(29)	--	--	thɔŋ^1	--	thoŋ^A	--	thɔ^7	thoŋ^3	tɔŋ^3	dɔŋ^3	tuŋ^5
2. 炭*thanH(19)	thɛ^5	the^5	thɛŋ^5	tæin^{5b}	thaŋ^C	thou^3	thæ^5	tha:n^5	ta:n$^{5'}$	than^5	tan^3

原始苗语*th-	1	2	3	4	5	6	7
3. 煮（及物动词）*tho^A(7)	tho^1	--		to^{1b}	thu^A	--	--
4. 风箱*thoŋ^B(28)	thoŋ^3	thaŋ^3		than^{3b}	thoŋ^B	--	tho^3
5. 箍*thi^C(2)	tha^5	--		thi^5	tei^{5b}	the^C	--	--

注释：

4. 该词有一点像汉语的"橐"（中古汉语 thak > 普通话 tuó）。

5. 可能来自汉语的"带"（中古汉语 tajH > 普通话 dài），尽管汉语声母没有送气。

2.3　*d-

原始苗瑶语*d-	1	2	3	4	5	6	7	8	9	10	11
1. 哥哥*da(4)	ta²	--	ti²	ti²	ða^A	--	--	--	ta²	--	--
2. 来*daj(15)	ta²	--	tua²	ta²	ða^A	--	te²	ta:i²	ta:i²	ta²	tɛi²
3. 火*douX(13)	tu⁴	tə⁴	tauɯ⁴	tuɯ⁴	ðo^B	tau⁴	tɤ⁴	tou⁴	tɔu⁴	təu⁴	tu⁴
4. 爆炸*douH(13)	tu⁶	tə⁶	tauɯ⁶	tuɯ⁶	ðo^C	--	tɤ⁶	--	tɔ⁶	--	--
5. 死*dəjH(15)	ta⁶	tɑ⁶	tua⁶	təa⁶	ða^C	ta⁶	te⁶	tai⁶	tai⁶	tai⁶	tai⁶
6. 龟*duH(16)	--	--	--	--	--	--	--	to⁶	tu⁶	--	--
7. 咬*dəp(7)	tə⁸	to⁸	tɔ⁸	to⁸	ðu^D	--	ta⁸	tap⁸	tap⁸	than⁸	--
8. 穿上/穿（鞋）*dap(7)	--	--	--	--	--	tei⁸	--	ta:p⁸	ta:p⁸	--	--
9. 半（天）*N-dam(X)(24)	taŋ⁴	--	ta⁴	--	--	--	--	da:m²	da:m²	--	--
10. 蹄*dej(10)	--	--	--	--	tei²	--	--	tei²	tei²	təi²	tɛi²
11. 銅，铜*dəŋ(29)	tə²	toŋ²	toŋ²	taŋ²	ðoŋ^A	twaŋ²	tɔ̃²	toŋ²	tɔŋ²	toŋ²	tuŋ²
12. 荅，豆子*dup(9)	tə⁸	--	tau⁸	tu⁸	no^D	tɔ⁸	tɯ⁸	top⁸	tɔp⁸	thən⁸	tup⁸

原始苗语*d-	1	2	3	4	5	6	7				
13. 水平的*din^A(18)	--	--	tia²	tæin²	--	--	--				
14. 下沉*dəŋ^A(21)	taŋ²	--	tɔ⁶	toŋ⁶	toŋ^A	--	tæ̃⁴				
15. 碗*de^B(10)	--	--	tai⁴	te⁴	--	--	ta⁴				
16. 量词，一匹（马）*deŋ^B(22)	tɛ⁴	--	tu⁴	toŋ⁴	ðaŋ^B	--	--				
17. 等待*dəŋ^B(21)	taŋ⁴	tɑŋ⁴	tɔ⁴	toŋ⁴	ðoŋ^B	--	te⁴				
18. 哪个*dʉ^C(8)	tei⁶	--	tuɯ⁶	tu⁶	ðu^B	--	ti¹				
19. 蹋，践踏，踩*dæ^D(5)	ten⁸	tɑ⁸	tua⁸	ti⁸	--	--	--				

原始瑶语*d-								8	9	10	11
20. 浸泡*do^A(7)								tu²	--	ta²	tou²
21. 戴（珠宝）*dəŋ^A(22)								taŋ²	taŋ²	--	--
22. 后背*dan^B(19)								tan⁴	tan⁴	--	--
23. 猪*duŋ^B(28)								tuŋ⁴	tuŋ⁴	twə⁴	tiŋ⁴
24. 颊，落（雨）*duj^A(9)								tui²	--	tui²	--
25. 袋*di^C(1)								ti⁶	ti⁶	ti⁶	--
26. 地，未灌溉的土地*dej^C(10)								tei⁶	tei⁶	təi⁶	ti⁶

注释：

1. 比较汉语的"弟"*dì*，用于复合词"弟兄"dìxiong 中。

2. 在白苗中表示"回到一个不是自己家的地方"。比较苗瑶语的*ləwX (2.42/7)："回到自己家"。

3. 在白苗中也表示"柴"。

3 和 4."火"和"爆炸"在形态上是相互关联的：参见第四章。

5. 该词在苗瑶语的形态构拟中非常重要，因为它与"杀死"（*təjH，2.1/15）有一个形态上的联系，参见第四章。这两个词也以某种方式与原始南岛语的*ma-aCay"死去"和*pa-aCay"杀死"（《南岛语比较词典》）有关。

6. 该词的原始苗瑶语构拟根据的是它在瑶语支和七百弄布努语的语音形式/tu⁶/（王辅世、毛宗武　调查点 10）。

7. 比较马来-波利尼西亚语的*ketep"咬"（《南岛语比较词典》）。

8. 比较汉语的"踏"（中古汉语 thop> 普通话 *tà*）。

19. 在白苗中表示"（像马一样）把脚向后踢；尥蹶子"。

20. 江底勉语（王辅世、毛宗武　调查点 15）替换了罗香勉语（8）。

23. 可能来自汉语的"豚""小猪"（上古汉语*[d]ˤu[n] > 中古汉语 dwon > 普通话 *tún*），尽管声调和鼻音韵尾并不对应。

2.4　*nt-

原始苗瑶语*nt-	1	2	3	4	5	6	7	8	9	10	11
1. 芳香的，芬芳*ntaŋ(24)	--	--	--	--	--	nten¹	nɛ¹	da:ŋ¹	da:ŋ¹	daŋ¹	dɔŋ¹
2. 湿的*ntɯɛn(22)	--	nte¹	ntu¹	ntoŋ¹ᵃ	nʔtaŋᴬ	ntaŋ¹	tɔ⁴	--	dɔ:n¹	--	--
3. 布*ntei(12/17)	--	ntei¹	ntau¹	ntɔ¹ᵃ	nʔtuᴬ	nte¹	ni¹	di¹	--	di¹	dɛi¹
4. 长的*ntauX(3)	ta³	ntɯ³	nte³	ntæ³ᵃ	nʔtiᴮ	ða³	to³	da:u³	da:u³	da³	du³
5. 剁，砍，劈*ntəwX(7)	to³	--	ntɔ³	nto³ᵃ	nʔtuᴮ	ntu³	no³	--	--	dau³	dau³
6. 用手指弹*ntik(2)	--	nti³	--	ntei⁵ᵃ	ntai⁵	--	na⁵	dit⁷	--	--	--
7. 烤火*ntauH(3)	ta⁵	ntɯ⁵	nte⁵	ntæ⁵ᵃ	nʔtiᶜ	nta⁵	no⁵	--	da:u⁵	dau⁵	du⁵
8. 戴（帽子）*ntɔŋH(29)	tə⁵	ntu⁵	ntɔŋ⁵	ntaŋ⁵ᵃ	nʔtoŋᶜ	ntwaŋ⁵	no⁵	dɔŋ⁵ʼ	dɔŋ⁵	dɔŋ⁵	dɔŋ⁵
9. 编织*ntət(7)	to⁷	nto⁷	ntɔ⁷	--	--	ntu⁷	na⁷	dat⁷	dat⁷	dan⁷	dat⁷
10. 肚脐*ntəut(13)	tu⁷	ntu⁷	ntaɯ⁷	ntə⁷ᵃ	nʔtoᴰ	ntu⁷	--	dut⁷	du:t⁷ʼ	din⁷	--
11. 擔，用肩扛*ntam(24)	--	--	--	--	--	tã¹	tæ̃⁵	da:m¹	da:m¹	da¹	dɔm¹

原始苗语*nt-	1	2	3	4	5	6	7
12. 漂浮*ntaŋᴬ(24)	--	nten¹	nta¹	--	--	--	--
13. 手指*ntaᴮ(4)	ta³	ntɑ³	nti³	nti³ᵃ	nʔtaᴮ	--	--
14. 纸*ntowᴮ(13)	tu³	ntə³	ntau³	ntə³ᵃ	nʔtoᴮ	ntau³	no³
15. 许多*ntɔᶜ(6)	nɛ⁵	--	ntau⁵	ntɔ⁵ᵃ	nʔtuᶜ	ntei⁵	--
16. 打（某人）*ntuwᴰ(9)	--	--	ntau⁷	ntu⁷ᵃ	--	ta⁷	

原始瑶语*ʔd-(<*nt-)								8	9	10	11
17. 聋*ʔduŋᴬ(21)								--	duŋ¹	dwə¹	dɔŋ¹
18. 舀*ʔdəmᴮ(22)								dam³	--	--	da³

续表

原始瑶语*ʔd-(<*nt-)								8	9	10	11
19. 飞*ʔdəiᶜ(15)								dai⁵	dai⁵'	dai⁵	--
20. 手指*ʔdokᴰ(13)								do⁷	dɔ⁷	dɔ⁷	--
21. 底，底层*ʔdiᴮ(1)								di³	di³	ti³	di³
22. 脱，脱落/逃脱*ʔdutᴰ(9)								--	dut⁷'	dun⁷	--

注释：

1. 比较侗语（Kam）的/taaŋ¹/和莫语（Mak）的/taaŋ¹/ "芬芳的，芳香的"（Downer 1978）。

6. 江底勉语（王辅世、毛宗武 调查点 15）替换了罗香勉语（8）。

8. 比较"树"（2.19/29），该词正好与苗语支（苗语支*ntɤŋᶜ）的语音形式相同，但却不同于更高层面的声母（苗瑶语*nt-"戴（帽子）"vs.苗瑶语*ntj-"树"）。

13 和 20、这两个表示"手指"义的对应组可能彼此有关联，但它们的韵母和声调都不同，所以此处将其分别列出。

15. 比较金门方言的/du:ŋ⁵/ "许多"。

18. 江底勉语（王辅世、毛宗武 调查点 15）替换了罗香勉语（8）。可能来自汉语的"斟"（上古汉语*t.[q][ə]m > 中古汉语 tsyim > 普通话 zhēn）。

2.5 *nth-

原始苗语*nth-	1	2	3	4	5	6	7
1. 阁楼*nthaŋᴬ(24)	--	--	ntha¹	ntua¹ᵇ	nʔthenᴬ	--	--
2. 打开/解开*nthu̯aᴮ(15)	tha³	nthɑ³	nthua³	--	nʔthaᴮ	--	--
3. 除草/用耘锄整（地）*nthuᶜ(16)	--	ntho⁵	nthua⁵	--	--	--	--

2.6 *nd-

原始苗语*nd-	1	2	3	4	5	6	7	8	9	10	11
1. 天*ndɛuŋ(22)	--	--	ntu²	ntoŋ²	--	--	--	--	--	--	--
2. 甘薯*ndu̯əj(15)	na²	--	--	--	--	--	--	du²	dɔ:i²	dwai²	dai²
3. 下蛋*ndəuH(3)	na⁶	--	nte⁶	nte⁶	ntiᶜ	tei⁵	no⁶	--	--	dau⁶	du⁶
4. 苎麻/大麻*nduH(16)	no⁶	no⁶	ntua⁶	ntəa⁶	ntaᶜ	ntu⁶	mjo⁶	do⁶	du⁶	du⁶	--

原始苗语*nd-	1	2	3	4	5	6	7
5. 长剑*ndaŋᴬ(24)	--	--	nta²	ntua²	ntenᴬ	--	--

原始瑶语*nd-								8	9	10	11
6. 河*ndaiᴬ(15)								--	--	da²	dɔi²
7. 桌子*ndɔuᴬ(3)								du²	nu²	--	--
8. 在前面*ndaŋᶜ(24)								da:ŋ⁶	da:ŋ⁶	--	--

注释：

1. 该词是一个非常不规则的对应组中的一部分，该对应组还包括苗瑶语的*wεŋ"天"（1.12/22）和*NGεuŋ"天"（6.6/22）两种形式。作为瑶语支的代表，参见长坪勉语的/ðuŋ2/（王辅世、毛宗武 调查点18）。

4. 巴哼语（7）的双唇声母表示它有一个古老的前缀或双音节形式。

2.7 *ʔn-

原始苗瑶语*ʔn-	1	2	3	4	5	6	7	8	9	10	11
1. 蛇*ʔnaŋ(24)	naŋ¹	nei¹	na¹	na¹ᵃ	ʔnenᴬ	nen¹	nẽ¹	na:ŋ¹	na:ŋ¹	naŋ¹	noŋ¹
2. 这*ʔneinX(25)	noŋ³	nei³	nɔ⁵	na³ᵃ	ʔnoŋᴮ	ne³	ŋ̩³	nei³	nei³	na³	na³
3. 冷*ʔnʊɔmH(27)	--	noŋ⁵	nɔ⁵	nɔ⁵ᵃ	--	nɐŋ⁵	ŋ̩ɔ̃⁵	nam⁵'	nam⁵	nan⁵	nam⁵

原始瑶语*ʔn-							8	9	10	11
4. 量词，（一）碗/（一）屋*ʔnɛɔmᴬ(22)							nɔm¹	nɔ¹	nɔ¹	na¹
5. 短*ʔnəŋᴮ(22)							naŋ³	niŋ³	naŋ³	naŋ³
6. 吞*ʔnəkᴰ(7)							na⁷	na⁷	na⁷	--
7. 拗，折断*ʔnəuᴮ(7)							nau³	nau³	--	--

注释：

3. 在瑶语支中表示"凉（水）"。

4. 比较苗语支的*ʔlɛŋᴬ"量词，（一）碗/（一）屋"（2.40/22），并参见第六章6.2.1节的讨论。

5. 比较苗语支的*ʔlɛŋᴮ"短"（2.40/22），并参见第六章6.2.1节的讨论。

7. 比较（2.40/7）中来自相同的汉语词"拗"的苗语支形式*ʔloᴮ，并参见第六章6.2.1节的讨论。

2.8 *hn-

原始苗瑶语*hn-	1	2	3	4	5	6	7	8	9	10	11
1. 谷穗/袋子*hnɔn(24)	ŋhaŋ¹	ŋhei¹	hŋa¹	na¹ᵇ	ŋenᴬ	ŋen¹'	ŋ̩ẽ¹	--	nɔ¹	nan¹	--
2. 听见，听到*hnəumX(21)	ŋhaŋ³	ŋhaŋ³	hŋɔ³	nɔ³ᵇ	ŋuᴮ	ŋaŋ³	ŋ̩ɔ̃³	nom³	num³	ŋən³	--
3. 穿（衣服）*(h)naŋX(24)	naŋ⁴	ŋhei³	hŋa³	na³ᵇ	--	nen⁴	nẽ³	--	--	--	noŋ³
4. 咳嗽*hnɔp(29)	ŋo⁴	--	hŋɔŋ⁷	naŋ⁷	ŋoᴰ	--	--	ŋop⁷	--	ŋən⁷	--

原始苗瑶语*hn-	1	2	3	4	5	6	7
5. 太阳/（一）天，（一）日*hneŋᴬ(22)	ŋhε¹	ŋhe¹	hŋu¹	noŋ¹ᵇ	ŋaᴬ	ŋɔ¹'	ŋ̩ẽ¹
6. 弩，石弓*hnænᴮ(19)	ŋhen³	--	hŋɛŋ³	nein³ᵇ	ŋaᴮ	--	ŋ̩ẽ³
7. 忘记*hnuŋᴮ(27)	ŋhoŋ¹	noŋ³	hŋɔ³	na³ᵃ	ŋoŋᴬ	ŋaŋ³	nɔ̃³
8. 紫苏，（苏麻）*hnaŋᴮ(24)	ŋhaŋ³	ŋhen³	hŋa³	--	ŋenᴮ	ŋaŋ³	ŋ̩ẽ³

续表

原始瑶语*hn-								8	9	10	11
9. 太阳/（一）天，（一）日*hnuɔiᴬ(11)								ŋɔi¹	nɔːi¹ʼ	ŋwai¹	nai¹
10. 像*hnəŋᴮ(22)								ŋaŋ²	naŋ³ʼ	--	--
11. 举*hnɨŋᶜ(30)								niŋ⁵	niŋ⁵ʼ	--	--
12. 弩，石弓*hnɔkᴰ(7)								ŋak⁵	na⁷ʼ	--	--
13. 泥*hniᴬ(1)								ni¹	ni¹ʼ	ŋi¹	nɛi¹
14. 念（粤语 /nɐm³/），想 *hnəmᴮ~* hləmᴮ(22)								--	lam³	--	--

讨论：

在本对应组中，"太阳/（一）天"和"弩"这两个词的构拟在苗语支和瑶语支中被分别列出，尽管这些语音形式无疑会追溯到原始苗瑶语中的一个词中。它们的韵母很难保持一致，因为在苗语支中发生过二次鼻音化。考虑到"咳嗽"一词的口韵母-鼻韵母小组在韵母对应组 29 中的语音形式，它们在苗瑶语层面更容易构拟。"忘记"一词的表现方式几乎是一样的，但由于该词在瑶语支中有一个硬腭声母（*hŋouᴮ），所以我们在下文表 4.8 中列出。

在金门方言（9）中加在声调数字后面的撇号标记着一个声调次类，是以声母中的送气与否为条件的。

注释：

1. 汉语的"囊""包，袋子"（上古汉语*nˤaŋ > 中古汉语 nang > 普通话 *náng*）可能借自苗瑶语，因为它只有派生义（参见第七章）。但还是需要比较一下藏缅语的*s-nam"谷穗"（马提索夫 2003）。

3. 由于第 3 调和第 4 调已被证实，所以声母 h-被置于括号中。张琨（1972：563）认为这种声调的变异可能可以追溯到声母的清浊对立，这可能由一个古老的前缀依次导致的（参见第四章）。

4. 江底勉语（王辅世、毛宗武 调查点 15）替换了罗香勉语（8）。

8. "紫苏"是薄荷家族的一种草药（在日语中被称为"紫蘇" shiso）

10. 江底勉语（王辅世、毛宗武 调查点 15）替换了罗香勉语（8）。

11. 尽管声调出现错配，该词很可能与汉语的"拎""带着，提着"（粤语是/nɪŋ¹/，普通话是 *līng*）是同一个词。

12. 江底勉语（王辅世、毛宗武 调查点 15）替换了罗香勉语（8）。

14. 该词借自粤语的/nɐm3/（~lɐm3/）（Downer 1973:19）。粤语中 n-和 l-的变化在瑶语支中被反映了出来（江底勉语/ŋam³/，罗香勉语/lam³/，长坪勉语/lam³/）。

2.9 *n-

原始苗瑶语*n-	1	2	3	4	5	6	7	8	9	10	11
1. 第三人称单数（他/她/它）*niæn(X)(1)	nen²	--	nuu⁴	ŋi⁴	nenᴮ	nɐŋ⁴	nuu⁴	nan²	nen²	nin²	--
2. 舅舅*neuŋX(23)	nen⁴	ne⁴	nu⁴	noŋ⁴	ŋiᴮ	nɔ⁴	nuu⁴	nau⁴	nau⁴	nau⁴	nuŋ⁴
3. 鸟*m-nɔk(29)	nə⁶	nu⁶	nɔŋ⁶	nəŋ⁶	noᶜ	nwaŋ⁶	mõ⁶	nu⁸	nɔ⁶	ŋɔ⁸	nou⁸

续表

原始苗语*n-	1	2	3	4	5	6	7				
4. 吃*nuŋᴬ(27)	naŋ²	noŋ²	nɔ²	nɔ²	noŋᴬ	nɛŋ²	nɔ²				
5. 人*nænᴬ(19)	nɛ²	ne²	nɛŋ²	--	naᴬ	nai²	--				
6. 老鼠/田鼠*naŋᴮ(24)	naŋ⁴	nei⁴	na⁴	--	--	nen⁴	nĩ⁴				
7. 问*nɛŋᶜ(22)	nɛ⁶	ne⁶	nu⁶	noŋ⁶	naᶜ	nɔ⁶	nĩ⁶				
8. 雨*m-noŋᶜ(28)	noŋ⁶	noŋ⁶	na⁶	naŋ⁶	noŋᶜ	nɛŋ⁶	mõ⁶				
原始瑶语*n-								8	9	10	11
9. 叶子*nɔmᴬ(29)								nɔm²	nɔ:m²	nan²	num²
10. 老鼠/田鼠*nauᴮ(3)								na:u⁴	--	nɔ⁴	--
11. 问*nu̯aiᶜ(11)								na:i⁶	na:i⁶	na⁶	nɔi⁶
12. 膿，脓*noŋᶜ(29)								noŋ⁶	nuŋ⁶	noŋ⁶	nou⁶

注释：

3. "鸟"一词的韵尾-k 在苗语支中表现为一个软腭鼻音（转变到鼻音韵尾的条件是鼻音声母）。由于苗瑶语的韵母被整合到苗语支已合并韵母的大对应组中，所以该词出现在鼻音韵母对应组 29 中。比较原始马来-波利尼西亚语的*manuk "鸟/鸡"（《南岛语比较词典》）和原始泰语的*n-lok "鸟"（李方桂 1977）。

4. 瑶语支的*ŋənᶜ（4.9/27）很可能与"吃"的这些语音形式相关。

5. 王辅世、毛宗武将苗语支中这些带 n-且仅表示"人"的语音形式与瑶语支中带 m-且既可以表示"人"又可以用于不同瑶语支族群本名的语音形式联系起来。这个瑶语支词*mjænᴬ(1.24/19)在此处被单独列出。巴哼语/mjɛ²/有一个双唇声母，与瑶语支模式相同，就像它在许多其他例词中显示出来的那样（参见"糠"和"雷"）。

6 和 10. "老鼠/田鼠"一词的语音形式被分别列在了苗语支和瑶语支下，因为它们的韵母不同，尽管这两个对应组很可能来自于同一个词。

7 和 11. "问"这个词语音形式被分别列在了苗语支和瑶语支下，尽管这些语音形式很可能来自于同一个词。

8. 可能与瑶语支的*mbluŋᶜ "雨"（1.36/28）有关，因为它们属于同一个韵母对应组。

9. 鉴于韵母和声调的匹配，瑶语支"叶子"一词可能与苗语支的*mblɔŋᴬ(1.36/29)有关。

10. 江底勉语（王辅世、毛宗武 调查点 15）替换了罗香勉语（8），三江标敏（王辅世、毛宗武 调查点 22）替换了东山标敏（10）。

2.13　*s

原始苗瑶语*s-	1	2	3	4	5	6	7	8	9	10	11
1. 月首，朔日*seŋ(20)	--	--	sia¹	sæin¹ᵇ	senᴬ	--	--	--	--	--	hɛŋ¹
2. 酸*suj(9)	ɕhu¹	sɔ¹	--	su¹ᵇ	soᴬ	θjɔ¹	suɯ¹	ɕui¹	tθui¹'	swəi¹	si¹
3. 送*suŋH(28)	shoŋ⁵	--	sa⁵	saŋ⁵ᵇ	soŋᶜ	θɛŋ⁵	sõ⁵	θuŋ⁵	tθuŋ⁵	swə⁵	hiŋ⁵

续表

原始苗语*s-	1	2	3	4	5	6	7				
4. 关（门）*sowᴰ(13)	shu⁷	--	--	ʂə⁷	--	--	--				
原始瑶语*s-								8	9	10	11
5. 胃*siᴬ(1)								ɕi¹	tθi1'	--	sɛi¹
6. 被子*sųɛŋᶜ(22)								ɕwəŋ⁵	tθɔŋ5'	sɔŋ⁵	suŋ⁵
7. 线*sujᶜ(9)								ɕui⁵	tθu:i5'	sui⁵	si⁵
8. 蜈蚣*səpᴰ(7)								ɕap⁷	tθap7'	sən⁷	tsap⁷
9. 附近，近*sətᴰ(7)								θat⁷	tθat⁷	--	--
10. 草鞋*soukᴰ(6)								ɕu⁷	tθu7'	tu⁷	--
11. 髭，胡须*sųamᴬ(29)								ɕwam¹	tθɔ:m1'	--	tsam¹
12. 心*simᴬ(18)								θim¹	tθim¹	ɕɛn¹	--
13. 篾，针*simᴬ(18)								ɕim¹	tθim1'	tɕɛn¹	tsum¹
14. 雙，双、对*suŋᴮ(28)								ɕuŋ¹	tθuŋ1'	swə¹	hiŋ¹
15. 聲，声音*siŋᴬ(18)								ɕiŋ¹	tθi:ŋ1'	ɕɛ¹	--
16. 醒，清醒*siŋᴮ(18)								--	tθiŋ³	ɕɛ³	--
17. 細，细小/精细*sæiᶜ(12/17)								--	--	--	hɛi⁵
18. 赤，红*sekᴰ(2)								ɕi⁷	tθɪ7'	ɕɪ⁷	sjɛ⁷
19. 刷*sotᴰ(13)								ɕot⁷	--	--	--

讨论：

金门方言（9）的清擦音分在两个大的对应组中：有 tθ-的和有 s-的。那些金门方言有 tθ-的词都被放在此处，并在原始苗瑶语和原始瑶语层面被构拟为*s-。那些金门方言有 s-的词在原始苗瑶语层面要么被构拟为*sj-（2.28），要么被构拟为*ɕ-（4.13），在原始瑶语层面合为*ɕ-。原始苗瑶语*sj-和*ɕ-的区别依据的是西部苗语中的发展：*sj- > ʂ-，*ɕ- > ɕ-。

擦音对应的混乱状态导致王辅世和毛宗武为原始语构拟了 11 个清擦音，但由于现代子语中并没有数量庞大的擦音，所以我们认为合理的推测是原始语中也没有那么多的擦音。该对应组中有许多汉语借词，有些模式独特，以至于模糊了本语词的对应关系。

注释：

2. 该词可能来自汉语的"酸"（上古汉语*[s]ˤo[r] > 中古汉语 swan > 普通话 *suān*）。

4. 该词的模式与其他词都不同：宗地苗语中的卷舌擦音似乎是个不规则形式。

8. 有一些类似的形式出现在侗台语族（泰-卡岱）的老挝语/khep⁷/和孟高棉语族的高棉语/kʔæp/中。也可参见苗语支的"蜈蚣"*khlɯŋᶜ(5.2/23)一词。

2.16 *tj-

原始苗瑶语*tj-	1	2	3	4	5	6	7	8	9	10	11
1. 種，种*n-tjɯɛŋH(22)	--	--	--	--	--	--	ŋʐ⁵	tɕwəŋ⁵	sɔŋ⁵	tɔŋ⁵	tsuŋ⁵

原始瑶语*tj-								8	9	10	11
2. 等待*tjɔuB(3)								tɕu³	tu³	tu³	--
3. 粱，稷/粟*tjəiA(15)								tɕai¹	tai¹	tai¹	tɛi¹
4. 煮（及物动词）*tjouB(13)								tɕou³	tɔu⁵	tɔu³	tsu³
5. 纸，纸*tjejB(10)								tɕei³	tei³	təi³	tsi³
6. 粥*tjṵokD(B)								tɕwo⁷	su⁷	--	--
7. 捉*tjɔkD(29)								--	tɕɔ⁷	--	--

注释：

2. 也可参见江底勉语（王辅世、毛宗武 调查点 15）的/tswo³/，它是支持本构拟声母和韵母的证据。

2.17 *thj-

原始苗瑶语*thj-	1	2	3	4	5	6	7	8	9	10	11
1. 漆*thjet(10)	shei⁷	tshei⁷	--	se⁷ᵇ	tsheᶜ	ʃai⁷	sʁ⁷	θjet⁷	--	tshan⁷	tat⁷

注释：

1. 文界巴哼语（王辅世、毛宗武 调查点 12）替换了白云巴哼语（7）。尽管在该对应组中并没有充分地展现出介音-j-，但介音-j-在瑶语支的其他地方都有广泛的分布。

2.18 *dj-

原始苗瑶语*dj-	1	2	3	4	5	6	7	8	9	10	11
1. 七*djuŋH(28)	ɕoŋ⁶	tɕoŋ⁶	ɕa⁵	tɕaŋ⁶	zoŋᶜ	ʃɐŋ⁶	tɕʁ⁶	sje⁶	--	--	--

原始瑶语*dj-								8	9	10	11
2. 大腿*djujA(9)								tɕui²	tuːi²	--	si²
3. 遲，迟/晚*djæiA(12/17)								tɕai²	--	tai²	tɛi²
4. 是*djejB(10)								tɕei⁴	tei⁴	təi⁴	sɛi⁴
5. 柿*djəiB(15)								tɕai⁴	tai⁶	--	--
6. 灼，烧伤/烫伤*djiɛkD(1)								tɕa⁸	sa⁸	tha⁸	sa⁸
7. 熟*djṵokD(B)								tɕwo⁸	--	thɔ⁸	--

注释：

1. 江底勉语（王辅世、毛宗武 调查点 15）替换了罗香勉语（8）。该词的声母似乎将勉语的语音形式对应到苗语支对应组中，但韵母并不一致。原始瑶语支的*ŋjiᶜ(5.24/1) "七" 可能跟原始苗瑶语的*djuŋH(28) "七" 相关，但对应非常困难。根据白保罗（1987a：13），苗瑶语的 "七" 来自藏缅语的*s-nis "七"（参见第五章）。

2.19 *ntj-

原始苗瑶语*ntj-	1	2	3	4	5	6	7	8	9	10	11
1. 树*ntjuənH(29)	tə⁵	ntu⁵	ntoŋ⁵	--	nʔtoŋᶜ	ntwaŋ⁵	--	djaŋ⁵'	gjaŋ⁵	djaŋ⁵	djaŋ⁵
原始瑶语*ʔdj-(<ntj-)								8	9	10	11
2. 滴下*ʔdjɛpᴰ(9)								djep⁷	--	djan⁷	dɛp⁷

注释：

1. 比较 "戴（帽子）"（2.4/29），"戴（帽子）" 正好与苗语支（苗语支*ntoŋᶜ）的语音形式相同，但却不同于苗瑶语层面的 "树" 的声母（*nt- "戴（帽子）" vs.*ntj- "树"）。该词可能与汉语的 "樹"（上古汉语*m-toʔ-s > 中古汉语 dzyuH > 普通话 shù）相同，但是也可以比较孟高棉语的*t₂ʔɔɔŋ "树"(Shorto #491)。

2.20 *nthj-

原始苗瑶语*nthj-	1	2	3	4	5	6	7	8	9	10	11
1. 秤*nthjuənH(29)	--	--	--	--	--	--	ŋɔ̃⁵	dzaŋ⁵	ɖaŋ⁵'	ɖaŋ⁵	dzaŋ⁵
原始瑶语*dhj-(<*nthj-)								8	9	10	11
2. 削尖，磨快；磨碎，碾碎*dhjæuᶜ(3)								dzeu⁵	gjou⁵'	ɖau⁵	dziu⁵

注释：

2. 比较汉语的 "剉"（即 "锉"，中古汉语 tshwaH> 普通话 cuò）。

2.21 *ndj-

原始瑶语*ndj-	8	9	10	11
1. 慈（母），妈妈/阿姨*ndjiᴮ(1)	dzi⁴	--	ɖai⁴	--

2.23 *hnj-

原始苗瑶语*hnj-	1	2	3	4	5	6	7	8	9	10	11
1. 重*hnjeinX(25)	ŋ̊hoŋ³	hei³	hn̥a³	ŋ̊a³ᵇ	ŋ̊oŋᴮ	ŋ̊e³	ŋ̊a³	ɲi³	ni³	ɲi³	nɛi³

注释:

1. 该词构拟为*hnj-而不是 hŋ-(4.8),因为大部分现代瑶语支语言中都没有硬腭鼻音。

2.28　*sj-

原始苗瑶语*sj-	1	2	3	4	5	6	7	8	9	10	11
1.（重量）轻*-sjieu(2)	fha¹	ɕa¹	ʂi¹	sei¹ᵇ	seᴬ	ɣuai¹'	fɤ¹	ɕeu¹	sou¹'	hjau¹	--
2. 站立/起立 up*sjouX(13)	ɕhu³	ɕə³	ʂaɯ³	sɔ³ᵇ	soᴮ	θjau³	sɤ³	ɕou³	--	səu³	fu³
3. 暑,温暖*sjjouX(7)	ɕhə³	ɕo³	ʂɔ³	so³ᵇ	suᴮ	--	--	--	sou³	sau³	sju³

原始苗语*sj-	1	2	3	4	5	6	7
4. 薄*sjɔŋᴬ(29)	--	ɕu¹	ʂoŋ¹	saŋ¹ᵇ	soŋᴬ	θjɔŋ¹	--
5. 在……之上*sjuᴬ(16)	--	--	--	sa¹ᵇ	saᴬ	--	--
6. 腱,肌腱 *sju̯eiᴮ(12/17)	ɕhu³	ɕi³	--	sɔ³ᵇ	suᴮ	--	si³
7. 熟*sjenᴮ(20)	ɕhaŋ³	ɕɛ³	ʂia³	sæin³ᵇ	senᴮ	θeŋ³	sĩ³
8. 午饭*sjɛŋᶜ(22)	--	--	ʂu⁵	soŋ⁵ᵇ	saŋᶜ	--	--
9. 休息*sjoᶜ(7)	tɕhə⁵	ɕo⁵	ʂɔ⁵	so⁵ᵇ	suᶜ	θjeu⁵	--
10. 刷*sjəŋᶜ(21)	ɕhaŋ⁵	ɕaŋ⁵	ʂɔ⁵	soŋ⁵ᵇ	soŋᶜ	--	--
11. 厮（相互义）*sjiᴬ⁻ᴰ(2)	ɕi⁵	--	ʂi¹	--	siᴬ⁻ᴰ	--	--
12. 升（称粮食的单位）*sjinᴬ(18)	ɕhen¹	--	ʂia¹	sæin¹ᵇ	senᴬ	--	tɕhɔ¹
13. 收*sjuwᴬ(9)	ɕhu¹	--	ʂau⁵	--	suᴬ	--	--

讨论:

金门方言（9）的清擦音分在 tθ-的和 s-两个大的对应组中。那些金门方言有 tθ-的词被放在 2.13,在原始苗瑶语和原始瑶语层面都被构拟为*s-(2.13)。那些金门方言有 s-的词在原始苗瑶语层面有*sj-（此处）和*ɕ-(4.13)两种构拟。苗瑶语的*sj-和*ɕ-在原始瑶语层面合并为*ɕ-。原始苗瑶语*sj-和*ɕ-的区别依据的是在西部苗语中的发展:*sj- > ʂ-,*ɕ- > ɕ-。

擦音对应的混乱状态导致王辅世和毛宗武为原始语构拟了 11 个清擦音,但由于现代子语中并没有数量庞大的擦音,所以我们认为合理的推测是原始语中也没有那么多的擦音。该对应组中有许多汉语借词,有些模式独特,以至于模糊了本语词的对应关系。

注释:

1. 双唇-齿音声母在养蒿、炯奈、和巴哼语中很难解释。王辅世和毛宗武为其对应组 59 构拟了一个*phs-声母,在该对应组中该词也出现了,尽管该词是唯一一个双唇擦音,而不是双唇塞音。

5. 在西部苗语先进和石门（王辅世、毛宗武 调查点 3 和 4）中"在……之上"一词有卷舌声母。似乎白苗的 saum /ʂau⁸/ "在上面"也与之相关,尽管韵母和声调都不对应。

2.40　*ʔl-

原始苗语*ʔl-	1	2	3	4	5	6	7				
1. 量词，（一）碗/（一）屋*ʔlɛŋᴬ(22)	lɛ¹	le¹	lu¹	noŋ¹ᵃ	ʔlaŋᴬ	xoŋ¹	lɔ̃¹				
2. 猴子*ʔlinᴬ(18)	lei¹	--	lia¹	læin¹ᵃ	--	lai¹	--				
3. 红*ʔlinᴬ(18)	--	--	lia¹	læin¹ᵃ	ʔlenᴬ	--	--				
4. 短*ʔlɛŋᴮ(22)	lɛ³	le³	lu³	loŋ³ᵃ	ʔlaŋᴮ	laŋ³	lɔ̃³				
5. 挤，榨，压；捏，掐*ʔliᶜ(2)	la⁵	lɑ⁵	li⁵	lei⁵ᵃ	--	li⁵	la⁵				
6. 量词，（一）口*ʔloᶜ(7)	lo⁵	--	lɔ⁵	lo⁵ᵃ	--	lu⁵	--				
7. 拗，折断*ʔloᴮ(7)	lo³	--	lɔ³	lo³ᵃ	ʔluᴮ	lu³	ljõ³'				
原始瑶语*ʔl-								8	9	10	11
8. 量词，（一）块（田地）ʔlĭəuᶜ(1)								lau⁵'	--	--	--

注释：

1. 比较瑶语支的*ʔmɛɔŋᴬ"量词，（一）碗/（一）屋"（2.7/22），并参见第六章 6.2.1 节的讨论。

2. 瑶语支"猴子"一词（*ʔbiŋᴬ 1.4/18）与该词有相同的声调和韵母，但声母不同，表示它可能有一个古老的双音节来源。比较原始泰语的*liŋ"猴子"（李方桂 1977）。

2 和 3. 如果猴子指的是"红猴"，那么这两个词是同一个词。"猴子"和"红色"的关系是如何与上述苗语支和瑶语支"猴子"一词的关系相关联的尚不清楚。叩能其中只有一个关系是对的。

4. 比较瑶语支的*ʔnəŋᴮ"短"（2.7/22），并参见第六章 6.2.1 节的讨论。

7. 比较瑶语支的*ʔnəuᴮ，它来自于同一个汉语借词（2.7/7），并参见第六章 6.2.1 节的讨论。

8. 江底勉语是/ljou⁵/，湘南勉语是/ljəu⁵/。比较高坡苗语（苗语支）的/loŋ⁵/"田地"和 Kuki-Naga 语（藏缅语族）的*lou"田地"。罗香勉语的声调次类表明该词应该构拟为*hl-，但考虑到这些词其他形式的证据，先暂时把该词放在这里。

2.40.1　*ʔlj-

原始苗语*ʔlj-	1	2	3	4	5	6	7
1. 倒掉*ʔlju̯eiᴬ(12/17)	l̥u¹	--	lau¹	l̥o¹ᵃ	ʔluᴬ	--	--
2. 兔子*ʔljuᴮ(16)	--	--	lua³	l̥a³ᵃ	ʔlaᴮ	--	--
3. 男性*ʔljuwᴮ(9)	--	--	lau⁵	lu³ᵃ	ʔloᴮ	--	--

注释：

2. 在白苗中，"兔子"和"驴"是同音词：luav /lua³/。luav-nees"驴-马"是骡子。另一个表示"骡子"的词（白苗中是 luj /lu²/，在整个语族中被证实）很清楚是借自汉语的"骡""骡子"（普通

话 *luó*）。它们之间的关联尚不清楚。

　　3. 在白苗中，*lau* /lau⁵/是雄鸟，而 *laug* /lau⁶/是公绵羊、公山羊、公牛。

2.41　*hl-

原始苗瑶语*hl-	1	2	3	4	5	6	7	8	9	10	11
1. 竹子*hləwX(7)	l̥ho³	l̥ho³	hl̥ɔ³	--	--		--	l̥au³	lou³	łau³	lau³
2. 李子*hliənX(18)	--	--	--	--	--	--	le³	gaŋ³	--	łaŋ³	ŋɔŋ³
3. 月亮/月份*hlaH(4)	l̥ha⁵	l̥ha⁵	hl̥i⁵	li⁵ᵇ	laᶜ	le⁵	la⁵	la⁵	la⁵	ła⁵	lou⁵
4. 切成薄片*hlep(10)	l̥hei⁷	l̥hɑ⁷	hl̥ai⁷	le⁷ᵇ	--	l̥ai⁷	--	le⁷	--	--	--

原始苗语*hl-	1	2	3	4	5	6	7
5. 髓/脑髓*hlɇᴬ(8)	l̥hɛ¹	l̥hə¹	hl̥ɯ¹	lou¹ᵇ	luᴬ	--	--
6. 桥*hlæᴬ(5)	--	--	--	la¹ᵇ	--	--	--
7. 绳子*hlæᶜ(5)	l̥ha⁵	l̥ha⁵	hl̥ua⁵	la⁵ᵇ	liᶜ	lei⁵	le⁵
8. 湯，烫伤*hlaŋᴬ(24)	--	--	hl̥a¹	lua¹ᵇ	lenᴬ	--	la⁶
9. 鐵，铁*hluwᶜ(9)	l̥hə⁵	l̥hɔ⁵	hl̥au⁵	lu⁵ᵇ	loᶜ	lɔ⁵	lɯ⁵

原始瑶语*hl-	8	9	10	11
10. 花瓣*hlemᶜ(20)	łim⁵	le:m⁵	--	łiŋ⁵
11. 哪个*[hl]aiᶜ(15)	la:i⁵	--	ha⁵	--

注释：

　　2. 该词可能来自汉语的"李"（即"李子"，中古汉语 liX> 普通话 lǐ）。苗瑶语的*l- > g-在罗香勉语和金门方言中在高元音和滑音之前（Solnit 1996:9-10）。

　　4. 江底勉语（王辅世、毛宗武　调查点 15）替换了罗香勉语（8）。比较藏缅语的*(s-)lep "切成薄片"。

　　5. 根据 Sagart (1999:67)，该词与汉语的"髓"（上古汉语*s-lojʔ> 中古汉语 sjweX> 普通话 suǐ）相同。

　　6. 也可参见石门苗语/l̥a¹/ "桥"，青岩苗语/l̥o¹/ "桥"和高坡苗语/l̥hɑ¹/ "桥"（都是西部苗语）。比较藏缅语的*(s-)ley "桥，梯子"，它在语义上比汉语的"梯" "木摺梯，楼梯"（上古汉语*l[ə]j> 中古汉语 thej> 普通话 tī）更接近苗瑶语。

　　9. 参见瑶语支的*hrɛkᴰ "铁"（2.56/9）。它们独立地借自上古汉语的*l̥ˤik。

　　10. 江底勉语（王辅世、毛宗武　调查点 15）替换了罗香勉语（8）。

　　11. 将瑶语支"哪个"一词放入该对应组只是暂时性的。现代瑶语支语言表示该词的声母要么是 l-，要么是 h-；王辅世、毛宗武（1995）将该词的声母构拟为*h-。

2.41.1　*hlj-

原始苗瑶语*hlj-	1	2	3	4	5	6	7	8	9	10	11
1. 大*hljɔ(7)	l̥hə^1	--	hlɔ^1	lo^{1b}	lu^A	ljeu^{1ˈ}	lo^1	lo^1	lu^{1ˈ}	ɬu^1	lou^1
2. 腰带/细绳/绳子*hljaŋ(24)	l̥haŋ^1	--	hla^1	lua^{1b}	--	--	--	la:ŋ^1	la:ŋ^{1ˈ}	ɬaŋ^1	--

原始苗语*hlj-	1	2	3	4	5	6	7
3. 年轻*hljæ^D(5)	--	--	hlua^7	la^{7b}			
4. 燎（即"烧（山）"）*hljow^B(13)	--	--	hlaɯ^3	le^{3b}			

讨论：

罗香勉语和览金金门方言中"大"和"腰带/细绳/绳子"两个词都没有预期中的声母 g-，因为在其他方言中，*l-在高元音或滑音前的规则变化是变成 g-（Solnit 1996:9–10）。所以也许*lj 不是一个流音-滑音丛，而是一个硬腭边音。

注释：

1. 在白苗中，*hlob* /hlɔ^1/表示"生长；年长的；庞大，骄傲的"。仅表示"大"的词是 *loj* /lɔ^2/，它似乎有同样的词根。声调和声母的区别可以归因于一个前缀，这个前缀清化了"生长"一词的声母：*hlj-会演化出高调域的 1 调，而*lj-会演化出低调域的 2 调（参见第四章）。

2. "饰带/细绳/腰带"这个词义与苗语支的这个词有关；"绳子"这个词义与瑶语支的这个有关。苗语支的语音形式出自王辅世（1994）。可能来自汉语的"繩""线，细绳"（上古汉语*m.ləŋ > 中古汉语 zying > 普通话 shéng）

2.42　*l-

原始苗瑶语*l-	1	2	3	4	5	6	7	8	9	10	11
1. （时间）长*ləu(3)	la^2	lɯ^2	le^2	læ^2	li^A	la^2	lo^2	lau^2	lau^2	--	lu^2
2. 量词，（一）个（人）*lan(19)	lɛ^2	le^1	lɛŋ^2	læ^2	--	laŋ^1	læ^2	la:n^2	la:n^2	--	na^1
3. 回来*ləwX(7)	lo^4	lo^4	lɔ^4	lu^4	lu^B	lɔu^4	lo^4	lau^4	lau^4	lau^4	lau^4

原始苗语*l-	1	2	3	4	5	6	7
4. 腐烂*lʉ^A(8)	la^2	--	lɯ^2	lou^2	len^A		
5. 老*lʉei^B(12/17)	lu^4	--	lau^4	lo^4	lau^B		
6. 晚，迟*li^C(1)	--	--	li^6	li^6	--	--	lɦie^6
7. 聾，聋*loŋ^A(28)	l̥oŋ^2	--	la^6	--	loŋ^A	--	lõ^2
8. 两，两（40 克）*liaŋ^B(26)	laŋ^4	--	la^4	--	laŋ^B	--	ljɔ^6
9. 露*lʉ^C(8)	--	--	lɯ^6	lu^6			

续表

原始瑶语*l-								8	9	10	11
10. 风箱*lou^A(13)								lou²	lɔu²	ləu²	lu²
11. 累*lŭeiC(8)								lwei⁶	lei⁶	lwəi⁶	--

注释：

1. 绿苗表示"很久以前"的语音形式替换了白苗（3）。

2. 比较汉语的 láng 郎"小伙子"（在闽方言中有一个表示"人"的同音词）。

3. 在白苗中表示"回家"；比较 2.3/15"回（除自己家以外的一个地方）"

4. 该词的语音形式特别像汉语的"老"（中古汉语 lawX > 普通话 lǎo），但是，在苗语支层面它们的韵母并不对应。

6. 文界巴哼语（王辅世、毛宗武 调查点12）替换了白云巴哼语（7）。

8. 参见瑶语支*ljioŋ^B"两"（2.42.1/26），两词有相同的来源。

10. 可能来自汉语的"蘆"（即"芦苇"，中古汉语 lu > 普通话 lú），因为苗族和瑶族的风箱用一个有内置泵的圆柱体做成的（Lemoine 1972:130–131）。

2.42.1   *lj-

原始苗瑶语*lj-	1	2	3	4	5	6	7	8	9	10	11
1. 田地*ljiŋ(18)	li²	--	lia²	læin²	len^A	leŋ²	lĩ²	giŋ²	gi:ŋ²	ljɛ²	ljaŋ²
2. 鐮，镰刀*ljim(18)	len²	--	lia⁶	læin²	len^A	ljen²	--	lim⁴	--	ljɛn²	dzjam²
3. 里（长度单位，半公里）*ljɨX(2)	li⁴	--	--	--	li^B	--	--	--	--	ljaŋ⁴	li⁴

原始苗瑶语*lj-	1	2	3	4	5	6	7				
4. 埋*ljəŋ^B(21)	laŋ⁴	laŋ⁴	lɔ⁴	loŋ⁴	loŋ^B	--	lẽ⁴				
5. 用来*ljŭa^C(15)	la⁶	lɑ⁶	--	ləa⁶	la^C						
6. 闪电*lje^D(10)	li⁸	lɑ⁸	lai⁸	le⁸	le^D						
7. 量（米）*ljɛŋ^A(22)	li²	--	lu²	loŋ²	laŋ^A	--					

原始瑶语*lj-								8	9	10	11
8. 闪电*ljəp^D(7)								gap⁷	--	--	dzjɛp⁸
9. 聯（粤语/ly:n2/）缝*ljŭɛn^A(22)								gwən²	gɔn²	--	--
10. 兩，两（40克）*ljioŋ^B(26)								guŋ⁴	guŋ⁴	lwə⁴	liŋ⁴

注释：

1. 比较几乎一模一样的汉语词"田"（即"田地；打猎"上古汉语*lˤiŋ > 中古汉语 den > 普通话 tián）和藏缅语的*liŋ"田地。"Haudricourt、Strecker（1991）和 Sagart（1999:183–184)都认为该词可能是从苗瑶语借进汉语的。

4. 该词可能来自汉语的"敛"（"装殓尸体"，普通话 liàn），尽管它们的声调并不对应。

6和8、苗语支词汇可能都以-p或-t结尾（苗瑶语8调以-k结尾的词在苗语支中合并为6调），所以这两个词显然是相互关联的。比较藏缅语的*(s-)lyap"浮光掠影，闪光；闪电"。

10. 参见苗语支的*liaŋ^B"两"（2.42/26），两词有相同的来源。

2.46　*tr-

原始苗语*tr-	1	2	3	4	5	6	7			
1. 返回*traŋ^B(21)	taŋ^3	--	tɔ^3	toŋ^{3a}	tʂoŋ^B	--	--			
2. 鱼腥草（拉丁学名：*houttuynia cordata*）*truw^D(9)	tu^7	ʈu^7	ʈau^7	tu^{7a}	tʂo^D	--	--			
3. 張，量词,（一）张（工具）*traŋ^A(24)	taŋ^1	ʈei^1	ʈa^1	tua^{1a}	tʂen^A	tʃen^1	--			
4. 蹢，蹄/爪/指甲*trʮei^C(12/17)	--	ʈa^5	ʈau^5	tɔ^{5a}	--	--				
5. 著，穿（鞋子）*trɔ^C(6)	ti^5	ʈɔ^5	ʈau^5	tɔ^{5a}	tʂu^C	--	tɕɯ^5			
原始瑶语*tr-						8	9	10	11
6. 张，（一）张（工具）*truŋ^A(28)								--	tuŋ^1	twɔ^5	--

注释：

2. 也被称为“鱼腥草”（普通话 *yú xīng cǎo*），这种植物主要用来制药（参见第七章）。

3 和 6. 这个工具量词是各自独立地借入瑶语支和苗语支的。

5. 比较苗语支的*drɔ^C“击中目标”（2.48/6），它来自于同一个汉语词根的不同形式（第四章第四节）。

2.47　*thr-

原始苗瑶语*thr-	1	2	3	4	5	6	7	8	9	10	11
1. 插，插入*threp(10)	thi^7	--	ʈhai^7	te^7	tʂhe^D	ʃai^7	--	θip^7	tip^7	tɕɛn^7	hɛp^7

原始苗语*thr-	1	2	3	4	5	6	7
2. 抽，拉出*thro^C(7)	thɔ^5	ʈho^5	ʈho^5	tɔ^{5b}	tʂhu^C	--	--

注释：

1. 瑶语支中偶尔出现的浊声母（此处未给出）表明这个词在声母前有一个浊的成分。

2.48　*dr-

原始苗瑶语*dr-	1	2	3	4	5	6	7	8	9	10	11
1. 箸，筷子*drouH(13)	tu^6	ʈɯ^6	ʈau^6	tɯ^6	zɔ^C	ʃau^6	tɕɔ^6	tɕou^6	tɕu^6	tɕuɛt^6	tau^6

原始苗语*dr-	1	2	3	4	5	6	7
2. 竹子*drow^D(13)	--	--	ʈau^8	tɔ^8	--	--	--
3. 牢固的，耐用的*dru^A(16)	--	--	ʈua^2	ʈa^2	--	--	--
4. 脚步*drɔ^A(7)	tə^2	ʈo^2	ʈɔ^2	tɔ^2	zu^A	tʃa^2	tɕa^6
5. 桌子/长凳*drɔŋ^A(29)	--	--	ʈɔŋ^2	ʈaŋ^2	zoŋ^A	--	tɕe^2
6. 筒，笛子/管子*drɔŋ^A(28)	toŋ^2	ʈoŋ^2	ʈa^2	--	zoŋ^A	--	--
7. 著，击中目标*drɔ^C(6)	--	ʈɔ^6	ʈau^6	tɔ^6	--	--	tɕɯ^6

注释：

4. 吉卫（2）的语音形式出自《苗瑶语方言词汇集》（1987）。

7. 比较苗语支的*trɔ^C "穿（鞋子）"（2.46/6），它来自于同一个汉语词根的不同形式（第四章第四节）。

2.49 *ntr-

原始苗瑶语*ntr-	1	2	3	4	5	6	7	8	9	10	11
1. 中，中心/中间*ntroŋ(28)	toŋ^1	nt̠oŋ^1	nt̠a^1	nt̠aŋ^{1a}	ŋ?tʂoŋ^A	--	nt̠ɕy^1	toŋ$^{5'}$	toŋ^5	toŋ^5	--

原始苗语*ntr-	1	2	3	4	5	6	7
2. 胸部/胸膛*ntrəŋ^A(21)	--	--	nt̠ɔ^1	nt̠oŋ^{1a}	--	--	--
3. 楔入*ntrinC(18)	--	nt̠ha^7	--	nt̠ei^{5b}	--	--	--
4.（公牛用头）撞（人或物）*ntruw^C(9)	tu^5	--	nt̠au^5	nt̠u^{5a}	ŋ?tʂo^C	--	--

注释：

1. 苗语支和瑶语支的声调并不对应。它们似乎借自汉语"中"的不同形式。

4. 该词很可能来自汉语的"鬥"（即"打架，吵架"，中古汉语 tuwH >普通话 *dòu*）。

2.50 *nthr-

原始苗语*nthr-	1	2	3	4	5	6	7
1. 绑腿*nthroŋ^A(29)	thu^1	nt̠hu^1	nt̠hoŋ^1	nt̠aŋ^{1b}	ŋ?tʂhoŋ^A	ntʃwaŋ$^{1'}$	ŋɔ̃^{1}

注释：

1. Tan Trinh 巴哼语（Niederer 1997）替换了白云巴哼语（7）。

2.51 *ndr-

原始苗瑶语*ndr-	1	2	3	4	5	6	7	8	9	10	11
1. 鼓*ndruX(16)	ŋə^4	ŋɑŋ^4	nt̠ua^4	nt̠əa^4	ntʂa^B	ntʃu^4	mjo^4	dzo^4	du^4	du^4	--

原始苗语*ndr-	1	2	3	4	5	6	7
2. 平原（平地）*ndroŋ^B(28)	--	--	nt̠a^4	--	ntʂoŋ^B	--	--
3. 内部*ndrəŋ^C(21)	ŋaŋ^6	ŋɑŋ^6	nt̠ɔ^6	--	--	--	--
4. 跟踪，追踪*ndro^C(7)	--	ŋɑŋ^6	nt̠ɔ^6	--	--	--	--
5. 小伙子*ndrу̲ei^C(12/17)	ŋo^6	--	nt̠au^6	nt̠o^6	ntʂu^C	ntʃʃ^6	--
6. 摘，摘叶子*ndrу̲ei^C(12/17)	ŋu^4	ŋei^4	--	ŋko^4	ntʂu^B	--	--

4. 白苗的 *nrog* 表示"伴随，和……一起"的意思（"跟踪" > "跟随" > "伴随" > "和……一起"）。

2.53 *hnr-

原始苗瑶语*hnr-	1	2	3	4	5	6	7	8	9	10	11
1. 种子*hnrу̲em(29)	ŋ̊hu^1	ŋu^1	noŋ^1	ŋaŋ^{1a}	ŋo^A	nwaŋ^1	ŋõ^1	ŋem^1	ŋjim$^{1'}$	ŋjɛn^1	num^1
2. 饭*hnrəaŋH(21)	--	--	hɲɔ^5	ŋɔ^{5b}	--	--	--	na:ŋ^5	naŋ$^{5'}$	ȵaŋ^5	noŋ^5

注释：

1. Downner（1973）指出了该词与粤语/ŋan/"种子"的相似性。

2. 可能来自汉语的"饟"（"给下地干活的人送饭">"被带去给下地干活的人的饭"）（上古汉语*ŋaŋ(ʔ)-s > 中古汉语 syangH>普通话 *xiǎng*）。

2.55　*ʔr-

原始苗瑶语*ʔr-	1	2	3	4	5	6	7	8	9	10	11
1. 石头*-ʔrəu(3)	ɣi¹	zu¹	zɛ¹	zæ¹ᵃ	ʔwji^A	ŋkja¹	jo¹	gau¹	gjau¹	lau¹	dzu¹
2. 嫩的，柔软的*ʔrəunH(21)	ɣaŋ⁵	zaŋ⁵	--	--	--	nʧoŋ⁵	--	gun⁵'	--	lun⁵	in⁵
3. 好的*-ʔrɒŋH(29)	ɣu⁵	zu⁵	zɔŋ⁵	zaŋ⁵ᵃ	ʔwjoŋ^C	ŋwaŋ⁵	jɔ̃⁵	gwəŋ⁵'	gɔŋ⁵	lɔŋ⁵	dzɔŋ⁵
4. 蔬菜*ʔræi(12/17)	ɣu¹	zei¹	zau¹	zə¹ᵃ	ʔwju^A	ji¹	ɦji¹	gai¹	gjai¹	lai¹	ɛi¹

原始苗语*ʔr-	1	2	3	4	5	6	7
5. 晒*ʔrin^A(18)	--	--	zia¹	zæin¹ᵃ	--	--	--
6. 蜂蜜*ʔra^A(4)	va¹	--	zị¹	zɪ¹ᵃ	ʔwja^A	--	--
7. 森林*-ʔrɒŋ^B(29)	ɣu³	zu³	zɔŋ³	--	ʔwjoŋ^B	ŋkjoŋ³	jɔ̃³
8. 照顾*ʔro^B(7)	ɣə³	--	zɔ³	zo³ᵃ	ʔwju^B	--	--
9. 近，附近*-ʔræw^C(3)	ɣi⁵	zu⁵	zɛ⁵	zæ⁵ᵃ	ʔwji^C	ŋkja⁵	jo⁵
10. 隐藏，隐瞒*ʔre^D(10)	ɣi⁷	zа⁷	zai⁷	ze⁷ᵃ	ʔwje^D	vwei⁷	ɛ⁷

原始瑶语*ʔr-								8	9	10	11
11. 衣服*ʔruj^A(9)								gui¹	gui¹	lwɔi¹	--

讨论：

2.55、2.56、2.57 中的声母*r-从历史上看非常有趣，然而对该模式的解释则很具有挑战性。基于炯奈语（6）的鼻冠软腭塞音，王辅世、毛宗武合理地构拟了带软腭塞音的复辅音系列：*ŋkl-、*ŋkhl-、*ŋgl-。在本构拟中，根据其他对应组的模式，即其他对应组中有证据表明声母是松散连接的，这种松散连接的声母材料并没有构拟出来。但是，不同于上述苗瑶语*-bouX"手"（1.3/3）的例子，该证据并未指向丰富的前缀（这些前缀在词根音节中模糊了原始的声母对应关系），因为炯奈语每一个例词的语音形式都指向一个古老的舌背音（瑶语支中的软腭声母是原始流音二次发展的结果）。另一个可选的合理构拟应该是*K-r-、*Kh-r-、*G-r-。

注释：

1. 在白苗中也表示"磨石"。

4. 可能是汉语的"卉"（即"芳草，植被"，中古汉语 xjwɨjH > 普通话 *huì*）。参见本对应组中"隐藏，隐瞒"的对应关系。

7. 炯奈语（6）出自毛宗武、李云兵（2001）。

10. 可能是汉语的"諱"（即"忌讳；掩盖"，中古汉语 xjwɨjH > 普通话 *huì*）。参见本对应组中"蔬菜"的对应关系。

2.56 *hr-

原始苗瑶语*hr-	1	2	3	4	5	6	7	8	9	10	11
1. 肝*-hriən(18)	xhi^1	ʂɛ^1	ʂia^1	zæin^{1b}	sen^A	ŋkheŋ$^{1'}$	hĩ^1	gan^1	gjen$^{1'}$	ɬan^1	--
2. 高*-hriəŋ(18)	xhi^1	ʂɛ^1	ʂia^1	zæin^{1b}	sen^A	ŋkheŋ$^{1'}$	hĩ^1	gaŋ^1	gjaŋ$^{1'}$	ɬaŋ^1	dzɔŋ^1

原始苗语*hr-	1	2	3	4	5	6	7
3. 声音/噪音*-hru^A(16)	xhə^1	ʂo^1	ʂua^1	za^{1b}	sa^A	ŋkjeu$^{1'}$	saŋ^1
4. 蕨*-hru^A(16)	xhə^1	ʂo^1	ʂua^1	za^{1b}	sa^A	ŋkjeu$^{1'}$	--
5. 艾草，蒿属植物*hrɛŋ^B(22)	xhi^3	--	--	zoŋ^{3b}	saŋ^B	--	--
6. 快*hre^C(10)	xhi^5	ʂɑŋ^5	ʂai^5	--	se^C	ɣwei^5	--
7. 写*hruei^C(12/17)	xho^5	ʂei^5	ʂau^5	zɔ^{5b}	--	--	--

原始瑶语*hr-	8	9	10	11
8. 量（米）*hrau^A(5)	ga:u^1	ga:u$^{1'}$	ɬa^1	dzau^1
9. 鐵，铁*hrɛk^D(9)	gja^7	gja$^{7'}$	ɬja^7	ljɛ^7

讨论：

参见 2.55 中该系列的讨论。

注释：

7. 比较汉语的"鏤"（即"雕刻"，上古汉语*[r]ˤo-s > 中古汉语 luwH > 普通话 lòu）

9. 参见苗语支的*hluw^C"铁"（2.41/9）。它们各自独立地借入上古汉语的*l̥ˤik。

2.57 *r-

原始苗瑶语*r-	1	2	3	4	5	6	7	8	9	10	11
1. 巢*-rəuX(3)	ɣi^4	zu^4	ze^4	ze^4	wji^B	ŋkja^4	--	gau^4	gjau^4	la^4	--
2. 尿*-raX(4)	va^4	zɑ^4	zɨ^4	zɿ^4	wja^B	ŋkwe^4	ve^4	wa^4	va^4	lɔ^4	vjɛ^4
3. 穿山甲*rəiH(6)	ɣo^6	zɔ^6	zau^6	zo^6	wjoŋ^A	--	ɦje^6	gai^6	gjai^6	--	--
4. 锋利*-rajH(15)	ɣa^6	zɑ^6	zua^6	--	wja^C	ŋkja^6	--	gai^6	gjai^6	lai^6	hɛi^6
5. 龍，龙*-roŋ(28)	ɣoŋ^2	zoŋ^2	za^2	zaŋ^2	wjoŋ^A	ŋkjaŋ^2	jõ^2	--	--	ljuŋ^2	luŋ^2
6. 梨*rəj(15)	ɣa^2	za^2	--	za^2	wja^A	--	ɦje^2	gei^2	gei^4	lai^2	dzai^2
7. 里，村庄*rəŋX(21)	ɣaŋ^4	zəŋ^4	zɔ^4	zoŋ^4	wjo^B	--	--	gaŋ^4	gjaŋ^4	laŋ^4	dzɔŋ^4
8. 廩，谷仓，粮仓*rɛmX(22)	--	ze^4	--	zoŋ^4	wjaŋ^B	--	--	gam^4	gjam^4	lan^4	dzum^4
9. 力，力量*-rək(7)	ɣə^6	zo^6	zɔ^6	zu^6	wju^C	ŋkjeu^6	ja^6	[kha^7]	--	khla^7]	dzja^6

原始苗语*r-	1	2	3	4	5	6	7
10. 梳子*ræ^C(5)	ɣa^6	za^6	zua^6	zəa^6	wji^C	vi^6	ɦji^6
11. 碾碎（谷子） *ro^D(7)	--	zo^8	zɔ^8	zo^8	wju^D	--	--

原始瑶语*r-	8	9	10	11
12. （一）对，（一）双*reŋ^C(20)	--	ge:ŋ^6	lɛ^6	dzaŋ^6
13. 淋，浇*rəm^A(21)	gjem^2	--	ljen^2	dzum^2
14. 流，流淌 riəu^C(1)	gjeu^6	gjou^6	ljou^6	--
15. 立，竖起 riɛp^D(1)	gjep^8	gjap^8	--	--
16. 笠，竹帽 rəp^D(7)	gap^8	gjap^8	ɬan^8	dzup^8

讨论：

参见 2.55 中该系列的讨论。

注释：

2. 尽管该声母在勉语（8）和金门方言（9）中不规则，但应不应该为该词再构拟一个声母尚不明确。

3. 该词似乎与汉语的"鲮鲤 *língli*"、原始泰语的*lin 和南岛语的*taŋgilin"穿山甲"是同一个词。

6. 三江标敏（王辅世、毛宗武 调查点 22）替换了东山标敏（10）。

9. 湘南勉语（王辅世、毛宗武 调查点 16）替换了罗香勉语（8）。不同于本对应组的其他前声母成分，"力量"一词的前声母成分一定曾是送气的，这样才能解释勉语和标敏的高调域形式（瑶语支*khlək^D，5.32/7）。

13 和 14. 三江标敏（王辅世、毛宗武 调查点 22）替换了东山标敏（10）。

3. 齿（舌尖）塞擦音

3.1   *ts-

原始苗瑶语*ts-	1	2	3	4	5	6	7	8	9	10	11
1. 竈，灶*N-tsoH(7)	so^5	--	tso^7	so^{5b}	--	tsu^7	tɕɔ^1	do$^{5'}$	du^5	tsu^5	tou^5
2. 接，收到/借入*tsep(10)	sei^7	--	tsai^7	se^{7a}	tse^D	tʃei^7	--	tθip^7	tɕin^7	tɛp^7	
原始苗语*ts-	1	2	3	4	5	6	7				
3. 长柄钩刀*tsæ^C(5)	sa^5	--	tsua^7	sa^{7a}	tsi^C	--	--				
4. 连接*tsæ^D(5)	sen^7	tsha^7	tsua^7	sa^{7a}	--	--	--				
5. 骏，鬃毛*tsʉŋ^A(30)	soŋ^1	tsoŋ^3	tsɔŋ^1	saŋ^{1a}	pjoŋ^A	--	--				
原始瑶语*ts-								8	9	10	11
6. 晒（衣服）*tsek^D(2)								--	si^7	tɕi^7	tsaŋ^1
7. 墓地/坟墓*tsou^B(13)								θou^3	tθou^3	tsəu^3	--
8. 淡而无味的，没味道的*tsam^B(24)								θa:m^3	tθa:m$_3$	tsan^3	tɔm^3
9. 隻，量词，（一）只鸟*tsiɛk^D(1)								--	sa$^{7'}$	ta^7	tsa^7
10. 識，认识/认出*tsiɛk^D(1)								--	sa^1	ta^7	tsa^7
11. 織，编织/纺织*tsiɛk^D(1)								tɕa^7	sa^7	ta^7	--

讨论：

在该系列中有许多汉语借词。当所有的同源词被彻底调查后，也许就可以将齿塞擦音归入库藏的"借词音系"部分。

注释：

1. 由于不规则，该词可能是在不同时期借入的。

3. "长柄钩刀"是一种有弧形刀身、用来砍东西的工具。

8. 来自早期表示"没味道，清淡的"的闽语词（《集韵》中是/tsjäm/：Norman 1988:232）。

3.2　*tsh-

原始苗瑶语*tsh-	1	2	3	4	5	6	7	8	9	10	11
1. 骨*tshunX(28)	shoŋ³	soŋ³	tsha⁵	saŋ³ᵇ	tshoŋᴮ	θɐŋ³	sõ³	θuŋ³	tθuŋ³	swə³	hiŋ³
2. 瘡，疮/疖疮/水泡*tshaŋ(24)	shaŋ¹	--	tsha¹	sua¹ᵇ	tshenᴬ	--	--	--	--	saŋ¹	--
3. 千*tshi̯en(20)	shaŋ¹	tshɛ¹	tshia¹	tɕein¹ᵇ	tshenᴬ	ʃen¹	ɕɛ⁵	θin¹	tin¹ʼ	tɕhin¹	hun¹

原始苗语*tsh-	1	2	3	4	5	6	7
4. 钢*tshæwᴬ(3)	sha¹	sɯ¹	--	sæ¹ᵇ	--	--	tɕo¹
5. 米，稷/粟*tshɛŋᴮ(22)	shɛ³	se³	tshu³	soŋ³ᵇ	tshaŋᴮ	--	--
6. 罐*tshæᴰ(5)	--	--	tshua⁷	sa⁷ᵇ	--	--	--

注释：

6. 在白苗中表示"铅合金"。

3.3　*dz-

原始苗瑶语*dz-	1	2	3	4	5	6	7	8	9	10	11
1. 錢，钱*dzi̯en(20)	saŋ²	--	tsia²	sæin²	zenᴬ	ʃin²	tɕĩ²	θin²	tθin²	tsən²	hɛn²
2. 匠，工匠*dzi̯oŋH(26)	ɕaŋ⁶	tɕaŋ⁶	--	saŋ⁶	zaŋᶜ	--	--	θɐŋ⁶	tθa:ŋ⁶	tsaŋ⁶	--
3. 渍，浸泡*dzeiH(12/17)	--	--	--	--	--	--	tɕi⁶	θei⁶	tθei⁶	--	hɛi⁶
4. 鑿，凿子*dzəuk(6)	so⁶	--	tsau⁶	so⁶	zuᶜ	ʃu⁸	tɕĩ⁴	θu⁸	tθu⁶	tshu⁸	hiu⁸

原始苗语*dz-	1	2	3	4	5	6	7
5. 能够*dzowᴬ(13)	su²	--	tsaɯ²	sə²	--	--	--
6. 凉（水）*dzinᴮ(18)	sei⁴	tsɛ⁴	tsia⁴	sein⁴	--	tʃai⁴	tɕɦĩ⁴
7. 惭，惭愧*dzaŋᴬ(24)	--	tsei²	tsa²	sua²	zenᴬ	--	tɕe²
8. 造，到达，抵达*dzɔᶜ(7)	so⁶	--	tsɔ⁶	--	zuᶜ	--	θu⁵

原始瑶语*dz-								8	9	10	11
9. 柴*dzaŋᴬ(24)								θa:ŋ²	tθa:ŋ²	tsaŋ²	hoŋ²
10. 槽*dzuᴬ(16)								θou²	--	tsu²	--
11. 坐*dzu̯eiᴮ(8)								θwei⁴	tθei⁴	tswei⁴	hɛi⁴
12. 緻，美丽的*dzejᶜ(10)								--	--	tsəi⁶	--

注释：

9. Downer（1973：21）认为该词借自汉语的"柴"（中古汉语 dzrɛ ＞ 普通话 chái)，许多词都表现出中古汉语的韵母-i 或-u 与勉语的韵尾-ŋ 有关系，该词只是其中一例。

12. 瑶语支中其他表示"美丽的"的语音形式都有浊声母，所以该词可能有一个浊的前声母。

3.4　*nts-

原始苗瑶语*nts-	1	2	3	4	5	6	7	8	9	10	11
1. 早*ntsi̯ouX(7)	so³	ntso³	ntsɔ³	ntso³ᵃ	nʔtsuᴮ	ŋʧu³	ŋo³	dje̍u³	gjou³	djəu³	du³
2. 澡，洗（手）*ntsæwX(5)	sa³	ntsa³	ntsua³	ntsa³ᵃ	nʔtsiᴮ	ŋʧei³	ŋe³	daːu⁵	daːu⁵'	dza³	dɔu³

原始苗语*nts-	1	2	3	4	5	6	7
3. 米*ntsuwᶜ(9)	--	ntsɔ⁵	--	--	--	ŋʧei⁵	ŋɯ⁵
4. 墓地/坟墓*ntsaŋᶜ(24)	saŋ⁵	ntsei⁵	ntsa⁵	ntsua⁵ᵃ	--		ŋe⁵
5. 吸*ntseᴰ(10)	--	--	ntsai⁷	--	--	--	--

原始瑶语*ʔdz-(<*nts-)								8	9	10	11
6. 舟/船*ʔdzaŋᴮ(24)								daːŋ³	daːŋ³	dzaŋ³	dɔŋ³
7. 鬃，鬃毛*ʔdzəŋᴬ(29)								θoŋ¹	doŋ¹	tsɔŋ¹	dzəŋ¹

注释：

4. 在养蒿（1）中表示"在埋之前存放尸体"（王辅世 1994）。

5. 该词也见于西部苗语支的石门/ntsai⁷、高坡/nze⁷/和枫香/zɛ⁷/（王辅世、毛宗武调查点 4、6、9）。

3.5　*ntsh-

原始苗瑶语*ntsh-	1	2	3	4	5	6	7	8	9	10	11
1. 洗涤*ntshuH(16)	sho⁵	ntsho⁵	ntshua⁵	ntsa⁵ᵇ	nʔtshaᶜ	ŋʧu⁵	ŋo⁵	do⁵	du⁵'	dzu⁵	du⁵

原始苗语*ntsh-	1	2	3	4	5	6	7
2. 干净的*ntshiᴬ(2)	sha¹	ntsha¹	--	ntsei¹ᵇ	nʔtsheᴬ	θei¹	--
3. 粗糙*ntshaᴬ(4)	sha¹	ntsha¹	ntshi¹	ntsi¹ᵇ	nʔtshaᴬ	--	--
4. 陡峭*ntshoŋᴬ(28)	shoŋ¹	ntshoŋ¹	ntsha¹	ntsaŋ¹ᵇ	nʔtshoŋᴬ	ŋʧaŋ³	--
5. 大象*ntshuᶜ(8)	shɛ⁵	--	ntshɯ⁵	--	nʔtshuᶜ	--	--

原始瑶语*dzh-(<*ntsh-)								8	9	10	11
6. 分散，散开*dzhanᶜ(19)								daːn⁵	daːn⁵'	dzan⁵	--

注释：

1. 在白苗中表示"刷洗，擦洗"。

3. 比较汉语的"粗"（上古汉语*s.[r]ˤa > 中古汉语 tshu > 普通话 *cū*）。

5. 比较彝缅语*ts(h)aŋ "大象" > 缅语书面语 chaŋ。

3.6 *ndz-

原始苗瑶语*ndz-	1	2	3	4	5	6	7	8	9	10	11
1. 玩耍*N-dzæwH(5)	--	tsa⁴	--	--	--	--	--	dzja:u⁶	dza:u⁶	dza⁶	--

原始苗语*ndz-	1	2	3	4	5	6	7				
2.（人）瘦*ndzu̧eiᶜ(12/17)	su⁵	ntsei⁵	ntsau⁶	ntso⁶	--	ŋtʃe⁶	nzi⁶				

原始瑶语*ndz-								8	9	10	11
3. 根*ndzuŋᴬ(28)								duŋ²	du:ŋ²	--	--
4. 词/字*ndzaŋᶜ(24)								--	daŋ⁶	dzaŋ⁶	--
5. 鹾，咸的*ndzaiᴬ(15)								da:i²	da:i²	dza²	dɔi²
6. 淨，干净*ndzəŋᶜ(21)								daŋ⁶	dðaŋ⁶	--	--

注释：

1. 江底勉语（王辅世、毛宗武 调查点15）替换了罗香勉语（8）。

3. 在江底勉语和湘南勉语（王辅世、毛宗武 调查点15和16）中，该词的声母是 dz-。这可能与苗语支的*ɹoŋᴬ "根"（4.3/28）有关，如果是这样，那一定曾有一个导致瑶语支中发生浊化的前声母（苗语支的声母没有鼻音化）。

4. 该词很可能来自汉语的"字"（上古汉语*Cə-[dz]ə-s > 中古汉语 dziH > 普通话 zì），尽管韵母并不相同。Downer（1973：21）引用其作为中古汉语-i 或-u 对应瑶语支-ŋ 的例词之一。

6. 在江底勉语和湘南勉语（王辅世、毛宗武 调查点15和16）中，该词的声母是 dz-。

3.16 *tsj-

原始苗瑶语*tsj-	1	2	3	4	5	6	7	8	9	10	11
1. 胆囊*tsjjəu(1)	ɕen¹	tɕi¹	tʂɿ¹	sei¹ᵃ	tseᴬ	--	tɕe¹	--	--	--	tɛu¹
2. 恶臭的*tsju̧eiH(8)	--	tɕɯ⁵	tʂɯ⁵	sou⁵ᵃ	tsuᶜ	tʃau⁵	tɕɔ⁵	θwei⁵′	tθei⁵	tswəi⁵	ti⁵
3. 甑，蒸饭器*tsjɛŋH(22)	ɕi⁵	tɕe⁵	tʂu⁵	soŋ⁵ᵃ	tsaŋᶜ	tʃjaŋ⁵	tɕɔ¹	θaŋ⁵′	tθaŋ⁵	tsaŋ⁵	taŋ⁵

原始苗语*tsj-	1	2	3	4	5	6	7				
4. 什么*tsjiᴮ(2)	ɕi³	--	tʂɿ⁵	si⁷ᵇ	tsiᴮ	--	--				
5. 释放，放走*tsjəŋᶜ(21)	ɕaŋ⁵	tɕaŋ⁵	tʂɔ⁵	--	--	tʃɔ⁵	tɕɔ⁵				
6. 腋窝*tsjoᶜ/ᴰ(7)	ɕə⁵	tɕo⁵	tʂɔ⁷	so⁷ᵃ	tsuᶜ	--	tɕa⁵				
7. 雉鸡，野鸡*tsjowᴰ(13)	--	--	tʂaɯ⁷	sə⁷ᵃ							
8. 祖，老虎*tsjoᴮ(7)	ɕə³	tɕo³	tʂɔ³	so³ᵃ	tsuᴮ	tʃu³	--				

注释：

8. 该词借自汉语的"祖"（"祖先"，中古汉语 tsuX > 普通话 zǔ）。在东南亚地区有一个传统，会称自己的爷爷或祖先为老虎（Wessing 1986）。

3.17　*tshj-

原始苗瑶语*tshj-	1	2	3	4	5	6	7	8	9	10	11
1. 饥饿*tshje(10)	--	ɕi¹	tʂhai¹	se¹ᵇ	tshe^A	--	sa¹	ɕa¹	sa¹'	--	--
2. 新的*tshjiəŋ(18)	xhi¹	ɕɛ¹	tʂhia¹	sæin¹ᵇ	sen^A	ŋkheŋ¹'	sĩ¹	ɕaŋ²	saŋ²	saŋ¹	sjaŋ¹
3. 灰烬*tshjuəiX(12/17)	ɕhu³	ɕi³	tʂhau³	sɔ³ᵇ	tshu^B	θe³	ɕi³	ɕwai³	sa:i³	swai³	sɔi³

原始苗语*tshj-	1	2	3	4	5	6	7
4. 纺车*tshjua^A(15)	--	--	tʂhua¹	--	tsha^A	--	--
5. 筛，筛出*tshjɔ^C(6)	--	ɕɔ⁵	tʂhau⁵				

注释:

2. 炯奈语（6）中的软腭声母没有纳入本声母的构拟。除了反映出它并入了一个词缀，它还可以反映出更多的信息；参见 2.55 ff., 其中鼻冠软腭音是炯奈语*rj-系列的现代语音形式。考虑到它与鼻冠的*ntshjiəŋ "清楚"（3.20/18）高度相似；所以它可能来自汉语"清"（上古汉语*N-s-r̥eŋ > 中古汉语 tshjeng > 普通话 qīng）的变体，参见第四章。

3. 汉语"灰"（中古汉语 xwoj > 普通话 huī）有一个非常不同的声母和声调，但韵母是对应的。

4. 该词在白苗中表示"机器"的意思。它可能来自汉语的"车"（"大车，双轮战车，带轮子的东西"，中古汉语 tsyhæ > 普通话 chē）。

3.18　*dzj-

原始苗瑶语*dzj-	1	2	3	4	5	6	7	8	9	10	11
1. 很少/缺乏*dzjok(13)	ɕu⁶	--	tʂau⁶	--	zo^C	ʃau⁶	tɕɤ⁶	θo⁸	tθɔ⁶	tshɔ⁸	hu⁸
2. 豪猪*N-dzjeiH(12/17)	ɕen⁶	tɕi⁶	tʂau⁶	so⁶	zu^C	ʃa⁶	tɕi⁶	dei⁶	dei⁶	--	hɛi⁶

原始苗语*dzj-	1	2	3	4	5	6	7
3. 淡而无味的，没味道的*dzjæ^C(5)	ɕen⁶	--	tʂua⁶	sɤa⁶	zi^C	ʃĩ⁶	tɕi⁶
4. 下巴*dzje^D(10)	ɕi¹	tɕɑ⁸	tʂai⁸	se⁸	ze^D	--	--
5. 唤醒，叫醒*dzja^D(4)	--	--	tʂʐ̩⁸	si⁸	za^D	--	tɕi⁸

注释:

3. Tan Trinh 巴哼语（Niederer 1997）替换了白云巴哼语（7）。

3.19　*ntsj-

原始苗瑶语*ntsj-	1	2	3	4	5	6	7	8	9	10	11
1. 盐*ntsjəuX(3)	ɕi³	ŋtɕɯ³	ŋtʂe³	ntsæ³ᵃ	nʔtsi^B	--	ŋo³	dau³	dau³	dza³	--
2. 呛，窒息*ntsjeŋH(20)	--	--	--	--	--	ŋtʃei⁵	ni⁵	dzɛ:ŋ⁵	--	dzɛ⁵	jaŋ⁵
3. 封住，堵住，塞住*ntsjot(13)	--	ntshu⁷	ŋtʂau⁷	ntsəu⁵ᵃ	nʔtsu^D	ŋtʃau⁷	sɔ⁷	tsot⁷			
4. 眨*ntsjep(10)	shei⁷	--	ŋtʂai⁷	ntse⁷	nʔtse^D	--	ta⁷	dzjop⁷	--	hin⁷	--

原始苗语*ntsj-	1	2	3	4	5	6	7
5. 钉（钉子）*ntsjin^C(18)	--	ŋtɕɛ⁵	ŋtʂia⁵	--	nʔtsen^C	ni⁵	
6. 浸泡*ntsjæw^C(3)	--	ŋtɕɯ⁵	ŋtʂe⁵	ntsæ⁵ᵃ	nʔtsi^C	ŋtʃa⁵	ŋtɕo⁵
7. 高粱*ntsju^C(16)	--	--	ŋtʂua⁷	ntsa⁷ᵃ	--	--	--
8. 叟，锋利*ntsjæw^C(3)	--	--	ŋtʂe⁵	ntsæ⁵ᵃ	--	--	--

注释：

2. 江底勉语（王辅世、毛宗武 调查点 15）替换了罗香勉语（8）。

3. 江底勉语（王辅世、毛宗武 调查点 15）替换了罗香勉语（8）。比较粤语的/tsat/和海南金门方言的/tjat⁷/ "堵（洞）"。

4. 江底勉语（王辅世、毛宗武 调查点 15）替换了罗香勉语（8）。

6. 文界巴哼语（王辅世、毛宗武 调查点 12）替换了白云巴哼语（7）。

7. 经过观察更多的同源词，我们清楚地发现，表示"高粱"的这两个语音形式中的 7 调是从 5 调派生出来的连读变调形式。

8. 考虑到苗语支*ndzjæw^C "垂直的，直立的"（3.21/3）和汉语 "直"（上古汉语*N-t<r>ək ＞ 中古汉语 drik ＞ 普通话 zhí）之间的平行对应关系，该词很可能来自汉语的 "畟" （"锋利的"，上古汉语*[tsʰ]rək ＞ 中古汉语 tsrhik ＞ 普通话 cè）。

3.20　*ntshj-

原始苗瑶语*ntshj-	1	2	3	4	5	6	7	8	9	10	11
1. 血*ntshjamX(24)	ɕhaŋ³	ŋtɕhi³	ŋtʂha³	ntsua³ᵇ	nʔtshen^B	θi³	ŋɛ³	ɕam³	sa:m³	san³	dzjɛm³
2. 头虱*ntshjeiX(12/17)	ɕhu³	ŋtɕhi³	ŋtʂhau³	ntsɔ³ᵇ	nʔtshu^B	--	tɕhi³	ɕei³	tθei³	--	dzɛi³
3. 害怕，担心*ntshjeH(10)	ɕhi¹	ŋtɕha⁵	ŋtʂhai⁵	ntse⁵ᵇ	nʔtshe^C	ŋtʃei¹	ŋɛ⁵	dʑa⁵	ɖa⁵ʼ	ɖa⁵	dzjɛ⁵
4. 清，清楚*ntshjiəŋ(18)	ɕhi¹	--	ŋtʂhia¹	ntsæin¹ᵇ	nʔtshe^A	--	nĩ¹	dzaŋ¹	--	--	--

原始苗语*ntshj-	1	2	3	4	5	6	7
5. 水獭*ntshjựa^A(15)	ɕha¹	ŋtɕhɑ¹	ŋtʂhua¹	ntsa¹ᵇ	nʔtsha^A	θja¹	--

注释：

1. 比较孟高棉语的*jhaam "血"（Shorto #1430）。

2. Tan Trinh 巴哼语（Niederer 1997）替换了白云巴哼语（7）。

4. 湘南勉语（王辅世、毛宗武 调查点 16）替换了罗香勉语（8）。该词也可能被借为苗瑶语的*tshjiəŋ "新的"（3.17/18）；参见第四章。

3.21　*ndzj-

原始苗语*ndzj-	1	2	3	4	5	6	7
1. 绊倒*ndzjow^D(13)	--	--	--	--	--	--	--
2. 直*ndzjæw^C(3)	--	--	ŋtʂe⁶	--	--	--	--

注释：

1. 该词只出现在王辅世（1994）的两种西部苗语中：先进/ŋtʂeu⁸/和石门/ndzɦey⁸ᴵᴵ/。

2. 该词只出现在王辅世（1994）的另两种西部苗语中：先进/ŋtʂe⁶/和石门/ndzə⁶ᴵᴵ/。

4. 硬腭音

4.1　*c-

原始苗瑶语*c-	1	2	3	4	5	6	7	8	9	10	11
1. 蜂蜡，蜜蜡*N-cjæŋ(24)	tɕeaŋ¹	tɕi¹	cia¹	tɕua¹ᵃ	tɕeen^A	--	--	--	--	dʑjɛ¹	--
2. 蚯蚓*N-cuŋ(28)	tɕeoŋ¹	coŋ¹	ca¹	tɕaŋ¹ᵃ	tɕoŋ^A	jɐŋ¹	jõ¹	duŋ¹	--	hwjə¹	dziŋ¹

原始苗瑶语*c-	1	2	3	4	5	6	7	8	9	10	11
3. 风*N-cæwH(5)	tɕen⁵	ci⁵	cua⁵	--	tɕiᶜ	tʃi⁵	tɕi⁵	dʑau⁵	ɖa:u⁵	hja⁵	dzau⁵
4. 捷，快*cɥɛp(9)	--	--	--	--	--	--	tɕeː⁷	tɕep⁷	--	--	--

原始苗语*c-	1	2	3	4	5	6	7
5. 带领*coŋᴬ(28)	--	tɕoŋ¹	ca¹	tɕaŋ¹ᵃ	tɕoŋᴬ	--	--
6. 画眉鸟*cɔŋᴬ(29)	tɕu¹	tɕu¹	cɔŋ¹	tɕaŋ¹ᵃ	tɕoŋᴬ	tʃwaŋ¹	tɕɔ̃¹
7. 诱捕，诱入圈套*cuᴬ(16)	--	--	cua¹	tɕæ¹ᵃ	tɕaᴬ	--	--
8. 身体，躯干*cæwᴮ(3)	tɕi³	tɕɯ³	ce³	tɕæ³ᵃ	tɕiᴮ	--	--
9. 用肩扛*cæwᶜ(3)	tɕi⁵	--	--	tɕæ⁵ᵃ	--	--	--
10. 酒*cowᴮ(13)	tɕu³	tɕɯ³	cau³	tɕə³ᵃ	tɕoᴮ	tʃau³	tɕɤ³
11. 炙，烘焙，烤*ciᶜ(1)	tɕen⁵	--	ci⁵	tɕi⁵ᵃ	tɕiᶜ	--	--
12. 嚼，咀嚼*cuaᶜ(15)	tɕu⁵	ca⁵	cua⁵	tɕa⁵ᵃ	tɕaᶜ	tʃa⁵	tɕa⁵

原始瑶语*c-	8	9	10	11
13.（鸟的）嗉囊，砂囊*ciŋᴮ(18)	tɕiŋ³	ɖiŋ³	--	--
14. 犬吠*cuŋᶜ(21)	tɕuŋ⁵ˈ	tuŋ⁵	dwə⁵	--
15. 獐，鹿*cuŋᴬ(28)	tɕuŋ¹	tu:ŋ¹	--	--

讨论：

在本系列中，大多数苗语支语言都有硬腭塞擦音，一些瑶语支语言有软腭塞音。由于硬腭塞音除阻时通常会伴随一定程度的摩擦（因为舌头和硬腭之间有比较宽的接触区域），所以从*c-到/tɕ-/的演变相当自然（正如从*c-到/k-/的演变一样，这是另一种方式来解决不稳定的*c-）。相反，从*tɕ-到/c-/或/k-/的演变就比较罕见。

注释：

3. 吉卫（2）的语音形式出自《苗瑶语方言词汇集》（1987）。

8. 该词似乎在形态上与苗语支的*ɟæwᴮ"腿/树枝"（4.3/3）有关。在声母清浊上的差异可能因为前缀的影响；参见第四章。

10. 参见瑶语支的*tiuᴮ（2.1/A），从同一个词独立借入。

11. 该词在形态上与苗语支的*ɟiᶜ"烫伤/烧着"（4.3/1）有关系（参见第四章）。

13. Downer（1973）认为粤语的/khan/"（鸟的）嗉囊"是勉语/kien¹/的来源，尽管这并不明显。

4.2　*ch-

原始苗瑶语*ch-	1	2	3	4	5	6	7	8	9	10	11
1. 穿，穿针引线*chɥen(21)	tɕhan¹	tɕhɑn¹	chɔ¹	tɕoŋ¹ᵇ	tɕhoŋᴬ	tʃui¹	--	ɕwən¹	sen¹ˈ	thwən¹	tsui¹
2. 處，床/地方*chouH(13)	tɕhu⁵	--	chaɯ⁵	--	tɕhoᶜ	--	tɕhɔ̃²	ɕou⁵	tɔu⁵ˈ	thəu⁵	fu⁵

原始苗语*ch-	1	2	3	4	5	6	7
3. 打扫*chæwᴬ(3)	tɕhi¹	--	che¹	tɕæ¹ᵇ	tɕhiᴬ	--	--
4. 肚子，腹部*chɥeiᴬ(12/17)	tɕhu¹	tɕhi¹	chau¹	tɕɔ¹ᵇ	tɕhuᴬ	the¹	--

续表

原始苗瑶语*ch-	1	2	3	4	5	6	7	8	9	10	11
5. 量词，（一）间房*choŋ^B(28)	tɕhoŋ^3	--	cha^3	tɕaŋ^{3b}	khoŋ^B	--	--				
6. 去皮，刮毛，剃须*che^D(10)	--	--	chai^7	tɕe^{7b}	tɕhe^D	--	--				

原始瑶语*ch-								8	9	10	11
7. 炒*chau^B(5)								ɕa:u^3	ta:u^3	tha^3	hau^3

注释：

2. 文界巴哼语（王辅世、毛宗武　调查点 12）替换了白云巴哼语（7）。

3. 瑶语支的"打扫"（4.4/3）与该词有同样的发音部位和韵母，但是声调和是否送气方面却不同。

4. 在白苗中，同源词/chau^1/表示"肚子贴地爬"（比较英语中 belly up "肚子"的动词用法："to belly up to the table 径直向桌子走去"）。

5. 该词与汉语的"间"（"房间"，中古汉语 kɛŋ > 普通话 *jiān*）有非常细微的相似性。

4.3　*ʝ-

原始苗瑶语*ʝ-	1	2	3	4	5	6	7	8	9	10	11
1.（指人）男性*ʝjaŋH(24)	tɕaŋ^6	--	--	tɕua^6	--	ɳtʃi^6	--	tɕaŋ^2	--	--	kjaŋ^2
2. 膝盖*ʝuəiH(12/17)	tɕu^6	tɕɔ^6	cau^6	tɕo^6	zu^C	--	tɕi^6	tɕwai^6	--	twai^6	--
3. 九*N-ʝuə(16)	tɕə^2	tɕo^2	cua^2	tɕa^2	za^A	tʃu^2	ko^5	du^2	du^2	ju^2	ku^2
4. 荞，荞麦*ʝæu(3)	--	--	ce^2	tɕæ^2	zi^A	--	--	tɕou^2	--	tɔ^4	--
5. 茄，茄子*ʝa(4)	tɕa^2	--	--	tɕəa^6	--	--	--	tɕe^2	--	ta^2	kjɛ^2
6. 橋，桥*ʝow(16)	tɕu^2	--	chɔ^2	--	--	tʃi^2	tɕe^6	tɕou^2	tɔu^2	tɔu^2	ku^2
7. 骑，骑*ʝej(10)	tɕi^2	--	cai^2	tɕe^2	ze^A	tʃei^2	tɕhi^2	tɕei^2	tei^2	tɕi^2	ki^2

原始苗语*ʝ-	1	2	3	4	5	6	7
8. 活着的*ʝin^A(18)	--	--	cia^2	tɕein^2	zi^A	--	--
9. 根*ʝoŋ^A(28)	tɕoŋ^2	tɕoŋ^2	ca^6	tɕaŋ^6	zoŋ^A	--	kõ^2
10. 完成*ʝɔŋ^B(29)	tɕu^4	tɕu^4	--	tɕaŋ^4	--	--	--
11. 种（及物动词）*ʝi^B(1)	tɕen^4	--	--	ze^B	tei^4		
12. 腿/树枝*ʝæw^B(3)	tei^4	kur^4	ce^6	tɕe^4	za^B	--	--
13. 见面*ʝua^C(15)	tɕa^6	--	cua^6	tɕəa^6	za^C		
14. 种植*ʝɔŋ^C(21)	--	tɕaŋ^6	cɔ^6	tɕoŋ^6	zi^B		
15. 白*ʝɔ^B(7)	tɕə^4	tɕo^4	cɔ^4	tɕu^4	zi^B		
16. 炙，烫伤/烧着*ʝi^C(1)	tɕen^6	--	ci^6	tɕi^6	ze^C		

原始瑶语*ʝ-								8	9	10	11
17. 茶*ʝa^A(4)								tɕa^2	ta^2	ta^2	ta^2
18. 韭*ʝiu^B(A)								tɕiu^4	--	--	kiu^4

注释：

1. 在白苗中，该同源词可能是短语 ob cag/ʔɔ^1 ca^6/ "其他的" 中的/ca^6/。

3. 白保罗（1987a：14）将苗瑶语中"九"的浊声母归因于藏缅语的舌冠音前缀（*d-kəw）。此处前声母成分的用法（和本构拟其他地方的情况一样），并不能解释该词根声母最早的清浊情况；必须为原始苗瑶语构拟一个浊声母来解释低调域声调。*N-仅仅表明在某个晚近的时期瑶语支中出现了这个使声母浊化的松散的附加成分，这应该出现在早期清浊对立消失后。这个前声母成分可能是除了鼻辅音的其他音。

4. 江底勉语（王辅世、毛宗武 调查点15）替换了罗香勉语（8）。

5. 江底勉语（王辅世、毛宗武 调查点15）替换了罗香勉语（8）。

7. 文界巴哼语（王辅世、毛宗武 调查点12）替换了白云巴哼语（7）。

9. 该词可能与瑶语支的*ndzuŋ^A"根"（3.6/28）有关。但如果真是这样，那么一定曾有一个在瑶语支中引发浊音的前声母（苗语支声母并没有被鼻化）。

12. 该词似乎在形态上与上文中的"身体/躯干"：*cæw^B（4.1/3）有关。单单在声母清浊方面的差异可能是受到前缀的影响；参见第四章。

16. 该词在形态上与上文中的*ci^C"烘焙，烤"有关；参见第四章。

18. 江底勉语（王辅世、毛宗武 调查点15）替换了罗香勉语（8）。

4.4 *ɲc-

原始苗瑶语*ɲc-	1	2	3	4	5	6	7	8	9	10	11
1. 枕头*ɲcuəmH(29)	--	ŋteɯ^5	ɲcɔŋ^5	ŋteaŋ^{5a}	ŋʔteoŋ^C	ntjoŋ^5	ŋɔ^5	dzum^6	ɖam^5	--	--
2. 竹，篾①*ɲcəuk(6)	tɕen^5	ŋteo^5	ɲcau^5	ŋteɔ^{5a}	--	ntjeu^5	--	dzu^7	ɖu^7	ɖu^7	dziu^7

原始苗语*ɲc-	1	2	3	4	5	6	7
3. 攀登，爬*ɲcæw^C(3)	tɕi^5	ŋteɯ^5	ɲce^5	ŋteæ^{5a}	ŋʔtɕi^C	ntja^5	--
4. 记得*ɲco^C(7)	--	--	ɲcɔ^5	ŋteo^{5a}	ŋʔteu^C	--	--
5. 啄，挖*ɲcow^D(13)	teu^7	ŋteu^7	ɲcauɯ^7	ŋteɔ^{7a}	ŋʔteo^D	--	teɔ^1
6. 正，直*ɲciaŋ^A(26)	--	--	ɲca^1	ŋteaŋ^{1a}	ŋʔteaŋ^A	ntjeu^1	--

原始苗语*ʔɟ-(<*ɲc-)	8	9	10	11
7. 刺，棘*ʔɟim^B(18)	jim^3	ɖim^3	--	--
8. 打扫*ʔɟæu^C(3)	--	ɖɔu^5		
9. 夹，夹*ʔɟəp^D(7)	dzap^7	--	kan^7	--

注释：

1. 可能来自汉语"枕"即"枕头"，上古汉语*[t.q][ə]mʔ > 中古汉语 tsyimX > 普通话 zhěn）的 C 调变体。

5. 在瑶语支中有一个相似的表示"啄"的词：江底勉语/dzo^7/（王辅世、毛宗武 调查点 15），湘南勉语/dzəu^7/（王辅世、毛宗武 调查点 16）。然而，它们的韵母并不对应。该词在王辅世、毛宗武的构拟中被列了两次，一次表"啄"义，另一次表"挖"义。因为在养蒿（1）中"啄"是 5 调，"挖"是 7 调。在其他点，表示该义的语音形式都是一样的，这说明此种区分仅限于养蒿。该词在白苗中也用来表示"锄地，平整土地"。比较汉语的"撅"（即"挖"，上古汉语*[g]ot > 中古汉语 gjwot > 普通话 jué）。

---

① 作者认为原始苗瑶语借了原始汉语的"竹"，用来表示"篾"。

6. 在白苗（3）中，该词表示"弄直，使……变直"。"直"在该语言和先进苗语（王辅世、毛宗武　调查点 3）中是同一个 2 调的词。这说明要么在汉语中它是一个形态对立（两种形式都借用了），要么这两种关系密切的语言的祖先语中有一个创新的形态对立：很难说哪种更有可能（参见第四章）。

8. 苗语支的 *chæw^A"打扫"（4.2/3）有相同的发音部位和韵母，但是声调和是否送气方面却不同。

9. 江底勉语（王辅世、毛宗武　调查点 15）替换了罗香勉语（8）。

4.5　*ɲch-

原始苗瑶语*ɲch-	1	2	3	4	5	6	7	8	9	10	11
1. 炊烟*ɲchiouH(7)	--	ŋtɕhɔ⁵	ɲchɔ⁵	ŋtɕɔ⁵ᵇ	ŋʔtɕhuᴮ	--	--	ɕeu⁵	sɔu⁵'	--	--

原始苗语*ɲch-	1	2	3	4	5	6	7
2. 喷洒，洒出*ɲchuᴮ(16)	--	ŋtɕhɔ³	ɲchua³	ŋtɕa³ᵇ	ŋʔtɕhaᴮ		

原始瑶语*ɟh(<*ɲch-)				8	9	10	11
3. 蚂蚁*ɟhiəuᴮ(1)				ɕeu³	sɔu³	sau³	dziu³

注释：

1. 也表示"冒烟"或"蒸汽"。

2. 也表示"倒出来"。

4.6　*ɲɟ-

原始苗瑶语*ɲɟ-	1	2	3	4	5	6	7	8	9	10	11
1. 嘴，鸟喙*ɲɟuj(9)	ŋu²	ŋɔ²	ɲcau²	ŋtɕu²	ŋtɕɔᴬ	ntjɔ²	ŋzɯ²	dzuːi²	--	tɕi²	dzi²
2. 柱子*ɲɟæu(3)	ŋi²	ŋɯ²	ɲce²	ŋtɕæ²	ŋtɕiᴬ	--	ŋɔ²	--	--	tɕɔu²	--

原始瑶语*ɲɟ-								8	9	10	11
3. 浇水*ɲɟunᴬ(27)								dzun²	--	--	--
4. 剑*ɲɟəukᴰ(6)								dzu⁸	du⁶	du⁸	dziu⁸

注释：

1. 江底勉语（王辅世、毛宗武　调查点 15）代替了罗香勉语（8）。三江标敏（王辅世、毛宗武　调查点 22）代替了东山标敏（10）。可能来自汉语的"嘴"（即"鸟喙"，上古汉语*[ts]oj? > 中古汉语 tsjweX > 普通话 *zuǐ*）。

2. 养蒿（1）出自《苗瑶语方言词汇集》（1987）。三江标敏（王辅世、毛宗武　调查点 22）代替了东山标敏（10）。

3. 江底勉语（王辅世、毛宗武　调查点 15）代替了罗香勉语（8）。

4.7　*ʔɲ-

原始苗瑶语*ʔɲ-	1	2	3	4	5	6	7	8	9	10	11
1. 妯娌*ʔnam(24)	ŋaŋ¹	ŋi¹	ɲa¹	ɲa¹ᵃ	ʔɲenᴬ	ŋi¹	--	--	ŋaːm¹	ŋan¹	ŋem¹
2. 哭泣，流泪*ʔɲæmX(20)	ŋaŋ¹	ŋɛ³	ŋia³	ŋi³ᵃ	ʔɲenᴮ	ŋiŋ¹	--	ŋem³	ŋjim³	ŋan³	ŋem³

续表

原始苗语*ʔn-	1	2	3	4	5	6	7				
3. 在/住*ʔnəŋ^A(21)	ŋaŋ^1	ŋi^1	ŋɔ^1	ŋɔ^{1a}	ʔŋoŋ^A	ŋeŋ^1	ŋõ^1				

原始瑶语*ʔn-								8	9	10	11
4. 所有格*ʔɲiəŋ^A(18)								ŋaŋ^1	ŋaŋ^1	nin^2	--
5. 爬行，蠕动*ʔneəŋ^A(22)								ŋɔŋ^1	ŋɔːŋ^1	--	--
6. 害羞*ʔnæi$^{A/B}$(12/17)								ŋai^3	ŋai^1	--	--
7. 爪子，（猛禽的）爪*ʔnau^B(5)								ŋau^1	ŋaːu^3	--	--

讨论：

尽管该系列的前硬腭鼻音几乎在所有点都被记录了下来，但此处我们还是构拟了简单硬腭鼻音，以保持所有构拟出来的硬腭系列声母具有一致性。本构拟的目标不是要建立这些鼻音或其他音段在原始语中精确的语音学特征；而是要确定对立的发音部位。

注释：

1. 也表示"儿媳妇；新娘"。比较藏缅语的*s-nam"儿媳妇"（白保罗　1987a：18）。

3. 瑶语支的*ʔjəm^A（4.10/21）"在/住"很可能与该词有关，但是鼻音的缺失很难解释（王辅世、毛宗武将其解释为虚词弱化）；参见第四章。

5. 江底勉语（王辅世、毛宗武　调查点15）替换了罗香勉语（8）。

6. 江底勉语（王辅世、毛宗武　调查点15）替换了罗香勉语（8）。

7. Downer (1973:30)将该词与厦门话（Amoy）的/jiaù/"爪"联系了起来。

4.8　*hŋ-

原始苗瑶语*hŋ-	1	2	3	4	5	6	7	8	9	10	11
1. 肠子*hŋeuŋX(23)	--	ɕ̥e^3	ŋ̥u^3	ŋ̥oŋ^{3b}	ŋ̥en^B	ŋ̥ɔ^3	ŋ̥ŋ^3	ŋ̥eu^3	ŋ̥ɔu^3	--	--
2. 年*hŋuəŋH(29)	ŋhu^5	--	--	--	--	ŋ̥wan^5	--	ŋ̥aŋ^5	ŋ̥aŋ$^{5'}$	ŋ̥aŋ^5	ŋ̥aŋ^5

原始苗语*hŋ-	1	2	3	4	5	6	7				
3. 额头*hŋen^A(20)	ŋhaŋ^1	ɕ̥ɛ^1	--	ŋ̥i^{1b}	--	--	nĩ^1				

原始瑶语*hŋ-								8	9	10	11
4. 忘记*hŋou^B(13)								--	ŋ̥ɔu^3	ŋ̥au^3	nau^3
5. （用后背）背*hŋa^C(4)								ŋ̥a$^{5'}$	ŋ̥a^5	ŋ̥a^3	--
6. 挤，压，榨*hŋai^C(11)								ŋ̥ai$^{5'}$	ŋ̥ai^5	--	--
7. 簸谷，扬谷*hŋum^C(27)								ŋ̥um^5	ŋ̥um$^{5'}$	ŋ̥ən^5	num^5

注释：

2. 由于该词与苗语支的 ɕoŋ^C "年"（4.13/29）声调和韵母都完全对应，所以很可能两者是同一个词。可能两个词都来自藏缅语的*s-niŋ "年"，借入苗语支后前缀代替了声母（Mortensen 2002）。比较汉语的"年"（上古汉语*[n]ˤi[n] > 中古汉语 nen > 普通话 nián）。

4. 比较苗语支的*hnuŋ^B "忘记"（2.8/27）。

5、6、7. 这些词的声调次类用撇号'表明。发生声调分化意味着这些词应该被构拟为*hŋ-而不是*ʔŋ-。正如在王辅世、毛宗武（1995）中所出现的那样。

4.9　*ŋ-

原始苗瑶语*ŋ-	1	2	3	4	5	6	7	8	9	10	11
1. 生的，未成熟*ŋu̯emX(29)	ŋu⁴	ŋu⁴	ŋɔŋ⁴	--	ŋoᴮ	ŋwaŋ⁴	ŋõ⁴	--	ŋjim⁴	--	--
2. 偷*ŋemH(20)	ŋaŋ⁶	ŋɛ⁶	ŋia⁶	ŋi⁶	ŋenᶜ	ŋiŋ⁶	ŋĩ⁶	nim⁶	ne:m⁶	--	ŋɛm⁶

原始苗语*ŋ-	1	2	3	4	5	6	7
3. 浅的*ŋenᴮ(20)	ŋi⁴	--	--	ŋi⁴	--	--	ŋɦɯ⁴
4. 姅，瘦*ŋenᴮ(20)	ŋaŋ⁴	ŋɛ⁴	ŋia⁴	ŋi⁴	ŋenᴮ	ŋiŋ⁴	nĭ⁴
5. 髯，胡子*ŋaŋᶜ(24)	ŋaŋ⁶	ŋi⁶	--	ŋa⁶	ŋenᶜ	ŋi⁶	nĩ⁶

原始瑶语*ŋ-	8	9	10	11
6. 染*ŋumᶜ(27)	ŋum⁶	ŋum⁶	ŋin⁶	ŋam⁶
7. 吃*ŋənᶜ(27)	ŋen⁶	ŋjin⁴	ŋin⁶	ŋan⁶

注释：

3. 文界巴哼语（王辅世、毛宗武 调查点 12）替换了白云巴哼语（7）。

6. 表示"染"的这个词在侗台语族的泰语（老挝语/njɔm/）和侗水语支（莫语/njum/）中已被证实（Downer 1978）。也可比较越南语 nhuộm。它们很可能都来自汉语的"染"（中古汉语 nyemX > 普通话 rǎn）。

7. 苗语支的*nuŋᴬ "吃"（2.9/27）很可能与之有关。

4'.9　*ŋʷ-

原始苗瑶语*ŋʷ-	1	2	3	4	5	6	7	8	9	10	11
1. 銀，银*ŋʷjən(18)	ŋi²	ŋoŋ²	ŋia²	ŋi²	ʔŋenᴬ	ŋiŋ²	ŋ²	ŋwan²	ŋa:n²	ŋan²	ŋan²

4.10　*ʔj-

原始苗语*ʔj-	1	2	3	4	5	6	7
1. 蚊子*ʔjɔŋᴮ(29)	zu³	--	jɔŋ³	zaŋ³ᵃ	ʔzoŋᴮ	--	jõ³
2. 飞*ʔjaŋᶜ(24)	zaŋ⁵	zi³	ja⁵	zua⁵ᵃ	ʔzenᶜ	i⁵	je⁵
3. 秧，秧苗*ʔjeŋᴬ(22)	zi¹	zaŋ¹	ju¹	zoŋ¹ᵃ	ʔzaŋᴬ	jaŋ¹	jõ¹
4. 要，想要*ʔjuᴮ(16)	ə³	--	jua³	za³ᵃ	--	wjaŋ³	ja³
5. 幼，幼小的/年幼的*ʔjuwᶜ(9)	zu⁵	zɔ⁵	jau⁵	zu⁵ᵃ	ʔzoᶜ	ju⁵	jɯ⁵

原始瑶语*ʔj-	8	9	10	11
6. 在/住*ʔjəmᴬ(21)	jem¹	jam¹	jan¹	--
7. 第一人称单数（我）*ʔjaᴬ(4)	ja¹	ja¹	--	--
8. 洒出，流出*(ʔ)jamᶜ(24)	ɕa:m⁵	ja:m⁶	ja⁶	--
9. 秧，秧苗*ʔjaŋᴬ(24)	jwaŋ¹	ja:ŋ¹	jɔ¹	--

注释：

2. 在巴哼语中也表示"跑"（Niederer 1997:120）。

3 和 9. 由于韵母并不完全对应，所以这些词很可能各自独立地从汉语借入"秧"（即"秧苗"，中古汉语ʔjang >普通话 yāng）。

4. 汉语和苗语支的声调不对应。

6. 苗语支的*ʔɲəŋ^A"在/住"（4.7/21）很可能与该词有关；参见第四章。

8. 江底勉语（王辅世、毛宗武调查点 15）替换了罗香勉语（8）。该词的现代语音形式有 5 调和 6 调；可能同样被构拟为*jam^C 也比较好。

4.11　*hj-

原始苗瑶语*hj-	1	2	3	4	5	6	7	8	9	10	11
1. 缩水，萎缩*hjuk(9)	xhu⁷	--	--	--	--	--	--	ɕo⁷	--	--	--

讨论：

不清楚*hj-应该列为此处的清硬腭滑音，还是应该列为 h-声母加一个介音-j-。考虑到苗瑶语中清响音的显著性，我们把它放在此处，但这个决定没有把握。

注释：

1. 也可参见先进苗语的/xau⁷/、江底勉语的/su⁷/和长坪勉语的/ðut⁷/。长坪勉语中的韵尾-t 和苗语支的声调意味着该词以-t 结尾，而不是-k。但是，该词也可能与汉语的"缩"（即"缩水，萎缩"，上古汉语*[s]ruk >中古汉语 srjuwk > 普通话 suō）相似，所以此处暂时构拟为-k。

4.12　*j-

原始苗瑶语*j-	1	2	3	4	5	6	7	8	9	10	11
1. 叔叔*jæɯX(3)	zu⁵	zo⁴	--	--	--	ja²	jo⁴	jou⁴	jou⁴	--	--
2. 舔*-jep(10)	zi⁸	za⁸	jai⁸	ze⁸	--	ŋklai⁸	jɛ⁸	--	--	--	dzjɛp⁸
3. 八*jat(4)	za⁸	zi⁸	ji⁸	zi⁸	za^D	je⁸	ji⁸	jat⁸	jet⁸	hjɛn⁸	dzjat⁸
4. 羊*juŋ(28)	zoŋ²	zoŋ²	ja²	zaŋ²	zi^A	jɛŋ²	--	juŋ²	ju:ŋ²	wjə²	dziŋ²

原始苗语*j-	1	2	3	4	5	6	7
5. 樗*jɛŋ^A(22)	--	--	ju²	zoŋ²	zaŋ^A	--	--
6. 牛*joB(7)	--	zu⁴	--	--	zu^B	--	--
7. （头顶的）旋*jɨ^B(2)	zi⁶	--	ji⁴	zi⁴	we^B	--	--
8. 是*jəŋ^C(21)	--	--	jo⁶	zoŋ⁶	zoŋ^C	--	ŋɯ⁶
9. 煬，分解，融化*jaŋ^A(24)	zaŋ²	zi²	ja²	zua²	--	ŋi²	je²
10. 楊，白杨*jiaŋ^A(26)	--	--	--	zaŋ²	--		
11. 養，养（鸡）*jɛŋ^C(22)	zi⁶	--	ju⁶	zoŋ⁶	zaŋ^C	jɛŋ⁶	--

原始瑶语*j-	8	9	10	11
12. （客家话/njam/）一臂长度*juam^A(29)	jwam²	jɔm²	jaŋ²	dzjam²
13. 走路*jəŋ^A(29)	jaŋ²	jaŋ²	ŋaŋ²	dzaŋ²
14. 分解*jəuk^D(6)	ju⁸	ju⁶	--	--
15. 煬，分解，融化*juŋ^A(28)	--	--	wjə²	dziŋ²
16. 養，养（鸡）*juŋ^B(28)	juŋ⁴	juŋ⁴	wjə⁴	dziŋ⁴

注释：

1. 江底勉语（王辅世、毛宗武调查点 15）替换了罗香勉语（8）。

2. 炯奈语（6）的复杂声母与其在对应组 2.55、2.56 和 2.57（*ʔr-、*hr-、*r-）中的声母类似。在那些对应组中，当与某些词连用时，连字符表示声母前有一个成分。

3. 来自藏缅语的*-rjat "八"（参见第五章）。

5. 学名是 *Ailanthus altissima*

7. 在白苗中表示 "一绺不易梳平的乱发（即长在头上任何部位的一片乱发）"。

9 和 15. 同样的词各自独立地借入了苗语支和瑶语支。比较上文相似的#14。

11 和 16. 苗语支借入了汉语的 yàng "豢养，扶持"，瑶语支借入了汉语的 yǎng "养育，喂养"（同形字）。

12. 有一个表示 "拃（大拇指与中指之间的距离）" 的词带有一个硬腭鼻音，可能也是从该词中借入的。

4.13 *ɕ-

原始苗瑶语*ɕ-	1	2	3	4	5	6	7	8	9	10	11
1. 拉伸，伸长*ɕoŋ(28)	ɕhoŋ¹	--	ɕa¹	--	--	--	ɕõ¹	ɕoŋ¹	--	--	--

原始苗语*ɕ-	1	2	3	4	5	6	7				
2. 繁殖，增殖*ɕaŋᶜ(24)	ɕhaŋ⁵	--	ɕa⁵	--	--	--					
3. 年*ɕoŋᶜ(29)	--	teu⁵	ɕoŋ⁵	tɕaŋ⁵ᵃ	--	--	tɕɔ̃⁵				

原始瑶语*ɕ-								8	9	10	11
4. 簸*ɕiəŋᴬ(24)								ɕaŋ¹	saŋ¹ʼ	taŋ¹	--
5. 扭，搓*ɕætᴰ(5)								ɕat⁷	sa:t⁷ʼ	sa:t⁷ʼ	sjɛt⁷
6. 媳，女儿/女孩*ɕiɛkᴰ(1)								ɕa⁷	sa⁷	sa⁷	sa⁷

讨论：

金门方言（9）的清擦音分在两个大的对应组中：有 tθ- 的和有 s- 的。那些有金门方言 tθ- 的词都被放在一起，并在原始苗瑶语和原始瑶语层面被构拟为*s-（2.13）。那些有金门方言 s- 的词在原始苗瑶语层面要么被构拟为*sj-（2.28），要么被构拟为*ɕ-（此处），在原始瑶语层面合并为*ɕ-。原始苗瑶语*sj- 和 ɕ- 的区别依据的是西部苗语中的发展：*sj- > ʂ-，*ɕ- > ɕ-。

擦音对应的混乱状态导致王辅世和毛宗武为原始语构拟了 11 个清擦音，但由于现代子语中并没有数量庞大的擦音，所以我们认为合理的推测是原始语中也没有那么多的擦音。该对应组中有许多汉语借词，有些模式独特，以至于模糊了本语词的对应关系。

注释：

3. 这个在苗语支中表示 "年" 的词的声母非常不规则：它既没有对应*ɕ- 的清楚的现代擦音形式，也没有对应*c- 的现代塞音/塞擦音形式，相反，它表现出了两个音的混合形式。它可能与苗瑶语的*hŋuəŋH（4.8/29）"年" 有相同的来源，可能都来自藏缅语的*s-niŋ "年"，并在该对应组中脱落了前缀（Mortensen 2002）。比较汉语的 "年"（上古汉语*[n]ˤi[n] > 中古汉语 nen > 普通话 nián）。

4. 很可能来自汉语的 "扇"（中古汉语 syenH > 普通话 *shàn*）。

5. 海南金门方言（新谷忠彦、杨昭 1990）替换了览金金门方言（9）。该词很可能与苗语支的*S-phua ̯ᴬ "扭、搓"（1.2/15）相同。

5. 软腭音

5.1 *k-

原始苗瑶语*k-	1	2	3	4	5	6	7	8	9	10	11
1. 弟弟*kɯeiX(8)	--	kɯ³	kɯ³	kou³ᵃ	kuᴮ	--	--	--	--	ki³	kui³

原始苗语*k-	1	2	3	4	5	6	7
2. 沟渠*koŋᴬ(28)	koŋ¹	--	--	kaŋ¹ᵃ	koŋᴬ	kjɐŋ¹	
3. 第一人称单数（我）*kɛŋᴮ(22)	--	--	kɯ³	koŋ³ᵃ	kaŋᴮ	--	--
4. 斗笠，竹帽*kuwᴰ(9)	--	ku⁷	kau⁷	ku⁷ᵃ	koᴰ	--	kɯ⁷
5. 咬，啃*kowᴰ(13)	ki⁷	ku⁷	kauɯ⁷	kə³⁷ᵃ	koᴰ	--	--

原始瑶语*k-	8	9	10	11
6. 覆盖，盖住*komᴮ(21)	kom³	kɔm³	--	--

讨论：

苗瑶语的*软腭音，在苗语支中并入了小舌音，除非后接后圆唇元音、-l-或-r-。在瑶语支中，所有的苗瑶语*小舌音并入了软腭音（参见本章 1.2 节）[①]。由于在*k-和*q-系列的词汇只在这三种有限的情况下形成对立，所以许多在系列 5 和系列 6 的对应"组"将会只包含一或两个词。除了后圆唇元音，其他元音前如果构拟出带有舌背辅音的词，都被放在系列 5 和系列 6 中，这体现了一个不加区别的舌背音（此处记为一个大写字母：*K-、*KH-、*G-等等）。

注释：

1. 三江标敏（王辅世、毛宗武 调查点 22）替换了东山标敏（10）。

2. 比较标敏"沟渠，峡谷，山涧"（Solnit 1982）。藻敏（11）/ku¹/似乎借自汉语的"溝"（即"沟渠，灌溉水渠"，中古汉语 kuw > 普通话 gōu）。

3. 该词是苗瑶语第一人称单数代词，有极其广泛的分布（参见第三章）。尽管它似乎与东山标敏的/kəu³/"我"（王辅世、毛宗武调查点 21）和三江标敏的/kɔ³/"我"（王辅世、毛宗武调查点 22）是同源词，但将这些语音形式放入任何一个现有的苗瑶语韵母对应组都不太可能。然而，原始苗瑶语形式一定曾有一个*k-声母和一个后圆唇元音，因为*k-在苗语支中不会后移成 q-（参见第二章 1.2 节）。

6. "覆盖，盖住"一词，以及瑶语支的*hiəmᴮ/ᶜ"盖（瓦）"（7.14/18），似乎是晚近时期借自侗台语族（Tai-Kadai）的。李方桂（1977）构拟了许多类似的词，都有这种宽泛的意义：*xrumᴮ¹"掩盖，掩饰"；*ɣum"掩盖，保护"；*hom"盖住"。也可参见瑶语支带有声母 g-的表示"覆盖"意义的语音形式，在 L-Thongkum 的构拟中是：勉语/gom³/，金门方言/gəm³/，等等（1993：204）。

5.2 *kh-

原始苗语*kh-	1	2	3	4	5	6	7				
1. 李子*khowᴬ(13)	--	--	khauɯ¹	kə¹ᵇ	khoᴬ	--	--				
2. 捡起，拾起*khowᴰ(13)	tɕhə¹	--	khauɯ⁷	ku⁷ᵇ	khoᴰ	--	--				

[①] 介音-j-也阻碍了*软腭音在苗语支中后移，但是由于没有对立的*kj-和*qj-对应组，所以我们推测在原始苗瑶语中没有*qj 系列。

续表

原始瑶语*kh-							8	9	10	11
3. 好吃，可口，美味的*khu^B(3)							--	ku³	--	kɔm³
4. 開，开*khuɔi^A(11)							khɔi¹	kɔ:i¹'	khwai¹	--
5. 堀，洞*khot^D(13)							khot⁷	kɔt⁷	khwan⁷	--

5.3　*g-

原始苗语*g-	1	2	3	4	5	6	7
1. 第二人称单数（你）*gɯ^A(8)	--	--	kɔ²	--	--	--	--
2. 蝗，蚂蚱/蚱蜢*gɯŋ^A(30)	ku	--	kɔŋ	kaŋ	ɣoŋ	--	--

注释：

1. 也在西部苗语的先进/kau²/、石门/ tɕy⁶/和布努/kau²/中证实。

1 和 2. 显然，央圆唇元音/ɯ/的模式与后圆唇元音的模式相同，因为除了后圆唇元音，在其他元音前的软腭音在苗语支中都后移为小舌音。

5.4　*ŋk-

原始苗语*ŋk-	1	2	3	4	5	6	7
1. 泥泞的*ŋkɔ^D(7)	--	--	ŋkɔ⁷	ŋkɔ⁷ᵃ	--	--	ŋa⁷

注释：

1. 海南金门方言/glɔɔ⁶/"泥泞的"与该词看起来很像（新谷忠彦、杨昭 1990），它也与瑶语支 *ŋglok^D"混浊的"（5.36/13）形式上很契合。该词可能涉及有象似性的音系特征。

5.5　*ŋkh-

原始苗语*ŋkh-	1	2	3	4	5	6	7
1. 烟尘*ŋkhow^A(13)	tɕhu¹	--	ŋkhau¹	ŋkə¹ᵇ	ŋʔkho^A	--	--
2. 弯曲的*ŋkhuw^D(9)	--	ŋkhu⁷	ŋkhau⁷	ŋkɔ⁷ᵇ	ŋʔkha^D	--	ŋɔ¹

注释：

2. 比较汉语的"曲"（即"弯曲的"，中古汉语 khjowk > 普通话 qū），藏缅语的*kuk 和马来-波利尼西亚语的*buŋkuk。在苗语支中第 7 调指向韵尾*-p 或*-t，而不是*-k。

5.6　*ŋg-

原始苗语*ŋg-	1	2	3	4	5	6	7
1. 水鹿*ŋgɯei^B(12/17)	--	--	--	ŋkɔ⁴	ŋku^B	--	--

5.9　*ŋ-

原始苗瑶语*ŋ-	1	2	3	4	5	6	7	8	9	10	11
1. 牛，水牛*ŋiuŋ(23)	ŋen²	ŋe²	ŋu²	ŋoŋ²	ŋen^A	ŋɔ²	ŋ̩²	ŋoŋ²	ŋɔ:ŋ²	ŋuŋ²	ŋ̩²

注释：

1. Downer（1973：21）认为汉语的"牛"（上古汉语*[ŋ]ʷə > 中古汉语 ngjuw > 普通话 niú）是其来源，尽管事实上该词在苗瑶语中是以鼻辅音结尾的。

5'.9　*ŋʷ-

原始苗瑶语*ŋʷ-	1	2	3	4	5	6	7	8	9	10	11
1. 瓦*ŋʷæX(5)	--	--	vua⁴	waə⁴	waᴮ	--	wa⁴	ŋwa⁴	ŋwa⁴	ŋɔ⁴	ŋa⁴

5.13　*ɣ-

原始瑶语*ɣ-	8	9	10	11
1. 嫌，不喜欢*ɣiemA(20)	jem2	ɖi:m2	gjɛn2	--
2. 下，下降*ɣaC(4)	ja8	ɖa6	ɖa6	ga6

5.16　*kj-

原始苗瑶语*kj-	1	2	3	4	5	6	7	8	9	10	11
1. 举起*kjeŋ(20)	--	--	--	--	--	--	tɕõ¹	tɕɛŋ¹	te:ŋ⁵	kjɛ¹	kaŋ¹
2. 药*N-kjaj(15)	tɕa¹	ŋkɑ¹	--	ka¹ᵃ	kaᴬ	ðja¹	ŋa¹	--	gja:i¹	hja¹	tsɛi¹
3. 金*kjeəm(23)	tɕen¹	ɲce¹	ku¹	koŋ¹ᵃ	tɕen^A	tʃen¹	tɕĩ¹	tɕem¹	sam¹	tan¹	kɛm¹

原始苗瑶语*kj-	1	2	3	4	5	6	7
4. 针*kjɔŋ^A(29)	tɕu¹	tɕu¹	koŋ¹	kaŋ¹ᵃ	koŋ^A	tʃwaŋ¹	kɔ̃¹

原始苗瑶语*kj-	8	9	10	11
5.（天）冷*kjuᴜcŋᴮ(22)	tɕwən³	sɔŋ³	tɔŋ³	kuŋ³
6. 记得*kjiəŋᶜ(24)	tɕjaŋ⁵ʼ	saŋ⁵	taŋ⁵	kɛŋ⁵
7. 紧，紧*kjənᴮ(27)	tɕen³	sen³	tɕin³	--
8. 句，量词，（一）句*kjouᶜ(13)	tɕou⁵ʼ	ʈou⁵	ʈəu⁵	kui⁵

讨论：

该硬腭介音并不像其他"后部"音（即后圆唇元音、-l-和-r-）那样属于同一个音系类别，这些"后部"音会阻碍软腭音后移成小舌音。但是，没有对应组表现出*kj-系列和*qj-系列的对立。硬腭声母多出现在苗瑶语的汉语借词中，很少出现在苗瑶语的固有词中。硬腭声母的汉语借词借入苗瑶语时，苗语的硬腭音已经完成了后移，演变为小舌音。也可能由于某种原因后移只发生在简单声母上。

注释：

4. 比较汉语的"箴"（即"针"，上古汉语*t.q[ə]m > 中古汉语 tsyim > 普通话 zhēn）。

5'.16　*kʷj-

原始苗瑶语*kʷj-	1	2	3	4	5	6	7	8	9	10	11
1. 斤*kʷjan(20)	tɕaŋ¹	kaŋ¹	--	tɕein¹ᵃ	tɕen^A	tʃoŋ¹	kõ¹	tɕwan¹	san¹	twan¹	tsan¹
2. 疮/疖/水泡*kʷjej^A(10)								tɕwei²	sei²	--	--

<table>
<tr><td></td><td></td><td></td><td></td><td></td><td></td><td></td><td></td><td></td><td></td><td colspan="4">续表</td></tr>
<tr><td>原始瑶语*kʷj-</td><td></td><td></td><td></td><td></td><td></td><td></td><td></td><td>8</td><td>9</td><td>10</td><td>11</td></tr>
<tr><td>3. 孩子*kʷjeiᴮ(12/17)</td><td></td><td></td><td></td><td></td><td></td><td></td><td></td><td>tɕwei³</td><td>sei³</td><td>hwjəi⁷</td><td>--</td></tr>
<tr><td>4. 筋，肌腱*kʷjanᴬ(19)</td><td></td><td></td><td></td><td></td><td></td><td></td><td></td><td>tɕwan¹</td><td>sa:n¹</td><td>twan¹</td><td>tsan¹</td></tr>
<tr><td>5. 蕨*kʷjətᴰ(7)</td><td></td><td></td><td></td><td></td><td></td><td></td><td></td><td>tɕwət⁷</td><td>set⁷</td><td>twan⁷</td><td>kɔt⁷</td></tr>
</table>

讨论：

声母*kʷj-在长坪勉语（王辅世、毛宗武 调查点18）："斤"/kwjan¹/、"孩子"/kwjei³/、"蕨"/kwət⁷/反映得非常清楚，但长坪勉语未列入上表中的调查点。

注释：

3. 比较浦城（闽）的/kiãi³/ "孩子"（Norman 1988:243）。该词也可能反映在表示"孩子们"的白苗复合词中，该复合词的第二部分语义不明：tub-ki /tu¹-ki⁵/ "儿子-（孩子）"。

5.17   *khj-

<table>
<tr><td>原始苗瑶语*khj-</td><td>1</td><td>2</td><td>3</td><td>4</td><td>5</td><td>6</td><td>7</td><td>8</td><td>9</td><td>10</td><td>11</td></tr>
<tr><td>1. 痒，搔痒*khjuɛt(9)</td><td>tɕhu⁵</td><td>ɕi⁵</td><td>khau⁷</td><td>ko⁷ᵇ</td><td>khoᴰ</td><td>ʃɔ⁷</td><td>ŋu⁷</td><td>ɕet⁷</td><td>set⁷'</td><td>hin⁷</td><td>kɛt⁷</td></tr>
</table>

<table>
<tr><td>原始苗语*khj-</td><td>1</td><td>2</td><td>3</td><td>4</td><td>5</td><td>6</td><td>7</td></tr>
<tr><td>2. 鞋子*khjɔᶜ(6)</td><td>--</td><td>ɕɔ⁵</td><td>khau⁵</td><td>kɔ⁵ᵇ</td><td>khuᶜ</td><td>ʃu⁵</td><td>ŋkɯ⁵</td></tr>
</table>

<table>
<tr><td>原始瑶语*khj-</td><td></td><td></td><td></td><td></td><td></td><td></td><td></td><td>8</td><td>9</td><td>10</td><td>11</td></tr>
<tr><td>3. 薑，姜*khjuŋᴬ(21)</td><td></td><td></td><td></td><td></td><td></td><td></td><td></td><td>ɕuŋ¹</td><td>tθuŋ¹'</td><td>--</td><td>kɔŋ¹</td></tr>
</table>

讨论：

巴哼语（7）的"痒/搔痒"和"鞋子"都有鼻音声母。尚不清楚这是保留的结果，还是二次发展的结果。

注释：

2. 在炯奈语（6）和巴哼语（7）中表示"草鞋"的意思。活聂畲语（王辅世、毛宗武 调查点14）给出了介音-j-的证据：/khju⁵/。原始苗语的"鞋子"可能借自汉语的"屦"（即"凉鞋，拖鞋，草鞋"，上古汉语*kro-s > 中古汉语 kjuH > 普通话 jù），尽管该汉语词并不送气。请比较原始瑶语支的*səukᴰ "草鞋"（2.13/6），原始瑶语支的构拟与原始苗语支完全不同。

5.18   *gj-

<table>
<tr><td>原始苗瑶语*gj-</td><td>1</td><td>2</td><td>3</td><td>4</td><td>5</td><td>6</td><td>7</td><td>8</td><td>9</td><td>10</td><td>11</td></tr>
<tr><td>1. 十*gjuɛp(9)</td><td>tɕu⁸</td><td>ku⁸</td><td>kau⁸</td><td>ku⁸</td><td>ɣoᴰ</td><td>tʃɔ⁸</td><td>kɯ⁸</td><td>ɕep⁸</td><td>sap⁸</td><td>than⁸</td><td>sjɛp⁸</td></tr>
</table>

<table>
<tr><td>原始苗语*gj-</td><td>1</td><td>2</td><td>3</td><td>4</td><td>5</td><td>6</td><td>7</td></tr>
<tr><td>2. 茶*gjiᴮ(1)</td><td>tɕen⁴</td><td>ci⁴</td><td>--</td><td>tɕi⁴</td><td>ziᴮ</td><td>tʃi⁴</td><td>tɕi⁴</td></tr>
</table>

原始瑶语*gj-								8	9	10	11
3. 手镯*gjəmᴬ(21)								tɕem²	sam²	--	--
4. 陡峭*gjujᴮ(9)								tɕui⁴	tui⁴	--	ki⁴
5. 裙*gjunᴬ(27)								--	tun²	twən²	kɔn²

注释：

1. 该词要么借自藏缅语的*g(j)ip "十"，要么借自汉语的 "十"（上古汉语*[g][i]p > 中古汉语 dzyip > 普通话 shí）（参见第五章第 2 节）。

2. 可参见西部苗语的/ki⁴/（青岩、高坡、枫香=王辅世、毛宗武 调查点 5、6、9）和活聂（畲语）的/khji⁴/（王辅世、毛宗武 调查点 14）。

3. 也可参见长坪勉语的/kjəm²/（王辅世、毛宗武 调查点 18）。比较龙州方言（侗台语族 Tai-Kadai）的/kiim²/。

5'.18　*gʷj-

原始苗瑶语*gʷj-	1	2	3	4	5	6	7	8	9	10	11
1. 起来，起床*gʷjaX(4)	--	--	--	--	--	tʃe⁴	--	kja⁴	kwe⁴	tɔ⁴	kjɛ⁴

5.19　*ŋkj-

原始苗瑶语*ŋkj-	1	2	3	4	5	6	7	8	9	10	11
1. 蘑菇*ŋkjæu(3)	tɕi¹	ŋku¹	ɲce¹	ŋtɕæ¹ᵃ	ŋʔtɕiᴬ	ŋtʃa¹	ŋo¹	tɕeu¹	sou¹	tau¹	ku¹
2. 粑，米糕*ŋkjuəX(16)	tɕə³	--	ɲcua³	ŋtɕa³ᵃ	ŋʔkaᴮ	--	ŋo³	ʥu³	ɖu³	ɖu³	gu³

原始瑶语*ʔgj-(<*ŋkj-)								8	9	10	11
3. 含*ʔgjɔmᴬ(29)								gɔm¹	gjɔ:m¹	gan¹	--

注释：

1. 声母在瑶语支语言中十分不规则：它们应该是浊音，以反映出苗语支的前鼻音化特征。比较汉语的 "菇"（上古汉语*mə.kˤa > 中古汉语 ku > 普通话 gū）。

5.21　*ŋgj-

原始苗瑶语*ŋgj-	1	2	3	4	5	6	7
1. 舟/船*ŋgjəŋᴬ(21)	ŋaŋ²	ŋaŋ²	ŋkɔ²	ŋkoŋ²	ŋkoŋᴬ	ŋtʃoŋ²	ŋɯ²
2. 爬行，蠕动*ŋgjoŋᶜ(28)	ŋoŋ⁶	--	ŋka⁶	ŋtɕaŋ⁶	--	--	--
3. （液体）浓稠*ŋgjɔŋᶜ(29)	ŋu⁶		ŋkɔŋ⁶	ŋkəŋ⁶	ŋkoŋᶜ		ŋa⁸
4. （一）双/对*ŋgjowᴰ(13)	ŋu⁸	ŋoŋ⁸	ŋkaɯ⁸	ŋkə⁸	ŋkoᴰ	ŋtʃau⁸	ŋɤ⁸

原始瑶语*ŋgj-								8	9	10	11
5. 睡着，睡熟*ŋgjɔmᴬ(29)								gɔm²	--	--	--
6. 打鼾*ŋgjanᴬ(19)								gaŋ²	da:n²	--	--

注释：

1. 比较中部马来-波利尼西亚语的*waŋka[ŋ]"独木舟"（《南岛语比较词典》）。

5. 海南金门方言是/gjo:m²/。

6. 湘南勉语（王辅世、毛宗武 调查点16）替换了罗香勉语（8）。比较汉语的"鼾"（即"打鼾"，中古汉语 xan > 普通话 *hān*）。

5.24　*ŋj-

原始瑶语*ŋj-	8	9	10	11
1. 七*ŋjiᶜ(1)	ŋi⁶	ŋji⁶	ni⁶	ɲi⁶
2. 硬*ŋjeŋᶜ(20)	ŋɛŋ⁶	ŋjeŋ⁶	--	--

注释：

1. 该词来自藏缅语的*s-nis（白保罗 1987a：13）。苗瑶语的*dzjuŋH（2.18/28）可能有同一个来源，但是对应非常困难（参见第五章5.2节）。

5.28　*xj-

原始瑶语*xj-	8	9	10	11
1. 寫，写*xjaᴮ(4)	θja³	kja³	ɕa³	sjɛ³

5.30　*ɣj-

原始瑶语*ɣj-	8	9	10	11
1. 象*ɣjiɔŋᴮ(26)	θɛŋ⁴	kja:ŋ⁴	--	sjaŋ⁴

5.31　*kl-

原始苗瑶语*kl-	1	2	3	4	5	6	7	8	9	10	11
1. 煎，炸*kleu(2)	ka¹	ca¹	ki¹	tɕi¹ᵃ	tɕe^A	--	--	--	[tji:¹]	khla¹	--
2. 角*klɛɔŋ(22)	ki¹	ce¹	ku¹	koŋ¹ᵃ	kaŋ^A	kjaŋ¹	kɔ̃¹	koŋ¹	kjɔ:ŋ¹	klɔ¹	kou¹
3. 虫*klæŋ(24)	kaŋ¹	ci¹	ka¹	kua¹ᵃ	tɕen^A	kjen¹	kɛ¹	kɛŋ¹	kje:ŋ¹	klɛ¹	tsaŋ¹
4. 路*kləuX(3)	ki³	kɯ³	ke³	kæ³ᵃ	tɕi^B	kja³	ko³	kjau³	kjau³	kla³	tsu³
5. 液体/汤*klæwX(5)	--	ca³	kua⁵	ka³ᵃ	tɕi^B	--	--	--	--	--	kla³
6. 切*klæp(5)	ken⁷	ɴqɑ⁷	--	--	--	tʃei⁷	--	kap⁷	kjap⁷	klan⁷	kɛp⁷
7. 蚱蜢，蚂蚱*klup(9)	--	--	--	--	--	ka-jɔ⁷	tɕop⁷	--	klin⁷	--	

原始苗语*kl-	1	2	3	4	5	6	7
8. 蛆*klaŋᶜ(24)	kaŋ⁵	--	ka⁷	kua⁷ᵃ	tɕen^C	--	kɛ¹-lɔ̃⁷

原始瑶语*kl-	8	9	10	11
9. 小母鸡，母鸡*klanᶜ(19)	ka:n⁵	kja:n⁵	--	--
10. 蛋*kləuᶜ(3)	kjau⁵'	kjau⁵	klau⁵	tsu⁵
11. 蜗，蜗牛*klu̯eiᴬ/ᴮ(8)	kwei¹	kui³	kjau³	--

讨论：

来自*kl-的介音-l-只保留在标敏话中。然而，巴哼语（7）"蚱蜢"和"蛆"的双音节形式也可能反映这个-l-，并且是反映该语言保守性的又一证据（参见第四章）。

注释：

1. 可能来自汉语的"攪"（即"打扰，搅拌"，上古汉语*kˤruʔ > 中古汉语 kæwX > 普通话 *jiǎo*），但声调并不对应。标敏的/khla¹/（Solnit 1982）表示"翻转，搅动（以使谷物变干，翻炒）"，因此本构拟带有介音-l-，尽管在送气方面有点问题。在海南金门方言中表示"用油煎炒"是/tji:¹/。韵母并不对应——很可能是一个晚近的借词形式"煎"（普通话 *jiān*）。

2. 宗地（4）和复员（5）的语音形式出自王辅世（1994）。这些形式与王辅世、毛宗武（1995）中并不一致。尽管声调不对应，但这很可能是"角"的普遍形式，汉语是"角"（上古汉语*k.rˤok > 中古汉语 kæwk > 普通话 *jiǎo*）。

3 和 8. 苗瑶语的"虫"和苗语支的"蛆"有同样的词根。介音-l-可能出现在巴哼语（7）的双音节形式中。"蛆"似乎是由"虫"通过 C 调派生而来的（参见第四章）。比较南岛语的*/qulej/"蛆"以及 Blust 所做的如下注释："最有问题的是来自卑南语（Puyuma）、西部 Bukidnon Manobo 语和 Tagabili 语的证据，这些语言中的 PAN*/qulej/不仅表示'蛆'也表示'虫'"（《南岛语比较词典》）。带有 7 调的语音形式是次要声调，是因为连读变调派生出来的。

5. 参见石门的/ka⁵/和布努语的/cai³'/（《苗瑶语方言词汇集》）。在标敏（10）中，该词表示"露"。

6. 比较粤语的/kip/。吉卫/ɴqɑ⁷/和炯奈语/tʃei⁷/的语音形式不规则。

7. 江底勉语（王辅世、毛宗武 调查点 15）替换了罗香勉语（8）。

10. 毫无疑问，该词与苗语支 5-6.1/3 的*qæwᶜ一样，因为声调和韵母对应。问题是标敏中的介音-l-如果来自*kl-（见 5.31），那就应该对应苗语支的软腭音而不是小舌音，或者，如果来自*ql-（见 6.31），那就应该对应苗语支中带有介音-l-的小舌音。尽管苗瑶语的*qlj-也是可能的，但是我们仍然谨慎地将其分开。

11. 对于介音-l，参见三江标敏/kle¹/（王辅世、毛宗武 调查点 22）。比较苗语支在同一个韵母类别中的*ɢɯᴬ"蜗牛"（6.3/8），以及瑶语支的*kʷlejᴬ"蜗牛"（5-6'.31/10）。

5.31.1　*klj-

原始瑶语*klj-	8	9	10	11
1. 龍，龙*kljuŋᴬ(28)	kuŋ¹	ku:ŋ¹	kljɔŋ¹	--

注释：

1. 三江标敏（王辅世、毛宗武 调查点 22）替换了东山标敏（10）。该词表现出从汉语"龙"二次借入的特征：也可参见苗瑶语的*-roŋ（2.57/28）。

5.32　*khl-

原始苗瑶语*khl-	1	2	3	4	5	6	7	8	9	10	11
1. 热（水）*k(h)lɛɔm(22)	khi¹	ce¹	ku¹	koŋ¹ᵃ	kaŋᴬ	khjaŋ¹	kɔ̃¹	kɔm¹	kjɔ:m¹	klœn¹	tsam¹

原始苗语*khl-	1	2	3	4	5	6	7
2. 蜈蚣*khluwᴰ(9)	khu7	--	--	--	--	khjɔ⁵	--

原始瑶语*khl-								8	9	10	11
3. 力，力量*khləkᴰ(7)								kha⁷	--	khla⁷	--

注释：

1. 吉卫（2）出自《苗瑶语方言词汇集》（1987）。三江标敏（王辅世、毛宗武 调查点 22）替换了东山标敏（10）。我们暂时为苗瑶语构拟了一个送气成分，因为苗语支中有送气声母。

2. 比较中部泰语和西南泰语的语音形式：老挝语/(khii³-) khep⁷/，泰语/takhaap⁷/（Downer 1978）。也可参见原始孟高棉语的*kʔaip > 孟高棉/kʔæp/（Shorto #1226）。

3. 湘南勉语（王辅世、毛宗武 调查点 16）替换了罗香苗语（8）。苗瑶语的*-rək "力量"（2.57/7）有同样的来源。

5.33　*gl-

原始瑶语*gl-	8	9	10	11
1. 山（脉）*glʲemᴬ(20)	kem²	kiːm²	kleŋ²	--
2. 薄*glæiꟲ(12/17)	kje⁶	kjai⁶	klai⁶	kɛi⁶

注释：

1. 三江标敏（王辅世、毛宗武调查点 22）替换了东山标敏（10）。

2. 三江标敏（王辅世、毛宗武调查点 22）替换了东山标敏（10）。表示"（人）瘦"且韵母和声调都匹配的词存在于苗语支中，但其声母是*ndz-（3.6）。

5.33.1　*glj-

原始苗瑶语*glj-	1	2	3	4	5	6	7	8	9	10	11
1. 哄/逗（孩子）*glje(X)(10)	--	--	--	--	--	kle¹	--	--	kja⁴	kljɔu⁴	kɛi⁴

注释：

1. 三江标敏（王辅世、毛宗武 调查点 22）替换了东山标敏（10）。该词的语义在王辅世、毛宗武（1995）中是"哄（小孩）"。

5.34　*ŋkl-

原始苗瑶语*ŋkl-	1	2	3	4	5	6	7	8	9	10	11
1. 浅的*ŋklʲənX(18)	--	--	ŋkla³	--	--	--	--	glaŋ³	gjaŋ³	--	lɛŋ³

注释：

1. 绿苗替换了白苗（3）。

5.34.1　*ŋklj-

原始瑶语*ʔglj-(<*ŋklj-)	8	9	10	11
1. 剪刀*ʔgljieuᴮ(2)	jeu³	ɖiːu³	gjau³	gɛu³

注释：

1. 也可参见三江标敏/kljɔu³/（王辅世、毛宗武 调查点 22）。

5.36　*ŋgl-

原始苗瑶语*ŋgl-	1	2	3	4	5	6	7	8	9	10	11
1. 牛圈，牛栏*ŋgluə(16)	ŋə²	--	ŋkua²	ŋka²	ŋkaᴬ	--	tɕɵ²	--	gu²	glu²	dzu²
2. 蓝，靛青，蓝靛*ŋglam(24)	ŋi²	ɲi²	ŋka²	ŋkua²	ntɕen²	ntʃen²	ŋɤ²	ga:m²	ga:m²	klan²	--

原始苗语*ŋgl-	1	2	3	4	5	6	7
3. 懒*ŋglænᴮ(19)	ŋi⁴	ɲe⁴	ŋkɛŋ⁴	ntɕein⁴	ŋkaŋᴮ	--	ŋɛ⁴

原始瑶语*ŋgl-								8	9	10	11
4. 混浊的*ŋglokᴰ(13)								glo⁸	glɔ⁶	--	--

注释：

1. 标敏（10）来自 Solnit（1982）。该词可能同于汉语的"圉"（即"牢，牛圈"，上古汉语*m-q⁽ʰ⁾(r)aʔ > 中古汉语*ngjoX > 普通话 yǔ）。

2. 养蒿（1）中的硬腭鼻音意味着该词可能有一个介音-r-（*ŋgram），以此代替了介音-l-。然而，由于在*gr-中的本语词模式不同（参见下文 5.48），所以该词暂且放在此处。三江标敏（王辅世、毛宗武 调查点22）替换了东山标敏（10）。

3. 尽管介音-l-并未被证实，但我们仍为该词构拟了介音-l-。考虑到构拟出来的前元音，如果声母后没有接流音，那么它可能变成一个小舌音。比较汉语的"懒"（上古汉语*[r]ˤanʔ > 中古汉语 lanX > 普通话 lǎn）。

4. 比较苗语支的*ŋkroᴮ/*ŋgroᴮ"混浊的"（5.49/7）。该词可能涉及音系的象似性。海南金门方言的/glɔ:⁶/表示"泥泞的"（比较苗语支的*ŋkoᴰ"泥泞的"，5.4/7）。

5.36.1　*ŋglj-

原始瑶语*ŋglj-	8	9	10	11
1. 老虎*ŋgljænᴬ(19)	dʑan²	ɡja:n²	jen²	kjɛn²

注释：

1. 这是一个非常难构拟的词；没有其他模式跟它一样。我们暂且将它置于这个"自由"组，并带着一个介音-l-,因为很像孟高棉语的*klaʔ"老虎"（Shorto #197）。

5.46　*kr-

原始苗瑶语*kr-	1	2	3	4	5	6	7	8	9	10	11
1. 笑*krət(7)	tə⁷	ʈo⁷	ʈo⁷	ʂo⁷ᵃ	tʂuᴰ	tsu⁷	tɕa⁷	kjat⁷	kjet⁷	klan⁷	tut⁷
2. 六*kruk(9)	tu⁵	ʈɔ⁵	ʈau⁵	ʂu⁵ᵃ	tʂoᶜ	tʃɔ⁵	tɕɯ⁵	kwo⁷	kjɔ⁷	klɔ⁷	tɔu⁷

原始苗语*kr-	1	2	3	4	5	6	7
3. 烧（东西）（及物动词）*krɹeiᴮ(12/17)	tu³	--	ʈau³	ʂɔ³ᵃ	tʂuᴮ	--	--

注释：

1. 也可参见石门的/tʂo⁷/和活聂（畲语）的/kɤ⁷/。

2. 借自藏缅语的*k-ruk（参见第五章第5.2节）。

5.48　*gr-

原始苗瑶语*gr-	1	2	3	4	5	6	7	8	9	10	11
1. 门*gruɛŋ(29)	tu²	ʈu²	ʈɔŋ²	ʂaŋ²	zoŋᴬ	ʃwaŋ²	tɕõ²	keŋ²	ke:ŋ²	klɛ²	--
2. 胖*grəunH(21)	ʈaŋ⁶	ʈaŋ⁶	ʈɔ⁶	ʂoŋ⁶	zoŋᶜ	ʃoŋ⁶	tɕõ⁶	kun⁶	kun⁶	klin⁶	tin⁶

原始苗语*gr-	1	2	3	4	5	6	7				
3. 动物油脂*grəŋᴬ(21)	ʈaŋ²	--	ʈɔ²	ʂoŋ²	zoŋᴬ	--	--				

注释：

2 和 3. 尽管只在苗语支中被证实，但"动物油脂"显然与"胖"有相同的词根。似乎"胖"一词普遍通过 C 调派生，从现在更受限的"动物油脂"中派生出来（参见第四章第 4.4.2 节）。

5.49　*ŋkr

原始苗语*ŋkr-	1	2	3	4	5	6	7
1. 混浊的*ŋkroᴮ/*ŋgroᴮ(7)	--	ɳʈo³	ɳʈɔ⁵	ɳʈo³ᵃ	ŋʔtʂuᴮ	nʈʃu⁴	ŋɔ̃³

注释：

1. 也可参见活聂畲语的/kɤ⁴/（王辅世、毛宗武 调查点 14）。辨别该词的声母应该属于 5.49 还是属于 5.51 是不可能的，因为高调域和低调域出现的频率相等。请比较瑶语支的*ŋglokᴰ "混浊的"（5.36/13），该词的现代语音形式是低调域的 6 调和 8 调，还有一个相似的声母，音系上具有象似性。

5.51　*ŋgr-

原始苗语*ŋgr-	1	2	3	4	5	6	7
1. 拄（拐杖）*ŋgraᶜ(4)	ŋɑ⁶	ŋɑ⁶	nʈi⁶	nʈe⁴	nʈʂaᶜ	--	ŋa²
2. 寻求庇护*ŋgreᴰ(10)	--	--	nʈai⁸	nʈe⁸	nʈseᴰ	--	--
3. 漏，让（液体）滴下*ŋgroᶜ(7)	ŋə⁶	--	nʈɔ⁶	nʈu⁶	nʈʂuᶜ		

注释：

1. 也可参见活聂的/ki⁴/（王辅世、毛宗武调查点 14）。白苗（3）也表示"拐杖，拐棍"。
2. 在白苗（3）中，也表示"躲避"。

5-6.　舌背音（不加区分的软腭音/小舌音）

5-6.1　*K

原始苗瑶语*K-	1	2	3	4	5	6	7	8	9	10	11
1. 青蛙*KæŋX(24)	qaŋ³	--	qa³	hua³ᵃ	qenᴮ	ken³	kɤ⁷	--	te:ŋ³	kwa³	--
2. 啼叫*KajH(15)	qa⁵	qa⁵	qua⁵	ha⁵ᵃ	qaᶜ	ka⁵	ŋa⁵	ka:i⁵'	ka:i⁵	--	kɔi⁵
3. 后（与"前"相对）*N-Kaŋ(24)	qaŋ¹	--	qa¹	hua¹ᵃ	--	--	--	da:ŋ¹	da:ŋ¹	--	kɔŋ¹
4. 屎*N-KəjX(15)	qa³	qɑ³	qua³	ha³ᵃ	qaᴮ	ka³	ka³	dai³	dai³	kai³	kai³
5. 雞，鸡*Kəi(10)	qei¹	qa¹	qai¹	he¹ᵃ	qeᴬ	kai¹	kɛ¹	tɕai¹	tai¹	kai¹	kui¹
6. 甘，甜*Kam(24)	qaŋ¹	--	qa¹	hua¹ᵃ	qenᴬ	ken¹	kɛ¹	ka:m¹	ka:m¹	kan¹	--
7. 假，借*KaX(4)	--	qa³	qe³	hɪ³ᵃ	--	ku³	ka³	ka³	ka³	kɔ³	kɔu³

原始苗语*q-(<*K-)	1	2	3	4	5	6	7				
8. 庄稼*qoŋ^A(29)	qə¹	--	qoŋ¹	haŋ^1a	--	--	--				
9. 星星*qɛŋ^A(22)	qɛ¹	qe¹	qu¹	hoŋ^1a	qaŋ^A	ka¹	kɔ̃¹				
10. 葡萄*qin^B(18)	qei³	qe³	--	hæin^3a	qen^B	--	ji³				
11. 骂，诅咒*qe^C(10)	--	--	--	he^5a	qe^C	--	--				
12. 蛋*qæw^C(3)	ki⁵	--	qe⁵	hæ^5a	qwji^C	kja⁵	ko⁵				
原始瑶语*k-(<*K-)								8	9	10	11
13. 鸽，鸽子*kɔp^D(29)								kop⁷	kop⁷	--	ku⁷
14. 割*kat^D(4)								ka:t⁷	ka:t⁷'	kwan⁷	kɔt⁷

注释：

1. 请比较原始南岛语的*keŋkeŋ "青蛙；低沉的声音"（《南岛语比较词典》）。

2. 三江标敏（王辅世、毛宗武 调查点22）替换了东山标敏（10）。可能来自汉语的"歌"（即"唱歌，歌曲"，上古汉语*[k]ˤaj > 中古汉语 ka >普通话 gē），尽管该词并不用于表示动物的歌声，而且声调也并不对应。

3 和 4. 对于"后"，也可参见勉语（王辅世、毛宗武 调查点16）的/gaŋ¹/。对于这两个词，勉语（8）和金门方言（9）表现出不寻常的声母 d-。对于这个声母 d-还没有令人满意的解释；但是，因为韵母和声调不对应，所以它们放在此处可能比较合适。为了解释勉语支中的浊声母，我们构拟了一个*N-，即一个鼻音成分。该成分不像鼻冠塞音，并未在苗语支中留下痕迹。

5. 三江标敏（王辅世、毛宗武 调查点22）替换了东山标敏（10）。这是一个区域性词汇；也可参见原始泰语的*kəi（李方桂 1977）。

12. 毫无疑问，该词跟瑶语支的*klau^C "蛋"（5.31/3）一样，因为声调和韵母是对应的。问题是标敏中的介音-l-如果来自*kl-（参见 5.31），就应该与苗语支的软腭音而不是小舌音对应；或者，如果来自*ql-（参见 6.31），就应该对应苗语支中带有介音-l-的小舌音。尽管苗瑶语的*qlj-也是可能的，但是我们仍然谨慎地将其分开。

5-6'.1　*Kʷ-

原始苗瑶语*Kʷ-	1	2	3	4	5	6	7	8	9	10	11
1. 瓜*Kʷa(4)	fa¹	kwɑ¹	di¹	hwɪ^1a	qwa^A	kwe¹	qwa¹	kwa¹	kwa¹	kwa¹	ka¹
2. 廣，宽广*Kʷi̯aŋX(24)	faŋ³	kwei³	da³	hwua^3a	--	kwan³	kwɤ³	kwaŋ³	kwaŋ³	kwaŋ³	kjaŋ³
3. 過，过（河）*Kʷ̯ajH(15)	fa⁵	kwɑ⁵	dhau⁵	--	qwa^C	kwa⁵	kwa⁵	kwɔi⁵'	kwa:i⁵	kwa⁵	kɛi⁵

讨论：

*Kʷ系列的所有词很可能都借自汉语。类似的情况如：5'和6'中所构拟的是清晰的软腭音声母和小舌音声母，这两类声母都带有唇化音w。这些唇化音大多出现在汉语借词中。虽然*Kʷ-带有唇化音，但唇化音并未抑制*K-发音部位的后移，所以在苗语支中都后移为小舌音（参见上文5.1 中的讨论和注释）。

注释：

3. 有证据显示在白苗（3）和罗香勉语（8）的声调次类中最初存在送气特征。

5-6.2　*Kh-

原始苗瑶语*Kh-	1	2	3	4	5	6	7	8	9	10	11
1. 槀，干的/枯萎的*KhæwX(5)	--	qha³	qhua³	ha³ᵇ	--	khei³	khe³	--	ka:u³	khɔ³	--
2. 客，客人*Khæk(5)	qha⁵	qha⁵	qhua⁵	ha⁵ᵇ	qhei^C	--	--	khɛ⁷	--	khiɛ⁷	--

原始苗语*qh-(<*Kh-)	1	2	3	4	5	6	7
3. 姜*qhinᴮ(18)	khi³	--	qhia³	hæin³ᵇ	qhwjenᴮ	khai³	--
4. 包装，打包*qhʉᴮ(8)	qhɛ³	--	qhɯ³	hou³ᵇ	qhuᴮ	khau³	--
5. 系，捆；盘（腿）*qheᴬ(10)	qhei¹	--	qhai¹	he¹ᵇ	qheᴬ	khai¹	--
6. 孔，洞*qhəŋᴮ(21)	qhaŋ³	qhu³	qhɔ³	hoŋ³ᵇ	qhoŋᴮ	khoŋ³	khõ³

原始瑶语*kh-(<*Kh-)								8	9	10	11
7. 竹碗*khɔkᴰ(29)								khɔ⁷	--	--	--
8. 牵，牵头，带领*khienᴬ(C)								--	ki:n¹ʼ	khən¹	--

注释：

2. 勉语（8）和标敏（10）的语音形式出自《苗瑶语方言词汇集》（1987）。

4. 可能来自汉语的"裹"（即"包裹（起来）"，上古汉语*[k]ˤo[j]ʔ > 中古汉语 kwaX > 普通话 *guŏ*）。

7. 江底勉语（王辅世、毛宗武　调查点15）替换了罗香勉语（8）。

5-6.3　*G

原始苗瑶语*G-	1	2	3	4	5	6	7	8	9	10	11
1. 號，唱，号叫/号啕*Gæw(5)	ken²	--	qua²	ha²	ʁiᴬ	--	--	ha:u²	ha:u²	hjau³	
2. 下，低/矮*GaX(4)	ka⁴	--	qe⁴	hɪ⁴	ʁaᴮ	tʃe⁴	ŋe⁴	ha⁴	ha⁴	hɔ⁴	--

原始苗语*ɢ-(<*G-)	1	2	3	4	5	6	7
3. 竹管，竹筒*Gænᴬ(19)	ki²	--	qen²	hæin²	ʁwjaŋᴬ	--	--
4. 倾斜，歪；倾斜的*ɢeᴬ(10)	--	qa²	qai²	--	ʁeᴬ		
5. 葫，大蒜*ɢaᴬ(4)	qa²	--	qe²	hɪ²	ʁaᴬ		

原始瑶语*g-(<*G-)								8	9	10	11
6. 自己*gənᴬ(21)								kan²	kan²	kan⁴	--
7. （粥）稠*gətᴰ(7)								--	kat⁸	--	--

注释：

2. 汉语中有一个相关的词也可能借入了苗瑶语：汉语的"下"（"下降"）在苗语支中表现为*ɴɢaᴮ（5-6.6/4），在瑶语支中表现为*ɣaᶜ（5.13/4），瑶语支是与苗语支分开借入的。

4. 在白苗中也表示"倾斜，靠着，倚靠"。

6. "自己"一词理应是苗瑶语词，因为该词不仅出现在瑶语支语言中，还出现在苗语支的活聂畲语中：/kan⁴/。然而，该形式是不规则的，因为声母对应只在苗语支中的活聂畲语中出现，并且活聂畲语的这个词看起来像是从某个勉语支语言中借来的。

　　7. 也可参见江底勉语的/dʑat⁸/和湘南勉语的/jə⁸/。这些形式都暗示着*gj-，但是"稠"一词的模式与 5.18 中其他词的模式不同。请比较原始马来-波利尼西亚语的*buket"稠，黏稠的"，它来自原始南岛语的词根*/-keC/。还请比较原始马来-波利尼西亚语的*/-ket/"有黏性的，黏的"（《南岛语比较词典》）。

5-6'.3　*Gʷ-

原始苗语*ɢʷ-(<*Gʷ-)	1	2	3	4	5	6	7
1. 逃脱*ɢʷaᴰ(4)	fa⁸	qwei⁸	di⁸	hwɪ⁸	ʁwaᴰ	--	--
2. 黄*ɢʷaŋᴬ(24)	faŋ²	kwei²	da²	hwua²	ʁwenᴬ	kwan²	kwɛ²
3. 黄，鲜艳的/明亮的/浅色的*ɢʷaŋᴬ(24)	faŋ²	--	ka²	hwua²	ʁwenᴬ	kui²	--

注释:

　　1. 双唇化的软腭音标志着该词是一个借词。根据 Sagart（1999：123-124），该词借自"脱"（即"去皮，逃脱"，上古汉语*l̥ˤot > 中古汉语 dwat > 普通话 tuō）。Mortensen（2002）提出藏缅语的*g-lwat "释放，放走"是其来源，该提议更好，因为它有一个舌背辅音（对于 Sagart 来说，舌背辅音是汉语中假设出的中间阶段*dl-的二次发展）。注意该汉语词带有一个清声母，置于此处作为瑶语支*ʔdutᴰ（<*N-t-）"去皮/逃脱"（2.4/9）的来源。

　　2 和 3. 有趣的是"黄"和"鲜艳的/浅色的"在白苗（3）和炯奈语（6）中并不一致，这与人们之前的预测相悖。也许表示"鲜艳的/浅色的"的词在这些方言中是后来借入的。在瑶语支中，"黄"很可能借自汉语的"皇"（即"黄色上面带有白色的斑点"，上古汉语*[ɢ]ʷˤaŋ >中古汉语 hwang>普通话 huáng），并借为*wi̯əŋᴬ（1.12/24）。

5-6.4　*NK

原始苗瑶语*NK-	1	2	3	4	5	6	7	8	9	10	11
1. 白茅草*NKan(19)	qɛ¹	--	ɴqɛŋ¹	ŋkæin¹ᵃ	--	ŋkan¹	ŋɛ¹	ga:n¹	ga:n¹	gwan¹	gɔn¹

原始苗语*Nq-(<*NK-)	1	2	3	4	5	6	7
2. （牛）哞哞叫，吼叫*Nqəŋᴮ(21)	--	--	ɴqɔ³	ŋkoŋ³ᵃ	ɴʔqoŋᴮ	--	--
3. 價，价格*Nqaꟲ(4)	qa⁵	ɴqa⁵	ɴqɪ⁵	ŋkɪ⁵ᵃ	ɴʔqaꟲ	ŋtʃe⁵	ŋa⁵
4. 鉤，钩子*Nqæwꟲ(3)	qa⁵	--	ɴqe⁵	ŋkæ⁵ᵃ	--	--	--

注释:

　　3. 在白苗（3）中也读为/ɴqe⁵/。

5-6'.4　*NKʷ-

原始苗瑶语*NKʷ-	1	2	3	4	5	6	7	8	9	10	11
1. 缺，有个缺口*NKʷet(10)	qei⁵	ɴqwɑ³	ntai³	--	--	--	--	gwa⁷	gu⁷	--	--

原始瑶语*ʔgʷ-(<*NKʷ-)								8	9	10	11
2. 黄，鲜艳的，明亮的*ʔgʷi̯əŋᴬ(24)								gwaŋ¹	gwaŋ¹	gwaŋ¹	vjaŋ¹

注释：

1. 这个汉语词源有一个送气声母（中古汉语 khwɛt > 普通话 *quē*）。在汉语中该词表示"短缺，缺乏，有缺陷的，不完整的"，这些含义更好地反映在了白苗（3）的"折断，中断"一词中。白苗（3）中 nt-明显不规则，其一定来自于*NKʷet - > ɴqʷ- > ɴql- > nd- > nt-（d-在白苗中是从 kl-或者 ql-规则发展而来的，但声母 nd-却并未发生；nt-是最接近的同等形式）。江底勉语（王辅世、毛宗武 调查点 15）替换了罗香勉语（8）。

2. 参见上文 5-6'.3 中关于"黄"和"鲜艳的/浅色的"来源于汉语"黄"的讨论。

5-6.5 *NKh

原始苗瑶语*NKh-	1	2	3	4	5	6	7	8	9	10	11
1. 干的/渴的*NKhæj(5)	qha¹	--	ɴqhua¹	ŋka¹ᵇ	ɴʔqheiᴬ	ŋkhei¹	--	ga:i¹	ga:i¹'	--	gɔi¹
2. 渴*NKhat(4)	--	ɴqhe⁷	ɴqhi⁷	--	--	--	--	ga:t⁷	ga:t⁷'	--	gɔt⁷

注释：

1. 有象似性的音系特征。

2. 在白苗（3）中也读为/ɴqhe⁷/。

5-6.6 *NG

原始苗瑶语*NG-	1	2	3	4	5	6	7	8	9	10	11
1. 肉*NGej(10)	ŋi²	ɲa²	ɴqai²	ŋke²	ɴqeᴬ	ŋkai²	ŋɛ²	--	--	dzi²	hɔi²
2. 勤奋的*NGəjH(15)	ŋa⁶	ŋɑ⁶	ɴqua⁶	ŋkəa⁶	ɴqaᶜ	ŋka⁶	ŋe⁶	--	--	gwai⁶	--

原始苗语*NG-(<*NG-)	1	2	3	4	5	6	7
3. 梭子*NGəŋᴮ(21)	ŋaŋ⁴	nɑŋ⁴	ɴqɔ⁴	ŋkoŋ⁴	ɴqoŋᴮ	ŋwaŋ⁴	--
4. 吞咽*NGəŋᴮ(21)	ŋaŋ⁴	ŋu⁴	--	--	ɴqoŋᴮ	--	--
5. 下，下降*NGaᴮ(4)	ŋa⁴	--	ɴqe⁴	ŋkɪ⁴	ɴqaᴮ	--	ŋe⁴
6. 狭，狭窄*NGeᴰ(10)	ŋi⁸	ŋɑ⁸	ɴqai⁸	ŋke⁸	ɴqeᴰ	ŋkai⁸	ŋɛ⁸

注释：

3. 瑶语支的*ɴGlowᴮ"梭子"（6.36/16）表示它有一个圆唇元音，这可能导致这个起首的小舌音带有一个介音/-l-/。然而，尚不清楚它们是否反映同一个词，因为在瑶语支中没有鼻辅音韵尾，并且，韵母的对应关系在其他地方也并未被证实。

4. "吞咽"的原始苗语构拟*ɴGəŋᴮ(21)，与"吞咽"发出的声音相似，因此该构拟具有声音象似性。

6. 苗语支和瑶语支的这个词都借自汉语的"狭"（即"狭窄"，上古汉语*N-kˤ<r>ep > 中古汉语 hɛp > 普通话 *xiá*），但是苗语支的*ɴGeᴰ是比较早的时候借自上古汉语的，而瑶语支的*hep（7.14/10）是后来借自中古汉语的。

5-6'.31 *Kʷl

原始瑶语*kʷl-(<*Kʷl-)	8	9	10	11
1. 蜗，蜗牛*kʷlejᴬ(10)	kwei¹	gwei¹	kli³	ki¹

注释：

1. 比较在同一韵母类别中的苗语支*ɢʉ^A "蜗牛"（6.3/8）和瑶语支*klʉei^{A/B} "蜗牛"（5.31/8）。

6. 小舌音

6.1　*q-

原始苗瑶语*q-	1	2	3	4	5	6	7	8	9	10	11
1. 老，旧*qʉoH(7)	qo⁵	qɔ⁵	qu¹	--	--	ku⁵	ko⁵	ko⁵'	ku⁵	ku⁵	ku⁵

原始苗语*q-	1	2	3	4	5	6	7
2. 脖子，颈*qoŋ^B(28)	qoŋ³	qoŋ³	--	haŋ³	--	kɐŋ³	--
3. 娶（妇）*qʉa^C(15)	qha⁵	--	--	ha⁵ª	ka^C	--	--

讨论：

苗瑶语的*软腭音在苗语支中并入了小舌音，除非后接后圆唇元音、-l-或-r-。在瑶语支中，所有的苗瑶语*小舌音并入了软腭音（参见本章 1.2 节）①。由于在*k-和*q-系列的词汇只在接后圆唇元音、-l-或-r-这三种有限的情况下才形成对立，所以在系列 5 和系列 6 的对应组许多只包含一或两个词。除了后圆唇元音，其他元音前如果构拟出带有舌背辅音的词，都被放在系列 5-6 中，这体现了一个不加区别的舌背音（此处记为一个大写字母：*K-、*KH-、*G-等等）。

注释：

1. 王辅世、毛宗武（1995：327-328）列出 "老" 一词表示 "年老的，年纪大的"，并将其和与 "新" 相反的 "旧" 分开列出。因为在活聂（畲语）中有两个语音形式分别表示 "老" 和 "旧" 的意义（分别是：kɤ⁵ 和 kɔ⁵）。由于这两个形式在其他方面是一致的，所以它们都被列在此处。该词很可能来自汉语的 "故"（即 "故旧（非新）"，上古汉语*kˤa(ʔ)-s > 中古汉语 kuH > 普通话 *gù*），尤其是因为在白苗中，这个词出现在它所修饰的名词之前，就像汉语的语序一样；而不是在名词之后，不像苗语形容词修饰名词的惯常语序。

2. 比较汉语的 "颈"（即 "颈，脖子"，上古汉语*keŋʔ > 中古汉语 kjiengX > 普通话 *jǐng*）。

6'.1.　*qʷ-

原始苗瑶语*qʷ-	1	2	3	4	5	6	7	8	9	10	11
1. 远*qʷuw(3)	--	qu¹	de¹	hwæ¹ª	qwei^A	kwa¹	ko¹	ko¹	ku¹	ku¹	kɔu¹

注释：

1. 比较汉语的 "迂"（即 "绕弯，偏离，转向；歧途，远离"，上古汉语 qʷ(r)a > 中古汉语 ʔju > 普通话 *yū*）。

6.3　*ɢ-

原始苗语*ɢ-	1	2	3	4	5	6	7
1. 布谷鸟*ɢʉ^B(8)	--	qu⁴	--	hu⁴	--	--	--
2. 鸭子*ɢʉa^C(15)	ka⁶	--	--	--	ʁwa^C	--	--

---

① 介音-j-也阻碍了*软腭音在苗语支中后移，但是由于没有对立的*kj-和*qj-对应组，所以我们推测在原始苗瑶语中没有*qj 系列。

原始苗语*G-	1	2	3	4	5	6	7
3. 落在……（之上），跌倒*Gᵤeiᶜ(12/17)	ku⁶	qɔ⁶	qau⁶	ho⁶	ʁuᶜ	--	--
4. 后背*GuwᴰD(9)	kə⁸	--	qau⁸	hu⁸	ʁoᴰ	kɔ⁸	kɯ⁸
5. 蝸，蜗牛*Gʜᴬ(8)	ki¹	qə¹	qɯ²	hu²	ʁwjuᴬ	--	--

注释：

2. 请参照枫香（西部苗语）的/qa⁶/（王辅世、毛宗武 调查点9）。该词的构拟具有声音象似性。

4. 在白苗中，该词指的是上背部。Tan Trinh 巴哼语（Niederer 1997）替换了白云巴哼语（7）。

5. 比较瑶语支的*kʷlejᴬ"蜗牛"（5-6'.31/10）和*klu̯eiᴬ/ᴮ"蜗牛"（5.31/8）。

6.4 *Nq-

原始苗语*Nq-	1	2	3	4	5	6	7
1. 吞咽*NqowᶜC(13)	--	--	--	ŋkə⁵ᵃ	--	ŋkau⁵	ŋɛ⁵
2. 鸠，鸽子*NquᴬA(16)	qo¹	Nqo¹	Nqua¹	ŋka¹ᵃ	N?qaᴬ	ŋku¹	ŋo¹

注释：

1. 有象似性的音系特征。

6.6 *NG-

原始苗瑶语*NG-	1	2	3	4	5	6	7	8	9	10	11
1. 天*NGɛuŋ(22)	--	--	--	--	Nqwaŋᴬ	ŋkuŋ²	ŋwɔ²	guŋ²	gu:ŋ²	--	--
2. 滑，光滑的/打滑的*NGu̯at(9)	--	--	--	--	--	ŋkɔ⁸	ŋgɯ⁸	gut⁸	gɔt⁸	gwan⁸	gut⁸

注释：

1. 该词是一个非常不规则的对应组中的一部分，参见苗瑶语*wɤŋ"天"（1.12/22）和苗瑶语*ndɛuŋ"天"（2.6/22）。

1 和 2、Tan Trinh 巴哼语（Niederer 1997）替换了白云巴哼语（7）。

6.31 *ql-

原始苗瑶语*ql-	1	2	3	4	5	6	7	8	9	10	11
1. 颈，脖子*qlaŋ(24)	--	--	da¹	--	--	--	--	kla:ŋ¹	kla:ŋ¹	klaŋ¹	kan¹
2. 狗*qluwX(3)	ɭa³	qwɯ³	de³	ɭæ³ᵃ	qleiᴮ	kla³	ka-ljɔ̃⁷	klo³	klu³	klu³	ku³
3. 腰*qlajX(15)	ɭa³	qwɑ³	dua³	ɭa³ᵃ	qlaᴮ	kla³	la³	kla:i³	kla:i³	kla³	lai³
4. 鹰/隼*qlaŋX(24)	ɭaŋ³	qwei³	da³	ɭua³ᵃ	--	klen³	kwɤ³	kla:ŋ³	kla:ŋ³	klaŋ³	kjan³

原始苗语*ql-	1	2	3	4	5	6	7
5. 白*qlowᴬA(13)	ɭu¹	qwɔ¹	daɯ¹	ɭə¹ᵃ	qloᴬ	klau¹	kwɔ¹
6. 滚下来*qləŋᴮB(21)	ɭaŋ³	cɑŋ³	dɔ³	--	qloŋᴮ	--	--
7. 核桃*qlowᶜC(13)	--	--	--	ɭə⁵ᵃ	qloᶜ	--	--

原始瑶语*ql-								8	9	10	11
8. 偿还*qlauᴮB(5)								--	kla:u³	klau³	kau³

讨论：

*ql-系列是通过苗瑶语族语言中-l-的相对持续性与*kl-系列区分开来的，并且也会参照偶尔保留的小舌塞音。

注释：

1. 比较汉语的"颈"（即"颈，脖子"，上古汉语*keŋʔ > 中古汉语 kjiengX > 普通话 *jǐng*）。王辅世、毛宗武（1995）为藻敏的"颈，脖子"列出了两个不同的形式，并指出两个都有不规则韵母：/kan¹/（第 341 页）和/ kuŋ¹/（第 500 页）。我们并不清楚这两个是不是变体，或者其中一个形式印错了。/ kuŋ¹/只是随意地列在此处。

2. 这个表示"狗"的词在该区域的许多语言中都出现过：比较汉语的"狗"（上古汉语*-[k]ˤ(r)oʔ > 中古汉语 kuwX > 普通话 *gǒu*）并参见白保罗（1996）。这个双音节的巴哼语（7）形式/ka-ljɔ̃⁷/尤其有趣，它可能会告诉我们一些苗瑶语复辅音的起源（参见第四章第 4.2.4 节和 Niederer 2004，Ratliff 2006）。

4. 比较孟高棉语的*klaŋ"鹰隼，猛禽"（Shorto #714）和藏缅语的*(g)laŋ"鹰"（马提索夫 2003）。

6.33 *ɢl-

原始苗瑶语*ɢl-	1	2	3	4	5	6	7	8	9	10	11
1. 圆的*ɢlun(27)	--	--	--	--	--	--	ka¹-lɔ̃⁴	klun²	klun²	klin²	--
2. 桃*ɢlæw(5)	ļen²	qwa²	dua²	ļa²	ʁlei^A	--	kwi²	kla:u²	klau²	kla²	kou²

原始苗语*ɢl-	1	2	3	4	5	6	7
3. 河*ɢlæw^A(3)	--	--	de²	--	ʁlei^A	--	--
4. 葱属植物*ɢləŋ^B(21)	--	--	dɔ⁴	ļoŋ⁴	ʁloŋ^B		
5. 山口，关口*ɢlow^D(13)	--	--	dauɿ⁴	ļə⁴	--	--	--

注释：

1. 比较汉语的"輪"（即"轮子；圆的"，中古汉语 lwin > 普通话 *lún*）；参见第四章关于巴哼语双音节形式的显著性是如何解释苗瑶语复辅音的。

5. 该词可能与汉语的"峡"（即"峡谷"，上古汉语*N-kˤ<r>ep > 中古汉语 hɛp > 普通话 *xiá*；同样的词如狭"狭窄"）相同，但这个汉语词并没有圆唇元音。

6.33.1 *ɢlj-

原始瑶语*ɢlj-	8	9	10	11
1. 腸，肠子*ɢljaŋ^A(24)	kla:ŋ²	kla:ŋ²	klaŋ²	kjaŋ²

6.36 *ɴɢl-

原始苗语*ɴɢl-	1	2	3	4	5	6	7
1. 前表面*ɴɢlin^A(18)	--	--	ntia²	--	ɴqlen^A	--	--
2. 流动，流淌*ɴɢlʉ^B(8)	--	--	ntuɿ⁴	--	qlu^B	ljɔu⁴	
3. 破烂的，褴褛的*ɴɢlu^C(16)	nei⁶	--	ntua⁶	--	qla^C		

原始瑶语*ɴɢl-						8	9	10	11
4. 梭子*ɴɢlow^B(16)						gou⁴	glɔu⁴	--	--

注释：

1. 也有一些苗语支语言的形式与该词的意义、韵母和声调都匹配，但却有一个*mbl-声母：高坡/mplɛ²/、宗地/mplæin²/和枫香/mplen²/（王辅世 1994）。

3. 先进苗语（/ŋʈua⁶/）和青岩苗语（/ŋʈo⁶/）都有卷舌声母，所以该词可能构拟为*ɴɢruᶜ 更好。它可能来自汉语的前缀形式："陋"（即"粗陋的，卑微的；卑贱的"，上古汉语*[r]ˤo-s > 中古汉语 luwH > 普通话 *lòu*）。

4. 这些语音形式与苗语支的*ɴɢəŋᴮ"梭子"（5-6.6/21）可能有关，尽管在苗语支中并没有-l-的踪迹，在瑶语支中也没有鼻音韵尾。

6.46　*qr-

原始苗瑶语*qr-	1	2	3	4	5	6	7	8	9	10	11
1. 熊*qrep(10)	l̥i⁷	--	dai⁷	l̥e⁷ᵃ	--	--	--	kjep⁷	kjaːp⁷	kljɛ⁷	--

原始苗语*qr-	1	2	3	4	5	6	7
2. 黑*qrɛŋᴬ(22)	l̥ɛ¹	qwe¹	du¹	l̥oŋ¹ᵃ	qlaŋᴬ	klaŋ¹	--
3. 幽灵/鬼*qraŋᴬ(24)	l̥aŋ¹	qwei¹	da¹	l̥uɑ¹ᵃ	qlen ᴬ	kli¹	kwɛ¹
4. 通过，穿过*qroŋᴬ(28)	l̥oŋ¹	coŋ¹	da¹	l̥aŋ¹ᵃ	qloŋᴬ	kjɐŋ¹	ljõ¹
5. 撕，扯*qruɑᶜ(15)	l̥i⁵	--	dua⁵	l̥a⁵ᵃ	qlaᶜ	--	kwɛ³
6. 指距，一拃*qroᶜ(7)	l̥o⁵	--	dɔ⁷	l̥o⁵ᵃ	qlouᶜ	--	--
7. 咸的*qrowᶜ(13)	l̥u⁵	--	dau⁵	l̥o⁵ᵃ	--	--	--
8. 冰*qruɛiᴰ(12/17)	l̥u⁷	--	dau⁷	--	--	--	--

原始瑶语*kr-(<*qr-)	8	9	10	11
9. 黑*qriɛkᴰ(1)	kje⁷	kja⁷	kja⁷	kjɛ⁷

注释：

1. 三江标敏（王辅世、毛宗武 调查点 22）替换了东山标敏（10）。

2 和 9、这两个表示"黑"的词无疑是相关的，但韵母和声调的对应却是不规则的。在瑶语支中，流音介音反映在三江标敏/klja⁷/中。

4. 文界巴哼语（王辅世、毛宗武 调查点 12）替换了白云巴哼语（7）。

5. Tan Trinh 巴哼语（Niederer 1997）替换了白云巴哼语（7）。

6. 在白苗（3）中，该词表示大拇指和中指之间的距离。

6.48　*ɢr-

原始苗语*ɢr-	1	2	3	4	5	6	7
1. 一臂距离*ɢraŋᴬ(24)	l̥aŋ²	ci²	da²	l̥ua²	ʁleiᴬ	--	--

注释：

1. 在白苗（3）中，该量度表示"庹，两臂伸展开的距离（从指尖到指尖）"。

7. 喉音

7.1　*ʔ-

原始苗瑶语*ʔ-	1	2	3	4	5	6	7	8	9	10	11
1. 一*ʔi(2)	i¹	ɑ³	i¹	ei¹ᵃ	--	i³	--	--	--	i¹	a¹
2. 二*ʔui(14)	o¹	ɯ¹	ɔ¹	ɔ¹ᵃ	u^A	u¹	va¹	vi¹	i¹	wəi¹	vi⁵
3. 苦的*ʔim(18)	i¹	ɛ¹	ia¹	æin¹ᵃ	--	an¹	jĩ¹	im¹	im¹	in¹	jɛm¹
4. 山口，关口*ʔæ(C)(5)	--	--	--	--	--	e⁷	--	ɛ⁷	e¹	ɛ⁷	a¹
5. 水*ʔuəm(29)	ə¹	u¹	--	aŋ¹ᵃ	oŋ^A	waŋ¹	ʔɔ̃¹	wɔm¹	wɔm¹	ən¹	m̥³
6. 干活/工作*ʔəjH(15)	ɛ⁵	--	ua⁵	aŋ⁵ᵃ	a^C	--	ʔĩ⁵	--	ai⁵	wəi⁵	ai⁵
7. 肿胀，膨胀*ʔəumH(21)	aŋ⁵	ɑŋ⁵	ɔ⁵	oŋ⁵ᵃ	oŋ^C	oŋ⁵	ʔɔ̃⁵	om⁵'	ɔm⁵	ən⁵	--
8. 媼，妻子*ʔuX(3)	a³	--	--	--	--	--	--	au³	au³	kau³	--
9. 鸭，鸭子*ʔap(7)	--	--	ɔ⁷	o⁷ᵃ	--	ai⁷	a⁷	a:p⁷	a:p⁷'	an⁷	ap⁷

原始苗语*ʔ-	1	2	3	4	5	6	7
10. 那（指示代词）/前者*ʔiᴮ(2)	i³	a³	i⁵	i³ᵃ	e^B	--	--
11. 云/霾*ʔoŋᶜ(29)	en⁵	--	oŋ⁵	aŋ⁵ᵃ	--	--	--
12. 乌，乌鸦*ʔuᴬ(16)	--	--	ua¹	a⁷ᵃ	--	--	--

原始瑶语*ʔ-								8	9	10	11
13. 肉*ʔaᴮ(4)								a³	a³	--	--
14. 爱，爱*ʔuɔiᶜ(11)								--	ɔ:i⁵	--	i⁵

注释：

1. "一"一词高度不规则。这也在预料之中，因为该词短小且使用频率很高。但是，声母并不在讨论中。它与汉语的"一"（上古汉语*ʔi[t] > 中古汉语ʔjit > 普通话 yī）相同；参见第五章。炯奈语（6）形式来自毛宗武、李云兵（2001）。

8. 在养蒿（1）中表示"姐姐"。在东山标敏（10）中，/u³/表示"姐姐"，/au³/表示"妻子"；两者大概都来源于此。

7.13　*h-

原始苗瑶语*h-	1	2	3	4	5	6	7	8	9	10	11
1. 饮，喝/吸烟*hup(9)	hə⁷	hu⁷	hau⁷	fio⁷ᵇ	ho^D	xɔ⁷	hɔ⁷	hop⁷	hɔp⁷'	hən⁷	hup⁷

原始苗语*h-	1	2	3	4	5	6	7
2. 雾/云*huᴬ(16)	ho¹	ho¹	hua¹	fia¹ᵇ	ha^A	--	ho¹
3. 编织/编（某物）*hinᴬ(18)	hei¹	hɛ¹	hia¹	fiæin¹ᵇ	hen^A	xan¹	--
4. 陶罐/土坛*heŋᴬ(22)	--	--	hu¹	fioŋ¹ᵇ	haŋ^A	--	--
5. 磨（锋利）/碾碎*hoᴮ(7)	xhə³	ho³	ho³	ho³ᵇ	hu^B	xu³	ho³
6. 煮（某物）（及物动词）*hueiᶜ(12/17)	hu⁵	hɔ³	hau⁵	--	--	--	--
7. 舀*heᴰ(10)	hei⁷	--	hai⁷	fie⁷ᵇ	he^D	--	fɛ⁷

续表

原始苗瑶语*h-	1	2	3	4	5	6	7	8	9	10	11
8. 抢劫*hæ^D(5)	--	--	--	ɬia⁷ᵇ	hi^D	--	--				
9. 腐，（即"豆腐"）*hʉ^B(8)	--	--	--	ɬiou³ᵇ	hu^B	--	--				
原始瑶语*h-								8	9	10	11
10. 盖（瓦）*hi̯əm^B/C(18)								hom⁶	hɔ:m³	--	hum³
11. 骂/诅咒*hi̯em^C(20)								he:m⁵	--	--	--
12. 狭，狭窄*hep(10)								hep⁸	he:p⁸	hjɛn⁸	hɛp⁸

注释：

9. 该词一定来自汉语的"腐"（即"腐烂"，中古汉语 bjuX > 普通话 *fǔ*）；后来借入了西部苗语中。也可参见苗语支的*bua^B"坏了/变质"（1.3/15），该词较早地从同一个词借入。

10. 这些表示"盖住"的语音形式，连同瑶语支的*kom^B（5.1/21），似乎都是借自侗台语族（Tai-Kadai）。李方桂（1977）构拟了许多类似的词，都有这种宽泛的意义：*xrum^B1"掩盖，掩饰"；*ɣum"掩盖，保护"；*hom"盖住"。也可参见瑶语支带有声母g-的表示"覆盖"意义的语音形式，在 L-Thongkum 的构拟中是：勉语/gom³/，金门方言/gəm³/，等等（1993：204）。瑶语支中 3 调和 6 调的词表明声母可能有清浊两种选择，声调也有两种选择，但声调可能只是"借调"（参见第三章），用来尽可能地反映借出语的声调。

11. 江底勉语（王辅世、毛宗武 调查点 15）替换了罗香勉语（8）。该词可能属于苗语支的*qe^C（5-6.1/10）"骂/诅咒"，正如王辅世、毛宗武（1995：327）所列出的那样。

12. 苗语支和瑶语支的这个词都借自汉语的"狭"（即"狭窄"，上古汉语*N-kˤ<r>ep > 中古汉语 hɛp > 普通话 *xiá*），但是苗语支的*ɴɢe^D是比较早的时候借自上古汉语的，而瑶语支的*hep（7.14/10）是后来借自中古汉语的。

7.15　*ɦ-

原始瑶语*ɦ-	8	9	10	11
1. 厚*ɦi̯ou^B(3)	ho⁴	hu⁴	hau⁴	hu⁴

2.3　原始苗瑶语的韵母

表 2-31　　　　　　　　　　原始苗瑶语韵母表

V / -ø coda	i	u̯i	ɨ	e	ɛ	æ	ə	a	ɔ	o	u̯o	ʉ	u
-ø	i (1)	u̯i (14)	ɨ (2)	e (10)	ɛ	æ (5)	ə	a (4)	ɔ	o (7)	u̯o (7)	ʉ	u (16)
-j				ej (10)	ɛj (11), u̯ɛj (11)	æj (5)	əj (15), u̯əj (15)	aj (15)					uj (9)
-w						æw (5)	əw (7)			ow (16)			uw (3)
-p				ep (10)	*iɛp* (1), u̯ɛp (9)	æp (5)	əp (7)		ɔp (29)	op (13)			up (9)
-t				et (10)	u̯ɛt (9)		ət (7)	at (4), *u̯at* (9)		ot (13)			ut (9)
-k	ik (2)			ek (2)	*iɛk* (1), u̯ɛk (9)	*æk* (5)	ək (7)		ɔk (29)	ok (13)			uk (9)
-m	im (18)			em (20), u̯em (29)	ɛm (22)		i̯əm (18), u̯əm (29)	am (24), *u̯am* (29)	u̯ɔm (27)				
-n	in (18)			en (20), u̯en (20)	*i̯ɛn* (20), u̯ɛn (22)	æn (19), *i̯æn* (1)	ən (21), i̯ən (18), u̯ən (29)	an (19)	ɔn (24)				un (27)
-ŋ	iŋ (18)			eŋ (20), u̯eŋ (29)	ɛŋ (22), u̯ɛŋ (22)	æŋ (24), *i̯æŋ* (21)	əŋ (29), i̯əŋ (18), u̯əŋ (24)	aŋ (24), *i̯aŋ* (21)	ɔŋ (29), *i̯ɔŋ* (26), u̯ɔŋ (29)	oŋ (28)		ʉŋ (30)	uŋ (28)

续表

VV		u-		i-			u-				u-		i-					i-	
-ø	ei(12)	uei(8)	eu(2)	ieu(2)		æi(12)	*uæi(12)*	æu(3)	*əi(10)*	uəi(12)	əu(3)	iəu(1)	əu(3)	əi(6)	əu(3)	ou(13)	iou(7)	ui(8)	uə(16)
-k										əuk(6)									
-t										əut(13)									
-m			*eəm(23)*			ɛɔm(22)				əmu(21)									
-n		ein(25)							əan(21)	əun(21)									
-ŋ	iəŋ(23)	*iuŋ(23)*	euŋ(23)			ɛɔŋ(22)	ɛuŋ(22)		əaŋ(21)	əuŋ(21)									

表 2-32　　　　　　　　　　　　　　　　　　原始苗语支韵母表

口元音韵母				带鼻音韵尾韵母						
i(1)	i(2)	ʉ(8)	u(16)	in(18)		iŋ(23)		ʉŋ(30)		uŋ(27)
e(10)			o(7)	en(20)/ein(25)						oŋ(28)
			ɔ(6)			ɛŋ(22)		əŋ(21)	ɔŋ(29)	
æ(5)			a(4)	æn(19)						aŋ(24)/*iaŋ(26)*
	uw(9)		ʉu(14)							
	ow(13)		ʉei(12/17)							
	æw(3)		ʉɛ(11)							
			ʉa(15)							

（1）韵母表

瑶语支语言的韵母比苗语支语言的韵母复杂得多：瑶语支语言不仅有塞音韵尾和鼻韵尾-m（苗语支语言最多只有-n 和-ŋ），它们还有更多的双元音和滑入音①。原始苗瑶语被假设在韵母库藏上更像瑶语支语言，该假设也体现在前面的表 2-31 中。汉语借词甚至引入了更多的韵母：这些韵母在表中显示为斜体。进一步的研究可能会揭示其他韵母也应该归因于汉语的影响，这样一来可能会简化上表的内容。

（2）对应组

以下对应组沿袭了王辅世（1994）最初的 30 个原始苗语支韵母对应组的编号。然而，总的来说只有 28 组：第 17 组与第 12 组合并，第 26 组只包含汉语借词②。我们为什么要用更简单的原始苗语支韵母的号码去编排更复杂的原始苗瑶语的韵母？原因已在上文介绍本构拟的时候充分说明过了（2.1.3.1 节）。简单地说，对数据进行这样的编排使得我们可以一眼看到苗语支的发展，看到原始苗瑶语韵母如何合并为少量的原始苗语支韵母。因此，根据原始瑶语支对应组中的差异往往更直接地反映出原始苗瑶语韵母的语音形式，每一个超级对应组都被分解为次级对应组。根据数据的清晰呈现，读者能够通过下边的①和②评估每组原始苗瑶语韵母的构拟：

① 每组原始苗瑶语次级对应组的构拟必须以一种直接而自然的方式反映出与它对应的更为保守的现代瑶语支的语音形式③。

---

① 金门方言和勉语中的元音长短对立增加了瑶语支韵母库藏的复杂性。然而，我们没有为苗瑶语构拟长短元音：参见 2.1.3.2 节的讨论。

② 并且，第 14 组只包含了"二"一个词。

③ 尽管瑶语支韵母大体上更接近于原始苗瑶语的韵母，但仍有许多韵母在瑶语支中发生了合并，正如在 2.1.3.1 节中介绍本构拟时所描述的那样。

② 原始苗瑶语次级对应组的构拟必须共享某些音系特征，这些共享的音系特征会使它们自然地并入一个单一的原始苗语支韵母。

有关每个次级对应组中汉语借词的信息也一并给出。中古汉语的语音形式转写自 Baxter（2000），上古汉语的构拟转写自 Baxter & Sagart（2009）。这些语音形式提供了第三个量度来评估本构拟：

③ 借词必须适合音系上类似的本语词对应组。

超级对应组是指作者所构拟的 28 个原始苗语支的韵母，也就是说有 28 个超级对应组。次级对应组是指 28 个超级对应组下分的原始苗语支韵母和原始苗瑶语韵母，用 a、b、c、d 等表示。第一个次级对应组是原始苗语支对应组，用 a（如 1a、2a 等）表示。除了 a 以外的 b、c、d 等次级对应组表示原始苗瑶语的韵母。之所以将原始苗瑶语韵母的对应组划分为 b、c、d 等次级对应组，是根据现代瑶语支语言的韵母差别来划分的。

如果有某个词只出现在瑶语支语言当中，但这个词与苗语支语言有同源关系，我们也会把它纳入进来，因为它清楚地显示属于某个次级对应组。如果原始瑶语支的某个词的韵母跟超级对应组的韵母关系密切，我们也会把它纳入进来。

在本节的末尾，我们给出了三个瑶语支的小对应组，来呈现那些在连接苗瑶语各分支的任何超级对应组中都没有清楚给出的对应形式。

用来说明韵母对应关系的例词出自王辅世、毛宗武（1995）和王辅世（1994），同时也增加了一些其他词。该构拟的主要目标并不是为了呈现更多的数据，而是为了以一种更好的方式来编排这些数据，这种方式能够使大家更清楚地理解、评估和优化韵母对应模式以及我们对本构拟做出的解释。

（3）语言点

出于篇幅和使用方便的考虑，我们挑选了 11 个最不相同的语言（7 个苗语支语言、4 个瑶语支语言）来代表苗瑶语族中所有的语言，被挑选出来的语言点也曾用于 2.2 节中苗瑶语声母的构拟。然而，考虑到现代语言中元音的变异性更大，使用如此小的语言样本很难观察到一些韵母构拟背后的基本原理；因此读者可以参考王辅世、毛宗武（1995）的 23 个调查点的语音形式。如果一个语音形式取自王辅世、毛宗武（1995），王辅世（1994）[①]，或者下列主要来源之一，该形式的出处将不再提及。如果一个语音形式有其他出处，或者如果另一个关系密切的方言代替了下列语言点中的一个，我们会在注释中说明该形式的出处和替换的方言。

这 11 个代表点在讨论时会使用加下划线的名称。

1. 东苗语支（苗语黔东方言）：北部土语：贵州省凯里县养蒿镇，养蒿

数据来源：王辅世、毛宗武（1995）调查点 1 = 王辅世（1994）调查点 1

2. 北苗语支（湘西苗语方言）：西部土语：湖南省花垣县吉卫乡，吉卫

数据来源：王辅世、毛宗武（1995）调查点 2 = 王辅世（1994）调查点 2

3. 西苗语支（川黔滇方言）：川黔滇次方言，第一土语：老挝/泰国，白苗

数据来源：Heimbach 1979, Bertrais 1979 [1964]

4. 西苗语支（川黔滇方言）：麻山次方言，中部土语：贵州省紫云苗族布依族自治县宗地乡，宗地

数据来源：王辅世、毛宗武（1995）调查点 7 = 王辅世（1994）调查点 7（声调 1a、3a、5a、7a < 清塞音、前喉塞塞音、前喉塞响音声母；声调 1b、3b、5b、7b < 送气清塞音、清擦音、清响音声母）

5. 西苗语支（川黔滇方言）：罗泊河次方言，第二土语：贵州省福泉县，复员

数据来源：王辅世、毛宗武（1995）调查点 8 = 王辅世（1994）调查点 8 （声调没有分裂）

6. 苗语支：广西壮族自治区金秀瑶族自治县，长垌乡，炯奈

---

① 由于某种原因，并不是所有出现在王辅世（1994）中的语音形式都被囊括在王辅世、毛宗武（1995）中。除非出现明显的汉语借词，否则所有的语音形式都会在该部分中出现。

数据来源：王辅世、毛宗武（1995）调查点 13；毛宗武、李云兵（2001）

7. 苗语支：广西壮族自治区融水县白云乡，<u>巴哼</u>

数据来源：Niederer 1997

8. 勉语支：勉语罗香土语：广西壮族自治县金秀瑶族自治县罗香乡，<u>勉</u>

数据来源：王辅世、毛宗武（1995）调查点 17；L-Thongkum 1993 "JX"（调类 5＜清塞音、前喉塞塞音、前喉塞响音声母；调类 5'＜送气清塞音、清擦音、清响音声母）

9. 勉语支：金门方言：广西壮族自治区凌云县览金乡，<u>览金</u>

数据来源：王辅世、毛宗武（1995）调查点 20（声调 1, 3, 5, 7＜清塞音、前喉塞塞音、前喉塞响音声母；声调 1',3',5',7'＜送气清塞音、清擦音、清响音声母）

10. 勉语支：标敏方言：广西壮族自治区全州县东山瑶族乡，<u>标敏</u>

数据来源：王辅世、毛宗武（1995）调查点 21；Solnit 1982

11. 勉语支：藻敏方言：广东省连南瑶族自治县大坪乡，<u>藻敏</u>

数据来源：王辅世、毛宗武（1995），调查点 23

下文的 1-30 是作者根据王辅世（1994）对原始苗语韵母构拟的编码来展示作者自己对原始苗语和原始苗瑶语韵母的构拟。

1

1a. 苗语支 *i

	1	2	3	4	5	6	7	苗语支					声母	苗语支
1. 种（及物动词）	tɕen⁴	--	--	--	ze^B	tei⁴	--	*i					4.3	*ji^B
2. 套索/陷阱	--	--	tʂi⁴	--	--	--	--	*i					1.48	*bri^B
3. 茶	tɕen⁴	ci⁴	--	tɕi⁴	zi^B	tʃi⁴	tɕi⁴	*i					5.18	*gji^B
4. 结果实	tsen⁵	--	tsi⁵	pei^5a	pze^C	--	--	*i					1.16	*pji^C
5. 迟，晚	--	--	li⁶	li⁶	--	--	lɦie⁶	*i					2.42	*li^C

对应组 1a 中的汉语借词：	tsyek(中古汉语)	炙	zhì '烘，烤'	>	苗语支*ci^C '烘焙，烘烤'
				>	苗语支*ji^C '烧焦，烧着'

1b. 苗瑶语 *i(1, 18)①

	1	2	3	4	5	6	7	苗语支	苗瑶语	瑶语支	8	9	10	11	声母	苗瑶语/瑶语支
6. 臭虫	--	--	--	--	--	pi¹	pɿ⁵	*i	*i	*i	pi¹	pi¹	pi¹	bɛi¹	1.16	*pji
7. 胃									*i		ɕi¹	tθi¹'	--	sɛi¹	2.13	*si^A
8. 七									*i		ŋi⁶	nji⁶	ni⁶	ŋi⁶	5.24	*ŋji^C

对应组 1b 中的汉语借词：	nej(中古汉语)	泥	ní '泥'	>	瑶语支*hni⁴
	tejX(中古汉语)	底	dǐ '底部/基部'	>	瑶语支*ʔdi^B '低层'
	dzi(中古汉语)	慈	cí '爱/母亲'	>	瑶语支*ndji^B '母亲/阿姨'
	dojH(中古汉语)	袋	dài '袋子'	>	瑶语支*di^C

---

① 标在每组音节尾构拟后边的数字代表在王辅世、毛宗武（1995）的构拟中这些词所属的韵母对应组。

续表

1c. 苗瑶语*i̯æn(81)

	1	2	3	4	5	6	7	苗语支	苗瑶语	瑶语支	8	9	10	11	声母	苗瑶语
9. 第三人称单数（他/她/它）	nen^2	--	nuu^4	ŋi^4	nen^B	nɐŋ^4	nuɯ^4	*i	*i̯æn	*æn	nan^2	nen^2	nin^2	--	2.9	*ni̯æn(X)

对应组1c中的汉语借词:	*[k]ˤon(上古汉语)	>	kwan(中古汉语)	冠 guān'鸡冠'	>	苗瑶语*ʔwi̯æn

1d. 苗瑶语*i̯əu(210)

	1	2	3	4	5	6	7	苗语支	苗瑶语	瑶语支	8	9	10	11	声母	苗瑶语/瑶语支
10. 胆囊	ɕen^1	tɕi^1	tʂi^1	sei^{1a}	tse^A	--	tɕe^1	*i	*i̯əu	*i̯əu	--	--	--	tɛu^1	3.16	*tsji̯əu
11. 第二人称复数（你们）	maŋ^2	me^2	ne^2	mein^2	men^A	--	--	*i	*i̯əu	*i̯əu	--	njou^2	--	--	1.9	*mi̯əu
12. 水果	tsen^3	pi^3	tsi^3	pei^{3a}	pze^B	pi^3	pje^3	*i	*i̯əu	*i̯əu	pjeu^3	pjou^3	pjau^3	bɛu^3	1.16	*pji̯əuX
13. 蚂蚁									*i̯əu	*i̯əu	ɕeu^3	sou^3	sau^3	dziu^3	4.5	*ʔɦi̯əu^B
14. 量词，（一）块田										*i̯əu	lau$^{5'}$	--	--	--	2.40	*ʔli̯əu^C

对应组1d中的汉语借词:	*m.b(r)u(上古汉语)	>	bjuw(中古汉语)	浮 fú'漂浮'	>	瑶语支*mbi̯əu^A
	*[r]u(上古汉语)	>	ljuw(中古汉语)	流 liú'流动，流淌'	>	瑶语支*ri̯əu^C

1e. 苗瑶语*i̯ɛk(148,110)

	1	2	3	4	5	6	7	苗语支	苗瑶语	瑶语支	8	9	10	11	声母	苗瑶语/瑶语支
15. 糠	--	--	--	--	--	--	ɱe^5	*i	*i̯ɛk	*i̯ɛk	bwa^7	va^7	bja^7	bjɛ^7	1.5	*mphi̯ɛk
16. 黑										*i̯ɛk	kje^7	kja^7	kja^7	kjɛ^7	6.46	*qri̯ɛk^D

对应组1e中的汉语借词:	tsyak(中古汉语)	灼	zhuó'烧伤'	>	瑶语支*dji̯ɛk^D
	tsyek(中古汉语)	隻	zhī'量词，（一）只鸟'	>	瑶语支*tsi̯ɛk^D
	syik(中古汉语)	識	shí'认识/认出'	>	瑶语支*tsi̯ɛk^D
	tsyik(中古汉语)	織	zhī'编织'	>	瑶语支*tsi̯ɛk^D
	sik(中古汉语)	媳	sī'女儿/女孩'	>	瑶语支*ɕi̯ɛk^D
	bak(中古汉语)	薄	bó'薄的'	>	瑶语支*bi̯ɛk^D

讨论：

在该对应组以及后续的对应组中，苗瑶语的声母在苗语支中保留了下来。这是为了与一般倾向保持一致：苗语支保留了苗瑶语音节的前半部分，而瑶语支保留了苗瑶语音节的后半部分。对于许多属于超级对应组1的词汇，我们本可以选择构拟为硬腭介音-j-,作为声母的一部分，而不是构拟为韵母的滑入音-i-。但考虑到事实是该对应组的词汇合并到苗语支的*-i,而其他带有介音-j-的词却并没发生合并，所以这些词被构拟为含有前高成分，这些前高成分已经与元音有更为紧密的联系。

另一个适合上述模式的韵母是苗瑶语的*-iεp，只出现在瑶语支的*riεp^D（2.57/1）"竖起，直立"。该词来自汉语的"立"（上古汉语*(kə.)rəp > 中古汉语 lip > 普通话 lì）。

注释：

2. 先进苗语（王辅世、毛宗武 调查点 3）代替了白苗（3）。其他语音形式出现在王辅世（1994）。

4. "结果实"是"水果"（韵母 1d）的 C 调派生（参见第四章）。

5. 文界巴哼语（王辅世、毛宗武 调查点 12）代替了白云巴哼语（7）。

8. 该词来自藏缅语的*s-nis（白保罗 1987a：13）。苗瑶语的*djuŋH（2.18/28）可能有同样的来源，但对应非常困难（参见第五章第 2 节）。

9. 第三人称单数代词在韵母和声调上是不规则的（在苗语支中是 4 调，在瑶语支中是 2 调）。将该词置于韵母 1 中是基于现代苗语支的语音形式。鉴于此分析，出现在苗语支中的鼻音韵尾一定要被看成二次发展的结果。

11. 苗语支的语音形式出自王辅世（1994），金门方言的语音形式（9）出自新谷忠彦、杨昭（1990）。

12. 比较上述对应组 1a 中的派生词"结果实"。

14. 也可参见江底勉语/ljou^5/和湘南勉语/ljəu^5/。比较高坡苗语（苗语支）的/loŋ^5/"田地"和 Kuki-Naga 语（藏缅语族）的*lou"田地"。

15. 该词很可能与苗语支的*S-phjæ^C"糠"（1.17/5）有关。罗香勉语（8）的-w-是二次发展的结果：首先-j-脱落，然后-w-出现在双唇音和元音/a/之间。

16. 该词毫无疑问与苗语支的*qrεŋ^A"黑"（6.46/22）相同。

2

2a. 苗语支*i

	1	2	3	4	5	6	7	苗语支					声母	苗语支
1. 干净的	sha^1	ntsha^1	--	ntsɔi^1b	nʔtshe^A	θei^1	--	*i					3.5	*ntshi^A
2. 那（指示代词）/前者	i^3	a^3	i^5	i^3a	e^B	--	--	*i					7.1	*ʔi^B
3. 什么	ɕi^3	--	tʂi^5	si^7b	tsi^B	--	--	*i					3.16	*tsji^B
4. （头顶的）旋	zi^6	--	ji^4	zi^4	we^B	--	--	*i					4.12	*ji^B
5. 箍儿	tha^5	--	thi^5	tei^5b	the^C	--	--	*i					2.2	*thi^C
6. 压，榨，挤/掐，捏	la^5	lɔ^5	li^5	lei^5a	--	li^5	la^5	*i					2.40	*ʔli^C
7. 野猫	l̥aŋ^7	--	pli^7	pl̥ei^5a	ple^C	--	--	*i					1.46	*pri^D

| 对应组 2a 中的汉语借词： | *sje（中古汉语）'相互地'* | | | 廝 | sī '彼此' | > | *苗瑶语*sji^A-D 相互态* |

2b. 苗瑶语*i(35)

	1	2	3	4	5	6	7	苗语支	苗瑶语	瑶语支	8	9	10	11	声母	苗瑶语
8. 一	i^1	ɑ^3	i^1	ei^1a	--	i^3	--	*i	*i	*i	--	--	i^1	a^1	7.1	*ʔi

| 对应组 2b 中的汉语借词： | *liX(中古汉语)* | | | 里 | lǐ '半公里' | > | *苗瑶语*ljiX* |

续表

2c. 苗瑶语*eu(35)

	1	2	3	4	5	6	7	苗语支	苗瑶语	瑶语支	8	9	10	11	声母	苗瑶语
9. 煎炸	ka¹	ca¹	ki¹	tɕi¹ᵃ	tɕeᴬ	--	--	*i	*eu	*eu	--	[tji:¹]	khla¹	--	5.31	*kleu
10. 蝴蝶	--	--	--	mpei⁵ᵃ	mʔpleᶜ	--	--	*i	*eu	*eu	bjeu⁵'	blou⁵'	bja⁴	--	1.34	*mpleuH

2d. 苗瑶语*i̯eu(2,35)

	1	2	3	4	5	6	7	苗语支	苗瑶语	瑶语支	8	9	10	11	声母	苗瑶语/瑶语支
11. （重量）轻	fha¹	ɕa¹	ʂi¹	sei¹ᵇ	seᴬ	ɣuai¹'	fɤ¹	*i	*i̯eu	*i̯eu	ɕeu¹'	sou¹'	hjau¹	--	2.28	*-sji̯eu
12. 剪刀									*i̯eu	jeu³	dʑi:u³	qjau³	gɛu³		5.34.1	*ʔglji̯euᴮ

2e. 苗瑶语*ik(15)

	1	2	3	4	5	6	7	苗语支	苗瑶语	瑶语支	8	9	10	11	声母	苗瑶语
13. 用手指弹	--	--	nti³	ntei⁵ᵃ	--	ntai⁵	na⁵	*i	*ik	*it	dit⁷	--	--	--	2.4	*ntik

2f. 苗瑶语*ek(17,34)

	1	2	3	4	5	6	7	苗语支	苗瑶语	瑶语支	8	9	10	11	声母	瑶语支
14. 晒（衣服）								*ek	*ek	--	si⁷	tɕi⁷	tsaŋ¹		3.1	*tsekᴰ

对应组 2f 中的汉语借词:	*phek(中古汉语)*	劈	*pī'劈开/砍'*	>	*苗瑶语*phek*
	tsyhek(中古汉语)	赤	*chì'红'*	>	*苗语支 *sekᴰ*

讨论：

在上面的对应组 2e 中，*ik 为苗瑶语构拟，尽管现代瑶语支的韵母是-it。因为这个词在现代苗语支语言中反映为第 5 调。苗瑶语以-k 结尾的 D 调音节通常对应苗语支的 C 调。

注释：

3. 声调的变化可能是因为该词极少单独使用。比如，白苗（3）的 *dabtsi* "什么"是一个无法分析的词，而且根据连读变调的规则可以解释为什么从 3 调变成 5 调。

4. 在白苗中，该词表示"一绺不易梳平的乱发（即长在头上任何部位的一片乱发）"。

5. 可能来自汉语的"带"（即"裤带，腰带"，中古汉语 tajH> 普通话 dài），尽管汉语声母没有送气。

7. 可能与汉语的"狸"（即"野猫"，上古汉语*[m]ə.rə > 中古汉语 li > 普通话 *li*）相同，来自一个表示声母*pə- (Sagart 1999:88)的变体 *bù lái*。在苗瑶语中，该词可能还有一个韵尾-p 或-t，所以该词可能是从苗瑶语借入汉语的。

8. "一"一词高度不规则，这也在预料之中，因为该词短小且使用频率很高。它与汉语的"一"（上古汉语*ʔi[t] > 中古汉语 ʔjit > 普通话 *yī*）相同（参见第五章）。炯奈语（6）形式来自毛宗武、李云兵（2001）。

9. 可能来自汉语的"搅"（即"打扰，搅拌"，上古汉语*kˤruʔ > 中古汉语 kæwX > 普通话 *jiǎo*），但声调并不对应。标敏的/khla¹/（Solnit 1982）表示"翻转，搅动（以使谷物变干，翻炒）"，因此本构拟带有介音-l-，尽管在送气方面有点问题。在海南金门方言中表示"用油煎炒"是/tji:¹/。韵母并不对应——很可能是一个晚近的借词形式"煎"（普通话 jiān）。

13. 江底勉语（王辅世、毛宗武 调查点 15）代替了罗香勉语（8）。尽管有些瑶语支形式以-t 结尾，但瑶语支的 7 调对应苗语支的 5 调通常表明韵尾是-k。

3

3a. 苗语支 *æw

	1	2	3	4	5	6	7	苗语支					声母	苗语支
1. 播种	--	pzo¹	tʂe¹	pzæ¹ᵃ	pji^A	--	--	*æw					1.46	*præw^A
2. 钢	sha¹	suɯ¹	--	sæ¹ᵇ			tɕo¹	*æw					3.2	*tshæw^A
3. 打扫	tɕhi¹	--	che¹	tɕæ¹ᵇ	tɕhi^A	--	--	*æw					4.2	*chæw^A
4. 河	--	--	de²	--	ʁlei^A	--		*æw					6.33	*glæw^A
5. 身体/躯干	tɕi³	tɕɯ³	ce³	tɕæ³ᵃ	tɕi^B			*æw					4.1	*cæw^B
6. 烧（及物动词）	phi³	--	--	--	ya³	pho³		*æw					1.17	*phjæw^B
7. 妻子	vi³	--	vi³	--	va³	vo³		*æw					1.10	*ʔwæw^B
8. 腿/分支	tɕi⁴	kuɯ⁴	ce⁶	tɕe⁴	za^B			*æw					4.3	*ɟæw^B
9. 山	pi⁴	--	pe⁸	pe⁴	vei^B			*æw					1.3	*bæw^B
10. 用肩扛	tɕi⁵	--	--	tɕæ⁵ᵃ				*æw					4.1	*cæw^C
11. 攀爬	tɕi⁵	ŋtɕɯ⁵	ɲce⁵	ŋtɕæ⁵ᵃ	ŋʔtɕi^C	ntja⁵		*æw					4.4	*ɲcæw^C
12. 蛋	ki⁵	--	qe⁵	hæ⁵ᵃ	qwji^C	kja⁵	ko⁵	*æw					5-6.1	*qæw^C
13. 霜	ta⁵	tuɯ⁵	te⁵	tæ⁵ᵃ	ti^C	ða⁵	no⁵	*æw					2.1	*tæw^C
14. 近，附近	ɣi⁵	zɯ⁵	ze⁵	zæ⁵ᵃ	ʔwji^C	ŋkja⁵	jo⁵	*æw					2.55	*-ʔræw^C
15. 浸泡	--	ŋtɕɯ⁵	ŋtʂe⁵	ntsæ⁵ᵃ	nʔtsi^C	ŋtʃa⁵	ŋtɕo⁵	*æw					3.19	*ntsjæw^C

对应组 3a 中的汉语借词:	*mə-q˗(r)o(上古汉语)	>	kuw (中古汉语)	鈎	gōu '钩子'	>	苗语支 *ɴqæw^C
	*[tsʰ]rək(上古汉语)	>	tsrhik (中古汉语)	畟	cè '锋利的'	>	苗语支 *ntsjæw^C '锋利'
	*N-t<r>ək(上古汉语)	>	drik (中古汉语)	直	zhí '笔直/垂直'	>	苗语支 *ndzjæw^C '垂直/直立'[①]

3b. 苗瑶语 *æu(113,259)

	1	2	3	4	5	6	7	苗语支	苗瑶语	瑶语支	8	9	10	11	声母	苗瑶语/瑶语支
16. 耳朵	zɛ²	mzu²	ŋtʂe²	mpzæ²	mpji^A	mpja²	mjo²	*æw	*æu	*æu	--	--	blau²	bju²	1.51	*mbræu
17. 蘑菇	tɕi¹	ŋku¹	ɲce¹	ŋtɕæ²ᵃ	ŋʔtɕi^A	ntʃa¹	ŋo¹	*æw	*æu	*æu	tɕeu¹	sou¹	tau¹	ku¹	5.19	*ŋkjæu
18. 柱子	ŋi²	ŋu²	ɲce²	ŋtæ²	ŋtɕi^A	--	ŋo²	*æw	*æu	*æu			tɕou²	--	4.6	*ɲjæu
19. 叔叔	zu⁵	zo⁴	--	--	--	ja²	jo⁴	*æw	*æu	*æu		jou⁴			4.12	*jæuX
20. 变锋利/碾碎									*æu	dzeu⁵	gjou⁵'	ɖau⁵	dziu⁵	2.20	*dhjæu^C
21. 打扫									*æu	--	ɖou⁵			4.4	*ʔɟæu^C

对应组 3b 中的汉语借词:	gjew(中古汉语)	蕎	qiáo '荞麦'	>	苗瑶语 *ɟæu

[①] "垂直/直立"一词只在先进苗语和石门苗语（王辅世 1994）以及白苗（ntseg "直立/垂直/陡峭"）中被证实，与西部苗语方言密切相关。

续表

3c. 苗瑶语*əu(96)

	1	2	3	4	5	6	7	苗语支	苗瑶语	瑶语支	8	9	10	11	声母	苗瑶语/瑶语支
22. 地	ta¹	tuɯ¹	te¹	tæ¹ᵃ	tiᴬ	ta¹	to¹	*æw	*əu	*əu	dau¹	--	--	--	2.1	*N-təu
23. 石头	ɣi¹	ʐu¹	ʐe¹	ʐæ¹ᵃ	ʔwjiᴬ	ŋkja¹	jo¹	*æw	*əu	*əu	gau¹	gjau¹	lau¹	dzu¹	2.55	*-ʔrəu
24. （时间）长	la²	luɯ²	le²	læ²	liᴬ	la²	lo²	*æw	*əu	*əu	lau²	lau²	--	lu²	2.42	*ləu
25. 稻子/稻田	na²	nuɯ²	mple²	mplæ²	--	mpla²	mjo²	*æw	*əu	*əu	blau²	blau²	blau²	bjau²	1.36	*mbləu
26. 房子	tsɛ³	pʐu³	tʂe³	pʐæ³ᵃ	peiᴮ	pja³	pjo³	*æw	*əu	*əu	pjau³	pjau³	pla³	pju³	1.46	*prəuX
27. 道/路	ki³	ku³	ke³	kæ³ᵃ	tɕiᴮ	kja³	ko³	*æw	*əu	*əu	kjau³	kjau³	kla³	tsu³	5.31	*kləuX
28. 盐	ɕi³	ŋtɕuɯ³	ŋtʂe³	ntsæ³ᵃ	nʔtsiᴮ	--	ŋo³	*æw	*əu	*əu	dau³	dau³	dza³	--	3.19	*ntsjəuX
29. 鱼	zɛ⁴	mzu⁴	ŋtʂe⁴	mpʐe⁴	mpji⁴	mpja⁴	mjo⁴	*æw	*əu	*əu	bjau⁴	bjau⁴	bla⁴	bju⁴	1.51	*mbrəuX
30. 巢，窝	ɣi⁴	ʐu⁴	ʐe⁴	ʐe⁴	wjiᴮ	ŋkja⁴	--	*æw	*əu	*əu	gau⁴	gjau⁴	la⁴	--	2.57	*-rəuX
31. 下蛋	na⁶	--	nte⁶	nte⁶	ntiᶜ	tei⁵	no⁶	*æw	*əu	*əu	--	--	dau⁶	du⁶	2.6	*ndəuH
32. 蛋									*əu		kjau⁵'	kjau⁵	klau⁵	tsu⁵	5.31	*kləuᶜ

对应组 3c 中的汉语借词:	*ʔuʔ(上古汉语)	>	ʔawX(中古汉语)	媪	ǎo'老年妇女'	>	苗瑶语*ʔəuX'姐姐/妻子'

3d. 苗瑶语*au(76,95,177)

	1	2	3	4	5	6	7	苗语支	苗瑶语	瑶语支	8	9	10	11	声母	苗瑶语/瑶语支
33. 回答	ta¹	tuɯ¹	te¹	tæ¹ᵃ	tiᴬ	ta¹	no¹	*æw	*au	*au	--	tau¹	--	du¹	2.1	*tau
34. 长 cháng	ta³	ntuɯ³	nte³	ntæ³ᵃ	nʔtiᴮ	ða³	to³	*æw	*au	*au	da:u³	da:u³	da³	du³	2.4	*ntauX
35. 烤火	ta⁵	ntuɯ⁵	nte⁵	ntæ⁵ᵃ	nʔtiᶜ	nta⁵	no⁵	*æw	*au	*au	da:u⁵	dau⁵	--	du⁵	2.4	*ntauH
36. 老鼠/田鼠										*au	na:u⁴	--	--	--	2.9	*nauᴮ

3e. 苗瑶语*ɔu(77,244)

	1	2	3	4	5	6	7	苗语支	苗瑶语	瑶语支	8	9	10	11	声母	苗瑶语/瑶语支
37. 三	pi¹	pu¹	pe¹	pæ¹ᵃ	pziᴬ	pa¹	po¹	*æw	*ɔu	*ɔu	pu¹	pu¹	pau¹	bu⁵	1.16	*pjɔu
38. 第一人称复数 (我们)	pi¹	puɯ¹	pe¹	pæ¹ᵃ	peiᴬ	pa¹	puɯ⁵	*æw	*ɔu	*ɔu	--	pu¹	--	bu¹	1.1	*N-pɔu
39. 手/手臂	pi⁴	tuɯ⁴	te⁴	ʂe⁴	weiᴮ	tʃa⁴	tɛ-puɯ⁴	*æw	*ɔu	*ɔu	pu⁴	pu⁴	pau⁴	pu⁴	1.3	*-bɔuX
40. 名字	pi⁵	mpu⁵	mpe⁵	mpæ⁵ᵃ	mʔpeiᶜ	mpa⁵	mo⁵	*æw	*ɔu	*ɔu	bu⁵'	bu⁵	bau⁵	bu⁵	1.4	*mpɔuH
41. 桌子										*ɔu	du²	nu²	--	--	2.6	*ndɔuᴬ
42. 瞎，盲										*ɔu	bu³	bu⁴	--	--	1.34	*ʔblɔuᴮ
43. 烧伤										*ɔu	pu³	pu³	pau³	bu³	1.1	*pɔuᴮ

续表

	1	2	3	4	5	6	7	苗语支	苗瑶语	瑶语支	8	9	10	11	声母	苗瑶语/瑶语支
44. 灰色										*ɔu	bu^2	bu^3	bau^3	--	1.4	*ʔbɔu^B
45. 等待										*ɔu	tɕu^3	tu^3	tu^3	--	2.16	*tjɔu^B
46. 兄弟										*ɔu	mai^4	--	mau^4	mu^4	1.9	*mɔu^B

对应组 3e 中的汉语借词:	huwX(中古汉语)	厚	hòu '厚的'	>	苗语支 *ɦɔu^B

3f. 苗瑶语*uw(115)

	1	2	3	4	5	6	7	苗语支	苗瑶语	瑶语支	8	9	10	11	声母	苗瑶语/瑶语支
47. 远	--	qu^1	de^1	hwæ^{1a}	qwei^A	kwa^1	ko^1	*æw	*uw	*u	ko^1	ku^1	ku^1	kɔu^1	6.1	*qʷuw
48. 狗	l̥a^3	qwu^3	de^3	l̥æ^{3a}	qlei^B	kla^3	ka-lj̃ɔ^7	*æw	*uw	*u	klo^3	klu^3	klu^3	ku^3	6.31	*qluwX
49. 好吃/可口										*u	--	ku^3	--	kɔm^3	5.2	*khu^B

讨论：

超级对应组 3 的次级对应组，它们具体的语音形式只是大概近似：基本模式是后接一个后圆唇元音的后元音是它们所共享的，也是使它们合并成苗语支*-æw 的原因。

注释：

3 和 21. 这两组表示"打扫"的语音形式有相同的韵母和发音部位，但在声调和是否送气方面并不相同。

5 和 8. 这两个词似乎在形态上是相关的。而声母清浊的差异可能是前缀导致的（参见第四章）。

7. 在白苗（3）中表示"姐姐"。

9. 在白苗中表示"上坡"。白苗中的声调是近期由于声调转变而导致形态类别转变（由表示地理特征的名词"山">表示方位特征的方位词"上"）的结果（Ratliff 1992a:104-112）。

12 和 32. 这两个表示"蛋"的词毫无疑问是一样的；尽管它们的声母有点难以对应，但它们的韵母和声调是对应的。

15. 文界巴哼语（王辅世、毛宗武 调查点 12）代替了白云巴哼语（7）。

17. 比较汉语的"菇"（即"蘑菇"，上古汉语*mə.kˤa > 中古汉语 ku > 普通话 gū）。

18. 养蒿（1）的语音形式出自《苗瑶语方言词汇集》（1987）。三江标敏（王辅世、毛宗武 调查点 22）代替了东山标敏（10）。

20. 可能来自汉语的"剉"（即"用锉刀锉（某物）"，中古汉语 tshwaH > 普通话 cuò）。

21. 该词可能来自汉语的"帚"（即"扫帚"，中古汉语 tsyuwX > 普通话 zhǒu），尽管声母清浊意味着*ɲc-，但声调不同。

22. 文界巴哼语（王辅世、毛宗武 调查点 12）代替了白云巴哼语（7）。

23. 也可参见白苗的"石磨"。

24. 绿苗中表示"很久之前"的语音形式代替了白苗（3）。

29. 比较原始泰语的*pla A1（李方桂 1977），原始侗水语（Kam-Sui）的*mprai 3（Thurgood 1988）。

36. 江底勉语（王辅世、毛宗武 调查点 15）代替了罗香勉语（8）。苗语支的*naŋ^B "老鼠/田鼠"（2.9/24）很可能是一样的。

37 和 38、参见第五章关于"三"和"我们"之间相似性的讨论。"我们"在勉语中用做复数后缀，表明它最初的意义表示"团体，小组"。在海南金门方言中，它表示第一人称复数排除式的代词。

44. 在海南金门方言中，该词的同源词表示"蓝"，而表示"灰色"的词是复合词"白蓝"；在标敏中，它也表示"霉，霉菌"（Solnit 1982）。

47. 比较汉语的"迂"（即"绕弯，偏离，转向；歧途，远离"，上古汉语 $q^w(r)a$ > 中古汉语 ?ju > 普通话 *yū*）。

48. 这个表示"狗"的词在该区域的许多语言中都出现过：比较汉语的"狗"（上古汉语 *-[k]ˤ(r)oʔ > 中古汉语 kuwX > 普通话 *gǒu*）并参见白保罗（1996）。

4

4a. 苗语支 *a

	1	2	3	4	5	6	7	苗语支				声母	苗语支
1. 樱桃	va¹	wɑ¹	--	zi¹ᵃ	--	--	--	*a				1.10	*ʔwaᴬ
2. 蜂蜜	va¹	--	zi¹	zɿ¹ᵃ	ʔwjaᴬ	--	--	*a				2.55	*ʔraᴬ
3. 粗的/粗糙的	sha¹	ntshɑ¹	ntshi¹	ntsi¹ᵇ	nʔtshaᴬ	--	--	*a				3.5	*ntshaᴬ
4. 灵魂/幽灵	l̥u²	pjə²	pli⁶	pl̥ɿ⁶	vloᴬ	--	pjɔ²	*a				1.48	*braᴬ
5. 手指	ta³	ntɑ³	nti³	nti³ᵃ	nʔtaᴮ	--	--	*a				2.4	*ntaᴮ
6. 倒掉	tsa⁵	pzɑ⁵	tʂi⁵	--	--	--	--	*a				1.46	*praᶜ
7. 挂（拐杖）	ŋa⁶	ŋɑ⁶	nʈi⁶	nʈe⁴	nʈʂaᶜ	--	ŋa²	*a				5.51	*ŋgraᶜ
8. 逃脱	fa⁸	qwei⁸	di⁸	hwɪ⁸	ʁwaᴰ	--	--	*a				5-6'.3	*ɢʷaᴰ
9. 唤醒，叫醒	--	--	tʂi⁸	si⁸	zaᴰ	--	tɕi⁸	*a				3.18	*dzjaᴰ

对应组 4a 中的汉语借词：	*[g]ˤaʻ'葫芦'(上古汉语)	>	hu(中古汉语)	葫	hú '大蒜'	>	苗语支 *ɢaᴬ '大蒜'
	*mə.qˤ<r>aʔ-s (上古汉语)	>	kæH (中古汉语)	價	jià '价格'	>	苗语支 *ɴqaᶜ

4b. 苗瑶语 *a(92,130,149,187)

	1	2	3	4	5	6	7	苗语支	苗瑶语	瑶语支	8	9	10	11	声母	苗瑶语/瑶语支
10. 五	tsa¹	pzɑ¹	tʂi¹	pzɿ¹ᵃ	pjaᴬ	pui¹	pja¹	*a	*a	*a	pla¹	pja¹	pla¹	pjɛ⁵	1.46	*pra
11. 父亲/男性	pa³	pɑ³	tsi³	pi³ᵃ	paᴮ	pe³	pa⁷	*a	*a	*a	pwa³	fa³	--	--	1.16	*pjaX
12. 棍子	--	pzɑ³	--	--	--	--	pja³	*a	*a	*a	pla³	pja³	--	--	1.46	*praX
13. 起床，起来	--	--	--	--	tʃe⁴	--	--	*a	*a	*a	kja⁴	kwe⁴	tɔ⁴	kjɛ⁴	5'.18	*gʷjaX

续表

	1	2	3	4	5	6	7	苗语支	苗瑶语	瑶语支	8	9	10	11	声母	苗瑶语/瑶语支
14. 月亮/月份	ɬha⁵	ɬhɑ⁵	hɭi⁵	li⁵ᵇ	ɭaᶜ	ɭe⁵	ɭa⁵	*a	*a	*a	la⁵	la⁵	ɬa⁵	lɔu⁵	2.41	*hlaH
15. 哥哥	ta²	--	ti²	ti²	ðaᴬ	--	--	*a	*a	*a	--	ta²	--	--	2.3	*da
16. 尿	va⁴	zɑ⁴	zi⁴	zɹ⁴	wjaᴮ	ŋkwe⁴	ve⁴	*a	*a	*a	wa⁴	va⁴	lɔ⁴	vjɛ⁴	2.57	*-raX
17. 第一人称单数（我）										*a	ja¹	ja¹	--	--	4.10	*ʔjaᴬ
18. 草										*a	m̥wa³	wa³	m̥ja³	mjɛ³	1.23	*hmjaᴮ
19. 肉										*a	a³	a³	--	--	7.1	*ʔaᴮ
20. 背在背上										*a	ŋa⁵ʼ	ŋa⁵	ŋa³	--	4.8	*hŋaᶜ

对应组4b中的汉语借词:	*kʷˤra(上古汉语)	>	kwæ (中古汉语)	瓜	guā'瓜/葫芦'	>	苗瑶语 *Kʷa'黄瓜'
			gja (中古汉语)	茄	qié'茄子'	>	苗瑶语 *ɟa
	*Cə.kˤraʔ(上古汉语)	>	kæX (中古汉语)	假	jiǎ'借'	>	苗瑶语 *KaX
	*(mə)-pˤaʔ(上古汉语)	>	puX (中古汉语)	補	bǔ'修理/修补'	>	苗瑶语 *mpjaX
	*[g]ˤraʔ'下'(上古汉语)	>	hæX (中古汉语)	下	xià'低/矮'	>	苗瑶语*GaX
	*[g]ˤraʔ'下'(上古汉语)	>	hæX (中古汉语)	下	xià'下降'	>	苗语支*NGaᴮ
	*mə-[g]ˤraʔ-s'下降'(上古汉语)	>	hæH (中古汉语)	下	xià'下降'	>	瑶语支*ɣaᶜ
			bæ (中古汉语)	耙	pá'用耙子耙（田）'	>	瑶语支*baᴬ
			dræ (中古汉语)	茶	chá'茶'	>	瑶语支*ɟaᴬ
			sjæX(中古汉语)	寫	xiě'写'	>	瑶语支*xjaᴮ

4c. 苗瑶语*at(88,107,127 和 221)

	1	2	3	4	5	6	7	苗语支	苗瑶语	瑶语支	8	9	10	11	声母	苗瑶语/瑶语支
21. 翅膀	ta⁷	tei⁷	ti⁷	ti⁷ᵃ	taᴰ	ðe⁷	te⁷	*a	*at	*at	da:t⁷	da:t⁷	--	dɔt⁷	2.1	*N-tat
22. 辣	za⁸	mʑei⁸	ŋʈʂi⁸	mpzɹ⁸	mpjaᴰ	mpwai⁸	mje⁸	*a	*at	*at	bla:t⁸	bjat⁸	blan⁸	bjɛt⁸	1.51	*mbrat
23. 八	za⁸	zi⁸	ji⁸	zi⁸	zaᴰ	je⁸	ji⁸	*a	*at	*at	jat⁸	jet⁸	hjɛn⁸	dzjat⁸	4.12	*jat
24. 木盆										*at	pwat⁷	--	--	--	1.16	*pjatᴰ

对应组4c中的汉语借词:	*Nə-qʰˤat(上古汉语)	>	khat (中古汉语)	渴	kě'口渴'	>	苗瑶语 *NKhat
	*mə-kˤat(上古汉语)	>	kat (中古汉语)	割	gē'切割'	>	苗语支*katᴰ

4d. 瑶语支*ak(184)

	1	2	3	4	5	6	7	苗语支	苗瑶语	瑶语支	8	9	10	11	声母	瑶语支
25. 浓/密										*ak	ma⁸	ma⁶	--	mɔu⁸	1.9	*mak^D

讨论：

该韵母对应组最有趣的特征是吉卫（湘西苗语）（2）和巴哼语（12）的模式。它们的表现反映了该次级对应组中苗瑶语音节（正如反映在瑶语支里的形式）是开音节还是闭音节。苗瑶语开韵母 4b 产生了吉卫的/ɑ/和巴哼语的/a/，而苗瑶语闭韵母 4c 则产生了吉卫的/ei, i/和巴哼语的/e, i/。这种苗瑶语开闭韵母作为元音音质差异的对立也反映在吉卫的第 12/17 和 13 韵母对应组中，以及巴哼语的第 7 韵母对应组。这说明吉卫和巴哼语可能在很早的时候就从苗语支主体中分化出去（参见 Strecker 1987a, b 关于"Na-e"或巴哼语保守性的论述）。

"辣"一词中的介音*-r-和"八"一词中的声母*j-，对韵母*-at 的影响可以解释对应组 4c 中的不规则现象。

注释：

3. 比较汉语的"粗"（上古汉语*s.[r]ˤa > 中古汉语 tshu > 普通话 *cū*）。

4. 比较藏缅语的*b-la "魔鬼，灵魂" > 阿侬语/phəla/。6 调形式可以解释为连读变调的推动，但韵母却高度不规则。

5. 瑶语支的*ʔdok^D "手指"（2.4/13）可能与此有关。

6. 这些语音形式出自《苗瑶语方言词汇集》（1987）。在语言 1 和语言 2 中低元音的具体音值并不对应，但考虑到白苗的同源词/tʂi⁵/ "倒掉"，该词似乎很适合该对应组。

7. 也可参见活聂（畲语）的/ki⁴/。白苗（3）也表示"棍子，拐杖"。

8. 双唇化的软腭音标示着该词是一个借词。根据 Sagart (1999:123–124)，它借自汉语的"脱"（即"去皮，逃脱"，上古汉语*lˤot > 中古汉语 dwat > 普通话 *tuō*）。Mortensen（2002）提出藏缅语的*g-lwat "释放，放走"是其来源，该提议更好，因为它有一个舌背辅音（对于 Sagart 来说，舌背辅音是汉语中假设出的中间阶段*dl-的二次发展）。注意该汉语词带有一个清声母，置于此处作为瑶语支*ʔdut^D（< *N-t-）"去皮/逃脱"（2.4/9）的来源。

10. 来自藏缅语的*b-r-ŋa "五"（参见第五章）。

11. 比较汉语的"父"（即"父亲"，上古汉语*[b](r)aʔ > 中古汉语 bjuX > 普通话 *fù*）。也可参见苗瑶语的"丈夫"*N-poX（1.1/7）。

15. 比较汉语的"弟"*dì* "弟弟"，用于复合词"弟兄"dixiong 中表示"兄弟"。

18. -w-在罗香勉语（8）和览金金门方言（9）中是二次发展的结果：首先-j-脱落，然后双唇音和元音/a/之间发展出介音-w-。

23. 来自藏缅语的*-rjat "八"（参见第五章）。

24. *pj-是基于勉语形式/pjet⁷/和/pje⁷/（王辅世、毛宗武 调查点 15 和 16）构拟出来的。罗香勉语（8）的-w-是二次发展的结果：首先-j-脱落，然后-w-出现在双唇音和元音/a/之间。

5

5a. 苗语支*æ

	1	2	3	4	5	6	7	苗语支					声母	苗语支
1. 桥	--	--	--	la¹ᵇ	--	--	--	*æ					2.41	*hlæ^A
2. 厚	ta¹	ta¹	tua¹	ta¹ᵃ	ti^A	tei¹	te¹	*æ					2.1	*tæ^A
3. 大腿	pa¹	pa¹	pua¹	pa¹ᵃ	--	--	pe¹	*æ					1.1	*pæ^A
4. 蚂蚁	phen³	mpha³	--	--	--	mphai³	ɱje³	*æ					1.5	*mphæ^B
5. 握/握手	--	--	tua³	ta³ᵃ	ti^B	--	--	*æ					2.1	*tæ^B
6. 叼	--	--	mpua³	mpa³ᵃ	mʔpzi^B	--	--	*æ					1.4	*mpæ^B
7. 长柄钩刀	sa⁵	--	tsua⁷	sa⁷ᵃ	tsi^C	--	--	*æ					3.1	*tsæ^C
8. 糠	fha⁵	sa⁵	sua⁵	sa⁵ᵇ	si^B	ɣei⁵	ɱe⁵	*æ					1.17	*S-phjæ^C
9. 猪	pa⁵	mpa⁵	mpua⁵	mpa⁵ᵃ	mʔpei^C	mpei⁵	me⁵	*æ					1.4	*mpæ^C
10. 绳子	ɭha⁵	ɭha⁵	hɭua⁵	la⁵ᵇ	lʑi^C	ɭei⁵	ɭe⁵	*æ					2.41	*hlæ^C
11. 淡而无味的，没味道的	ɕen⁶	--	tʂua⁶	sɑa⁶	zi^C	ʃi⁶	tɕi⁶	*æ					3.18	*dzjæ^C
12. 梳子	ɣa⁶	za⁶	zua⁶	zɑa⁶	wji^C	vi⁶	ɦji⁶	*æ					2.57	*ræ^C
13. 同时吃米饭和食物	--	--	ntsua⁶	mpje⁶	mpji^C	--	--	*æ					1.36.1	*mbljæ^C
14. 加入	sen⁷	tshɑ⁷	tsua⁷	sa⁷ᵃ	--	--	--	*æ					3.1	*tsæ^D
15. 抢劫	--	--	--	ɦa⁷ᵇ	hi^D	--	--	*æ					7.14	*hæ^D
16. 锡，罐	--	--	tshua⁷	sa⁷ᵇ	--	--	--	*æ					3.2	*tshæ^D
17. 年轻的	--	--	hɭua⁷	ɭa⁷ᵇ	--	--	--	*æ					2.41.1	*hljæ^D

对应组 5a 中的汉语借词：	**mə-pʰʳrak(上古汉语)*	>	*phæk(中古汉语)*	拍	*pāi'拍打'*	>	*苗语支*mbæ^A '轻拍'*
	dap(中古汉语)			蹋	*tà'踩踏'*	>	*苗语支 *dæ^D '踩踏'*

5b. 苗瑶语*æ(54,149)

	1	2	3	4	5	6	7	苗语支	苗瑶语	瑶语支	8	9	10	11	声母	苗瑶语
18. 臼齿	--	pa²	pua¹	--	--	--	--	*æ	*æ	*æ	--	--	--	ba¹	1.1	*pæ
19. 山口，关口	--	--	--	--	--	e⁷	--	*æ	*æ	*æ	ɛ⁷	e¹	ɛ⁷	a¹	7.1	*ʔæ(C)

对应组 5b 中的汉语借词：	*ngwæX(中古汉语)*	瓦	*wǎ'瓦片'*	>	*苗瑶语*ŋʷæX*

5c. 苗瑶语*æj(169)

	1	2	3	4	5	6	7	苗语支	苗瑶语	瑶语支	8	9	10	11	声母	苗瑶语
20. 干/渴	qha¹	--	ɴqhua¹	ŋka¹ᵇ	ɴʔqhei^A	ŋkhei¹	--	*æ	*æj	*aj	ga:i¹	ga:i¹'	--	gɔi¹	5-6.5	*NKhæj

续表

5d. 苗瑶语 *æw(114,152,171)

	1	2	3	4	5	6	7	苗语支	苗瑶语	瑶语支	8	9	10	11	声母	苗瑶语/瑶语支
21. 液体/汤	--	ca³	kua⁵	ka³ᵃ	tɕiᴮ	--	--	*æ	*æw	*au	--	--	kla³	--	5.31	*klæwX
22. 玩耍	--	tsa⁴	--	--	--	--	--	*æ	*æw	*au	dzja:u⁶	dza:u⁶	dza⁶	--	3.6	*N-dzæwH
23. 风	tɕen⁵	ci⁵	cua⁵	--	tɕiᶜ	tʃi⁵	tɕi⁵	*æ	*æw	*au	dʑau⁵	ɖa:u⁵	hja⁵	dzau⁵	4.1	*N-cæwH
24. 量（米）										*au	ga:u¹	ga:u¹'	ła¹	dzau¹	2.56	*hrauA
25. 小伙子										*au	bja:u²	ba:u²	--	--	1.21	*mbjauA
26. 偿还										*au	--	kla:u³	klau³	kau³	6.31	*qlauB

对应组 5d 中的汉语借词:①	*lˤaw(上古汉语)	>	daw(中古汉语)	桃	táo'桃子'	>	苗瑶语*ɡlæw
	*[ɡ]aw(上古汉语)	>	haw(中古汉语)	號	háo '喊叫/号陶'	>	苗瑶语*Gæw'唱歌/号陶'
	*[kh]ˤawʔ(上古汉语)	>	khawX(中古汉语)	槀	gǎo'干的/枯萎的'	>	苗瑶语*KhæwX
	*mə.[ts]ˤawʔ(上古汉语)	>	tsawX(中古汉语)	澡	zǎo '洗（手）'	>	苗瑶语*ntsæwX
			tsrhæwX(中古汉语)	炒	chǎo '炒，煎'	>	瑶语支*chauᴮ

5e. 苗瑶语 *æp(86,144)

	1	2	3	4	5	6	7	苗语支	苗瑶语	瑶语支	8	9	10	11	声母	苗瑶语
27. 切	ken⁷	ɴqa⁷	--	--	--	tʃei⁷	--	*æ	*æp	*æp	kap⁷	kjap⁷	klan⁷	kɛp⁷	5.31	*klæp
28. 扇子	zen⁸	mjɑ⁷	ntsua⁸	mpja⁸	mpziᴰ	mpli⁸	mi⁸	*æ	*æp	*æp	bjap⁸	bja:p⁸	bjɛn⁸	dzjɛp⁸	1.36.1	*mbljæp

5f. 瑶语支 *æt(164)

	1	2	3	4	5	6	7	苗语支	苗瑶语	瑶语支	8	9	10	11	声母	瑶语支
29. 扭，搓										*æt	ɕat⁷	sa:t⁷'	sa:t⁷'	sjɛt⁷	4.13	*ɕætᴰ

讨论：

苗瑶语的*au (3d)和*æw (5d)合并为瑶语支的*au。"量米""小伙子""偿还""翻炒"放在此处，即韵母对应组 5d，是考虑到它们跟苗瑶语"风"的现代语音形式更匹配一些。但应该记住的是这些词追溯到原始苗瑶语中可能是*au 或*æw。

5g. 苗瑶语*-æk (72)只包含汉语借词：

百 bǎi '百'：   上古汉语 *pˤrak   >   中古汉语 pæk   >   苗瑶语 *pæk

拍 pāi '拍打，击，敲'：   上古汉语 *mə-pʰˤrak   >   中古汉语 phæk   >   (苗瑶语 *mphæk >)瑶语支*bhækᴰ '拍，击'

白 bái '白色'：   上古汉语 *bˤrak   >   中古汉语 bæk   >   瑶语支 *bækᴰ

---

① 另一个可能适合此处的汉语借词是瑶语支中表示"爪"的不规则的词（瑶语支*ʔŋauᴮ）；Downer（1973）指出它与厦门话的/jiaù/相似。

另一个汉语借词也在该对应组：

客 kè '客人':	上古汉语 *kʰˤrak	>	中古汉语 khæk	>	苗瑶语 *Khæk

注释：

1. 也可参见石门的/ɭa¹/，青岩的/ɭo¹/和高坡的/ɭhɑ¹/"桥"（都是西部苗语）。比较藏缅语的*(s-)ley "桥，梯子"，该词比汉语的"梯"即"木阶，楼梯"，上古汉语*l[ə]j > 中古汉语 thej > 普通话 *tī* 在语义上与之更接近。

8. 该词很可能与苗瑶语的*mphiɛk "糠"（1.5/1）相同；注意：巴哼语（7）的语音形式是/m̥e⁵/，该形式显示出两者的联系。

9. 比较藏缅语的*pʷak "猪"。

11. Tan Trinh 巴哼语(Niederer 1997)代替了白云巴哼语（7）。

16. 在白苗中表示"铅"。

17. 该词可能以-p 或-t 结尾（苗瑶语以-k 结尾且声调为 7 的词在苗语支中合并为声调 5）。

18. 在白苗中表示"下巴，下颚"。

19. 我们暂时构拟出的塞音韵尾是基于三个有声调 7 的现代语音形式。

21. 在标敏（10）中，该词表示"露"。

22. 江底勉语（王辅世、毛宗武 调查点 15）代替了罗香勉语（8）。

23. 吉卫（2）的语音形式出自《苗瑶语方言词汇集》（1987）。

25. 江底勉语（王辅世、毛宗武 调查点 15）代替了罗香勉语（8）。

20 和 28. 这些词可能涉及音系的象似性特征。

29. 海南金门方言（新谷忠彦、杨昭 1990）代替了览金金门方言（9）。该词很可能与苗语支的 *S-phu̯aᴬ "扭，搓"（1.2/15）相同。

6

6a. 苗语支*ɔ

	1	2	3	4	5	6	7	苗语支					声母	苗语支
1. 许多	nɛ⁵	--	ntau⁵	ntɔ⁵ᵃ	nʔtuᶜ	ntei⁵	--	*ɔ					2.4	*ntɔᶜ
2. 鞋	--	ɕɔ⁵	khau⁵	kɔ⁵ᵇ	khuᶜ	ʃu⁵	ŋku⁵	*ɔ					5.17	*khjɔᶜ
3. 筛，滤	--	ɕɔ⁵	tʂhau⁵		--	--		*ɔ					3.17	*tshjɔᶜ
4. 手镯	--	pɔ⁶	pau⁶	po⁶	vuᶜ	--	po⁶	*ɔ					1.3	*bɔᶜ
5. 蚂蚁	--	--	ŋtʂau⁸	mpzɔ⁸	mpjuᴰ	--	--	*ɔ					1.51	*mbrɔᴰ

对应组 6a 中的汉语借词：	*[d]rak '穿衣服；附上的'(上古汉语)	>	drjak(中古汉语)	著	zhuó '穿，触碰，等'	>	苗语支*drɔᶜ '击中，中靶'
	*trak '放置'(上古汉语)	>	trjak(中古汉语)	著	zhuó '穿，触碰，等'	>	苗语支*trɔᶜ '穿（鞋）'

6b. 苗瑶语*ɔi(131)

	1	2	3	4	5	6	7	苗语支	苗瑶语	瑶语支	8	9	10	11	声母	苗瑶语
6. 穿山甲	ɣo⁶	zɔ⁶	zau⁶	zo⁶	wjoŋᴬ	--	ɦje⁶	*ɔ	*ɔi	*əi	gai⁶	gjai⁶	--	--	2.57	*rɔiH

续表

6c. 苗瑶语*əuk(241)								苗语支	苗瑶语	瑶语支	8	9	10	11	声母	瑶语支
	1	2	3	4	5	6	7									
7. 草鞋								*əuk	*əuk	ɕu⁷	tθu⁷ʾ	tu⁷	--	2.13	*səukᴰ
8. 分解，溶解								*əuk	*əuk	ju⁸	ju⁶	--	--	4.12	*jəukᴰ
9. 剑								*əuk	*əuk	dʐu⁸	ɖu⁶	ɖu⁸	dziu⁸	4.6	*ɲɲəukᴰ

对应组 6c 中的汉语借词:	*tˤək(上古汉语)	>	tok(中古汉语)	得	dé '得 到 / 获 得'	>	苗瑶语*təuk
	*truk(上古汉语)	>	trjuwk(中古汉语)	竹	zhú '竹子'	>	苗瑶语*ɲcəuk '竹蔑'
	*[dz]ˤawk(上古汉语)	>	dzak(中古汉语)	鑿	záo '凿子'	>	苗瑶语*dzəuk

讨论：

在原始苗语支中该韵母可能是一个双元音*ɔw。

注释：

1. 金门方言中表示"许多"的语音形式有一个软腭部位的鼻音韵尾（/duŋ⁵/或/du:ŋ⁵/），除了韵尾，其他部分都是对应的。尚不清楚应该如何构拟该词，所以上表中我们暂时只给出了苗语支的语音形式。

2. 在炯奈语（6）和巴哼语（7）中该词表示"草鞋"。可能来自汉语的"屦"即"拖鞋，草鞋"，上古汉语*kro-s > 中古汉语 kjuH > 普通话 jù，尽管该汉语词并不送气。比较瑶语支的*sjəukᴰ"草鞋"，该对应组#7。

4. 绿苗代替了白苗（3）。

5. 比较孟高棉语的*srmuuc (Shorto #873)，原始泰语的*mu̯it D2S，马来语的/semut/。

6. 该词似乎与汉语的"鲮鲤 línglǐ"、原始泰语的*lìn 和南岛语的*tangilin"穿山甲"是同一个词。如果苗语支和瑶语支是各自独立地借入该词的话，那就没必要一定要使苗语支和瑶语支的现代语音形式相对应了。

7

7a. 苗语支*o								苗语支						声母	苗语支
	1	2	3	4	5	6	7								
1. 到……（及物动词）	tho¹	--	--	to¹ᵇ	thu^A	--	--	*o						2.2	*tho^A
2. 雷	ho¹	so¹	sɔ¹	so¹ᵇ	su^A	xu¹		*o						1.2	*S-pho^A
3. 女性/女人	--	--	pɔ²	--	vu^A			*o						1.3	*bo^A
4. 步	tə²	to²	tɔ²	to²	zu^A	tʃa²	tɕa⁶	*o						2.48	*dro^A
5. 盖住自己，遮掩自己	--	--	vɔ³	wo³ᵃ	ʔwu^B	--	va³	*o						1.10	*ʔwo^B
6. 照顾	ɣə³	--	zɔ³	zo³ᵃ	ʔwju^B			*o						2.55	*ʔro^B
7. 吹（笛子）	--	--	tʂho³	pzo³ᵇ	--			*o						1.47	*phro^C
8. 使锋利，削尖/磨碎	xhə³	ho³	hɔ³	ho³ᵇ	hu^B	xu³	ho³	*o						7.14	*ho^B
9. 线	fhə³	so³	sɔ³	so³ᵇ	su^B			*o						1.2	*S-pho^B
10. 混浊的	ŋto³	ŋtɔ⁵	ŋto³ᵃ	ŋʔtʂu^B	ntʃu⁴	nɔ̃³		*o						5.49	*ŋkro^B/ *ŋgro^B
11. 牛	--	zu⁴	--	--	zu^B			*o						4.12	*jo^B

续表

	1	2	3	4	5	6	7	苗语支				声母	苗语支
12. 刺儿	pə⁴	to⁴	pɔ⁴	puɯ⁴	vuᴮ	--	--	*o				1.3	*-boᴮ
13. 量词，（一）口	lo⁵	--	lɔ⁵	lo⁵ᵃ	--	lu⁵	--	*o				2.40	*ʔloᶜ
14. 记得	--	--	ɲcɔ⁵	ɳtɕo⁵ᵃ	ŋʔtɕuᶜ	--	--	*o				4.4	*ncoᶜ
15. 休息	tɕhə⁵	ɕo⁵	ʂɔ⁵	so⁵ᵇ	suᶜ	θjeu⁵	--	*o				2.28	*sjoᶜ
16. 指距，手指	lo⁵	--	dɔ⁷	lo⁵ᵃ	qlouᶜ	--	--	*o				6.46	*qroᶜ
17. 拧，扭，绞	--	pʐo⁵	--	pʐo⁵ᵃ	pjuᶜ	--	pja⁵	*o				1.46	*proᶜ
18. 覆盖	mə⁶	--	mpɔ⁶	mpu⁶	mpuᶜ	--	phoⁿ⁵	*o				1.6	*mboᶜ
19. 跟踪，追踪	--	ŋɑŋ⁶	ɳtɔ⁶	--	--	--	--	*o				2.51	*ndroᶜ
20. 腋窝	ɕə⁵	tɕo⁵	tʂɔ⁷	so⁷ᵃ	tsuᶜ	--	tɕa⁵	*o				3.16	*tsjoᶜ/ᴰ
21. 泥泞的	--	--	ŋkɔ⁷	ŋko⁷ᵃ	--	--	ŋa⁷	*o				5.4	*ŋkoᴰ
22. 碾磨（谷物）	--	zo⁸	zɔ⁸	zo⁸	wjuᴰ	--	--	*o				2.57	*roᴰ

对应组 7a 中的汉语借词：						
		gjuwX(中古汉语)	臼	jiù'臼'	>	苗语支*joᴮ
		tsuX(中古汉语)	祖	zǔ'祖先'	>	苗语支*tsjoᴮ'老虎'
	*lru(上古汉语) >	trhjuw(中古汉语)	抽	chōu'拉出'	>	苗语支*throᶜ
	*[r]ˤo-s'漏'(上古汉语) >	luwH(中古汉语)	漏	lòu'滴，渗'	>	苗语支*ŋgroᶜ
	*(mə-)tsʰuʔ-s(上古汉语) >	tshawH(中古汉语)	造	zào'到达'	>	苗语支*dzoᶜ'到达'

7b. 苗瑶语*o(225)

	1	2	3	4	5	6	7	苗语支	苗瑶语	瑶语支	8	9	10	11	声母	苗瑶语/瑶语支
23. 大	l̥ə¹	--	hlɔ¹	lo¹ᵇ	luᴬ	ljeu¹'	lo¹	*o	*o	*o	lo¹	lu¹'	ɬu¹	lɔu¹	2.41.1	*hljo
24. 丈夫	--	po³	--	--	--	--	--	*o	*o	*o	--	--	bu³	--	1.1	*N-poX
25. 浸泡										*o	--	--	ta²	tɔu²	2.3	*doᴬ

对应组 7b 中的汉语借词：	*[ts]ˤuk-s(上古汉语)	>	tsawH(中古汉语)	竈	zào'灶'	>	苗瑶语*N-tsoH
	*(mə-)pˤuk-s(上古汉语)	>	pawH(中古汉语)	報	bào'播报/报告'	>	瑶语支*ʔboᶜ(<*mpoH)'告诉'

7c. 苗瑶语*ṷo(206,225)

	1	2	3	4	5	6	7	苗语支	苗瑶语	瑶语支	8	9	10	11	声母	苗瑶语
26. 深	to¹	to¹	tɔ¹	to¹ᵃ	tuᴬ	ðu¹	to¹	*o	*ṷo	*u	do¹	du¹	du¹	--	2.1	*N-tṷo
27. 老，旧	qo⁵	qɔ⁵	qu¹	--	--	ku⁵	ko⁵	*o	*ṷo	*u	ko⁵'	ku⁵	ku⁵	ku⁵	6.1	*qṷoH

续表

7d. 苗瑶语*əw(206)

	1	2	3	4	5	6	7	苗语支	苗瑶语	瑶语支	8	9	10	11	声母	苗瑶语
28. 竹子	ɭho³	ɭho³	hɭɔ³	--	--	--	--	*o	*əw	*əu	ɭau³	lou³	ɫau³	lau³	2.41	*hləwX
29. 劈，剁碎	to³	--	ntɔ³	nto³ᵃ	nʔtuᴮ	ntu³	no³	*o	*əw	*əu	--	--	dau³	dau³	2.4	*ntəwX
30. 回来	lo⁴	lo⁴	lɔ⁴	lu⁴	luᴮ	lou⁴	lo⁴	*o	*əw	*əu	lau⁴	lau⁴	lau⁴	lau⁴	2.42	*ləwX

对应组 7d 中的汉语借词:	ʔæwX(中古汉语)	拗 ǎo'折断'	>	苗语支*ʔloB,瑶语支*ʔnəuB(<*ʔəwX)①

7e. 苗瑶语*i̯ou(134)

	1	2	3	4	5	6	7	苗语支	苗瑶语	瑶语支	8	9	10	11	声母	苗瑶语
31. 炊烟	--	ŋtɕho⁵	ɲchɔ⁵	ŋtɕo⁵ᵇ	ŋʔtɕhuᴮ	--	--	*o	*i̯ou	*i̯ou	ɕeu⁵	sou⁵'	--	--	4.5	*ɲchi̯ouH

对应组 7e 中的汉语借词:	*Nə.[ts]ˤuʔ(上古汉语)	>	tsawX(中古汉语)	早 zǎo'早的'	>	苗瑶语*ntsi̯ouX
			syoX(中古汉语)	暑 shǔ'温暖的'	>	苗瑶语*sji̯ouX

7f. 苗瑶语*əp(106)

	1	2	3	4	5	6	7	苗语支	苗瑶语	瑶语支	8	9	10	11	声母	苗瑶语/瑶语支
32. 咬	tə⁸	to⁸	tɔ⁸	to⁸	ðuᴰ	--	ta⁸	*o	*əp	*əp	tap⁸	tap⁸	than⁸	--	2.3	*dəp
33. 蜈蚣										*əp	ɕap⁷	tθap⁷'	sən⁷	tsap⁷	2.13	*səpᴰ
34. 闪电										*əp	gap⁷	--	--	dziɛp⁸	2.42.1	*lʲəpᴰ

对应组7f中的汉语借词:	*kˤ<r>ep(上古汉语)	>	kɛp(中古汉语)	夾 jiā'捏，掐'	>	瑶语支*ʔi̯əpᴰ'拾起，捡起'
	*(kə.)rəp(上古汉语)	>	lip(中古汉语)	笠 lì'斗笠'	>	瑶语支*rəpᴰ

7g. 苗瑶语*ət(222,108)

	1	2	3	4	5	6	7	苗语支	苗瑶语	瑶语支	8	9	10	11	声母	苗瑶语/瑶语支
35. 编织	to⁷	nto⁷	ntɔ⁷	--	--	ntu⁷	na⁷	*o	*ət	*ət	dat⁷	dat⁷	dan⁷	dat⁷	2.4	*ntət
36. 笑	tə⁷	ʈo⁷	ʈɔ⁷	ʂo⁷ᵃ	tʂuᴰ	tsu⁷	tɕa⁷	*o	*ət	*ət	kjat⁷	kjet⁷	klan⁷	tut⁷	5.46	*krət
37. 附近										*ət	θat⁷	tθat⁷	--	--	2.13	*sətᴰ
38.（粥）稠										*ət	--	kat⁸	--	--	5-6.3	*gətᴰ

对应组 7g 中的汉语借词:	kjwot(中古汉语)	蕨 jué'蕨'	>	瑶语支*kʷi̯ətᴰ

---

① 该词在苗语支和瑶语支中有不同的复辅音声母（苗语支ʔl-,瑶语支ʔn-）。尚不清楚该词是否曾借为*ʔəwX，或者独立地从汉语借入两个语支中，如果是后者，则说明当时不同的汉语方言已经增加了一个不同的辅音，所以在苗语支中是*ʔloB，在瑶语支中是*ʔnəuB；它们已经被分别放入了声母部分和附录中。

续表

7h. 苗瑶语*u̯ət(108)

	1	2	3	4	5	6	7	苗语支	苗瑶语	瑶语支	8	9	10	11	声母	苗瑶语
39. 看见	poŋ⁸	--	pɔ⁸	po⁸	mpuᴰ	pu⁸	pa⁸	*o	*u̯ət	*u̯ət	pwat⁸	fat⁸	phi⁸	--	1.3	*bu̯ət

对应组 7h 中的汉语借词:	phjut(中古汉语)			拂	*fú*'掠过，轻擦'	>	瑶语支*phu̯ətᴰ'扫'

7i. 苗瑶语*ək(167)

	1	2	3	4	5	6	7	苗语支	苗瑶语	瑶语支	8	9	10	11	声母	瑶语支
40. 弩，十字弓								*ək	*ək	ŋak⁵	na⁷'	--	--		2.8	*hnəkᴰ
41. 吞咽								*ək	*ək	na⁷	na⁷	na⁷	--		2.7	*ʔnəkᴰ

对应组7i中的汉语借词:	*kə.rək(上古汉语)	>	lik(中古汉语)	力	*lì*'力量，力气'	>	苗瑶语*-rək，瑶语支*khləkᴰ

讨论:

巴哼语（王辅世的第 12 个调查点，1994）表现出不同的韵母。这种不同反映了该次级对应组的苗瑶语音节（正如反映在瑶语支中的那样）是开音节还是闭音节。苗瑶语的开韵母会产生巴哼语的/o/（参见上表中韵母 7b-d），而苗瑶语的闭韵母则会产生巴哼语的/a/（参见上表中的 7f-h）。苗瑶语中开音节和闭音节的对立在巴哼语中表现为元音音质的区别，这在韵母对应组 4 中也有反映。同样，吉卫（湘西苗语）（2）的元音音质区别反映了某些韵母的成分在苗语支的其他语言中并没有保存，具体可参见韵母对应组 4、12/17 和 13。这说明巴哼语和吉卫苗语可能在很早的时候就从苗语支中分离了出去（参见 Strecker 1987a，b 对于 "Na-e" 或巴哼语保守性的论述）。韵母对应组 7b 和 7c 中现代瑶语支的语音形式几乎是一致的，7c 中的语音形式可以很清楚地构拟为瑶语支的*u，因为它们与 3f 和 16c 发生了合并（包括瑶语支的*u 普遍发展为梁子金门方言的/-o/）。这两组之间的关键区别反映在藻敏（23）中：

7b	苗瑶语*o	>	瑶语支*o	>	藻敏/-ou/
7c	苗瑶语*u̯o	>	瑶语支*u	>	藻敏/-u/

从苗语支看，并没有证据表明要把这些词放入此处的韵母对应组 7i(*-ək)中。然而，*-əp 和*-ət 属于该韵母对应组的事实让我们也可以暂时把它们放在此处。在王辅世、毛宗武韵母对应组 105 中，这两个词也属于此处，但它们并没有列在上表中，因为它们都是汉语借词。它们有另一个韵母——*ap，它与上表中的其他韵母合并到了苗语支的*o 中，而不是像我们预期的那样合并到苗语支的*a 中。它们是苗瑶语的*ʔap "鸭子" 和*dap "穿鞋"，前者借自汉语的 "鸭"（中古汉语 ʔæp > 普通话 *yā*），后者可能借自汉语的 "踏""踩踏"（中古汉语 thop > 普通话 *tà*）。

注释:

2. 可能与苗瑶语的*mpu̯ə "雷"（1.4/16）一样（参见声母 1.2 中的讨论）。

3. 可能借自汉语的 "妇" 即 "妻子，已婚妇女"，中古汉语 bjuwX > 普通话 *fù*，尽管它们的声调并不对应。

4. 吉卫（2）的语音形式出自《苗瑶语方言词汇集》（1987）。

7. 比较与之相似的瑶语支的*phlu̯əmᴮ"吹（笛子）"（1.32/29）。

16. 在白苗中，该词表示大拇指到中指之间的距离。

19. 白苗的 *nrog* /n̩ʈɔ⁶/表示"陪伴；和……一起"（"追踪"＞"跟随"＞"陪伴"＞"和……一起"）。

21. 海南金门方言的/glɔɔ⁶/"泥泞的"看起来与之相似（新谷忠彦、杨昭 1990），并且也与瑶语支的*ŋglokᴰ"混浊的"（5.36/13）形式相符。

23. 在白苗中，*hlob* /hl̩ɔ¹/表示"生长；长者；大部头；骄傲的"。单纯表示"大"的词是 *loj* /lɔ²/，这似乎与其有相同的词根。声调和声母的区别可以归因于前缀，这个前缀清化了"生长"一词的声母：*hlj-演变为高调域的 1 调，而*lj-演变为低调域的 2 调（参见第四章）。

24. 比较汉语的"父"即"父亲"，上古汉语*[b](r)aʔ ＞ 中古汉语 bjuX ＞ 普通话 *fù*。也可参见苗瑶语的"父亲/男性"*pjaX（1.16/4）。

27. 王辅世、毛宗武（1995：327-328）列出"老"一词表示"年老的，年纪大的"，并将其和与"新"相反的"旧"分开列出，因为在活聂（畲语）中有两个语音形式分别表示"老"和"旧"的意义（分别是：kɤ⁵ 和 kɔ⁵）。由于这两个形式在其他方面是一致的，所以它们都被列在此处。该词很可能来自汉语的"故"即"故旧（非新）"，上古汉语*kˤa(ʔ)-s ＞ 中古汉语 kuH ＞ 普通话 *gù*，尤其是因为在白苗中，它出现在它所修饰的名词之前，就像汉语一样，而不是在名词之后，不在形容词修饰名词的惯常位置上。

30. 在白苗中，该词表示"回到自己家"；比较 2.3/15 的"回（到一处除自己家以外的地方）"。

32. 比较马来-波利尼西亚语的*ketep "咬"。

33. 在侗台语族（泰-卡岱）和孟高棉语族中都有相似的语音形式，分别是老挝语的/khep⁷/和高棉语的/kʔæp/。也可参见苗语支表示"蜈蚣"的词*khlu̯ŋᶜ（5.2/23）。

34. 苗语支的*ljeᴰ"闪电"（2.42/10）可能以-p 或-t 结尾（苗瑶语以-k 结尾的 8 调词合并到苗语支的 6 调中），所以这两个词显然是相关的。比较藏缅语的*(s-)lyap "一闪，闪光；闪电"。

38. 也可参见江底勉语的/dʑat⁸/和湘南勉语的/jəʔ⁸/。比较原始马来-波利尼西亚语的*buket "稠的，黏的"，来自原始南岛语词根*/-keC/；原始马来-波利尼西亚语的*/-ket/表示"粘的，黏的"（《南岛语比较词典》）。

40. 江底勉语（王辅世、毛宗武 调查点 15）代替了罗香勉语（8）。该词毫无疑问与苗语支的*hnænᴮ"弩"（2.8/19）是同一个词。比较孟高棉的*snaʔ（Shorto #97），汉语的"弩"（上古汉语*[n]ˤaʔ ＞ 中古汉语 nuX ＞ 普通话 *nǔ*）和原始泰语的*hnaa B1。

8

8a. 苗语支*ʉ

	1	2	3	4	5	6	7	苗语支				声母	苗语支
1. 挖土，刨土	phɛ¹	--	phua¹	pou¹ᵇ	--	phau¹	phɪ¹	*ʉ				1.2	*phʉᴬ
2. 骨髓/脑子	l̩hɛ¹	l̩hə¹	hl̩u¹	lou¹ᵇ	lu^A	--	--	*ʉ				2.41	*hlʉᴬ
3. 腐烂	la²	--	lu²	lou²	len^A	--	--	*ʉ				2.42	*lʉᴬ
4. 第二人称单数（你）	--	--	kɔ²	--	--	--	--	*ʉ				5.3	*gʉᴬ
5. 打包/包装	qhɛ³	--	qhu³	hou³ᵇ	qhu^B	khau³	--	*ʉ				5-6.2	*qhʉᴮ
6. 流动	--	--	ntu⁴	--	qlu^B	ljɔu⁴	--	*ʉ				6.36	*ᴺGlʉ

	1	2	3	4	5	6	7	苗语支			声母	苗语支
7. 布谷鸟, 杜鹃	--	qu⁴	--	hu⁴	--	--	--	*ʉ			6.3	*ɢʉᴮ
8. 大象	shɛ⁵	--	ntshu⁵	--	nʔtshuᶜ	--	--	*ʉ			3.5	*ntshuᶜ
9. 肺	zɛ⁶	mzə⁵	ɳtʂɯ⁷	mpzou⁵ᵃ	mʔpjuᶜ	--	mɔ⁵	*ʉ			1.49	*mpruᶜ
10. 轻抚, 抚摸	l̥ɦɛ⁵	phzə⁵	phlɯ⁷	plou⁵ᵇ	phluᶜ	--	--	*ʉ			1.32	*phluᶜ
11. 哪个	tei⁶	--	tɯ⁶	tu⁶	ðuᴮ	--	ti¹	*ʉ			2.3	*dʉᶜ
12. 肩膀	--	pə⁶	pɯ⁶	--	vuᶜ	--	--	*ʉ			1.3	*bʉᶜ

对应组 8a 中的汉语借词:	luH(中古汉语)	露	lù '露'	>	苗语支 *lʉᶜ
	bjuX(中古汉语)	腐	fǔ '凝乳'	>	苗语支 *hʉᴮ '豆乳'

8b. 苗瑶语 *ʉei(39,170,242)

	1	2	3	4	5	6	7	苗语支	苗瑶语	瑶语支	8	9	10	11	声母	苗瑶语/瑶语支
13. 第二人称单数（你）	moŋ²	mɯ²	--	--	--	mɐŋ²	mɯ⁶	*ʉ	*ʉei	*ʉei	mwei²	mei²	məi²	mui²	1.9	*mʉei
14. 尾巴	tɛ³	tə³	tɯ⁵	tou³ᵃ	tuᴮ	ðau³	tɛ³	*ʉ	*ʉei	*ʉei	twei³	tei³	dwai³	dui³	2.1	*tʉeiX
15. 弟弟	--	kɯ³	kɯ³	kou³ᵃ	kuᴮ	--	--	*ʉ	*ʉei	*ʉei	--	--	ki³	kui³	5.1	*kʉeiX
16. 恶臭的	--	tɛɔ⁵	tʂɯ⁵	sou⁵ᵃ	tsuᶜ	tʃau⁵	tɛɔ⁵	*ʉ	*ʉei	*ʉei	θwei⁵'	tθei⁵	tswəi⁵	ti⁵	3.16	*tsjʉeiH
17. 睡觉/躺下	pi⁵	pə⁵	pɯ⁵	pu⁵ᵃ	puᶜ	pau⁵	pɛ⁵	*ʉ	*ʉei	*ʉei	pwei⁵'	fei⁵	--	bui⁵	1.1	*pʉeiH
18. 蜜蜂									*ʉei		mwei⁴	ŋwei⁴	mi⁴	mɯi⁴	1.9	*mʉciᴮ
19. 落叶/掉落									*ʉei		blwei⁶	blei⁶	--	--	1.36	*mblʉeiᶜ

对应组 8b 中的汉语借词:	*[k]ʷˤraj(上古汉语)	>	kwæ(中古汉语)	蜗	wō '蜗牛'	>	苗语支 *ɢʉᴬ
	*[k]ʷˤraj(上古汉语)	>	kwæ(中古汉语)	蜗	wō '蜗牛'	>	瑶语支 *klʉeiᴬ/ᴮ
	*[dz]ˤo[j]ʔ(上古汉语)	>	dzwaX(中古汉语)	坐	zuò '坐着'	>	瑶语支 *dzʉeiᴮ
			lwojH(中古汉语)	累	lèi '疲惫的'	>	瑶语支 *lʉeiᶜ '懒的'

8c. 苗瑶语 *ui(226)

	1	2	3	4	5	6	7	苗语支	苗瑶语	瑶语支	8	9	10	11	声母	苗瑶语
20. 鼻子	zɛ⁶	mzə⁶	ɳtʂɯ⁶	mpzu⁶	mpjuᶜ	mpjau⁶	mjɔ⁶	*ʉ	*ui	*ui	pa⁶	--	bli⁶	--	1.51	*mbruiH

讨论：

显然，韵母对应组 8b 中瑶语支的介音 -w- 指向韵母中的一个圆唇成分，而不是辅音声母的圆唇化，因为该现象在韵母中持续出现。

注释：

2. 根据 Sagart (1999:67)，该词与汉语的"髓"（上古汉语*s-lojʔ > 中古汉语 sjweX > 普通话 *suǐ*）相同。

4. 也在西部苗语先进话/kau²/、石门话/tɕy⁶/和布努语/kau²/中被证实。

5. 可能来自汉语的"裹"即"包裹住"，上古汉语*[k]ˤo[j]ʔ > 中古汉语 kwaX > 普通话 *guǒ*。

8. 比较彝缅语支的*ts(h)aŋ"大象">书面缅语为 chaŋ。

10. 比较瑶语支的*phlunᴬ（1.32/27）和汉语的"撫"即"抚摸，爱抚"，上古汉语*[pʰ](r)aʔ > 中古汉语 phjuX > 普通话 *fǔ*。

13. 与南岛语的第二人称复数词根*-mu 相似（《南岛语比较词典》）；该第二人称复数词根在南岛语中被扩展到第二人称单数。西部苗语在上表对应组 8a 中有不同的词根：*gɯᴬ (5.3/8)。

15. 三江标敏（王辅世、毛宗武 调查点 22）代替了泉州标敏（10）。

20. 比较汉语的"鼻"即"鼻子"，上古汉语*m-[b]i[t]-s > 中古汉语 bjijH > 普通话 *bí*。关于该韵母的构拟，参见江底勉语/bjuːi⁶/、湘南勉语/bu⁸/和长坪勉语/blui⁶/（王辅世、毛宗武 1995）。

9

9a. 苗语支*uw

	1	2	3	4	5	6	7	苗语支					声母	瑶语支
1. 葫芦，瓢	--	tɔ¹	tau¹	tu¹ᵃ	toᴬ	--	--	*uw					2.1	*tuwᴬ
2.（牛）用头撞	tu⁵	--	ŋʈau⁵	ŋʈu⁵ᵃ	ŋʔʈʂoᶜ	--	--	*uw					2.49	*ntruwᶜ
3. 米	--	ntsɔ⁵	--	--	--	ŋʈʃei⁵	ŋɯ⁵	*uw					3.4	*ntsuwᶜ
4. 男性	--	--	lau⁵	ʈu³ᵃ	ʔloᴮ	--	--	*uw					2.40.1	*ʔljuwᴮ
5. 蜈蚣	khu⁷	--	--	--	--	khjɔ⁵	--	*uw					5.32	*khluwᴰ
6. 斗笠，竹帽	--	ku⁷	kau⁷	ku⁷ᵃ	koᴰ	--	kɯ⁷	*uw					5.1	*kuwᴰ
7. 打（某人）	--	--	ntau⁷	ntu⁷ᵃ	--	--	ta⁷	*uw					2.4	*ntuwᴰ
8. 弯曲的	--	ŋkhu⁷	ŋkhau⁷	ŋko⁷ᵇ	ŋʔkhaᴰ	--	ŋɔ¹	*uw					5.5	*ŋkhuwᴰ
9. 黑的，深色的	tsə⁷	pʐu⁷	tʂau⁷	pʐu⁷ᵃ	pjoᴰ	pjou⁷	--	*uw					1.46	*pruwᴰ
10. 鱼腥草（houttuynia cordata）	tu⁷	ʈu⁷	ʈau⁷	ʈu⁷ᵃ	ʈʂoᴰ	--	--	*uw					2.46	*truwᴰ
11. 后背	kə⁸	--	qau⁸	hu⁸	ʁoᴰ	kɔ⁸	kɯ⁸	*uw					6.3	*ɢuwᴰ

对应组 9a 中的汉语借词:				syuw(中古汉语)		收	shōu '收到/收集，收割'		>			苗语支*sjuwᴬ
				ʔjiwH(中古汉语)		幼	yòu '年幼的'		>			苗语支*ʔjuwᶜ'幼小/年幼'
		*lˤik(上古汉语)	>	thet(中古汉语)		鐵	tiě '铁'		>			苗语支*hluwᶜ

9b. 苗瑶语*uj(243,260)

	1	2	3	4	5	6	7	苗语支	苗瑶语支	瑶语支	8	9	10	11	声母	苗瑶语/瑶语支
12. 酸的	ɕhu¹	ɕɔ¹	--	su¹ᵇ	soᴬ	θjɔ¹	sɯ¹	*uw	*uj	*uj	ɕui¹	tθui1'	swəi¹	si¹	2.13	*suj

	1	2	3	4	5	6	7	苗语支	苗瑶语	瑶语支	8	9	10	11	声母	苗瑶语/瑶语支
13. 嘴/喙	ŋu²	ŋɔ²	ɲcau²	ŋtɕu²	ŋtɕo^A	ntjɔ²	ŋzɯ²	*uw	*uj	*uj	dzu:i²	--	tɕi²	dzi²	4.6	*ɲɹuj
14. 响/声音										*uj	bui¹	bu:i¹'	bəi¹	bai¹	1.4	*ʔbuj^A
15. 蝙蝠										*uj	bui¹	bu:i¹'	bəi¹	bai¹	1.4	*ʔbuj^A
16. 衣服										*uj	gui¹	gui¹	lwəi¹	--	2.55	*ʔruj^A
17. 大腿										*uj	tɕui²	tu:i²	--	si²	2.18	*djuj^A
18. 陡峭的										*uj	tɕui⁴	tui⁴	--	ki⁴	5.18	*gjuj^B
19. 线										*uj	ɕui⁵	tθu:i⁵'	sui⁵	si⁵	2.13	*suj^C

| 对应组 9b 中的汉语借词: | dwoj(中古汉语)'暴风;坍塌' | | | | | | 頹 | tui | > | 瑶语支*duj^A'下（雨）' | | | | | | |

9c. 苗瑶语*up(271)

	1	2	3	4	5	6	7	苗语支	苗瑶语	瑶语支	8	9	10	11	声母	苗瑶语/瑶语支
20. 蚂蚱,蚱蜢	--	--	--	--	--	--	ka-jɔ⁷	*uw	*up	*op	tɕop⁷	--	klin⁷	--	5.31	*klup
21. 埋										*op	plop⁷	plɔp⁷	--	--	1.31	*plop^D

| 对应组 9c 中的汉语借词: | *qʰ[ə]p(上古汉语) | > | xop(中古汉语) | 歙 | hē'喝/吸' | | > | 苗瑶语*hup | | | | | | | | |
| | *[t]ˤ[ə]p(上古汉语) | > | top(中古汉语) | 荅 | dá'小豆子' | | > | 苗瑶语*dup'豆子'① | | | | | | | | |

9d. 苗瑶语*ut(239)

	1	2	3	4	5	6	7	苗语支	苗瑶语	瑶语支	8	9	10	11	声母	苗瑶语
22. 黏的/粘的	nə⁸	nu⁸	mplau⁸	mplu⁸	mplo^D	--	--	*uw	*ut	*ut	but⁸	blut⁸	blun⁸	bit⁸	1.36	*mblut

| 对应组 9d 中的汉语借词: | *lˤot(上古汉语) | > | thwat(中古汉语) | 脱 | tuō'去皮/逃脱' | | > | 瑶语支*ʔdut^D | | | | | | | | |

9e. 苗瑶语*uk(204,203)

	1	2	3	4	5	6	7	苗语支	苗瑶语	瑶语支	8	9	10	11	声母	苗瑶语
23. 六	tu⁵	tɔ⁵	ʈau⁵	ʂu⁵ᵃ	tʂo^C	tʃ⁵	tɕɯ⁵	*uw	*uk	*ok	kwo⁷	kjɔ⁷	klɔ⁷	tɔu⁷	5.46	*kruk
24. 收缩	xhu⁷	--	--	--	--	--	--	*uw	*uk	*ok	ɕo⁷	--	--	--	4.11	*hjuk

9f. 苗瑶语*ɯɛp(163)

	1	2	3	4	5	6	7	苗语支	苗瑶语	瑶语支	8	9	10	11	声母	瑶语支
25. 滴下								*ɯɛp	*ɛp	djep⁷	--	djan⁷	dɛp⁷			2.19	*ʔdjɛp^D

---

① 参见 Sagart 1999:187。

续表

对应组 9f 中的汉语借词:	*[g][i]p(上古汉语)	>	dzyip(中古汉语)	十	shi '十'	>	苗瑶语*gjuɛp①
			dzjep(中古汉语)	捷	jié '迅速'	>	苗瑶语*cuɛp

9g. 苗瑶语*uɛt(70)

	1	2	3	4	5	6	7	苗语支	苗瑶语	瑶语支	8	9	10	11	声母	苗瑶语
26. 痒/发痒	tɕhu⁵	ɕi⁵	khau⁷	ko⁷ᵇ	kho^D	ʃɔ⁷	ŋu⁷	*uw	*uɛt	*ɛt	ɕet⁷	set⁷'	hin⁷	kɛt⁷	5.17	*khjuɛt

9h. 苗瑶语*uɛk(224)

	1	2	3	4	5	6	7	苗语支	苗瑶语	瑶语支	8	9	10	11	声母	苗瑶语
27. 进入	pə⁶	pɔ⁵	--	--	--	pɔ⁶	puɯ⁶	*uw	*uɛk	*ɛk	pja⁸	--	phja⁸	pjɛ⁸	1.18	*bjuɛk

对应组 9h 中的汉语借词:	*lˤik(上古汉语)	>	thet(中古汉语)	鐵	tiě '铁'	>	瑶语支*hrɛk^D

讨论：

苗瑶语的*ɴɢuat "光滑的" 属于该组，来自汉语的 "滑"（上古汉语*Nə-gˤrut > 中古汉语 hwɛt > 普通话 huá）。

注释：

2. 该词很可能来自汉语的 "鬥"（"搏斗，吵架"，中古汉语 tuwH > 普通话 dòu）。

3. "米" 只在四个形式中的两个中有对应（炯奈语（6）和活聂（畲语）的/tsi⁵/并不对应），可能因此证明不属于该对应组。

4. 在白苗中，lau /lau⁵/指雄鸟，而 laug /lau⁶/指公绵羊、公山羊、公牛。

5. 比较中部泰语和西南部泰语形式（Downer 1978）：老挝语/(khii³-) khep⁷/，泰语/takhaap⁷/，也出现在侗语中/khep⁷/。也可参见原始孟高棉语*kʔaip > 高棉语/kʔæp/（Shorto #1226）。

6-11. 这些词一定曾以*-p 或*-t 结尾，因为苗瑶语的*-k 会演变为苗语支的 5 调。

8. 比较汉语的 "曲"（"弯，弯曲的"，中古汉语 khjowk > 普通话 qū），藏缅语的*kuk 和马来-波利尼西亚语的*buŋkuk。

10. 又被称为 "鱼腥草"（普通话 yú xīng cǎo），这种植物主要用作药物（参见第七章）。

11. 在白苗中，该词指上背部。Tan Trinh 巴哼语(Niederer 1997)代替了白云巴哼语（7）。

12. 该词可能来自汉语的 "酸"（上古汉语*[s]ˤo[r] > 中古汉语 swan > 普通话 suān）。

13. 可能来自汉语的 "嘴" 即 "喙" 义，上古汉语*[ts]oj? > 中古汉语 tsjweX > 普通话 zuǐ。

20. 江底勉语（王辅世、毛宗武 调查点 15）代替了罗香勉语（8）。

21. 海南金门方言（新谷忠彦、杨昭 1990）代替了览金金门方言（9）。

22. 在苗语支中，该词用于形容糯米的 "黏"。在瑶语支中，它既表示 "有黏性的"，也表示 "鼻涕"。比较原始马来-波利尼西亚语的*belit/*bulit "黏稠的，黏的"（《南岛语比较词典》）和汉语的 "秫"（"高粱"，上古汉语*m.lut > 中古汉语 zywit > 普通话 shú）（Sagart 1999:79）。

---

① 该词也可能借自藏缅语，就像数词 "4-9" 一样（参见第五章第二节）。白保罗（1987a：14）为苗瑶语构拟了*g(j)iap。

23. 该词借自藏缅语的*k-ruk（参见第五章和白保罗 1987a）。苗瑶语的构拟必须不同于瑶语支的构拟，因为瑶语支的现代语音形式与"少，缺乏"（韵母 13）完全匹配，这说明这两个韵母在瑶语支中发生了合并。

24. 也可参见先进苗语的/xau⁷/，江底勉语的/su⁷/和长坪勉语的/ðut⁷/。长坪勉语中的韵尾-t 和苗语支的声调表明该词以-t 结尾，而不是-k。但是，该词也可能近似汉语的"缩"（即"收缩"，上古汉语*[s]ruk > 中古汉语 srjuwk > 普通话 *suō*），所以此处暂时构拟出一个-k。

25. 当苗瑶语的词以-k 结尾时，常规情况是瑶语支的声调 8 对应苗语支的声调 6。

10

10a. 苗语支*e								苗语支					声母	苗语支
	1	2	3	4	5	6	7							
1. 指环，戒指	--	--	mphlai¹		m?phleᴬ	--	--	*e					1.35	*mphleᴬ
2. 系上/穿过	qhei¹	--	qhai¹	he¹ᵇ	qheᴬ	khai¹	--	*e					5-6.2	*qheᴬ
3. 双胞胎之一	pi¹	--	ntsai¹	mpje¹ᵃ	m?pleᴬ	--	--	*e					1.34.1	*mpljeᴬ
4. 倾斜/歪的	--	qa²	qai²		ʁeᴬ	--	--	*e					5-6.3	*ʁeᴬ
5. 碗	--	--	tai⁴	te⁴	--	--	ta⁴	*e					2.3	*deᴮ
6. 半	--	--	--	pje⁷ᵇ	phjeᶜ	--	--	*e					1.17	*phjeᶜ
7. 快速的	xhi⁵	ʂaŋ⁵	ʂai⁵	--	seᶜ	ɣwei⁵	--	*e					2.56	*hreᶜ
8. 骂/诅咒	--	--	--	he⁵ᵃ	qeᶜ	--	--	*e					5-6.1	*qeᶜ
9. 隐藏，隐蔽	ɣi⁷	za⁷	zai⁷	ze⁷ᵃ	?wjeᴰ	vwei⁷	ɛ⁷	*e					2.55	*?reᴰ
10. 女儿/女孩	phi⁷	mphɑ⁷	ntshai⁷	mpje⁷ᵇ	m?phjeᴰ	phai⁷	phe⁷	*e					1.20	*mphjeᴰ
11. 舀取	hei⁷	--	hai⁷	ɕie⁷ᵇ	heᴰ	--	fɛ⁷	*e					7.14	*heᴰ
12. 去皮/刮毛	--	--	chai⁷	tɕe⁷ᵇ	tcheᴰ	--	--	*e					4.2	*cheᴰ
13. 捡拾/夹住	--	ta⁷	tai⁷	te⁷ᵃ	teᴰ	--	nɛ̃⁶	*e					2.1	*teᴰ
14. 吮吸	--	--	ntsai⁷	--	--	--	--	*e					3.4	*ntseᴰ
15. 下颚/下巴	ɕi¹	tɕɑ⁸	tʂai⁸	se⁸	zeᴰ	--	--	*e					3.18	*dzjeᴰ
16. 闪电	l̥i⁸	l̥ɑ⁸	lai⁸	le⁸	leᴰ	--	--	*e					2.42.1	*ljeᴰ
17. 寻求庇护	--	--	ŋtai⁸	ŋte⁸	ntʂeᴰ	--	--	*e					5.51	*ŋgreᴰ

对应组 10a 中的汉语借词:	*N-kˤ<r>ep(上古汉语)			>	hɛp(中古汉语)		狭	xiá'狭窄'	>	苗语支*ɴɢeᴰ				

10b. 苗瑶语*e(73)								苗语支	苗瑶语	瑶语支				声母	苗瑶语/瑶语支
	1	2	3	4	5	6	7				8	9	10	11		
18. 饥饿的	--	ɕi¹	tʂhai¹	se¹ᵇ	tsheᴬ	--	sa¹	*e	*e	*e	ɕa¹	sa¹'	--	--	3.17	*tshje
19. 害怕，担心	ɕhi¹	ŋtɕha⁵	ŋtʂhai⁵	ntse⁵ᵇ	n?tsheᶜ	ŋtʃei¹	ŋɛ⁵	*e	*e	*e	dza⁵	ɖa⁵'	ɖa⁵	dzjɛ⁵	3.20	*ntshjeH

续表

	1	2	3	4	5	6	7	苗语支	苗瑶语	瑶语支	8	9	10	11	声母	苗瑶语/瑶语支
20. 哄/逗（小孩）	--	--	--	--	--	kle^1	--	*e	*e	*e	--	kja^4	kljou^4	kɛi^4	5.33.1	*glje(X)
21. 那，那个										*e	wa^3	va^3	wə^3	vɛi^5	1.10	*ʔwe^B

10c. 苗瑶语*ej(37)

	1	2	3	4	5	6	7	苗语支	苗瑶语	瑶语支	8	9	10	11	声母	苗瑶语/瑶语支
22. 肉	ŋi^2	ɲa^2	Nqai^2	ŋke^2	Nqe^A	ŋkai^2	ŋɛ^2	*e	*ej	*ej	--	--	dʑi^2	hɔi^2	5-6.6	*NGej
23. 动物脂肪/油脂										*ej	mei^1	mei$^{1'}$	məi^1	mi^1	1.8	*hmej^A
24. 疮/疔/水泡										*ej	tɕwei^2	sei^2	--	--	5'.16	*kʷjej^A

对应组 10c 中的汉语借词：			dej(中古汉语)	蹄	tí'蹄子'	>	苗瑶语*dej
	*[g](r)aj(上古汉语)	>	gje(中古汉语)	骑	qí'骑'	>	苗瑶语*ɟej
	*[k]ʷˤraj(上古汉语)	>	kwæ(中古汉语)	蜗	wō'蜗牛'	>	瑶语支*kʷlej^A
			tsyeX(中古汉语)	纸	zhǐ'纸'	>	瑶语支*tjej^B
			dzyeX(中古汉语)	是	shì'是'	>	瑶语支*djej^B
			drijH(中古汉语)	缀	zhì'美丽的'	>	瑶语支*dzej^C
			dijH(中古汉语)	地	dì'未灌溉的土地'	>	瑶语支*dej^C

10d. 苗瑶语*ep(48,68,87,91,124,220)

	1	2	3	4	5	6	7	苗语支	苗瑶语	瑶语支	8	9	10	11	声母	苗瑶语
25. 熊	li̥^{7}	--	dai^7	lɛ^{7a}	--	--	--	*e	*ep	*ep	kjep^7	kja:p^7	kljɛ^7	--	6.46	*qrep
26. 切片	l̥hei^7	l̥hɑ^7	h̥l̥ai^7	le^{7b}	--	l̥ai^7	--	*e	*ep	*ep	le^7	--	--	--	2.41	*hlep
27. 舔	zi^8	zɑ^8	jai^8	ze^8	--	ŋklai^8	jɛ^8	*e	*ep	*ep	--	--	--	dzjɛp^8	4.12	*-jep

对应组 10d 中的汉语借词：	*[ts]ap(上古汉语)	>	tsjep(中古汉语)	接	jiē'收到/接受'	>	苗瑶语*tsep'收到/借'
	*mə-[tsʰ]<r>op(上古汉语)	>	tsrhɛp(中古汉语)	插	chā'嵌入'	>	苗瑶语*threp
	*mə-tsˤr[a]p(上古汉语)	>	tsrep(中古汉语)	眨	zhǎ'眨眼'	>	苗瑶语*ntsjep
			hɛp(中古汉语)	狭	xiá'狭窄'	>	瑶语支*hep

10e. 苗瑶语*et(51)

	1	2	3	4	5	6	7	苗语支	苗瑶语	瑶语支	8	9	10	11	声母	苗瑶语
28. 舌头	ŋi̥^{8}	mjɑ^8	mplai^6	mple^8	mple^D	mpli^8	mje^8	*e	*et	*et	bjet^8	bjet^8	blin^8	bɛt^8	1.36	*mblet

对应组 10e 中的汉语借词:	*[tsʰ]i[t]'消失'(上古汉语)	>	tshit(中古汉语)	漆	qī'涂漆'	>	苗瑶语*thjet
	*[k]ʷʰˤet'缺口；缺点'(上古汉语)	>	khwet(中古汉语)	缺	quē'有缺口'	>	苗瑶语*NKʷet
	*qʷˤet(上古汉语)	>	ʔwet(中古汉语)	挖	juē'挖'	>	瑶语支*ʔwetᴰ

讨论:

有一个适合该韵母对应组但不适合上表中的次对应组的借词是苗瑶语的*Kəi"鸡"(声母 5-6.1),借自汉语的"鸡"(上古汉语*kˤe > 中古汉语 kej > 普通话 jī"鸡")。该词是一个区域性词汇:也可参见原始泰语的*kəi(李方桂 1977)。

注释:

4. 在白苗(3)中,也表示"倚靠"。

9. 可能来自汉语的"諱"("忌讳;隐瞒",中古汉语 xjwijH > 普通话 huì)。参见苗瑶语*ʔræi"植物"(2.55/12)。

14. 该词也见于其他西部苗语支语言。

16. 显然与瑶语支的*ljəpᴰ(2.42.1/7)有关联,因为声母是相同的,并且苗语支词可能曾以-p 或-t 结尾(苗瑶语以-k 结尾的 8 调词合并到苗语支的 6 调中)。比较藏缅语的*(s-)lyap"一闪,闪光;闪电"。

17. 在白苗(3)中表示"躲藏"。

20. 三江标敏(王辅世、毛宗武 调查点 22)代替了东山标敏(10)。在王辅世、毛宗武(1995)中,该词的含义是"哄",比如用于短语"哄小孩"中。

23. 比较南岛语的*SimaR"油脂/油/脂肪"(《南岛语比较词典》)。

24. 由于该词有一个双唇-软腭声母,它很可能借自一个未知的汉语词。

25. 三江标敏(王辅世、毛宗武 调查点 22)已代替东山标敏(10)。

26. 江底勉语(王辅世、毛宗武 调查点 15)代替了罗香勉语(8)。比较藏缅语的*(s-)lep"切成薄片"。考虑到现代苗语支中的调类,只有-p 和-t 有可能是该词的辅音韵尾。该词与藏缅语的*(s-)lep惊人地相似,这使得-p 似乎更有可能是该词的韵尾。

28. 很可能来自汉语的"舌"即"舌头"上古汉语*m.lat > 中古汉语 zyet > 普通话 shé。参见与之平行的苗瑶语词*mblut"有黏性的/黏的"(1.36/9),来自汉语的"秫"(即"黄米",上古汉语*m.lut > 中古汉语 zywit > 普通话 shú)(两者在 Sagart 1999:79 中皆有讨论)。

11

11a. 苗语支*uɛ

	1	2	3	4	5	6	7	苗语支					声母	苗语支
1. 抓住	mɛ¹	me¹	mua¹	muɑ¹ᵃ	--	--	--	*uɛ					1.7	*ʔmuɛᴬ

11b. 苗瑶语*ɛj(55,93)

	1	2	3	4	5	6	7	苗语支	苗瑶语	瑶语支	8	9	10	11	声母	苗瑶语/瑶语支
2. 有	mɛ²	me²	mua²	--	maᴬ	mɔ²	mĩ²	*uɛ	*ɛj	*ai	ma:i²	na:i²	ma²	--	1.9	*n-mɛj
3. 挤压										*ai	ŋai⁵	ŋai⁵	--	--	4.8	*hŋaiᶜ

续表

对应组 11b 中的汉语借词:	*m.rˤajʔ(上古汉语)	>	mɛiX(中古汉语)	買	mǎi'买'	>	苗瑶语*mɛjX
	*m.rˤajʔ-s(上古汉语)	>	mɛiH(中古汉语)	賣	mài'卖'	>	苗瑶语*mɛjH

11c. 苗瑶语*ɯɛj(75)

	1	2	3	4	5	6	7	苗语支	苗瑶语	瑶语支	8	9	10	11	声母	苗瑶语
4. 柔软的	mɛ⁶	ne⁶	mua⁶	noŋ⁶	mja^C	mɔ⁶	mĩ⁶	*ɯɛ	*ɯɛj	*ɯɛi	mwei⁶	ŋwei⁶	mi⁶	mai⁶	1.39	*mlɯɛjH
5. 眼睛	mɛ⁶	me⁶	mua⁶	moŋ⁶	ma^C	mɔ⁶	mĩ⁶	*ɯɛ	*ɯɛj	*ɯɛi	mwei⁶	ŋwei⁶	mi⁶	mai²	1.9	*mɯɛjH

11d. 瑶语支*ɯai(61)

	1	2	3	4	5	6	7	苗语支	苗瑶语	瑶语支	8	9	10	11	声母	瑶语支
6.问										*ɯai	na:i⁶	na:i⁶	na⁶	nɔi⁶	2.9	*nɯaiᶜ

11e. 瑶语支*ɯɔi(188)

	1	2	3	4	5	6	7	苗语支	苗瑶语	瑶语支	8	9	10	11	声母	瑶语支
7. 太阳/(一)天										*ɯɔi	ŋɔi¹	nɔ:i¹'	ŋwai¹	nai¹	2.8	*hnɯɔiᴬ

对应组 11e 中的汉语借词:	khoj(中古汉语)	開	kāi'打开'	>	瑶语支*khɯɔiᴬ
	twojH(中古汉语)	碓	duì'杵锤/槌'	>	瑶语支*tɯɔiᶜ
	ʔojH(中古汉语)	愛	ài'爱'	>	瑶语支*ʔɯɔiᶜ

讨论:

苗瑶语韵母 11b 与韵母 12/17b-c 以及 15b、d 共享同一个特征,即前高元音韵母成分在苗语支的发展过程中触发了一个后圆唇的滑入音的介入(参见第二章第 1 节)。因此,韵母对应组 11 中的所有词在原始苗语支层面都有一个过渡形式-ɯɛ,是否要在苗瑶语层面构拟一个后圆唇的滑入音取决于它在瑶语支中的形式。

韵母对应组 11d 和 11e 被放在此处,是因为它们与苗语支对应组 22 中的"问"(*nɛŋᶜ)和"太阳/(一)天"(*hnɛŋᴬ)有关联,而且这种关联是很明显的。有一个相似的问题存在于该对应组 11a-c 中五个苗语支词中的四个:这些词都有鼻音声母,并在宗地(4)、高坡、枫香和布努语(未在此处给出)中表现出一个鼻音韵尾。我们最好还是区分苗语支和瑶语支的这些例子,但是由于苗语支的语音形式并不完全适合出现在韵母对应组 18-30 的任何一组中,所以我们将其放在此处,并推测鼻音韵尾是二次发展的结果。

注释:

1. 在宗地苗语中,"抓住" > "拿走"的语义已经缩小为"娶媳妇"。

1 和 2. 如果苗语支的"抓住"在瑶语支中有对应的同源词,那么在苗瑶语层面我们就会有四个词与"拥有"义和"交换"义相关，并涉及相同的词根：*ʔ-mɛj "抓住"，*n-mɛj "有"，*mɛj-X "买"，*mɛj-H "卖"（参见第四章）。苗瑶语和汉语之间是否有同源关系仍然是一个有待解决的问题，但是在两个语族中都普遍存在这个基本词根的确是个有趣的现象。

4. 介音-l-的构拟是基于高坡的/mlən⁶/（王辅世、毛宗武 调查点6）。比较原始马来-波利尼西亚语的*ma-lumu "柔软的，温柔的，温和的"。

5. 可能来自汉语的"目"即"眼睛"，上古汉语*[m][u]k > 中古汉语 mjuwk > 普通话 *mù*。

12/17①

12/17a. 苗语支*ųei

	1	2	3	4	5	6	7	苗语支					声母	苗语支
1. 肚子	tɕhu¹	tɕhi¹	chau¹	tɕɔ¹ᵇ	tɕhuᴬ	the¹	--	*ųei					4.2	*chųeiᴬ
2. 倾倒，倒掉	ḷu¹	--	lau¹	lɔ¹ᵃ	ʔluᴬ	--	--	*ųei					2.40.1	*ʔljųeiᴬ
3. 偿还	pə²	pi²	pau²	pɔ²	vuᴬ	--	--	*ųei					1.3	*bųeiᴬ
4. 烧掉（及物动词）	ṭu³	--	ṭau³	ʂɔ³ᵃ	tʂuᴮ	--	--	*ųei					5.46	*krųeiᴮ
5. 面粉	--	--	--	plɔ⁵ᵃ	plouᴮ	--	--	*ųei					1.31	*plųeiᴮ
6. 肌肉	ɕhu³	ɕi³	--	sɔ³ᵇ	suᴮ	--	si³	*ųei					2.28	*sjųeiᴮ
7. 老的，旧的	lu⁴	--	lau⁴	lo⁴	lauᴮ	--	--	*ųei					2.42	*lųeiᴮ
8. 水鹿	--	--	--	ŋko⁴	ŋkuᴮ	--	--	*ųei					5.6	*ŋgųeiᴮ
9. 斧头	to⁵	tɔ⁵	tau⁷	tɔ⁵ᵃ	tuᶜ	ðei⁵	ti⁵	*ųei					2.1	*tųeiᶜ
10. 煮（及物动词）	hu⁵	hɔ³	hau⁵	--	--	--	--	*ųei					7.14	*hųeiᶜ
11. 写	xho⁵	ʂei⁵	ʂau⁵	zɔ⁵ᵇ	--	--	--	*ųei					2.56	*hrųeiᶜ
12. 跌（倒）	ku⁶	qɔ⁶	qau⁶	ho⁶	ʁuᶜ	--	--	*ųei					6.3	*ɢųeiᶜ
13. 脓	pu⁶	ˈpɔ⁶	pau⁶	po⁶	vuᴮ	pei⁵	pɪ⁶	*ųei					1.3	*bųeiᶜ
14. （人）瘦	su⁵	ntsei⁵	ntsau⁶	ntso⁶	--	ŋtʃe⁶	nzi⁶	*ųei					3.6	*ndzųeiᶜ
15. 小伙子	ŋo⁶	--	ŋṭau⁶	ŋṭo⁶	ŋtʂuᶜ	ŋtʃi⁶	--	*ųei					2.51	*ndrųeiᶜ
16. 冰	ḷu̥⁷	--	dau⁷	--	--	--	--	*ųei					6.46	*qrųeiᴰ

对应组 12/17a 中的汉语借词：	*tˤek(上古汉语)	>	tek(中古汉语)	蹄	di '蹄子'	>	苗语支*trųeiᶜ '蹄子/爪子/指甲'
	*(mə-)t(ˤ)rek(上古汉语)	>	trek(中古汉语)	摘	zhāi '摘，拔'	>	苗语支*ndrųeiᶜ '落叶'

12/17b. 苗瑶语*ei(39,170,208)

	1	2	3	4	5	6	7	苗语支	苗瑶语	瑶语支	8	9	10	11	声母	苗瑶语/瑶语支
17. 布	--	ntei¹	ntau¹	ntɔ¹ᵃ	nʔtuᴬ	nte¹	ni¹	*ųei	*ei	*ei	di¹	--	di¹	dɛi¹	2.4	*ntei
18. 四	ḷu¹	pzei¹	plau¹	plɔ¹ᵃ	plouᴬ	ple¹	pi¹	*ųei	*ei	*ei	pje¹	pjei¹	pləi¹	pɛi⁵	1.31	*plei
19. 头发	ḷu¹	pi¹	plau¹	plɔ¹ᵃ	plouᴬ	ple¹	pi¹	*ųei	*ei	*ei	pje¹	pjei¹	pli¹	pɛi¹	1.46	*prei

---

① 此类别合并了王辅世（1994）的韵母类别 12 和 17。这两个类别只在吉卫（湘西苗语）存在差异，对此差别我们在 2.1.3.1 节中进行了解释。

续表

	1	2	3	4	5	6	7	苗语支	苗瑶语	瑶语支	8	9	10	11	声母	苗瑶语/瑶语支
20. 知道	pu¹	--	pau¹	pɔ¹ᵃ	--	pe¹	pɪ¹	*ɥei	*ei	*ei	pei¹	pei¹	pɔi¹	bei¹	1.1	*pei
21. 壳/覆盖物	ɭhu⁷	--	phlau¹	--	phlauᶜ	--	--	*ɥei	*ei	*ei	--	--	--	fɔu¹	1.32	*phlei
22. 头	fhu³	pzei³	hau³	wɔ⁵ᵇ	huᴮ	--	pɦii³'	*ɥei	*ei	*ei	pje³	pjei³	pli³	pei³	1.47	*S-phreiX
23. 头虱	chu³	ɳtɕhi³	ɳtʂhau³	ntsɔ³ᵇ	nʔtshuᴮ	--	tɕhi³	*ɥei	*ei	*ei	ɕei³	tθei³	--	dzei³	3.20	*ntshjeiX
24. 女婿	--	--	vau³	wɔ³ᵃ	ʔwuᴮ	ve³	vi³	*ɥei	*ei	*ei	vei³	--	--	vei³	1.10	*ʔweiX
25. 大豆	pu³	--	pau³	--	--	--	--	*ɥei	*ei	*ei	--	bei³	bi³	mei³	1.1	*N-peiX
26. 做梦	pu⁵	mpei⁵	mpau⁵	mpɔ⁵ᵃ	mʔpuᶜ	mpe⁵	mi⁵	*ɥei	*ei	*ei	bei⁵	bei⁵	bɔi⁵	bei⁵	1.4	*mpeiH
27. 品尝/尝味道	m̥hu⁵	--	--	--	--	--	--	*ɥei	*ei	*ei	--	--	m̥i⁵		1.9	*hmeiH
28. 豪猪	ɕen⁶	tɕi⁶	tʂau⁶	so⁶	zuᶜ	ʃa⁶	tɕi⁶	*ɥei	*ei	*ei	dei⁶	dei⁶	--	hɛi⁶	3.18	*N-dzjeiH
29. 孩子								*ei	tɕwei³	sei³	hwjəi⁷	--			5'.16	*kʷjeiB

对应组 12/17b 中的汉语借词:	dzjeH(中古汉语)	渍	zì '浸泡'	>	苗瑶语*dzeiH
	mejX(中古汉语)	米	mǐ '米'	>	瑶语支*hmeiB

12/17c. 苗瑶语*æi(132)

	1	2	3	4	5	6	7	苗语支	苗瑶语	瑶语支	8	9	10	11	声母	苗瑶语/瑶语支
30. 蔬菜	ɣu¹	zei¹	zau¹	zɔ¹ᵃ	ʔwjuᴬ	ji¹	ɦji¹	*ɥei	*æi	*æi	gai¹	gjai¹	lai¹	ɛi¹	2.55	*ʔræi
31. 害羞								*æi	ŋai³	ŋai¹	--	--			4.7	*ʔŋæiA/B
32. 薄								*æi	kje⁶	kjai⁶	klai⁶	kɛi⁶			5.33	*glæiC

对应组 12/17c 中的汉语借词:	drij(中古汉语)	遲	chí '迟, 晚'	>	瑶语支*djæiA
	sejH(中古汉语)	細	xì '细小, 微小'	>	瑶语支*sæiC '小的/细微的'

12/17d. 苗瑶语*ɥəi(39,207)

	1	2	3	4	5	6	7	苗语支	苗瑶语	瑶语支	8	9	10	11	声母	苗瑶语
33. 灰烬	chu³	ɕi³	tʂhau³	sɔ³ᵇ	tshuᴮ	θe³	ɕi³	*ɥei	*ɥəi	*ɥəi	ɕwai³	sa:i³	swai³	sɔi³	3.17	*tshjɥəiX
34. 膝盖	tɕu⁶	tɕɔ³	cau⁶	tɕo⁶	zuᶜ	--	tɕi⁶	*ɥei	*ɥəi	*ɥəi	tɕwai⁶	--	twai⁶	--	4.3	*ɟɥəiH

讨论：

苗瑶语韵母 12/17b-c 与韵母 11b 以及 15b、d 共享同一个特征，即前高元音韵母成分在苗语支的发展过程中触发了一个后圆唇的滑入音的介入（参见 2.1.3 节）。因此，韵母对应组 12/17 中的所有词在原始苗语支层面都有一个过渡形式-ɥei，是否要在苗瑶语层面构拟一个后圆唇的滑入音取决于它在瑶语支中的形式。

该组在王辅世（1994）中被分为两个更小的对应组：12 和 17 组。然而，这两个苗语支对应组只在一种语言中存在差异：吉卫（湘西苗语）（2），它在该组中表现为/ei~i/和/ɔ/两个形式。结合另外两个韵母对应组（4 和 13 组）来观察，保守的吉卫苗语可能反映出此处的原始苗瑶语韵母的对立。如果苗瑶语韵母没有圆唇的滑入音（上表中韵母 12/17c-d），那么吉卫的元音是/ei~i/。如果苗瑶语韵母有一个圆唇的滑入音（上表中韵母 12/17e），那么吉卫的元音是/ɔ/。吉卫苗语中表示"蔬菜"（12/17d）的形式/ʐei¹/支持这一论述。有一个例外是"灰烬"，按预期应该是/ɕɔ³/，但出现的却是/ɕei³/。我们并没有在韵母对应组 12/17a 中发现瑶语支对应的那些词汇，但如果我们可以找到它们，那么"斧头""脓"和"跌倒"应该有圆唇的滑入音。相反，我们并未在韵母对应组 12/17b 中发现苗语支对应的表示"落叶"的词，但如果它们能被找到，吉卫苗语应该会表现出/ɔ/元音（译者注：吉卫苗语表示"落（叶）"的词是 ʐe⁴，元音不是/ɔ/）。

属于该对应组的汉语借词是苗瑶语的*mpḁæiH"沸腾（不及物动词）"，借自汉语的"沸"即"沸腾（不及物动词）"，上古汉语*-p[u][t]-s > 中古汉语 pjɨjH（中古汉语）> 普通话 fèi。

注释：

1. 在白苗中，同源词/chau¹/表示"在地上爬"（比较英语中关于 belly"肚子"的动词用法：to belly up to the table"径直走向桌子"）。

5. 比较原始马来-波利尼西亚语的*palu"西米粉"（《南岛语比较词典》）。

7. 每一个语音形式看起来非常像汉语的"老"即"年老的"，中古汉语 lawX > 普通话 lǎo，但在苗语支层面韵母并不对应。

11. 比较汉语的"鏤"即"镂空，雕刻"，上古汉语*[r]ˤo-s > 中古汉语 luwH > 普通话 lòu。

18. 来自藏缅语的*b-ləy"四"（参见第五章）。

20. 可能来自汉语的"别"即"区别，区分"，上古汉语*N-pret > 中古汉语 bjet > 普通话 bié。

21. 大多数其他西部苗语的同源词是 1 调。养蒿（1）的语音形式来自《苗瑶语方言词汇集》（1987）。在养蒿（1）和复员（5）中，该词表示"壳中的软膜"。比较原始泰语的*pl--k"壳，树皮"。

22. 在白苗中，语义上扩展为"基础，根基，源头"，也有"巅峰"（3 调）和"领导，头人"（5 调）的意思。

23. Tan Trinh 巴哼语(Niederer 1997)代替了白云巴哼语（7）。

24. 长坪勉语（王辅世、毛宗武 调查点 18）代替了罗香勉语（8）。比较藏缅语的*krwəy"女婿"。与之平行的词，如"妯娌/儿媳"*ʔnam（4.7/24），加强了该词与藏缅语的联系，因为它们与藏缅语的*nam"儿媳"（白保罗 1987a）类似。

26. 金秀勉语（8）出自 L-Thongkum（1993:205）。

27. 可能与汉语的"味"即"味道（名词）"上古汉语*m[ə][t]-s > 中古汉语 mjɨjH > 普通话 wèi 有关。

28. Tan Trinh 巴哼语(Niederer 1997)代替了白云巴哼语（7）。

29. 比较浦城（闽语）的/kiãi³/"孩子"（Norman 1988:243）。

30. 可能是汉语的"卉"即"香草，植物"，中古汉语 xjwɨjH > 普通话 huì。参见与"隐藏"（2.55/10）对应的词。

31. 江底勉语（王辅世、毛宗武 调查点 15）代替了罗香勉语（8）。

32. 三江标敏（王辅世、毛宗武 调查点 22）代替了东山标敏（10）。表示"（人）瘦"且与之有匹配的韵母和声调的词存在于苗语支中，但它的声母是*ndz-（3.6）。

33. 汉语的"灰"（即"灰烬"，中古汉语 xwoj > 普通话 huī）有一个非常不同的声母和声调，但韵母是对应的。

13

13a. 苗语支 *ow

	1	2	3	4	5	6	7	苗语支	声母	苗语支
1. 李子	--	--	khaɯ^1	kə^{1b}	kho^A	--	--	*ow	5.2	*khow^A
2. 烟尘	tɕhu^1	--	ŋkhaɯ^1	ŋkə^{1b}	ŋʔkho^A	--	--	*ow	5.5	*ŋkhow^A
3. 白	ɬu^1	qwə^1	daɯ^1	ɺə^{1a}	qlo^A	klaɯ^1	kwɔ^1	*ow	6.31	*qlow^A
4. 能够	su^2	--	tsaɯ^2	sə^2	--	--	--	*ow	3.3	*dzow^A
5. 心脏	ɭu^3	--	plaɯ^3	pɭə^{3b}	plo^B	--	--	*ow	1.46	*prow^B
6. 纸	tu^3	ntə^3	ntaɯ^3	ntə^{3a}	nʔto^B	ntaɯ^3	nɔ^3	*ow	2.4	*ntow^B
7. 脸	--	--	--	pɯ^4	--	--	--	*ow	1.3	*bow^B
8. 脚	tu^5	tə^5	taɯ^5	tə^{5a}	to^C	--	--	*ow	2.1	*tow^C
9. 咸的	ɭu^5	--	daɯ^5	ɺə^{5a}	--	--	--	*ow	6.46	*qrow^C
10. 吞咽	--	--	--	ŋkə^{5a}	--	ŋkaɯ^5	ŋɛ^5	*ow	6.4	*ɴqow^C
11. 核桃	--	--	--	ɺə^{5a}	qlo^C	--	--	*ow	6.31	*qlow^C
12. 咬，啃	ki^7	ku^7	kaɯ^7	kə^{7a}	ko^D	--	--	*ow	5.1	*kow^D
13. 点燃/照亮	tu^7	--	taɯ^7	te^{7a}	to^D	--	--	*ow	2.1	*tow^D
14. 开（门）	pu^7	pu^7	--	--	po^D	--	pɔ^7	*ow	1.1	*pow^D
15. 啄/挖	tɕu^7	ŋtɕu^7	ɲcaɯ^7	ɲtɕə^{7a}	ŋʔtɕo^D	--	tɕɔ^1	*ow	4.4	*ɲcow^D
16. 雉，野鸡	--	--	tʂaɯ^7	sə^{7a}	--	--	--	*ow	3.16	*tsjow^D
17. 捡起，拾起	tɕhə^1	--	khaɯ^7	kɯ^{7b}	kho^D	--	--	*ow	5.2	*khow^D
18. 关（门）	shu^7	--	--	ʂə^7	so^D	--	--	*ow	2.13	*sow^D
19. 竹子	--	--	taɯ^8	tə^8	--	--	--	*ow	2.48	*drow^D
20. 山口，关口	--	--	daɯ^8	ɺə^8	--	--	--	*ow	6.33	*ɢlow^D
21. （一）对	ŋu^8	ŋoŋ^8	ŋkaɯ^8	ŋkə^8	ŋko^D	ŋtʃaɯ^8	ŋɤ^8	*ow	5.21	*ŋgjow^D
22. 绊倒	--	--	--	--	--	--	--	*ow	3.21	*ndzjow^D
23. 鞭子	--	--	mplaɯ^8	mpɭə^8	mpʔlo^D	--	--	*ow	1.36	*mblow^D

对应组13a中的汉语借词:		tsjuwX(中古汉语)	酒	jiǔ'酒'	>	苗语支*cow^B
	*[r]awʔ(上古汉语)	>	ljewX(中古汉语)	燎	liǎo'烧焦，烫焦'	> 苗语支*hljow^B'烧（山）'

13b. 苗瑶语 *ou(263)

	1	2	3	4	5	6	7	苗语支	苗瑶语	瑶语支	8	9	10	11	声母	苗瑶语/瑶语支
24. 站起来/起床	ɕhu^3	ɕə^3	ʂaɯ^3	sə^{3b}	so^B	θjau^3	sɤ^3	*ow	*ou	*ou	ɕou^3	--	sou^3	fu^3	2.28	*sjouX
25. 火	tu^4	tə^4	taɯ^4	tɯ^4	ðo^B	tau^4	tɤ^4	*ow	*ou	*ou	tou^4	tɔu^4	tɔu^4	tu^4	2.3	*douX
26. 爆炸	tu^6	tə^6	taɯ^6	tɯ^6	ðo^C	--	tɤ^6	*ow	*ou	*ou	--	--	tɔ^6	--	2.3	*douH

续表

	1	2	3	4	5	6	7	苗语支	苗瑶语	瑶语支	8	9	10	11	声母	苗瑶语/瑶语支
27. 风箱										*ou	lou²	lɔu²	ləu²	lu²	2.42	*louᴬ
28.（双手）捧，端										*ou	pou²	pɔu²	--	--	1.3	*bouᴬ
29. 忘记										*ou	--	ŋɔu³	ŋau³	nau³	4.8	*hŋouᴮ
30. 坟地/坟墓										*ou	θou³	tθɔu³	tsəu³	--	3.1	*tsouᴮ

对应组13b 中的汉语借词：	tsyhoH(中古汉语)	處	chù'床/地方'	>	苗瑶语*chouH
	drjoH(中古汉语)	箸	zhù'筷子'	>	苗瑶语*drouH
	hjuH(中古汉语)	芋	yù'芋头'	>	苗瑶语*wouH
	pjuX(中古汉语)	斧	fǔ'斧子'	>	瑶语支*pouᴮ
	tsyoX(中古汉语)	煮	zhǔ'煮'	>	瑶语支*tjouᴮ
	kjuH(中古汉语)	句	jù'量词，（一）句'	>	瑶语支*kjouᶜ

13c. 苗瑶语*op(237)

	1	2	3	4	5	6	7	苗语支	苗瑶语	瑶语支	8	9	10	11	声母	苗瑶语
31. 皮肤	tu³	tə³	tauɯ⁵	tə³ᵃ	toᴮ	--	--	*ow	*op	*op	dup⁷	dup⁷	din⁷	dip⁷	2.1	*N-top

13d. 苗瑶语*ot(256)

	1	2	3	4	5	6	7	苗语支	苗瑶语	瑶语支	8	9	10	11	声母	苗瑶语
32. 堵住，塞	--	ntʃhu⁷	ŋʈʂauɯ⁷	ntsəu⁵ᵃ	nʔtsuᴰ	ŋtʃau⁷	sɔ⁷	*ow	*ot	*ot	tsot⁷	--	--	--	3.19	*ntsjot

对应组13d 中的汉语借词：	*[s][r][o]t(上古汉语)	>	srwæt(中古汉语)	刷	shuā'刷'	>	瑶语支*sotᴰ'擦，拭'
			khwot(中古汉语)	堀	kū'洞，穴'	>	瑶语支*khotᴰ

13e. 苗瑶语*ok(186,203)

	1	2	3	4	5	6	7	苗语支	苗瑶语	瑶语支	8	9	10	11	声母	苗瑶语/瑶语支
33. 少/缺乏	ɕu⁶	--	tʂauɯ⁶	--	zoᶜ	ʃau⁶	tɕɤ⁶	*ow	*ok	*ok	θo⁸	tθɔ⁶	tshɔ⁸	hu⁸	3.18	*dzjok
34. 手指										*ok	do⁷	dɔ⁷	dɔ⁷	--	2.4	*ʔdokᴰ
35. 混浊的										*ok	glo⁸	glɔ⁶	--	--	5.36	*ŋglokᴰ

13f. 苗瑶语*əut(255)

	1	2	3	4	5	6	7	苗语支	苗瑶语	瑶语支	8	9	10	11	声母	苗瑶语
36. 肚脐	tu⁷	ntu⁷	ntauɯ⁷	ntə⁷ᵃ	nʔtoᴰ	ntu⁷	--	*ow	*əut	*ut	dut⁷	du:t⁷'	din⁷	--	2.4	*ntəut

讨论：

在吉卫（湘西苗语）（2）和巴哼语（12）中的变体形式是互补分布的。在吉卫苗语中出现在 7 调时韵母是/u/，在其他情况下，韵母是/ə/，该情况遵循了我们在 2.1.3 节中介绍本构拟时提到的一般性规律，即在该语言中辅音韵尾可以通过元音的差别来鉴别。在巴哼语中，韵母的分布以声母的调域为条件：/ɤ/出现在低调域 4、6、8 调之后，/ɔ/出现在高调域的 1、3、7 调之后。

注释：

7. 参见石门的/bey⁴ᴵ/，青岩的/pau⁴/，高坡的/ pə⁴/，枫香的/ pɔ⁴/（王辅世、毛宗武 1995）。叙永带有介音-l-的/bleu⁴/可能也是同源词。

13、24 和 25. 这些词中的第一个可能与另外两个有形态上的关系：*touD "点火，点燃"、*douX "火"、*douH "爆炸"（参见第四章）。

15. 在瑶语支中有一个类似的词：江底勉语（王辅世、毛宗武　调查点 15）/dzo⁷/和湘南勉语（王辅世、毛宗武　调查点 16）/dzəu⁷/ "啄"；但是韵母却并不对应。该词在王辅世、毛宗武的书中列了两次，一次表示"啄"，一次表示"挖"，因为在养蒿苗语（1）中"啄"是 5 调，"挖"是 7 调。在其他调查点中，有这些意义的语音形式是一样的，这表明该差异只限于养蒿苗语中。这种情况也适用于白苗中表示"锄草/锄地"的词。比较汉语的"撅"即"挖"，上古汉语*[g]ot > 中古汉语 gjwot > 普通话 jué。

20. 该词可能与汉语的"峡"（即"峡谷"，上古汉语*N-kˤ<r>ep > 中古汉语 hɛp > 普通话 xiá；同样的词是"狭""狭窄"），但是该汉语词没有圆唇元音。

22. 该词仅出现在王辅世（1994）的两个西部苗语支语言中：先进/ŋtʂeu⁸/和石门/ŋdʐɦey⁸ᴵᴵ/，但即使在如此证据不足的基础上，它们似乎也更适合韵母对应组 13。

25 和 26. "火"和"爆炸"有形态上的关联（参见第四章）。

27. 可能来自汉语的"蘆"即"芦苇"，中古汉语 lu > 普通话 lú，因为苗族和瑶族的风箱是用一个含泵的圆柱形装置制成的（Lemoine 1972:130–131）。

28. 江底勉语（王辅世、毛宗武　调查点 15）代替了罗香勉语（8）。

29. 比较苗语支的*hnuŋB "忘记"（2.8/27）。

32. 比较广东话的/tsat/、海南金门方言/tjat⁷/ "堵（洞）"。江底勉语（王辅世、毛宗武　调查点 15）代替了罗香勉语（8）。

34 和 35. 考虑到两个不同的苗瑶语韵母合并到瑶语支的*-ok，这些词可能同样适合放入韵母对应组 9e 中。

34. 比较苗语支的*ntaB "手指"（2.4/4）。

35. 比较苗语支的*ŋkroB/*ŋgroB "混浊的"（5.49/7）。

14

苗瑶语*ɯi(20)

		1	2	3	4	5	6	7	苗语支	苗瑶语	瑶语支	8	9	10	11	声母	苗瑶语
1. 二		o¹	ɯ¹	ɔ¹	ɔ¹ᵃ	uᴬ	u¹	va¹	*ɯu	*ɯi	*ɯi	vi¹	i¹	wəi¹	vi⁵	7.1	*ʔɯi

讨论：

只包含一个词的对应"组"对构拟意义不大。"二"是一个音系上差别较小的普通词汇。没有外部证据支持该词的构拟来自与之模式相同的汉语借词。但是，该构拟既忠实于苗语支和瑶语支的现代语音形式，也忠实于保留在苗语支中的韵母的起首部分的模式，所以该构拟似乎是合理的。

15

15a. 苗语支*ṳa

	1	2	3	4	5	6	7	苗语支					声母	苗语支
1. 水獭	ɕha¹	ŋtɕhɑ¹	ŋtʂhua¹	ntsa¹ᵇ	nʔtsha^A	θja¹	--	*ṳa					3.20	*ntshjṳa^A
2. 纺车	--	--	tʂhua¹	--	tsha^A	--	--	*ṳa					3.17	*tshjṳa^A
3. 扭，搓	fha¹	--	sua¹	sa¹ᵇ	sa^A	va¹'	--	*ṳa					1.2	*S-phṳa^A
4. 打开/松开，解开	tha³	nthɑ³	nthua³	--	nʔtha^B	--	--	*ṳa					2.5	*nthṳa^B
5. 娶（妇）	qha⁵	--	--	ha⁵ᵃ	ka^C	--	--	*ṳa					6.1	*qṳa^C
6. 撕，扯	l̥i⁵	--	dua⁵	l̥a⁵ᵃ	qla^C	--	kwɛ³	*ṳa					6.46	*qrṳa^C
7. 匆忙穿上（衣服）	pa⁵	--	mpua⁵	mpa⁵ᵃ	--	--	ma⁵	*ṳa					1.4	*mpṳa^C
8. 用于	l̥a⁶	l̥ɑ⁶	--	l̥əa⁶	la^C	--	--	*ṳa					2.42.1	*ljṳa^C
9. 鸭子	ka⁶	--	--	--	ʁwa^C	--	--	*ṳa					6.3	*ɢṳa^C
10. 见面	tɕa⁶	--	cua⁶	tɕəa⁶	za^C	--	--	*ṳa					4.3	*ɟṳa^C
11. 老鼠	--	--	tʂua⁶	pʐəa⁶	vja^B	--	--	*ṳa					1.48.1	*brṳa^C

对应组 15a 中的汉语借词：	bjuX(中古汉语)	腐	fǔ '腐烂'	>	苗语支*bṳa^B
	dzjak(中古汉语)	嚼	jué '咀嚼'	>	苗语支*cṳa^C①

15b. 苗瑶语*əj(94,151)

	1	2	3	4	5	6	7	苗语支	苗瑶语	瑶语支	8	9	10	11	声母	苗瑶语/瑶语支
12. 粪，屎	qa³	qɑ³	qua³	ha³ᵃ	qa^B	ka³	ka³	*ṳa	*əj	*əi	dai³	dai³	kai³	kai³	5-6.1	*N-Kəjx
13. 做	ɛ⁵	--	ua⁵	aŋ⁵ᵃ	a^C	--	ĩ⁵	*ṳa	*əj	*əi	--	ai⁵	wəi⁵	ai⁵	7.1	*ʔəjH
14. 杀	ta⁵	tɑ⁵	tua⁵	ta⁵ᵃ	--	ta⁵	ta⁵	*ṳa	*əj	*əi	tai⁵'	tai⁵	tai⁵	dai⁵	2.1	*təjH
15. 死	ta⁶	tɑ⁶	tua⁶	təa⁶	ða^C	ta⁶	te⁶	*ṳa	*əj	*əi	tai⁶	tai⁶	tai⁶	tai⁶	2.3	*dəjH
16. 竹笋/孤儿	za⁶	mzɑ⁶	ŋtʂua⁶	mpʐəa⁶	mpja^C	mpja⁶	mje⁶	*ṳa	*əj	*əi	bje⁶	bjai⁶	blai⁶	bɛi⁶	1.51	*mbrəjH
17. 勤奋的	ŋa⁶	ŋɑ⁶	ɴqua⁶	ŋkəa⁶	ɴqa^C	ŋka⁶	ŋe⁶	*ṳa	*əj	*əi	--	--	gwai⁶	--	5-6.6	*NGəjH
18. 飞翔										*əi	dai⁵	dai⁵'	dai⁵	--	2.4	*ʔdəi^C

对应组 15b 中的汉语借词：	*[r][ə][j](上古汉语)	>	lij(中古汉语)	梨	lí '梨子'	>	苗瑶语*rəj
			tsij(中古汉语)	稷	zī '祭祀的谷物'	>	瑶语支*tjəi^A '黍类，小米，稷，粟'
			dzyiX(中古汉语)	柿	shì '柿子'	>	瑶语支*djəi^B

---

① 如果这真的是苗语支中该词的来源，那么就需要解释调域的差异。也可参见汉语的"嚼"即"咀嚼"，上古汉语*[dz]ewk-s>中古汉语 dzjewH>普通话 jiào。

续表

15c. 苗瑶语*ʮəj(222)

	1	2	3	4	5	6	7	苗语支	苗瑶语	瑶语支	8	9	10	11	声母	苗瑶语/瑶语支
19. 甘薯	na²	--	--	--	--	--	--	*ʮa	*ʮəj	*ʮəj	du²	dɔ:i²	dwai²	dai²	2.6	*nduʮəj

15d. 苗瑶语*aj(74,112,150,151)

	1	2	3	4	5	6	7	苗语支	苗瑶语	瑶语支	8	9	10	11	声母	苗瑶语/瑶语支
20. 药	tɕa¹	ŋkɑ¹	--	ka¹ᵃ	kaᴬ	ðja¹	ŋa¹	*ʮa	*aj	*ai	--	gja:i¹	hja¹	tsɛi¹	5.16	*N-kjaj
21. 来	ta²	--	tua²	ta²	ðaᴬ	--	te²	*ʮa	*aj	*ai	ta:i²	ta:i²	ta²	tɛi²	2.3	*daj
22. 腰	ɭa³	qwɑ³	dua³	ɭa³ᵃ	qlaᴮ	kla³	la³	*ʮa	*aj	*ai	kla:i³	kla:i³	kla³	lai³	6.31	*qlajX
23. 啼，报晓	qa⁵	qɑ⁵	qua⁵	ha⁵ᵃ	qaᶜ	ka⁵	ŋa⁵	*ʮa	*aj	*ai	ka:i⁵'	ka:i⁵	--	kɔi⁵	5-6.1	*KajH
24. 锋利，尖的	ɣa⁶	zɑ⁶	zua⁶	--	wjaᶜ	ŋkja⁶	--	*ʮa	*aj	*ai	gai⁶	gjai⁶	lai⁶	hɛi⁶	2.57	*-rajH
25. 河										*ai	--		da²	dɔi²	2.6	*ndaiᴬ
26. 哪个										*ai	la:i⁵		ha²		2.41	*[hl]aiᶜ

对应组 15d 中的汉语借词:	*pʰˤaj-s(上古汉语)	>	phaH(中古汉语)	破	pò'打破'	>	苗瑶语*phajH'切开，剪开'
	*[k]ʷˤaj-s(上古汉语)	>	kwaH (中古汉语)	过	guò'经过/超过'	>	苗瑶语 *KʷajH'过（河）'
	*[dz]ˤaj(上古汉语)	>	dza (中古汉语)	醝	cuó'咸的'	>	瑶语支*ndzaiᴬ

讨论：

苗瑶语韵母 15b、d 与韵母 11b 以及 12/17b-c 共享同一个特征，即原始苗瑶语前高元音成分在苗语支的发展过程中触发了一个后圆唇的滑入音的介入（参见第二章第 1 节）。因此，不管原始苗瑶语是否构拟一个后圆唇的滑入音-ʮ-，韵母对应组 15 中的所有词在原始苗语支层面都有一个过渡形式-ʮa。为什么要在原始苗瑶语层面构拟一个后圆唇的滑入音-ʮ-？这取决于它在瑶语支中的形式。

注释：

2. 该词在白苗中表示“机器”。很可能来自汉语的“車”即“货车，双轮战车，带轮子的东西”，中古汉语 tsyhæ > 普通话 chē。

3. 该词很可能与瑶语支的*ɕætᴰ“扭，搓”（4.13/5）相同。

6. Tan Trinh 巴哼语(Niederer 1997)代替了白云巴哼语（7）。

7. 在白苗中，表示“裹住身体”。可能来自汉语的“被”即“遮住自己”，上古汉语*m-p(r)ajʔ > 中古汉语 bjeX > 普通话 bèi）。

9. 也可参见枫香（西部苗语）的/qa⁶/（王辅世、毛宗武 调查点 9）。音系上有象似性特征。

14. 养蒿苗语（1）出自《苗瑶语方言词汇集》(1987)。

14 和 15. 这些词在苗瑶语的形态构拟中很重要，因为它们彼此有形态上的关系（参见第四章）。它们也以某种方式与原始南岛语的*ma-aCay“死”和*pa-aCay“杀死”相关联（《南岛语比较词典》）。

16. 该词的词根在除了炯奈语、活聂（畲语）和巴哼语的所有苗语支语言中也表示“孤儿，寡妇/鳏夫”。可能“竹笋”是基本义，“孤儿，寡妇/鳏夫”是派生义，因为“竹笋”的分布更广泛。但是，考虑到原始泰语的*br[a]表示“孤儿”，原始苗瑶语也可能“孤儿”是基本义。

21. 表示"到一个除了自己家的地方"。

23. 三江标敏（王辅世、毛宗武 调查点22）代替了东山标敏（10）。可能来自汉语的"歌"（即"唱歌；歌曲"，上古汉语*[k]ˤaj > 中古汉语 ka > 普通话 gē），尽管该词并不用来指动物的叫声，同时声调也不对应。

16

16a. 苗语支*u

	1	2	3	4	5	6	7	苗语支				声母	苗语支
1. 吹，刮风	tsho¹	phʐo¹	tʂhua¹	pʐa¹ᵇ	phja^A	phu¹	phjo¹	*u				1.47	*phru^A
2. 设陷阱/诱捕	--	--	cua¹	tɕæ¹ᵃ	tɕa^A	--	--	*u				4.1	*cu^A
3. 蕨	xhə¹	ʂo¹	ʂua¹	ʐa¹ᵇ	sa^A	ŋkjeu¹'	--	*u				2.56	*-hru^A
4. 在……之上	--	--	--	sa¹ᵇ	sa^A	--	--	*u				2.28	*sju^A
5. 声音/噪音	xhə¹	ʂo¹	ʂua¹	ʐa¹ᵇ	sa^A	ŋkjeu¹'	ɕo¹	*u				2.56	*-hru^A
6. 树	fhu³	--	--	wa¹ᵇ	--	--	--	*u				1.47	*S-phru^A
7. 雾/云	ho¹	ho¹	hua¹	fia¹ᵇ	ha^A	--	ho¹	*u				7.14	*hu^A
8. 绿/蓝	zo²	mʐo¹	ntʂua¹	mpʐa¹ᵃ	mʔpja^A	--	mjo¹	*u				1.49	*mpru^A
9. 坚固/耐用	--	--	ʈua²	ʈa²	--	--	--	*u				2.48	*dru^A
10. 洒，溢出	--	ɳtɕho³	ɲchua³	ɳtɕha³ᵇ	ɳʔtɕha^B	--	--	*u				4.5	*ɲchu^B
11. 兔子	--	--	lua³	ḻa³ᵃ	ʔla^B	--	--	*u				2.40.1	*ʔlju^B
12. 高粱	--	--	ɳtʂua⁷	ntsa⁷ᵃ	--	--	--	*u				3.19	*ntsju^C
13. 锄草	--	ntho⁵	nthua⁵	--	--	--	--	*u				2.5	*nthu^C
14. 破烂的/邋遢的	nei⁶	--	ntua⁶	--	qla^C	--	--	*u				6.36	*ɴglu^C

对应组16a中的汉语借词：			ʔu(中古汉语)	鸟	wū'乌鸦'	>	苗语支 *ʔu^A
	*[k](r)u(上古汉语)	>	kjuw(中古汉语)	鸠	jiū'斑鸠'	>	苗语支 *ɴqu^A'鸽子'①
			ʔjiewH(中古汉语)	要	yào'重要的/想要'	>	苗语支 *ʔju^B'想要/索要/得到'

16b. 苗瑶语*u(111,225)

	1	2	3	4	5	6	7	苗语支	苗语支	瑶语支	8	9	10	11	声母	苗瑶语/瑶语支
15. 鼓	ŋə⁴	ŋaŋ⁴	ɳtua⁴	ɳtʂa⁴	ɳtʂa^B	ɳtʃu⁴	mjo⁴	*u	*u	*u	dzo⁴	du⁴	du⁴	--	2.51	*ndruX
16. 洗涤	sho⁵	ntsho⁵	ntshua⁵	ntsa⁵ᵇ	nʔtsha^C	ɳtʃu⁵	ŋo⁵	*u	*u	*u	do⁵	du⁵'	dzu⁵	du⁵	3.5	*ntshuH
17. 苎麻/大麻	no⁶	no⁶	ntua⁶	ntəa⁶	nta^C	ntu⁶	mjo⁶	*u	*u	*u	do⁶	du⁶	du⁶	--	2.6	*nduH
18. 乌龟	--	--	--	--	--	--	--	*u	*u	*u	to⁶	tu⁶	--	--	2.3	*duH
19. 回家										*u	mu⁴	mu⁴	mu⁴	mu⁴	1.9	*mu^B

---

① 该词也有可能借自藏缅语的*k(r)əw"鸽子"。

续表

对应组 16b 中的汉语借词:	*tˤuʔ(上古汉语)	>	tawX(中古汉语)	捣	dǎo '捣碎/舂'	>	苗瑶语*tuX
	*[dz]ˤu(上古汉语)	>	dzaw(中古汉语)	槽	cáo '饲料槽,水槽'	>	瑶语支*dzuᴬ

16c. 苗瑶语*uə(191)

	1	2	3	4	5	6	7	苗语支	苗瑶语	瑶语支	8	9	10	11	声母	苗瑶语
20. 九	tɕɔ²	tɕɔ²	cua²	tɕa²	za^A	tʃu²	ko²	*u	*uə	*uə	du²	du²	ju²	ku²	4.3	*N-ɹuə
21. 牛圈,牛栏	ŋɔ²	--	ŋkua²	ŋka²	ŋka^A	--	tɕɔ̃²	*u	*uə	*uə	--	gu²	glu²	dzu²	5.36	*ŋgluə
22. 雷	--	--	--	--	--	--	mo¹	*u	*uə	*uə	bu¹	bu⁵	--	bjau¹	1.4	*mpuə

对应组 16c 中的汉语借词:	*[g](r)aʔ(上古汉语)	>	gjoX(中古汉语)	粗	jù'年糕'	>	苗瑶语*ŋkjuəX
	*[b]ək-s(上古汉语)	>	bjuwH(中古汉语)	伏	fú'孵化'	>	苗瑶语*buəH'孵化/拥抱'

16d. 苗瑶语*ow(172)

	1	2	3	4	5	6	7	苗语支	苗瑶语	瑶语支	8	9	10	11	声母	瑶语支
23. 梭子								*ow	*ow	gou⁴	glou⁴	--	--		6.36	*ɴGlowᴮ

对应组 16d 中的汉语借词:	*[g](r)aw(上古汉语)	>	gjew(中古汉语)	桥	qiáo'桥'	>	苗瑶语 *jow
		mjuH(中古汉语)		雾	wù'雾'(粤语/mou⁶/)	>	瑶语支*mowᶜ

讨论:

苗瑶语的*uw(3f)、* uo(7c)和*u(16b)合并为瑶语的*u。"乌龟""回家"和"槽"被置于韵母对应组 16b 中,但应该记住的是这些词不一定在原始苗瑶语中也是*u。

注释:

1. 有一些带有 ph-的词表示"吹,刮风",但这在两个语支中可能都是用来表示声音象似性。

6. 养蒿(1)的形式是表示植物的量词(《苗瑶语方言词汇集》(1987)),与西部苗语石门话中的/fauʊ¹/一样(王辅世、毛宗武 调查点 4)。

8. "绿/蓝"和瑶语支的*ʔbɔuᴮ(1.4/3)"灰"可能是同源的:瑶语支的"灰"在海南金门方言中也表示"蓝"(新谷忠彦、杨昭 1990)。

10. 也表示"倾泻,涌出"。

12. 经过更多同源词的检验,我们明白了在这两个表示"高粱"的形式中 7 调是 5 调派生出来的连读变调形式。

14. 先进苗语(/ŋʈua⁶/)和青岩苗语(/ŋʈo⁶/)的现代语音形式中都有卷舌声母,所以该词还是构拟为*ɴGruᶜ 更好。它可能来自汉语的带有前缀形式的"陋"(即"鄙陋的,简陋的",上古汉语*[r]ˤo-s > 中古汉语 luwH > 普通话 lòu)。

18. 对原始苗瑶语的构拟是基于瑶语支的语音形式和七百弄布努语的/tu⁶/(王辅世、毛宗武 调查点 10)。

20. 来自藏缅语的*gəw"九"（参见第五章）。

21. 标敏（10）的形式出自Solnit（1982）。它可能与汉语的"圉"即"监狱，圈/围栏"，上古汉语*m-q(ʰ)(r)aʔ > 中古汉语 ngjoX > 普通话 *yǔ* 一样。

22. 该词可能与苗语支的*S-phoᴬ"雷"（1.2/7）有关。参见声母1.2中的讨论。

23. 该词很可能与苗语支表示"梭子"的词*ɴɢəŋᴮ（5-6.6/21）有关。

18

18a. 苗语支*in								苗语支				声母	苗语支
	1	2	3	4	5	6	7						
1. 晒太阳	--	--	ʑia¹	zæin¹ᵃ	--	--	--	*in				2.55	*ʔrinᴬ
2. 猴子	lei¹	--	lia¹	læin¹ᵃ	--	lai¹		*in				2.40	*ʔlinᴬ
3. 红	--	--	lia¹	læin¹ᵃ	ʔlenᴬ	--	--	*in				2.40	*ʔlinᴬ
4. 裙子	tei¹	tɛ¹	tia¹	tæin¹ᵃ	tenᴬ	ðai¹	tĩ¹	*in				2.1	*tinᴬ
5. 编织/编辫子	hei¹	hɛ¹	hia¹	fiæin¹ᵇ	henᴬ	xan¹	--	*in				7.14	*hinᴬ
6. 活着的	--	--	cia¹	tɕein²	ziᴬ	--	--	*in				4.3	*ɟinᴬ
7. 正面	--	--	ntia²	--	ɴqlenᴬ	--	--	*in				6.36	*ɴɢlinᴬ
8. 水平，标准	--	--	tia²	tæin²	--	--	--	*in				2.3	*dinᴬ
9. 鸟的嗉囊	pi³	--	tsia⁵	pjein⁵ᵃ	puᴮ	pai³	pẽ¹	*in				1.16	*pjinᴮ
10. 姜	khi³	--	qhia³	hæin³ᵇ	qhwjenᴮ	khai³	--	*in				5-6.2	*qhinᴮ
11. 葡萄	qei³	qɛ³	--	hæin³ᵃ	qenᴮ	--	ji³	*in				5-6.1	*qinᴮ
12. 饭锅/平底锅	vi⁴	wɛ⁴	jia⁴	zein⁴	wenᴮ	van⁴	vĩ⁴	*in				1.27	*wjinᴮ
13. 凉（水）	sei⁴	tsɛ⁴	tsia⁴	sein⁴	--	tʃai⁴	tɕhĩ⁴	*in				3.3	*dzinᴮ
14. 柿子	mi⁴	mɛ⁴	--	--	menᴮ	--	--	*in				1.9	*minᴮ
15. 敲（钉子）	--	ɳtɕɛ⁵	ɳʂia⁵	--	nʔtsenᶜ	--	ni⁵	*in				3.19	*ntsjinᶜ
16. 贻贝/蚌	ʎiə⁶	pɻɛ⁴	plia⁶	--	--	--	--	*in				1.33	*blinᶜ
17. 楔进	--	ɳtha⁷	--	ɳtei⁵ᵇ	--	--	--	*in				2.49	*ntrinᶜ
18. 女性	mi⁸	--	nia⁸	mi⁸	menᶜ	mai³	mẽ⁷	*in				1.9	*minᴰ

对应组18a中的汉语借词：	*sying*(中古汉语)		升		*shēng*'量度，升'			>	苗语支*sjinᴬ'量谷物'					

18b. 苗瑶语*im(4,5)								苗语支	苗瑶语	瑶语支					声母	苗瑶语/瑶语支
	1	2	3	4	5	6	7				8	9	10	11		
19. 苦	i¹	ɛ¹	ia¹	æin¹ᵃ	--	an¹	jĩ¹	*in	*im	*im	im¹	im¹	in¹	jɛm¹	7.1	*ʔim
20. 刺，棘									*im	jim³	ɖim³	--	--		4.4	*ʔɻimᴮ

对应组18b中的汉语借词：	*ljem*(中古汉语)		镰		*lián*'镰刀'			>	苗瑶语*ljim					
	sim(中古汉语)		心		*xīn*'心脏'			>	瑶语支*simᴬ					
	tsyim(中古汉语)		箴		*zhēn*'针'			>	瑶语支*simᴬ					

续表

18c. 苗瑶语*in(7)

	1	2	3	4	5	6	7	苗语支	苗瑶语	瑶语支	8	9	10	11	声母	苗瑶语
21. 牙齿	m̥hi³	ɕɛ³	h̥ɲia³	mi³ᵇ	ɱjenᴮ	ɱai³	mĩ³	*in	*in	*in	--	--	mjen³	--	1.23	*hmjinX

对应组 18c 中的汉语借词:	*-[b]ˤe[n]ʔ(上古汉语)	>	benX(中古汉语)	辮	biàn'辫子/辫子'	>	苗瑶语 *mbjinX'辫辫子/辫子'
			pjien(中古汉语)	鞭	biān'鞭子'(粤语/pin¹/)	>	瑶语支*pinᴬ

18d. 苗瑶语*iŋ(8)

	1	2	3	4	5	6	7	苗语支	苗瑶语	瑶语支	8	9	10	11	声母	苗瑶语/瑶语支
22. 田地	li²	--	lia²	læin²	lenᴬ	leŋ²	lĩ²	*in	*iŋ	*iŋ	giŋ²	gi:ŋ²	lje²	ljaŋ²	2.42.1	*ljiŋ
23. 猴子										*iŋ	biŋ¹	bi:ŋ¹	--	bjaŋ¹	1.4	*ʔbiŋᴬ
24.（鸟的）嗉囊/砂囊										*iŋ	tɕiŋ³	ɖiŋ³	--	--	4.1	*ciŋᴮ

对应组 18d 中的汉语借词:	syeng(中古汉语)	聲	shēng'声音'	>	瑶语支 *siŋᴬ
	sengX(中古汉语)	醒	xǐng'清醒，醒酒'	>	瑶语支*siŋᴮ
			粤语/pɛ:ŋ⁵/'藏起来'	>	瑶语支*piŋᶜ

18e. 苗瑶语*iəm(135)

	1	2	3	4	5	6	7	苗语支	苗瑶语	瑶语支	8	9	10	11	声母	苗瑶语/瑶语支
25. 嗅，闻	m̥hi⁵	--	h̥ɲia⁵	mi⁵ᵇ	ɱjenᶜ	ɱai⁵	mi⁵	*in	*iəm	*iəm	hom⁵	hɔ:m⁵'	mja⁵	--	1.23	*hmjiəmH
26.盖（瓦）										*iəm	hom⁶	hɔ:m³	--	hum³	7.14	*hiəmᴮ/ᶜ

18f. 苗瑶语*iən(119,137)

	1	2	3	4	5	6	7	苗语支	苗瑶语	瑶语支	8	9	10	11	声母	苗瑶语
27. 肝	xhi¹	ʂɛ¹	ʂia¹	zæin¹ᵇ	senᴬ	ŋkheŋ¹'	hĩ¹	*in	*iən	*iən	gan¹	qjen¹'	ɬan¹	--	2.56	*-hriən

对应组 18f 中的汉语借词:	ngin(中古汉语)	銀	yín'银子'	>	苗瑶语*nʷiən

18g. 苗瑶语*iəŋ(83,159)

	1	2	3	4	5	6	7	苗语支	苗瑶语	瑶语支	8	9	10	11	声母	苗瑶语/瑶语支
28. 高	xhi¹	ʂɛ¹	ʂia¹	zæin¹ᵇ	senᴬ	ŋkheŋ¹'	hĩ¹	*in	*iəŋ	*iəŋ	gan¹	qjaŋ¹'	ɬaŋ¹	dzoŋ¹	2.56	*-hriəŋ
29. 新	xhi¹	ɕɛ¹	tʂhia¹	sæin¹ᵇ	senᴬ	ŋkheŋ¹'	sĩ¹	*in	*iəŋ	*iəŋ	ɕaŋ²	saŋ²	saŋ¹	sjaŋ¹	3.17	*tshjiəŋ
30. 李子	--	--	--	--	--	--	le³	*in	*iəŋ	*iəŋ	gaŋ³		ɬaŋ³	ŋɔŋ³	2.41	*hljiəŋX
31. 浅	--	--	ŋkla³	--	--	--		*in	*iəŋ	*iəŋ	glaŋ³	gjaŋ³	--	lɛŋ³	5.34	*ŋkliəŋX
32. 光滑/平滑	--	mjɛ⁶	mpla⁶	mplein⁶	mplenᶜ	wĩ⁶		*in	*iəŋ	*iəŋ	--	bjaŋ⁶	--	--	1.36	*mbljiəŋH
33. 所有格										*iəŋ	ŋaŋ¹	ŋaŋ¹'	nin²		4.7	*ʔɲiəŋᴬ

对应组 18g 中的汉语借词:	*N-s-r̥eŋ(上古汉语)	>	tshjeng(中古汉语)	清	qīng'清澈'	>	苗瑶语*ntshjiəŋ

讨论：

注意韵母对应组 18（*-in）和 20（*-en）在现代语音形式的相似性。苗语支的韵尾*-n 在大多数语言中都消失了：它只幸存于西部苗语支（如上面的宗地（4）和复员（5）），在巴哼语中表现为元音鼻化。

注释：

2. 瑶语支表示"猴子"（*ʔbiŋ^A 1.4/18）的词与该词共享同样的声调和韵母，但声母却不相同，表明它有可能来源于古代双音节词。比较原始泰语的*liŋ"猴子"（李方桂 1977）。

2 和 3. 如果"猴子"指的是"红猴"，那么它们可能就是同一个词。"猴子"和"红"的关联以及上述提到的苗语支和瑶语支关于"猴子"一词之间的关联，这两种关联之间是如何产生联系的尚不清楚。

7. 也有苗语支的语音形式与该词的意义、韵母和声调都匹配，但却有一个*mbl-的声母：高坡 /mplɛ^2/、宗地/mplæin^2/、枫香/mplen^2/（王辅世 1994）。

16. 养蒿（1）和吉卫（2）的形式出自《苗瑶语方言词汇集》（1987）。

18. "女性"一词很可能起初并没有鼻音韵尾：我们设想鼻音韵尾可能会在高坡（7）以及青岩和七百弄布努语（西部苗语）中出现，但是没有。并且调类 8 暗示着韵尾是-p 或者-t。但基于整体的对应关系，我们先将其放在此处。在白苗中，表示"母亲"。

21. 三江标敏（王辅世、毛宗武 调查点 22）代替了东山标敏（10）。该词表示"牙齿"，可能也适合韵母对应组 18f，并构拟为*hmjiənX。

22. 比较几乎一样的汉语词："田"即"田地；打猎"，上古汉语*lˤiŋ > 中古汉语 den > 普通话 *tián*，以及藏缅语词*liŋ"田地"。Haudricourt、Strecker (1991)和 Sagart (1999:183–184)都考虑到该词可能是汉语从苗瑶语借入的。

23. 苗语支表示"猴子"（*ʔlin^A 2.40/18）的词与该词共享同样的声调和韵母，但声母却不相同，表明它有可能来源于古代双音节词。

24. Downer（1973）认为勉语的/kien^1/来源于粤语的/khan/"嗉囊"，尽管它们不太像是同一个词。

25. "嗅"和"尝/试"（苗瑶语*hmeiH, 1.8/12）都表示特意去"闻"和"尝"。有另外的词表示无意中"闻到"和"尝到"。比较藏缅语的*s-nam"闻"（"趋向、致使、强化"的前缀；参见马提索夫 2003：99 ff.）。

26. 这些表示"盖"的语音形式，以及瑶语支的*kom^B（5.1/21），似乎都借自侗台语族（参见 2.2 节中的词条）。瑶语支中 3 调和 6 调中的现代语音形式暗示着声母清浊的变异和声调的变异，但声调可能仅仅是"借用声调"（参见第三章），用来尽可能接近地反映来源语的声调。

29. 该词可能来自汉语"清"的变体，考虑到它比较近似于对应组（3.20/18）中鼻冠的*ntshjiəŋ（参见第四章）。

30. 该词可能来自汉语的"李"即"李子"，中古汉语 liX > 普通话 *lǐ*。

31. 绿苗代替了白苗（3）。

32. 在白苗中，表示"明亮的"。

19

19a. 苗语支*æn

	1	2	3	4	5	6	7	苗语支					声母	苗语支
1. 竹笛	ki^2	--	qen^2	hæin^2	ʁwjaŋ^A	--	--	*æn					5-6.3	*ɢæn^A
2. 人	nɛ^2	ne^2	nɛŋ^2	--	na^A	nai^2	--	*æn					2.9	*næn^A

续表

	1	2	3	4	5	6	7	苗语支	声母	苗语支
3. 弩,十字弓	ŋhen^3	--	hn̥ɛŋ^3	nein^{3b}	ŋa^B	--	ŋẽ^3	*æn	2.8	*hnæn^B
4. 马	ma^4	--	nɛŋ^4	mein^4	ma^B	me^4	mĩ^4	*æn	1.24	*mjæn^B
5. 懒惰	ŋi^4	ɲe^4	ŋkɛŋ^4	ŋtɕein^4	ŋkaŋ^B	--	ŋɛ^4	*æn	5.36	*ŋglæn^B

19b. 苗瑶语*æn(42,175,247)

	1	2	3	4	5	6	7	苗语支	苗瑶语	瑶语支	8	9	10	11	声母	苗瑶语/瑶语支
6. 脚印/踪迹	m̥ha^3	--	nen^3	mein^{3a}	m̥a^B	--	--	*æn	*æn	*æn	m̥wan^3	ŋwa:n$^{3'}$	mjɛn^3	--	1.23	*hmjænX
7. 老虎										*æn	dzan^2	gja:n^2	jen^2	kjɛn^2	5.36.1	*ŋgljæn^A
8. 人/勉人										*æn	mwan^2	mun^2	min^2	min^2	1.24	*mjæn^A
9. 鬼魂/鬼										*æn	m̥wan^3	ŋwa:n^3	mjɛn^3	mjɛn^3	1.23	*hmjæn^B

19c. 苗瑶语*an(99,118)

	1	2	3	4	5	6	7	苗语支	苗瑶语	瑶语支	8	9	10	11	声母	苗瑶语/瑶语支
10. 白茅草	qɛ^1	--	ɴqɛŋ^1	ŋkæin^{1a}	--	ŋkan^1	ŋɛ^1	*æn	*an	*an	ga:n^1	ga:n^1	gwan^1	gɔn^1	5-6.4	*NKan
11. 量词,(一个)人	lɛ^2	le^1	lɛŋ^2	læ^2	--	laŋ^1	læ̃^{2}	*æn	*an	*an	la:n^2	la:n^2	--	na^1	2.42	*lan
12. 后背										*an	tan^4	tan^4	--	--	2.3	*dan^B
13. 打呼,打鼾										*an	gaŋ^2	da:n^2	--	--	5.21	*ŋgjan^A
14. 分散										*an	da:n^5	da:n$^{5'}$	dzan^5	--	3.5	*dzhan^C
15. 小母鸡/母鸡										*an	ka:n^5	kja:n^5	--	--	5.31	*klan^C

对应组19c 中的汉语借词:	*[tʰ]ˤa[n]-s(上古汉语)*	>	*thanH(中古汉语)*	炭	tàn'木炭'	>	苗瑶语*thanH
			kjin(中古汉语)	筋	jīn'肌腱'	>	瑶语支*kʷjan^A

注释:

2 和 8. 王辅世、毛宗武将苗语支这些有声母 n-且只表示"人"的形式与瑶语支有声母 m-同时既表示"人"又用作不同瑶族支系自称的形式联系在一起。这个瑶语支的自称是*mjæn^A(1.24/19),很可能来自汉语的"民"即"人民",上古汉语*mi[ŋ] > 中古汉语*mjin > 普通话 *mín*,在此处分别列出。巴哼语的/mjɛ^2/与瑶语支对应,在许多其他例子中也是如此(参见"糠"和"雷")。

3. 该词无疑与瑶语支的*hnək^D"弩,石弓"(2.8/7)是同一个词。比较孟高棉语的*snaʔ(Shorto #97),汉语的"弩"(上古汉语*[n]ˤaʔ > 中古汉语 nuX > 普通话 *nǔ*)和原始泰语*hnaaB1。

4. 尽管苗语支的"马"与汉语的"馬"(上古汉语*mˤraʔ > 中古汉语 mæX > 普通话 *mǎ*)有间接关系,但这些语音形式表明它们与一些藏缅语(藏缅语*mraŋ)联系更为直接。此外,该词的韵母与本组第 6 个词"脚印/踪迹"相匹配,这也是一个藏缅语借词。瑶语支表示"马"的词汇都借自汉语。

5. 比较汉语的"懒"即"懒惰"，上古汉语*[r]ˤanʔ > 中古汉语 lanX > 普通话 *lǎn*。

6. 很可能来自藏缅语*s-naŋ"跟随"的一个派生词。

7. 比较孟高棉语的*klaʔ"老虎"（Shorto #197）。

8. 也可参见勉语方言江底（王辅世、毛宗武 调查点 15）的/mjən²/和湘南（王辅世、毛宗武 调查点 16）的/mjəŋ²/。巴哼语的/mjɛ²/模式与此处的瑶语支相同，巴哼语的许多其他例子中也是如此（参见"糠"和"雷"）。瑶族的自称，比如"勉""蒙""敏"，可能来自汉语的"民"即"人民"，上古汉语*mi[ŋ] > 中古汉语 mjin > 普通话 *mín*。王辅世、毛宗武将瑶语支带有 m-的表示"人"和"团体"的语音形式与苗语支的*næn^A"人"（2.9/19）联系在一起，因为韵母和声调是对应的。目前，我们把苗语支表示"人"的词在此处分开列出。

8 和 9. 零星的-w-是二次发展的结果：首先-j-脱落，然后-w-在双唇音和元音/a/之间发展出来。

11. 比较汉语的"郎"即"小伙子"，普通话 *láng*；在闽语中有一个同音词也表示"人"。

12. 该词构拟出一个-a-是基于江底勉语/ta:n⁴/（王辅世、毛宗武 调查点 15）中的长元音。

13. 比较汉语的"鼾"即"打呼"，中古汉语 xan > 普通话 *hān*，它们韵母匹配，但声母并不对应。

20

20a. 苗语支*en(24)

	1	2	3	4	5	6	7	苗语支						声母	苗语支
1. 额头	ŋhaŋ¹	ɕɛ¹	--	ŋi¹ᵇ	--	--	nĩ¹	*en						4.8	*hɲen^A
2. 煮熟的/成熟的	ɕhaŋ³	ɕɛ³	ʂia³	sæin³ᵇ	sen^B	θeŋ³	sĩ³	*en						2.28	*sjen^B
3. 浅	ŋi⁴	--	--	ŋi⁴	--	--	ŋɦi⁴	*en						4.9	*ɲen^B

对应组 20a 中的汉语借词:	nyemX(中古汉语)			姌		*rǎn*'纤细的'		>		H *ɲen^B'纤瘦'					

20b. 苗瑶语*em(59)

	1	2	3	4	5	6	7	苗语支	苗瑶语	瑶语支	8	9	10	11	声母	苗瑶语/瑶语支
4. 偷窃	ŋaŋ⁶	ŋɛ⁶	ŋia⁶	ŋi⁶	ŋen^C	ŋiŋ⁶	ŋĩ⁶	*en	*em	*em	nim⁶	ne:m⁶	--	ŋɛm⁶	4.9	*ŋemH
5. 花瓣									*em	ɬim⁵	le:m⁵	--	ɬiŋ⁵	2.41	*hlem^C

20c. 瑶语支*i̯em(40)

	1	2	3	4	5	6	7	苗语支	苗瑶语	瑶语支	8	9	10	11	声母	瑶语支
6. 山（脉）										*i̯em	kem²	ki:m²	kleŋ²	--	5.33	*gli̯em^A
7. 骂/诅咒										*i̯em	he:m⁵	--	--	--	7.14	*hi̯em^C

对应组 20d 中的汉语借词:	*N-kˤem'怀疑'(上古汉语)			>		hem(中古汉语)		嫌	*xián*'不喜欢'			>		瑶语支*yi̯em^A'不喜欢'		

20d. 苗瑶语*eŋ(44)

	1	2	3	4	5	6	7	苗语支	苗瑶语	瑶语支	8	9	10	11	声母	苗瑶语/瑶语支
8. 朔日，月首	--	--	sia¹	sæin¹ᵇ	sen^A	--	--	*en	*eŋ	*eŋ	--	--	--	heŋ¹	2.13	*seŋ

续表

	1	2	3	4	5	6	7	苗语支	苗瑶语	瑶语支	8	9	10	11	声母	苗瑶语/瑶语支
9. 举，抬	--	--	--	--	--	--	tɕõ¹	*en	*eŋ	*eŋ	tɕɛŋ¹	te:ŋ¹	kjɛ¹	kaŋ¹	5.16	*kjeŋ
10. 窒息，呛	--	--	--	--	--	ŋtʃei⁵	ni⁵	*en	*eŋ	*eŋ	dʑɛ:ŋ⁵	--	dʑɛ⁵	jaŋ⁵	3.19	*ntsjeŋH
11. （一）双/对									*eŋ		--	ge:ŋ⁶	lɛ⁶	dzaŋ⁶	2.57	*reŋᶜ

对应组 20e 中的汉语借词:	ngængH(中古汉语)		硬	ying'坚硬，坚固'	>		瑶语支*ŋjeŋᶜ

20e. 苗瑶语*æm(79)

	1	2	3	4	5	6	7	苗语支	苗瑶语	瑶语支	8	9	10	11	声母	苗瑶语
12. 哭泣	ŋaŋ¹	ŋɛ³	ŋia³	ŋi³ᵃ	ʔŋenᴮ	ŋiŋ³	--	*en	*æm	*æm	ŋem³	ŋjim³	ŋan³	ŋɛm³	4.7	*ʔŋæmX

讨论：

注意韵母 18（*in）和 20（*-en）在现代语音形式中的相似性。值得注意的是在韵母对应组 20 中，缺失了原始苗瑶语的*en，它的构拟形式放在韵母对应组 25 中（苗瑶语*en > 苗语支*ɛŋ，瑶语支*ei）。可能是原始苗瑶语*en 本质上并不稳定。

韵母对应组 20 中，大多数词声母有硬腭音。也许对应组 20 可以与另一个韵母对应组合并，但它与哪一个韵母对应组呈互补分布还不清楚。

王辅世、毛宗武的第 23、24 韵母组也属于此处的对应组。王辅世、毛宗武第 23 韵母组包含一个词：苗瑶语*kʷjan"斤"，来自汉语的"斤"（中古汉语 kjin > 普通话 jīn）。在该词中，苗瑶语的*an 变成了苗语支的*en，而不是预期中的*æn（参见上文韵母对应组 19）。王辅世、毛宗武的第 24 韵母组，除了上面的"额头""煮熟的""瘦"之外，还包括汉语的"千"和"钱"，它们可构拟为苗瑶语的*i̯en：

tshen(中古汉语)	千	*qiān*	'千'	>	苗瑶语*tshi̯en
dzjen(中古汉语)	錢	*qián*	'钱'	>	苗瑶语*dzi̯en

注释：

3. "浅"可能很容易构拟为*ninᴮ 并放入上文的韵母对应组 18 中。放在这两个对应组中的哪一个都不是非常合适。文界巴哼语（王辅世、毛宗武 调查组 12）代替了白云巴哼语（7）。

5. 江底勉语（王辅世、毛宗武 调查点 15）代替了罗香勉语（8）。

6. 三江标敏（王辅世、毛宗武 调查点 22）代替了东山标敏（10）。

7. 江底勉语（王辅世、毛宗武 调查点 15）代替了罗香勉语（8）。该词可能属于苗语支的*qeᶜ（5-6.1/10）"骂"，正如王辅世、毛宗武（1995：327）所列出的那样。

10. 江底勉语（王辅世、毛宗武 调查点 15）代替了罗香勉语（8）。

21

21a. 苗语支*əŋ

	1	2	3	4	5	6	7	苗语支	声母	苗语支
1. 在/住	ŋaŋ^1	ŋi^1	ŋɔ^1	ŋɔ^{1a}	ʔŋoŋ^A	ŋɐŋ^1	ŋõ^1	*əŋ	4.7	*ʔŋəŋ^A
2. 乳房/胸膛	--	--	ntɔ^1	ntoŋ^{1a}	--	--	--	*əŋ	2.49	*ntrəŋ^A
3. 动物脂肪/油	taŋ^2	--	tɔ^2	ʂoŋ^2	zoŋ^A	--	--	*əŋ	5.48	*grəŋ^A
4. 船	ŋaŋ^2	ŋaŋ^2	ŋkɔ^2	ŋkoŋ^2	ŋkoŋ^A	ntʃoŋ^2	ŋu^2	*əŋ	5.21	*ŋgjəŋ^A
5. 沉没	taŋ^2	--	tɔ^6	toŋ^6	toŋ^A	--	tæ̃^{4}	*əŋ	2.3	*dəŋ^A
6. 哼哼叫/吼叫	--	--	ɴqɔ^3	ŋkoŋ^{3a}	ɴʔqoŋ^B	--	--	*əŋ	5-6.4	*ɴqəŋ^B
7. 返回	taŋ^3	--	tɔ^3	toŋ^{3a}	tʂoŋ^B	--	--	*əŋ	2.46	*trəŋ^B
8. 滚下来	l̥aŋ^3	caŋ^3	dɔ^3	--	qloŋ^B	--	--	*əŋ	6.31	*qləŋ^B
9. 掩埋	laŋ^4	laŋ^4	lɔ^4	loŋ^4	loŋ^B	--	læ̃^{4}	*əŋ	2.42.1	*ljəŋ^B
10. 葱属植物	--	--	dɔ^4	loŋ^4	ʁloŋ^B	--	--	*əŋ	6.33	*ɢləŋ^B
11. 梭子	ŋaŋ^4	naŋ^4	ɴqɔ^4	ŋkoŋ^4	ɴqoŋ^B	ŋwaŋ^4	--	*əŋ	5-6.6	*ɴɢəŋ^B
12. 吞咽	ŋaŋ^4	ŋu^4	--	--	ɴqoŋ^B	--	--	*əŋ	5-6.6	*ɴɢəŋ^B
13. 等待	taŋ^4	taŋ^4	tɔ^4	toŋ^4	ðoŋ^B	--	te^4	*əŋ	2.3	*dəŋ^B
14. 释放	ɕaŋ^5	tɕaŋ^5	tʂɔ^5	--	--	--	tɕõ^5	*əŋ	3.16	*tsjəŋ^C
15. 擦拭	ɕhaŋ^5	ɕaŋ^5	ʂɔ^5	soŋ^{5b}	soŋ^C	--	--	*əŋ	2.28	*sjəŋ^C
16. 是	--	--	jɔ^6	zoŋ^6	zoŋ^C	--	ŋu^6	*əŋ	4.12	*jəŋ^C
17. 内部	ŋaŋ^6	ŋaŋ^6	ntɔ^6	--	--	--	--	*əŋ	2.51	*ndrəŋ^C

对应组 21a 中的汉语借词:	*[k]ʰoŋʔ(上古汉语)	>	khuwngX(中古汉语)	孔	kǒng '洞'	>	苗语支 *qhəŋ^B

21b. 瑶语支*əm(229)

	1	2	3	4	5	6	7	苗语支	苗瑶语	瑶语支	8	9	10	11	声母	瑶语支
18. 在/住										*əm	jem^1	jam^1	jan^1	--	4.10	*ʔjəm^A
19. 手镯										*əm	tɕem^2	sam^2	--	--	5.18	*gjəm^A

对应组 21b 中的汉语借词:	*[r][ə]m(上古汉语)	>	lim(中古汉语)	淋	lin '(大雨)倾盆而下'	>	瑶语支 *rəm^A '浇'

21c. 苗瑶语*ən(157,176,194)

	1	2	3	4	5	6	7	苗语支	苗瑶语	瑶语支	8	9	10	11	声母	苗瑶语/瑶语支
20. 射击	paŋ^3	paŋ^3	pɔ^3	poŋ^{3a}	poŋ^B	poŋ^3	pɔ̃^{3}	*əŋ	*ən	*ən	pwan^3	fan^3	--	bun^3	1.1	*pənX
21. 细（粉）	moŋ^4	maŋ^4	mɔ^4	--	--	--	mæ̃^{4}	*əŋ	*ən	*ən	mwən^6	--	mun^6	mun^6	1.9	*mənX/H
22. 自己									*ən		kan^2	kan^2	kan^4	--	5-6.3	*gən^A

续表

对应组21c 中的汉语借词:	ʔwanX(中古汉语)	碗	wǎn'碗'	>	瑶语支*ʔwənᴮ

21d. 苗瑶语*əŋ(140)

	1	2	3	4	5	6	7	苗语支	苗瑶语	瑶语支	8	9	10	11	声母	苗瑶语
23. 夜晚	m̥haŋ⁵	m̥haŋ⁵	hm̥ɔ⁵	mɔ⁵ᵇ	mɔŋᶜ	--	mæ⁴	*əŋ	*əŋ	*əŋ	m̥ aŋ³	--	m̥ɔŋ⁵	mɔŋ⁵	1.8	*hməŋH

对应组 21d 中的汉语借词:	*(mə.)rəʔ(上古汉语)	>	liX(中古汉语)	里	lǐ'村庄'	>	苗瑶语*rəŋX
	*N-[dz]eŋ-s(上古汉语)	>	dzjengH(中古汉语)	淨	jìng'干净的'	>	瑶语支*ndzəŋᶜ

21e. 苗瑶语*əum(193)

	1	2	3	4	5	6	7	苗语支	苗瑶语	瑶语支	8	9	10	11	声母	苗瑶语/瑶语支
24. 听见	ŋ̥haŋ³	ŋ̥haŋ³	hn̥ɔ³	nɔ³ᵇ	ŋuᴮ	ŋəŋ³	ŋɔ³	*əŋ	*əum	*om	nom³	num³	ŋən³	--	2.8	*hnəumX
25. 肿胀	aŋ⁵	aŋ⁵	ɔ⁵	oŋ⁵ᵃ	oŋᶜ	oŋ⁵	ʔõ⁵	*əŋ	*əum	*om	om⁵'	ɔm⁵	ən⁵	--	7.1	*ʔəumH
26. 盖住										*om	kom³	kom³	--	--	5.1	*komᴮ

21f. 苗瑶语*əun(214)

	1	2	3	4	5	6	7	苗语支	苗瑶语	瑶语支	8	9	10	11	声母	苗瑶语
27. 嫩	ɣaŋ⁵	zaŋ⁵	--	--	--	ntʃoŋ⁵	--	*əŋ	*əun	*un	gun⁵'	--	lun⁵	in⁵	2.55	*ʔrəunH
28. 肥胖	taŋ⁶	ʈaŋ⁶	tɔ⁶	ʂoŋ⁶	zoŋᶜ	ʃoŋ⁶	tɕõ⁶	*əŋ	*əun	*un	kun⁶	kun⁶	klin⁶	tin⁶	5.48	*grəunH

21g. 苗瑶语*əuŋ(218)

	1	2	3	4	5	6	7	苗语支	苗瑶语	瑶语支	8	9	10	11	声母	瑶语支
29. 聋								*əuŋ	*uŋ	--	duŋ¹	dwə¹	dɔŋ¹		2.4	*ʔduŋᴬ
30. 吠								*əuŋ	*uŋ		tɕuŋ⁵'	tuŋ⁵	dwə⁵	--	4.1	*cuŋᶜ

对应组 21g 中的汉语借词:	*mˤoŋʔ(上古汉语)	>	muwngX(中古汉语)	蠓	měng'摇蚊'	>	苗瑶语*məuŋX'苍蝇'
			kjang(中古汉语)	薑	jiāng'生姜'	>	瑶语支*khjuŋᴬ
			pjangH(中古汉语)	放	fàng'释放'	>	瑶语支*puŋᶜ

21h. 苗瑶语*əaŋ(101)①

	1	2	3	4	5	6	7	苗语支	苗瑶语	瑶语支	8	9	10	11	声母	苗瑶语
31. 饭	--	--	hn̥ɔ⁵	ŋɔ⁵ᵇ	--	--	--	*əŋ	*əaŋ	*aŋ	na:ŋ⁵	naŋ⁵'	ŋaŋ⁵	nɔŋ⁵	2.53	*hnrəaŋH

---

① 王辅世、毛宗武第 101 韵母组中的所有其他词只在瑶语支中被证实，并且可以置于韵母对应组 24 中。"绳子"一词有一个苗语支同源词，表示"腰带/绳索/带子"，同时其扩展组也应该属于对应组 24，而非此处。

讨论：

对应组 21b 是完全由瑶语支词汇组成的。它被置于此处是因为我们认为苗语支在对应组 21a 中表示"在/住"的词与瑶语支中表示"在/住"的词有关联，前者带有硬腭鼻音声母，而后者带有硬腭滑音声母。对应组 21c 和 21d 含有双唇声母的词汇，这些声母在瑶语支的-əN 之前都变成了圆唇滑音（也可参见韵母对应组 28）。

只有一个借词可以作为例子说明以下两个属于对应组 21 的韵母：

21i. 苗瑶语*əan（194）：苗瑶语*phəan"量词，计量被子"，来自汉语的"片"即"半；部分；一方"，中古汉语 phenH > 普通话 *piàn*。

21j. 苗瑶语*uen（194）：苗瑶语*chuen"穿线"，来自汉语的"穿"即"穿过，钻"，中古汉语 tsyhwen > 普通话 *chuān*。

注释：

1. 瑶语支的*ʔjəm^A（4.10/21）"在/住"很可能与该词有关。

3 和 28. 尽管只在苗语支中得以证实，但"动物脂肪/油"显然与韵母 21f 中的"肥胖"是同一个词根。似乎"肥胖"一词的普及是通过 C 调派生而来，是从现在更受限的"动物脂肪/油"一词派生出来的（参见第四章）。

4. 比较中部马来-波利尼西亚语的*waŋka[ŋ]"独木舟"（《南岛语比较词典》）。

9. 该词可能来自汉语的"敛"即"敛尸"，普通话 *liàn*，尽管声调并不对应。

11. 瑶语支表示"梭子"的形式很可能与该对应组有关（罗香勉语/gou⁴/、梁子金门方言/dlou⁴/、览金金门方言/glou⁴/）。但在瑶语支中没有鼻音韵尾，并且该韵母的对应关系也未在其他地方证实；声母也有问题。

18. 苗语支*ʔnəŋ^A（4.7/21）"在/住"很可能与瑶语支的*ʔjəm^A 相匹配，但瑶语支中鼻音声母的缺失却很难解释（王辅世、毛宗武将其解释为虚词弱化）。

19. 也可参见长坪勉语/kjəm²/（王辅世、毛宗武 1995）。比较龙州（侗台语族）的/kiim²/。

20. 比较马来-波利尼西亚语的*panaq"射击"和孟高棉语的*paŋʔ"射击"（Shorto #905）。在白苗中，表示"扔，投"。

20 和 21. 双唇声母导致了瑶语支中介音-w-的出现。这个介音-w-一直保持在罗香勉语（8）中，而在标敏和藻敏（10 和 11）中却使得元音变成了圆唇。

22. 按照我们设定的规则，该词应该是苗瑶语的本语词。因为该词也出现于活聂（畲语，苗语支）中：/kan⁴/。然而，这个形式是不规则的，看起来像是从某个瑶语支语言中借来的。

23. 汉语的"晚"（即"晚上"，普通话 *wǎn*）演变为勉语的/muən¹/似乎不太可能，因此，更可能与藏缅语的*s-muːŋ"黑"或孟高棉语的*m[h][uə]h"晚上，夜晚"（Shorto #264）或者*maŋ"夜里，晚上"（Shorto #638）有关系。

26. "盖住"一词，连同瑶语支的*hjəm^{B/C}"盖（瓦）"（7.14/18），似乎都是晚近时期从侗台语族中借来的。李方桂（1977）构拟了许多形式类似的词，都有这种宽泛的意义：*xrum^{B1}"掩盖，掩饰"；*ɣum"掩盖，保护"；*hom"盖住"。也可参见瑶语支带有声母 g-的表示"覆盖"意义的语音形式，在 L-Thongkum 的构拟中是：勉语/gom³/，金门方言/gəm³/，等等（1993：204）。

31. 可能来自汉语的"饟"："为下地干活的人送饭" > "给下地干活的人送去的饭"（上古汉语*ŋaŋ(ʔ)-s > 中古汉语 syangH > 普通话 *xiǎng*）。

22

22a. 苗语支*ɛŋ

	1	2	3	4	5	6	7	苗语支				声母	苗语支
1. 黑色	lɛ¹	qwe¹	du¹	lɔŋ¹ᵃ	qlaŋᴬ	klaŋ¹	--	*ɛŋ				6.46	*qrɛŋᴬ
2. 陶瓶/土罐	--	--	hu¹	fioŋ¹ᵇ	haŋᴬ	--	--	*ɛŋ				7.14	*hɛŋᴬ
3. 量词，（一）碗/房子	lɛ¹	le¹	lu¹	noŋ¹ᵃ	ʔlaŋᴬ	xoŋ¹	lɔ̃¹	*ɛŋ				2.40	*ʔlɛŋᴬ
4. 喂养	pɛ¹	--	pu¹	--	--	--	--	*ɛŋ				1.1	*pɛŋᴬ
5. 星星	qɛ¹	qe¹	qu¹	hoŋ¹ᵃ	qaŋᴬ	ka¹	kɔ̃¹	*ɛŋ				5-6.1	*qɛŋᴬ
6. 太阳/（一）天	ŋhe¹	ŋhe¹	hŋu¹	noŋ¹ᵇ	ŋaᴬ	ŋɔ¹'	ŋẽ¹	*ɛŋ				2.8	*hnɛŋᴬ
7. 樗，臭椿	--	--	ju²	zoŋ²	zaŋᴬ	--	--	*ɛŋ				4.12	*jɛŋᴬ
8. 第一人称单数（我）	--	--	ku³	koŋ³ᵃ	kaŋᴮ	--	--	*ɛŋ				5.1	*kɛŋᴮ
9. 艾草	xhi³	--	--	zoŋ³ᵇ	saŋᴮ	--	--	*ɛŋ				2.56	*hrɛŋᴮ
10. 米/稷、粟	she³	se³	tshu³	soŋ³ᵇ	tshaŋᴮ	--	--	*ɛŋ				3.2	*tshɛŋᴮ
11. 短	lɛ³	le³	lu³	loŋ³ᵃ	ʔlaŋᴮ	laŋ³	lɔ̃³	*ɛŋ				2.40	*ʔlɛŋᴮ
12. 第一人称单数（我）	vi⁴	we⁴	--	--	--	va⁴	vɔ̃⁴	*ɛŋ				1.12	*wɛŋᴮ
13. 量词，（一）匹马	tɛ⁴	--	tu⁴	toŋ⁴	ðaŋᴮ	--	--	*ɛŋ				2.3	*dɛŋᴮ
14. 午饭	--	--	ʂu⁵	soŋ⁵ᵇ	saŋᶜ	--	--	*ɛŋ				2.28	*sjɛŋᶜ
15. 询问	nɛ⁶	ne⁶	nu⁶	noŋ⁶	naᶜ	nɔ⁶	nĩ⁶	*ɛŋ				2.9	*nɛŋᶜ

对应组 22a 中的汉语借词:	ljang(中古汉语)	量	liáng '秤重/测量'	>	苗语支 *ljɛŋᴬ '量（米）'
	ʔjang(中古汉语)	秧	yāng '秧苗'	>	苗语支*ʔjɛŋᴬ
	yangH(中古汉语)	養	yàng '豢养，供养'	>	苗语支*jɛŋᶜ '养（鸡）'

22b. 苗瑶语*ɛm(174)

	1	2	3	4	5	6	7	苗语支	苗瑶语	瑶语支	8	9	10	11	声母	苗瑶语/瑶语支
16. 体虱	tɛ³	te³	tu³	toŋ³ᵃ	taŋᴮ	taŋ³	nɔ̃³	*ɛŋ	*ɛm	*əm	tam³	tam³	dan³	dam³	2.1	*tɛmX
17. 舀										*əm	dam³	--	--	da³	2.4	*ʔdəmᴮ

对应组 22b 中的汉语借词:	*(pə.)r[ə]mʔ(上古汉语)	>	limX(中古汉语)	廩	lǐn '谷仓/粮仓'	>	苗瑶语*rəmX
			nemH(中古汉语)	念	粤语/nɛm³/'想'	>	瑶语支*hnəmᴮ~*hləmᴮ

22c. 苗瑶语*ʮɛn(100)

	1	2	3	4	5	6	7	苗语支	苗瑶语	瑶语支	8	9	10	11	声母	苗瑶语
18. 儿子/男孩	tɛ¹	te¹	tu¹	toŋ¹ᵃ	taŋᴬ	--	tɔ̃¹	*ɛŋ	*ʮɛn	*ʮɛn	--	tɔːn¹	twan¹	dan¹	2.1	*tʮɛn
19. 湿	--	nte¹	ntu¹	ntoŋ¹ᵃ	nʔtaŋᴬ	ntaŋ¹	tɔ̃⁴	*ɛŋ	*ʮɛn	*ʮɛn	--	--	dɔːn¹	--	2.4	*ntʮɛn

对应组 22c 中的汉语借词:	*ljen(中古汉语)*	聯	*粤语/ly:n²/'缝'*	>	*瑶语支*ljuɛnᴬ*

22d. 苗瑶语*ɛŋ(102,104)

	1	2	3	4	5	6	7	苗语支	苗瑶语	瑶语支	8	9	10	11	声母	苗瑶语/瑶语支
20. 天	vɛ²	--	--	--	--	--	vɔ̃²	*ɛŋ	*ɛŋ	*əŋ	--	--	--	van²	1.12	*wɛŋ
21. 弹响指	tɛ⁵	te⁵	tu⁵	toŋ⁵ᵃ	taŋᶜ	taŋ⁵	tɔ̃⁵	*ɛŋ	*ɛŋ	*əŋ	--	--	taŋ⁵	daŋ⁵	2.1	*tɛŋH
22. 戴（首饰）										*əŋ	taŋ²	taŋ²	--	--	2.3	*dəŋᴬ
23. 相似，像										*əŋ	ŋaŋ²	naŋ³'	--	--	2.8	*hnəŋᴮ
24. 短，矮										*əŋ	naŋ³	niŋ³	naŋ³	naŋ³	2.7	*ʔnəŋᴮ

对应组 22d 中的汉语借词:	*s-təŋ-s(上古汉语)*	>	tsingH(中古汉语)	甑	zèng '甑子'	>	苗瑶语 *tsjɛŋH
			tongH(中古汉语)	凳	dèng '板凳'	>	瑶语支 *təŋᶜ

22e. 苗瑶语*yɛŋ(252)

	1	2	3	4	5	6	7	苗语支	苗瑶语	瑶语支	8	9	10	11	声母	苗瑶语/瑶语支
25. 满，饱	pɛ³	pe³	pu³	poŋ³ᵃ	paŋᴮ	paŋ³	pɔ̃³	*ɛŋ	*yɛŋ	*uɛŋ	pwəŋ³	poŋ³	poŋ³	baŋ³	1.1	*puɛŋX
26.（天）冷									*yɛŋ	*uɛŋ	tɕwəŋ³	soŋ³	tɔŋ³	kuŋ³	5.16	*kjuɛŋᴮ
27. 被子									*yɛŋ	*uɛŋ	ɕwəŋ⁵	tθəŋ⁵'	soŋ⁵	suŋ⁵	2.13	*syɛŋᶜ

对应组 22e 中的汉语借词:	tsyowngH(中古汉语)	種	zhòng '种植'	>	苗瑶语*n-tjuɛŋH
	phjowngX(中古汉语)	奉	fèng '双手捧出'	>	瑶语支*phuɛŋᴮ '双手端着/捧着'
	bjuwX(中古汉语)	婦	fù '女人/妻子'	>	瑶语支*mbuɛŋᴮ '儿媳妇/新娘'

22f. 苗瑶语*ɛɔm(100,173,245)

	1	2	3	4	5	6	7	苗语支	苗瑶语	瑶语支	8	9	10	11	声母	苗瑶语/瑶语支
28. 热（水）	khi¹	ce¹	ku¹	koŋ¹ᵃ	kaŋᴬ	khjaŋ¹	kɔ̃¹	*ɛŋ	*ɛɔm	*ɛɔm	kɔm¹	kjɔ:m¹	klæn¹	tsam¹	5.32	*k(h)lɛɔm
29. 量词，（一）碗/房子										*ɛɔm	nɔm¹	nɔ¹	nɔ¹	na¹	2.7	*ʔnɛɔmᴬ

22g. 苗瑶语*ɛɔŋ(215)

	1	2	3	4	5	6	7	苗语支	苗瑶语	瑶语支	8	9	10	11	声母	苗瑶语/瑶语支
30. 角	ki¹	ce¹	ku¹	koŋ¹ᵃ	kaŋᴬ	kjaŋ¹	kɔ̃¹	*ɛŋ	*ɛɔŋ	*ɛɔŋ	koŋ¹	kjɔ:ŋ¹	klɔ¹	kɔu¹	5.31	*klɛɔŋ
31. 爬行，蠕动										*ɛɔŋ	ŋɔŋ¹	ŋɔ:ŋ¹	--	--	4.7	*ʔnɛɔŋᴬ

22h. 苗瑶语*ɛuŋ(268)

	1	2	3	4	5	6	7	苗语支	苗瑶语	瑶语支	8	9	10	11	声母	苗瑶语
32. 天	--	--	--	--	Nqwaŋᴬ	ŋkuŋ²	ŋwɔ²	*ɛŋ	*ɛuŋ	*ɛuŋ	guŋ²	gu:ŋ²	--	--	6.6	*NGɛuŋ
33. 天	--	--	ntu²	ntoŋ²	--	--	--	*ɛŋ	*ɛuŋ	*ɛuŋ	--	--	--	--	2.6	*ndɛuŋ

讨论:

在苗语支，该韵母类似口元音韵母 11。这种相似性表明苗语支的*nɛŋ^C（2.9/22）和瑶语支的*nṵai^C（2.9/11）"询问"，苗语支的*hnɛŋ^C（2.8/22）和瑶语支的*hnṵoi^A（2.8/11）"太阳/（一）天"有共同的来源。

注释:

1. 该词毫无疑问与瑶语支的*qrɛk^D"黑色"（6.46/1）有关。

3 和 29. 这两个量词是相互关联的（参见第六章 6.2.1 节的讨论）。

4. 在养蒿（1）中表示"允许"；在白苗中表示"给予"。养蒿（1）、叙永/po¹/"喂养"、石门/pu¹/"喂养"出自《苗瑶语方言词汇集》（1987）。

7. "臭椿"（学名：*Ailanthus altissima*）。

8. 该词是苗瑶语第一人称单数代词，有着最广泛的分布（参见第三章）。尽管它似乎与东山标敏/kəu³/"我"（王辅世、毛宗武 调查点 21）和三江标敏/kɔ³/"我"（王辅世、毛宗武 调查点 22）同源，但不可能将这些语音形式归入任何一个现存的苗瑶语韵母对应组。原始苗瑶语形式必须有声母*k-和一个后圆唇元音，因为*k-在苗语支中不会后移为 q-（参见第二章 1.2 节）。

11 和 24. 这两个表示"短，矮"的词是相互关联的（参见第六章 6.2.1 的讨论）。

17. 江底勉语（王辅世、毛宗武 调查点 15）代替了罗香勉语（8）。可能来自汉语的"斟"即"舀出"，上古汉语*t.[q][ə]m > 中古汉语 tsyim > 普通话 *zhēn*。

20、32 和 33. 这三个表示"天"的语音形式共享同一个韵母，并且有相似的声母。由于这三个表示"天"的词没有一个语言里同时存在一个以上的语音形式，所以似乎它们一并属于一个非常不规则的对应组。

23. 江底勉语（王辅世、毛宗武 调查点 15）代替了罗香勉语（8）。

28. 吉卫（2）的形式出自《苗瑶语方言词汇集》（1987）。三江标敏（王辅世、毛宗武 调查点 22）代替了东山标敏（10）。我们暂且为苗瑶语构拟出一个送气特征，因为在苗语支中有送气声母。

30. 宗地（4）和复员（5）的语音形式出自王辅世（1994）。这些语音形式在王辅世、毛宗武（1995）中出现不一致。尽管它们的声调并不对应，但这很可能是"角"的普遍形式，参见汉语的"角"（上古汉语*k.rˤok > 中古汉语 kæwk > 普通话 *jiǎo*）。

31. 江底勉语（王辅世、毛宗武 调查点 15）代替了罗香勉语（8）。

32. Tan Trinh 巴哼语(Niederer 1997)代替了白云巴哼语（7）。

33. 代表瑶语支，参见长坪勉语/ðuŋ²/（王辅世、毛宗武 调查点 18）。

23

23a. 苗瑶语*euŋ(153)

	1	2	3	4	5	6	7	苗语支	苗瑶语	瑶语支	8	9	10	11	声母	苗瑶语
1. 肠子	--	ɕe³	ŋu³	ŋoŋ^{3b}	ŋen^B	ŋɔ³	ŋŋ³	*iŋ	*euŋ	*eu	ŋeu³	ŋɔu³	--	--	4.8	*hŋeuŋX
2. 舅舅	nen⁴	ne⁴	nu⁴	non⁴	ŋi^B	nɔ⁴	nu⁴	*iŋ	*euŋ	*eu	nau⁴	nau⁴	nau⁴	nuŋ⁴	2.9	*neuŋX

23b. 苗瑶语*iəŋ(269)

	1	2	3	4	5	6	7	苗语支	苗瑶语	瑶语支	8	9	10	11	声母	苗瑶语
3. 跳蚤	m̥hen¹	--	m̥mɔ¹	mɔn^{1b}	m̥en^A	m̥ɔ¹	ŋ̍¹	*iŋ	*iəŋ	*iəŋ	m̥ɛŋ¹	m̥uŋ^{1'}	m̥au¹	m̥ɔŋ¹	1.8	*hmiəŋ

23c. 王辅世、毛宗武 韵母组 196：苗瑶语*ŋiuŋ "水牛/牛" 来自汉语的 "牛"（上古汉语 *[ŋ]ʷə ＞ 中古汉语 ngjuw ＞ 普通话 niú）。

23d. 王辅世、毛宗武 韵母组 265：苗瑶语*kjeəm "金子" 来自汉语的 "金"（即 "金属"，上古汉语 *[k](r)[ə]m ＞ 中古汉语 kim ＞ 普通话 jīn）。

讨论：

在对应组 23 中，没有任何词只出现在苗语支，因此也就没有词直接反映苗语支这个中间层的*iŋ。23c "水牛/牛" 一词的鼻音韵尾在苗瑶语层面是创新（Downcr 1973），比较原始泰语*ŋwue "牛" 和原始藏缅语*ŋwa "牛"。

23c "水牛/牛" 和 23d "金子" 都是汉语借词，每个都表现出一个独一无二的模式；两个词都有前元音，都后接一个后元音，这个后元音合并到苗语支这个中间层的韵母*iŋ 中。

24

24a. 苗语支*aŋ								苗语支						声母	苗语支
	1	2	3	4	5	6	7								
1. 阁楼	--	--	ntha¹	ntua¹ᵇ	nʔthenᴬ	--	--	*aŋ							2.5	*nthaŋᴬ
2. 漂浮	--	nten¹	nta¹	--	--	--	--	*aŋ							2.4	*ntaŋᴬ
3. 鬼魂/鬼	l̥aŋ¹	qwei¹	da¹	l̥ua¹ᵃ	qlenᴬ	kli¹	kwɛ¹	*aŋ							6.46	*qraŋᴬ
4. 胃	--	--	pla¹	--	--	--	--	*aŋ							1.31	*plaŋᴬ
5. 簸箕	vaŋ¹	wei¹	va¹	wua¹ᵃ	ʔwenᴬ	ven¹	vɛ¹	*aŋ							1.10	*ʔwaŋᴬ
6. 臂距	l̥aŋ²	ci²	da²	l̥ua²	ʁleiᴬ	--	--	*aŋ							6.48	*ɢraŋᴬ
7. 呻吟/悲叹	zaŋ²	mʐei²	ntʂa²	mpʐua²	mpenᴬ	mpwen²	--	*aŋ							1.51	*mbraŋᴬ
8. 长剑	--	--	nta²	ntua²	ntenᴬ	--	--	*aŋ							2.6	*ndaŋᴬ
9. 紫苏（苏麻）	ŋ̥haŋ³	ŋ̥hen³	hŋa³	--	ŋenᴮ	--	--	*aŋ							2.8	*hnaŋᴮ
10. 老鼠/田鼠	naŋ⁴	nei⁴	na⁴	--	--	nen⁴	nĩ⁴	*aŋ							2.9	*naŋᴮ
11. 繁殖/增殖	ɕhaŋ⁵	--	ɕa⁵	--	--	--	--	*aŋ							4.13	*ɕaŋᶜ
12. 飞	zaŋ⁵	zi⁵	ja⁵	zua⁵ᵃ	ʔzenᶜ	i⁵	je⁵	*aŋ							4.10	*ʔjaŋᶜ
13. 坟地/坟墓	saŋ⁵	ntsei⁵	ntsa⁵	ntsua⁵ᵃ	--	ŋe⁵	--	*aŋ							3.4	*ntsaŋᶜ
14. 野狗	m̥haŋ⁵	--	hma⁵	ma⁵ᵇ	--	--	--	*aŋ							1.8	*hmaŋᶜ
15. 蛆	kaŋ⁵	--	ka⁷	kua⁷ᵃ	tɕenᶜ	--	kɛ¹-lõ⁷	*aŋ							5.31	*klaŋᶜ

对应组 24a 中的汉语借词：	*N-kʷˢaŋ(上古汉语)	＞	hwang(中古汉语)	黄	huáng '黄色'	＞	苗语支 *ɢʷaŋᴬ '鲜艳的/浅色的'
	*N-kʷˢaŋ(上古汉语)	＞	hwang (中古汉语)	黄	huáng '黄色'	＞	苗语支*ɢʷaŋᴬ '黄色'
	*l̥ˢaŋ(上古汉语)	＞	thang (中古汉语)	汤	tāng '热水'	＞	苗语支*hlaŋᴬ '烫伤'①
			trjang(中古汉语)	张	zhāng 量词，(一) "张"（工具）	＞	苗语支*traŋᴬ

---

① 苗语支中该词的含义与一个相关的汉语 C 调词相同，这个词现在写为 "烫" 即 "烫伤"，普通话 tàng。

续表

		yang(中古汉语)	煬	yáng'熔化'	>	苗语支*jaŋ^A '溶解/溶化'
		dzam(中古汉语)	慚	cán'慚愧,羞愧'	>	苗语支*dzaŋ^A
	*[ɢ]ʷan(上古汉语)	> hjwon(中古汉语)	園	yuán'园子'	>	苗语支*waŋ^A
		nyem(中古汉语)	髯	rán'腮须,胡须'	>	苗语支*ŋaŋ^C '洛腮胡子'

24b. 苗瑶语*am(78,97,154)

	1	2	3	4	5	6	7	苗语支	苗瑶语	瑶语支	8	9	10	11	声母	苗瑶语/瑶语支
16. 妯娌	ŋaŋ¹	ŋi¹	ŋa¹	ŋa¹ᵃ	ʔŋen^A	ŋi¹	--	*aŋ	*am	*am	--	ŋa:m¹	ŋan¹	ŋɛm¹	4.7	*ʔŋam
17. 肋骨	taŋ³	--	ta³	tua³ᵃ	ten^B	--	--	*aŋ	*am	*am	--	ta:m³	--	--	2.1	*tamX
18. 血	ɕhaŋ³	ŋtɕhi³	ŋtʂha³	ntsua³ᵇ	n̥ʔtshen^B	θi³	ŋe̥³	*aŋ	*am	*am	--	ɕam³	sa:m³	san³	dzjɛm³	3.20	*ntshjamX
19. 半(天)	taŋ⁴	--	ta⁴	--	--	--	--	*aŋ	*am	*am	da:m²	da:m²	--	--	2.3	*N-dam(X)
20. 酒,溢出										*am	ɕa:m⁵	ja:m⁶	ja⁶	--	4.10	*(ʔ)jamC

对应组 24b 中的汉语借词:	*mə-tˤam(上古汉语)	>	tam(中古汉语)	擔	dān'负担,挑'	>	苗瑶语*ntam
	*[k]ˤam(上古汉语)	>	kam(中古汉语)	甘	gān'甜'	>	苗瑶语*Kam
	*Cə.[r]ˤam(上古汉语)	>	lam(中古汉语)	藍	lán'蓝靛'	>	苗瑶语*ŋglam
					早期闽语/tsjäm/'清淡的'①	>	瑶语支*tsamB

24c. 苗瑶语*aŋ(101,120,158)

	1	2	3	4	5	6	7	苗语支	苗瑶语	瑶语支	8	9	10	11	声母	苗瑶语/瑶语支
21. 芳香的	--	--	--	--	--	nten¹	nɛ¹	*aŋ	*aŋ	*aŋ	da:ŋ¹	da:ŋ¹	daŋ¹	doŋ¹	2.4	*ntaŋ
22. 蛇	naŋ¹	nei¹	na¹	na¹ᵃ	ʔnen^A	nen¹	nẽ¹	*aŋ	*aŋ	*aŋ	na:ŋ¹	na:ŋ¹	naŋ¹	nɔŋ¹	2.7	*ʔnaŋ
23. 腰带/绳索/绳子	l̥haŋ¹	--	hl̥a¹	lua¹ᵇ	--	--	--	*aŋ	*aŋ	*aŋ	l̥a:ŋ¹	la:ŋ¹	ɬaŋ¹	--	2.41.1	*hljaŋ
24. 脖子	--	--	da¹	--	--	--	--	*aŋ	*aŋ	*aŋ	kla:ŋ¹	kla:ŋ¹	klaŋ¹	kuŋ¹	6.31	*qlaŋ
25. 后(与前相对)	qaŋ¹	--	qa¹	hua¹ᵃ	--	--	--	*aŋ	*aŋ	*aŋ	da:ŋ¹	da:ŋ¹	--	kɔŋ¹	5-6.1	*N-Kaŋ
26. 穿上/穿(衣服)	naŋ⁴	n̥hei³	hn̥a³	na³ᵇ	--	nen⁴	ŋ̊ẽ³	*aŋ	*aŋ	*aŋ	--	--	--	nɔŋ³	2.8	*(h)naŋX
27. 鹰,隼	l̥aŋ³	qwei³	da³	l̥ua³ᵃ	--	klen³	kwɤ³	*aŋ	*aŋ	*aŋ	kla:ŋ³	kla:ŋ³	klaŋ³	kjaŋ³	6.31	*qlaŋX
28. 柴										*aŋ	θa:ŋ²	tθa:ŋ²	tsaŋ²	hɔŋ²	3.3	*dzaŋA
29. 船										*aŋ	da:ŋ³	da:ŋ³	dzaŋ³	dɔŋ³	3.4	*ʔdzaŋB
30. 在前面										*aŋ	da:ŋ⁶	da:ŋ⁶	--	--	2.6	*ndaŋC
31. 词/字										*aŋ	--	daŋ⁶	dzaŋ⁶	--	3.6	*ndzaŋC

对应组 24c 中的汉语借词:	*[tsʰ]raŋ(上古汉语)	>	tsrhjang(中古汉语)	瘡	chuāng'疮,痛处'	>	苗瑶语*tshaŋ'疮/疖/水泡'

---

① 《集韵》: Norman 1988:232。

续表

*maŋ-s(*上古汉语*) >	mjangH(*中古汉语*)	望	wàng '*看*'	>	苗瑶语*maŋH
*lraŋ(*上古汉语*) >	drjang(*中古汉语*)	腸	cháng '*肠子*'	>	瑶语支*ɢljaŋA
	ʔjang(*中古汉语*)	秧	yāng '*秧苗*'	>	瑶语支*ʔjaŋA

24d. 苗瑶语*iaŋ(121)

	1	2	3	4	5	6	7	苗语支	苗瑶语	瑶语支	8	9	10	11	声母	苗瑶语/瑶语支
32. 花	paŋ²	pei²	pa²	pua²	venA	pen²	pɛ²	*aŋ	*iaŋ	*iəŋ	pwan²	faŋ²	pjaŋ²	pjaŋ²	1.3	*biaŋ
33. 男性	tɕaŋ⁶	--	--	tɕua⁶	--	ŋtʃʃ⁶	--	*aŋ	*iaŋ	*iəŋ	tɕaŋ²	--	--	kjaŋ²	4.3	*ɟiaŋH
34. 扬谷机										*iəŋ	ɕaŋ¹	saŋ¹'	taŋ¹	--	4.13	*ɕiəŋA
35. 记得										*iəŋ	tɕjaŋ⁵	saŋ⁵	taŋ⁵	kɛŋ⁵	5.16	*kjiəŋC

对应组 24d 中的汉语借词:					
*kʷˤaŋʔ(*上古汉语*) >	kwangX(*中古汉语*)	廣	guǎng '*宽/广*'	>	HM*KʷiaŋX
*N-kʷˤaŋ(*上古汉语*) >	hwang(*中古汉语*)	黃	huáng '*黄色*'	>	M*ʔgʷiəŋ A '*明亮的*'
*[ɢ]ʷˤaŋ(*上古汉语*) >	hwang(*中古汉语*)	皇	huáng '*带黄白斑点*'	>	M*wiəŋ A '*黄色*'

24e. 苗瑶语*æŋ(63)

	1	2	3	4	5	6	7	苗语支	苗瑶语	瑶语支	8	9	10	11	声母	苗瑶语
36. 虫	kaŋ¹	ci¹	ka¹	kua^1a	tɕenA	kjen¹	kɛ¹	*aŋ	*æŋ	*eŋ	kɛŋ¹	kje:ŋ¹	klɛ¹	tsaŋ¹	5.31	*klæŋ
37. 青蛙	qaŋ³	--	qa³	hua^3a	qenB	ken³	kɣ⁷	*aŋ	*æŋ	*eŋ	--	te:ŋ³	kwa³	--	5-6.1	*KæŋX

24f. 苗瑶语*iæŋ(139)

	1	2	3	4	5	6	7	苗语支	苗瑶语	瑶语支	8	9	10	11	声母	苗瑶语
38. 蜂蜡	tɕaŋ¹	tɕi¹	ɕia¹	tɕua^1a	tɕenA	--	--	*aŋ	*iæŋ	*ieŋ	--	--	dʑjɛ¹	--	4.1	*N-ɕiæŋ

24g. 苗瑶语*ɔn(45,121)

	1	2	3	4	5	6	7	苗语支	苗瑶语	瑶语支	8	9	10	11	声母	苗瑶语
39. 谷穗/袋子	ŋ̊aŋ¹	ŋ̊hei¹	ŋ̊a¹	na^1b	ŋenA	ŋen¹'	ŋẽ¹	*aŋ	*ɔn	*ɔn	nɔ¹	nan¹	--		2.8	*hnɔn

注释:

6. 在白苗中，该量度表示双臂展开的长度（指尖到指尖）。

9. 紫苏是薄荷家族的一种草药（也叫做"shiso"（日语））

10. 该词很可能与瑶语支的*nauB "老鼠"（2.9/3）相同。

12. 在巴哼语也表示"跑"（Niederer 1997:120）。

13. 在养蒿（1）中表示"安葬前存放尸体"（王辅世 1994）。

14. 该词可以指"狼""狐狸""豺"等。比较原始泰语的*hma¹ "狗"。

15 和 34. 苗瑶语的"虫"和苗语支的"蛆"有相同的词根。介音-l-可能是巴哼语（7）双音节形式的证据。"蛆"似乎是通过 C 调派生、从"虫"派生出来的（参见第四章）。比较南岛语的*/qulej/

"蛆"以及 Blust 所做的如下注释："最有问题的是来自卑南语（Puyuma）、西部 Bukidnon Manobo 语和 Tagabili 语的证据，这些语言中的 PAN*/qulej/不仅表示'蛆'也表示'虫'"（《南岛语比较词典》）。带有 7 调的语音形式是次要声调，是因为连读变调派生出来的。

16. 也表示"儿媳妇；新娘"。比较藏缅语的*s-nam "儿媳妇"（白保罗 1987a:18）。

18. 比较孟高棉语的*jhaam "血"（Shorto #1430）。

20. 江底勉语（王辅世、毛宗武 调查点 15）代替了罗香勉语（8）。该词的现代语音形式中既有 5 调，也有 6 调；可能都构拟为*jam^C 比较好。

21. 比较侗语的/taaŋ¹/和莫语的/taaŋ¹/ "芳香的"（Downer 1978）。

23. "腰带/绳索/带子"一词的语义与苗语支的这个词有关；"绳子"的语义与瑶语支的这个词有关。苗语支的形式出自王辅世（1994）。可能来自汉语的"繩"即"线，细绳"，上古汉语*m.ləŋ > 中古汉语 zying > 普通话 *shéng*。

24. 比较汉语的"頸"（即"脖子"，上古汉语*keŋʔ > 中古汉语 kjiengX > 普通话 *jǐng*）。王辅世、毛宗武（1995）给了藻敏"脖子"一词两个不同的形式，并指出这两个形式在韵母上都是不规则的：/kan¹/（第 341 页）和/ kuŋ¹/（第 500 页）。究竟这两个形式是变体呢，还是其中一个打错了，尚不清楚。/ kuŋ¹/放在此处没有把握。

25. 也可参见勉语（王辅世、毛宗武 调查点 16）的/gaŋ¹/。

26. 由于 3 调和 4 调在现代苗瑶语方言中都存在，所以声母 h-是否存在不能确定，被放在括号中。

27. 比较孟高棉语的*klaŋ "鹰隼，大型猛禽"（Shorto #714），以及藏缅语的*(g)laŋ "鹰"（马提索夫 2003）。

28. Downer（1973：21）认为这是一个汉语借词："柴"（中古汉语 dzrɛ > 普通话 *chái*），是众多同类型中的一例，这些词都表现出汉语的韵母-i 或-u 与勉语中韵尾-ŋ 的对应关系。

31. 该词很可能来自汉语的"字"（上古汉语*Cə-[dz]ə-s > 中古汉语 dziH > 普通话 *zì*），尽管在韵母上并不相同。Downer（1973：21）援引此例作为中古汉语-i 或-u 对应勉语韵尾-ŋ 的证据。

32. 罗香勉语（8）的-w-是二次发展的结果：首先-j-脱落，然后-w-在双唇音和元音/a/中发展出来。比较南岛语的*buŋa "果树或灌木开花"（《南岛语比较词典》），缅语书面语是/pwaŋ¹/ "开花"，普标语（侗台语族）是/puŋ/（白保罗 1975：295）。

33. 苗语白苗话的短语 *ob cag* /ʔɔ¹ ca⁶/ "其他人"中的/ca⁶/，可能跟其他方言是同源词。

34. 很可能来自汉语的"扇"（即"扇子"，中古汉语 syenH > 普通话 *shàn*）。

37. 比较原始南岛语的*keŋkeŋ "青蛙；低沉的声音"（《南岛语比较词典》）。

39. 汉语的"囊"（即"袋子"，上古汉语*nˤaŋ > 中古汉语 nang > 普通话 *náng*）可能借自苗瑶语，因为它只表现出派生义（参见第七章）。但是还要比较藏缅语的*s-nam "谷穗"（马提索夫 2003）。

25

25a. 苗瑶语*ein(26,36,170)

	1	2	3	4	5	6	7	苗语支	苗瑶语	瑶语支	8	9	10	11	声母	苗瑶语
1. 藤	--	ɕi¹	hma¹	ma¹b	ṃoŋ^A	ṃe¹'	ṃa¹	*ein	*ein	*ei	ṃei¹	mei¹'	ṃəi¹	mɛi¹	1.8	*hmein
2. 这，这个	noŋ³	nei³	nɔ⁵	na³a	ʔnoŋ^B	ne³	ṇ³	*ein	*ein	*ei	nei³	nei³	na³	na³	2.7	*ʔneinX
3. 重的	ŋhoŋ³	hei³	hŋa³	ŋa³b	ŋoŋ^B	ŋe³	ŋa³	*ein	*ein	*ei	ŋi³	ni³	ŋi³	nɛi³	2.23	*hnjeinX

讨论：

对应组 25 中的这三个苗瑶语词都有鼻辅音声母。这可能说明一些苗语支语言中的鼻音韵尾是二次发展的结果，因为在瑶语支中这三个词都没有鼻音韵尾。然而，有三个事实反对这种分析：（1）在该语族中，由于异化作用，有鼻音声母的词丢失鼻音韵尾是常见现象（参见例词"嗅"，1.23/18）；（2）如果瑶语支的语音形式反映了原始苗瑶语的韵母，并且这些词最初有韵母-i，那么，这些带有韵母-i 的词的韵母应该在原始苗语支中演变为一个带有圆唇滑入音的韵母 u-（参见 2.1.3 节）；（3）汉语的"蔓"即"攀援植物"，上古汉语*ma[n]-s > 中古汉语 mjonH > 普通话 wàn）是以 -n 结尾的，它可能与"藤"是同一个词。因此，此处我们的分析是：在瑶语支中，位于鼻音声母之后的*-n 在重音节中脱落（*Nein > Nei）。

26

该组中所有的词都是汉语词。它们之所以被一起放在此处，是因为它们在苗语支中都合并成一个韵母，此处我们构拟为*iaŋ。

26a. 王辅世、毛宗武 韵母 161，王辅世（1994）韵母 26：
苗语支*ɲcɿaŋ^A "直"来自汉语的"正"（中古汉语 tsyengH>普通话 zhèng）
苗语支*jiaŋ^A "白杨树"来自汉语的"杨"（中古汉语 yang>普通话 yáng）
苗语支*wɿaŋ^C "万"来自汉语的"萬"（中古汉语 mjonH>普通话 wàn）

26b. 王辅世、毛宗武 韵母 65：
苗瑶语*dzjɔŋH "工匠"来自汉语的"匠"（中古汉语 dzjangH>普通话 jiàng）
瑶语支*ɣjiɔŋ^B "大象"来自汉语的"象"（中古汉语 zjangH>普通话 xiàng）

26c. 王辅世、毛宗武 韵母 161：
苗语支*lɿaŋ^B 和瑶语支*ljiɔŋ^B "两（40 克）"来自汉语的"兩"即"两"，中古汉语 ljangX>普通话 liǎng

27

27a. 苗语支*uŋ								苗语支					声母	苗语支
	1	2	3	4	5	6	7							
1. 吃	naŋ²	noŋ²	nɔ²	nɔ²	noŋ^A	nɐŋ²	nɔ²	*uŋ					2.9	*nuŋ^A
2. 忘记	ŋhoŋ¹	noŋ³	hɲɔ³	na³ᵃ	ŋoŋ^A	ŋɐŋ³	nõ³	*uŋ					2.8	*hnuŋ^B
3. 麦子	maŋ⁴	--	mɔ⁶	məŋ⁶	mu^C	--	--	*uŋ					1.9	*muŋ^C

27b. 瑶语支*um(136)								苗语支	苗瑶语	瑶语支	8	9	10	11	声母	瑶语支
	1	2	3	4	5	6	7									
4. 扬谷										*um	ŋum⁵	ŋum⁵′	ŋən⁵	num⁵	4.9	*hnum^C

对应组 27b 中的汉语借词：	nyemX(中古汉语)	染	rǎn'染（布）'	>	瑶语支*num^C①

---

① 该词可能通过周边语言借入。比较老挝语的/njɔm/、莫语的/njum/和越南语 nhuộm。

续表

27c. 苗瑶语*un(195,231)

	1	2	3	4	5	6	7	苗语支	苗瑶语	瑶语支	8	9	10	11	声母	苗瑶语/瑶语支
5. 疾病/疼痛	moŋ¹	moŋ¹	mɔ¹	məŋ¹ᵃ	ʔmoŋᴬ	mɐŋ¹	mæ̃¹	*uŋ	*un	*un	mun¹	mun¹	mən¹	man¹	1.7	*ʔmun
6. 圆的	--	--	--	--	--	--	ka¹-lɔ̃⁴	*uŋ	*un	*un	klun²	klun²	klin²	--	6.33	*ɢlun
7. 轻抚										*un	phjun¹	--	phlən¹	--	1.32	*phlunᴬ
8. 浇水										*un	dzun²	--	--	--	4.6	*ɲɟunᴬ

对应组 27c 中的汉语借词:	gjun(中古汉语)	裙	qún'裙子'	>	瑶语支*gjunᴬ
	hjwon(中古汉语)	园	yuán'园子'	>	瑶语支*hwunᴬ

27d. 苗瑶语*ʮɔm(98)

	1	2	3	4	5	6	7	苗语支	苗瑶语	瑶语支	8	9	10	11	声母	苗瑶语
9. 冷	--	noŋ⁵	nɔ⁵	nɔ⁵ᵃ	--	nɐŋ⁵	ŋɔ̃⁵	*uŋ	*ʮɔm	*əm	nam⁵ˈ	nam⁵	nan⁵	nam⁵	2.7	*ʔnʮɔmH

27e. 瑶语支*ən(62)

	1	2	3	4	5	6	7	苗语支	苗瑶语	瑶语支	8	9	10	11	声母	瑶语支
10. 吃										*ən	ŋen⁶	ŋjin⁶	ŋin⁶	ŋan⁶	4.9	*ɲənᶜ

对应组 27e 中的汉语借词:	kjinX(中古汉语)	紧	jǐn'紧'	>	瑶语支*kjənᴮ

注释:

1 和 10. 韵母 27e 暂时放在此处是因为苗语支和瑶语支的"吃"可能是同一个词。

2. 比较瑶语支的*hɲouᴮ "忘记"（4.8/13）。

6. 比较汉语的"輪"即"车轮；圆的"，中古汉语 lwin > 普通话 *lún*（参见第四章关于巴哼语双音节形式对解释苗瑶语复辅音的意义）。养蒿的/ļen²/和叙永的/khun²/ "圆的"可能有关联，但它们的韵母并不对应（语音形式出自《苗瑶语方言词汇集》(1987)）。

7. 勉语（8）的形式出自《苗瑶语方言词汇集》(1987)，标敏（10）的形式出自 Solnit（1982）。比较苗语支的*phlɨᶜ "轻抚"（1.32/8）和汉语的"撫"即"抚摸"，上古汉语*[pʰ](r)aʔ>中古汉语 phjuX >普通话 *fǔ*。

8. 江底勉语（王辅世、毛宗武 调查点 15）代替了罗香勉语（8）。

9. 在瑶语支中，该词表示"凉（水）"。

28

28a. 苗语支*oŋ

	1	2	3	4	5	6	7	苗语支					声母	苗语支
1. 沟渠	koŋ¹	--	--	kaŋ¹ᵃ	koŋᴬ	kjɐŋ¹	--	*oŋ					5.1	*koŋᴬ

续表

	1	2	3	4	5	6	7	苗语支					声母	苗语支
2. 陡峭	shoŋ¹	ntshoŋ¹	ntsha¹	ntsaŋ¹ᵇ	nʔtshoŋᴬ	ɳtʃɐŋ³	--	*oŋ					3.5	*ntshoŋᴬ
3. 带领	--	tɕoŋ¹	ca¹	tɕaŋ¹ᵃ	tɕoŋᴬ	--	--	*oŋ					4.1	*coŋᴬ
4. 槽	l̥õ¹	coŋ¹	da¹	laŋ¹ᵃ	qloŋᴬ	kjɐŋ¹	ljõ¹	*oŋ					6.46	*qroŋᴬ
5. 根	tɕoŋ²	tɕoŋ²	ca⁶	tɕaŋ⁶	zoŋᴬ	--	kõ²	*oŋ					4.3	*ɹoŋᴬ
6. 风箱	thoŋ³	thɑŋ³	--	thɑŋ³ᵇ	thoŋᴮ	--	tho³	*oŋ					2.2	*thoŋᴮ
7. 量词，(一)间房	tɕhoŋ³	--	cha³	tɕaŋ³ᵇ	khoŋᴮ	--	--	*oŋ					4.2	*choŋᴮ
8. 脖子	qoŋ³	qoŋ³	--	haŋ³	--	kɐŋ³	--	*oŋ					6.1	*qoŋᴮ
9. 平原(平地)	--	--	ɳʈa⁴	--	ɳʈʂoŋᴮ	--	--	*oŋ					2.51	*ndroŋᴮ
10. 雨	noŋ⁶	noŋ⁶	na⁶	naŋ⁶	noŋᶜ	nɐŋ⁶	mõ⁶	*oŋ					2.9	*m-noŋᶜ
11. 爬行，蠕动	ŋoŋ⁶	--	ŋka⁶	ɳtɕaŋ⁶	--	--	--	*oŋ					5.21	*ŋgjoŋᶜ
12. 猫头鹰	ljoŋ⁵	--	pla⁷	--	--	--	--	*oŋ					1.31	*ploŋᴰ

对应组 28a 中的汉语借词:	duwng(中古汉语)	筒	tóng'管子'	>	苗语支*droŋᴬ'笛子/管子'
	luwng(中古汉语)	聾	lóng'聋'	>	苗语支*loŋᴬ
	pjuwngH(中古汉语)	風	fèng'刮风'	>	苗语支*poŋᶜ'空气'

28b. 苗瑶语*oŋ(178,216)

	1	2	3	4	5	6	7	苗语支	苗瑶语	瑶语支	8	9	10	11	声母	苗瑶语/瑶语支
13. 伸展	ɕhoŋ¹	--	ɕa¹	--	--	--	ɕõ¹	*oŋ	*oŋ	*oŋ	ɕoŋ¹	--	--	--	4.13	*ɕoŋ
14. 要求										*oŋ	noŋ⁶	noŋ⁶	noŋ⁶	--	x.x	*[n/l]oŋᶜ

对应组 28b 中的汉语借词:	*truŋ(上古汉语)	>	trjuwng(中古汉语)	中	zhōng'中央/中间'	>	苗瑶语*ntroŋ
	*mə-roŋ(上古汉语)	>	ljowng(中古汉语)	龍	lóng'龙'	>	苗瑶语*-roŋ
	*mə-loŋ-s(上古汉语)	>	yowngH(中古汉语)	用	yòng'使用'	>	瑶语支*[n/l]oŋᶜ

28c. 苗瑶语*uŋ(179,180,249,250)

	1	2	3	4	5	6	7	苗语支	苗瑶语	瑶语支	8	9	10	11	声母	苗瑶语/瑶语支
15. 蚯蚓	tɕoŋ¹	coŋ¹	ca¹	tɕaŋ¹ᵃ	tɕoŋᴬ	jɐŋ¹	jõ¹	*oŋ	*uŋ	*uŋ	duŋ¹	--	hwjə¹	dziŋ¹	4.1	*N-cuŋ
16. 骨头	shoŋ³	soŋ³	tsha⁵	saŋ³ᵇ	tshoŋᴮ	θaŋ³	sõ³	*oŋ	*uŋ	*uŋ	θuŋ³	tθuŋ³	swo³	hiŋ³	3.2	*tshuŋX
17. 七	ɕoŋ⁶	tɕoŋ⁶	ɕa⁵	tɕaŋ⁶	zoŋᶜ	ʃɐŋ⁶	tɕɤ⁶	*oŋ	*uŋ	*uŋ	(sje⁶)	--	--	--	2.18	*djuŋH
18. 根									*uŋ	*uŋ	duŋ²	du:ŋ²	--	--	3.6	*ndzuŋᴬ
19. 猪										*uŋ	tuŋ⁴	tuŋ⁴	two⁴	tiŋ⁴	2.3	*duŋᴮ
20. 雨										*uŋ	bluŋ⁶	buŋ⁶	blə⁶	biŋ⁶	1.36	*mbluŋᶜ

续表

对应组 28c 中的汉语借词:	yang(中古汉语)	羊	yáng '绵羊/山羊'	>	苗瑶语*juŋ
	suwngH(中古汉语)	送	sòng '传送/递送'	>	苗瑶语*suŋH
	tsyang(中古汉语)	獐	zhāng '麅鹿'	>	瑶语支*cuŋᴬ '鹿'
	trjang(中古汉语)	張	zhāng '量词, (一)张工具'	>	瑶语支*truŋᴬ
	yang(中古汉语)	煬	yáng '熔化'	>	瑶语支*juŋᴬ '分解/溶化'
	ljowng(中古汉语)	龍	lóng '龙'	>	瑶语支*kljuŋᴬ
	sræwng(中古汉语)	雙	shuāng '(一)双/对'	>	瑶语支*suŋᴮ
	yangX(中古汉语)	養	yǎng '滋养, 喂养'	>	瑶语支*juŋᴮ

讨论:

有趣的是苗瑶语的*uŋ 模式不同于苗瑶语的*um 和*un:*uŋ 与此处构拟的苗语支*oŋ 合并了,而*um 和*un 与此处构拟的苗语支*uŋ 合并了(参见上文韵母 27)。

注释:

1. 比较标敏的/khlɛ¹/ "沟渠, 峡谷, 山涧"(Solnit 1982)。藻敏(11)的/ku¹/似乎借自汉语的"溝"(即"沟渠, 灌溉水渠", 中古汉语 kuw > 普通话 gōu)。

4. 文界巴哼语(王辅世、毛宗武 调查组 12)代替了白云巴哼语(7)。

5 和 16. 这两个表示"根"的词可能有关联。

6. 该词有点像汉语的"橐"即"大口袋, 风箱", 中古汉语 thak > 普通话 tuó。

7. 可能来自汉语的"(房)間"即"房间", 中古汉语 kɛŋ > 普通话(fáng)jiān), 尽管韵母并不对应。

8. 比较汉语的"頸"即"脖子", 上古汉语*keŋʔ > 中古汉语 kjiengX > 普通话 jǐng。

10 和 20. 尽管声母并不匹配, 但苗语支和瑶语支的"雨"可能同源, 因为它们都属于该韵母对应组。

12. 养蒿(1)的形式出自《苗瑶语方言词汇集》(1987)。

14. 该词的声母 l-和 n-交替出现, 就像该韵母对应组中的汉语借词"使用"一样。但不可能再构拟出一个声母。

17. 江底勉语(王辅世、毛宗武 调查点 15)代替了罗香勉语(8)。该声母似乎将勉语的形式与苗语支对应组联系在一起, 但韵母显然又不对应。瑶语支的*ŋjiᶜ(5.24/1)可能与之有关, 但对应关系非常难找。根据白保罗(1987a: 13), 苗瑶语的"七"来自藏缅语的*s-nis "七"(参见第五章)。

19. 可能来自汉语的"豚"(即"小猪", 上古汉语*[d]ˤu[n] > 中古汉语 dwon > 普通话 tún), 尽管声调和鼻音韵尾并不对应。

20. 比较高棉语的/phliəŋ/ "雨, 下雨"。

29

29a. 苗语支*ɔŋ

	1	2	3	4	5	6	7	苗语支				声母	苗语支
1. 庄稼	qə¹	--	qɔŋ¹	haŋ¹ᵃ	--	--	--	*ɔŋ				5-6.1	*qɔŋᴬ
2. 针	tɕu¹	tɕu¹	kɔŋ¹	kaŋ¹ᵃ	koŋᴬ	tʃwaŋ¹	kɔ̃¹	*ɔŋ				5.16	*kjɔŋᴬ
3. 绑腿	tʰu¹	ŋtʰu¹	ŋ̊tʰɔŋ¹	ŋ̊taŋ¹ᵇ	ŋ̊tʂhoŋᴬ	ŋ̊tʃwaŋ¹'	ŋ̊ɔ̃¹	*ɔŋ				2.50	*nthrɔŋᴬ
4. 瘦，细，薄	--	ɕu¹	ʂɔŋ¹	saŋ¹ᵇ	soŋᴬ	θjɔŋ¹	--	*ɔŋ				2.28	*sjɔŋᴬ
5. 画眉鸟	tɕu¹	tɕu¹	cɔŋ¹	tɕaŋ¹ᵃ	tɕoŋᴬ	tʃwaŋ¹	tɕɔ̃¹	*ɔŋ				4.1	*cɔŋᴬ
6. 疯狂的	--	--	--	mpjaŋ²	mpzoŋᴬ	--	--	*ɔŋ				1.36.1	*mbljɔŋᴬ
7. 叶子	nə²	nu²	mplɔŋ²	mplaŋ²	mploŋᴬ	mplɔŋ²	mjɔ̃²	*ɔŋ				1.36	*mblɔŋᴬ
8. 桌子/长椅	--	--	ʈɔŋ²	ʈaŋ²	zoŋᴬ	--	tɕe²	*ɔŋ				2.48	*drɔŋᴬ
9. 森林	ɣu³	zu³	zɔŋ³	--	ʔwjɔŋᴮ	ŋkjɔŋ³	jɔ̃³	*ɔŋ				2.55	*-ʔrɔŋᴮ
10. 蚊子	zu³	--	jɔŋ³	zaŋ³ᵃ	ʔzoŋᴮ		jɔ̃³	*ɔŋ				4.10	*ʔjɔŋᴮ
11. 扬谷	--	pzu³	tʂɔŋ³	pzaŋ³ᵇ	pjoŋᴮ	pjɔŋ³	--	*ɔŋ				1.46	*prɔŋᴮ
12. 完成，结束	tɕu⁴	tɕu⁴	--	tɕɔŋ⁴	--	--	--	*ɔŋ				4.3	*ɟɔŋᴮ
13. 云/薄雾	en⁵	--	ɔŋ⁵	aŋ⁵ᵃ	--	--	--	*ɔŋ				7.1	*ʔɔŋᶜ
14. 年	--	tɕu⁵	cɔŋ⁵	tɕaŋ⁵ᵃ	--	--	tɕɔ̃⁵	*ɔŋ				4.13	*cɔŋᶜ
15. （液体）浓稠	ŋu⁶	--	ŋkɔŋ⁶	ŋkaŋ⁶	ŋkoŋᶜ	--	ŋa⁸	*ɔŋ				5.21	*ŋgjɔŋᶜ

29b. 瑶语支*ɔm(192)

	1	2	3	4	5	6	7	苗语支	苗瑶语	瑶语支	8	9	10	11	声母	瑶语支
16. 叶子										*ɔm	nɔm²	nɔːm²	nan²	num²	2.9	*nɔmᴬ
17. 睡着的										*ɔm	gɔm²	--	--	--	5.21	*ŋgjɔmᴬ

对应组29b中的汉语借词:	*-[g]ʲɔ]m(上古汉语)*	>	*hom(中古汉语)*	含	*hán '含在口中'*		>	瑶语支*ʔgjɔmᴬ

29c. 苗瑶语*ɔp(219,254)

	1	2	3	4	5	6	7	苗语支	苗瑶语	瑶语支	8	9	10	11	声母	苗瑶语
18. 咳嗽	ŋo⁴	--	hn̥ɔŋ⁷	nan⁷	ŋo̥ᴰ	--	--	*ɔŋ	*ɔp	*ɔp	ŋop⁷	--	ŋ̊ən⁷	--	2.8	*hnɔp

对应组29c中的汉语借词:	*kop(中古汉语)*	鸽	*gē'鸽子'*	>	瑶语支*kɔpᴰ

29d. 苗瑶语*ɔŋ(142)

	1	2	3	4	5	6	7	苗语支	苗瑶语	瑶语支	8	9	10	11	声母	苗瑶语
19. 好的	ɣu⁵	zu⁵	zɔŋ⁵	zaŋ⁵ᵃ	ʔwjɔŋᶜ	ŋwaŋ⁵	jɔ̃⁵	*ɔŋ	*ɔŋ	*ɔŋ	gwəŋ⁵'	gɔŋ⁵	lɔŋ⁵	dzɔŋ⁵	2.55	*-ʔrɔŋH
20. 穿/戴（帽子）	tə⁵	ntu⁵	ntɔŋ⁵	ntaŋ⁵ᵃ	nʔtoŋᶜ	ntwaŋ⁵	no⁵	*ɔŋ	*ɔŋ	*ɔŋ	doŋ⁵'	doŋ⁵	doŋ⁵	doŋ⁵	2.4	*ntɔŋH

续表

对应组 29d 中的汉语借词:	*-lˤoŋ(上古汉语)	>	duwng(中古汉语)	銅	tóng'铜，红铜'	>	苗瑶语*doŋ①
			thuwngX(中古汉语)	桶	tóng'提桶'	>	苗瑶语*thɔŋ(X)
			tsuwng(中古汉语)	鬉	zōng'鬃毛'	>	瑶语支*ʔdzɔŋ^A②
			nowng(中古汉语)	膿	nóng'脓'	>	瑶语支*nɔŋ^C

29e. 苗瑶语*u̯ɔŋ(85)

	1	2	3	4	5	6	7	苗语支	苗瑶语支	瑶语支	8	9	10	11	声母	苗瑶语/瑶语支
21. 听	--	--	mlɔŋ⁶	mzəŋ⁶	--	--	mæ⁵	*ɔŋ	*u̯ɔŋ	*u̯əŋ	moŋ⁵	muŋ⁵'	mɔŋ⁵	maŋ⁵	1.54	*(S-)mru̯ɔŋH
22. 扁担										*u̯əŋ	moŋ⁵	muŋ⁴	mɔŋ⁴	--	1.9	*mu̯əŋB

29f. 苗瑶语*ɔk(205)

	1	2	3	4	5	6	7	苗语支	苗瑶语	瑶语支	8	9	10	11	声母	苗瑶语/瑶语支
23. 鸟	nə⁶	nu⁶	nɔŋ⁶	nəŋ⁶	no^C	nwaŋ⁶	mõ⁶	*ŋ	*ɔk	*ɔk	nu⁸	nɔ⁶	ŋɔ⁸	nɔu⁸	2.9	*m-nɔk
24. 竹碗											--	--	--	--	5-6.2	*khɔkD

对应组 29f 中的汉语借词:	tsræwk(中古汉语)	捉	zhuō'捕捉，抓'	>	瑶语支*tjɔkD

29g. 苗瑶语*u̯əm(212,246)

	1	2	3	4	5	6	7	苗语支	苗瑶语	瑶语支	8	9	10	11	声母	苗瑶语/瑶语支
25. 水	ə¹	u¹	--	aŋ^1a	oŋ^A	waŋ¹	ʔɔ̃¹	*ɔŋ	*u̯əm	*u̯əm	wəm¹	wɔm¹	ən¹	m̩³	7.1	*ʔu̯əm
26. 枕头	--	ŋtɕɯ⁵	ɲcɔŋ⁵	ŋtɕaŋ^5a	ŋʔtɕoŋ^C	ntjoŋ⁵	ɲɔ⁵	*ɔŋ	*u̯əm	*u̯əm	dzum⁶	ɖam⁵	--	--	4.4	*ɲcu̯əmH
27. 吹（笛子）										*u̯əm	pwəm³	pjɔm³	--	--	1.32	*phlu̯əmB

29h. 苗瑶语*u̯əŋ(102)

	1	2	3	4	5	6	7	苗语支	苗瑶语	瑶语支	8	9	10	11	声母	苗瑶语/瑶语支
28. 树	tə⁵	ntu⁵	ntɔŋ⁵	--	nʔtoŋ^C	ntwaŋ⁵	--	*ɔŋ	*u̯əŋ	*əŋ	djaŋ⁵'	qjaŋ⁵	djaŋ⁵	djaŋ⁵	2.19	*ntju̯əŋH
29. 年	ŋhu⁵	--	--	--	--	ŋwaŋ⁵	--	*ɔŋ	*u̯əŋ	*əŋ	ŋaŋ⁵	ŋaŋ⁵'	ŋaŋ⁵	ŋaŋ⁵	4.8	*ŋu̯əŋH
30. 走										*əŋ	jaŋ²	jaŋ²	ŋaŋ²	dzaŋ²	4.12	*jəŋA
31. 舅妈										*əŋ	mwaŋ²	ŋwaŋ²	mjaŋ²	mjaŋ²	1.24	*mjəŋA

对应组 29h 中的汉语借词:	tsyhingH(中古汉语)	秤	chèng'天平'	>	苗瑶语*nthju̯əŋH

---

① Laurent Sagart 指出，在苗语支的布努语中，"铜"有一个上古汉语的声母 l-（/loŋ²/，参见毛宗武、蒙朝吉、郑宗泽编著的《瑶族语言简志》（1982：192）），这说明该词被借了不止一次。

② 汉语的"鬃毛"被独立地借入了苗语支：*tsɯŋ^A（音节尾 30a）。

续表

29i. 苗瑶语*ɯem(60)

	1	2	3	4	5	6	7	苗语支	苗瑶语	瑶语支	8	9	10	11	声母	苗瑶语
32. 种子	ŋ̊hu¹	ŋu¹	nɔŋ¹	nɑŋ¹ᵃ	ŋoᴬ	nwaŋ¹	ŋõ¹	*ɔŋ	*ɯem	*em	ŋem¹	ŋjim¹'	ŋjen¹	num¹	2.53	*hnrɯem
33. 生的/未熟的	ŋu⁴	ŋu⁴	ŋɔŋ⁴	--	ŋoᴮ	ŋwaŋ⁴	ŋõ⁴	*ɔŋ	*ɯem	*em	--	ŋjim⁴	--	--	4.9	*ɲɯemX

29j. 苗瑶语*ɯeŋ(46)

	1	2	3	4	5	6	7	苗语支	苗瑶语	瑶语支	8	9	10	11	声母	苗瑶语/瑶语支
34. 门	tu²	ʈu²	tɔŋ²	ʂaŋ²	zoŋᴬ	ʃwaŋ²	tɕõ²	*ɔŋ	*ɯeŋ	*eŋ	keŋ²	ke:ŋ²	klɛ²	--	5.48	*grɯeŋ
35. 绿/蓝										*eŋ	mɛŋ¹	me:ŋ¹	mɛ¹	mɛŋ¹	1.7	*ʔmeŋᴬ
36. 岩石										*eŋ	beŋ⁵'	--	bɛ⁵	beŋ⁵	1.4	*ʔbeŋᶜ

对应组 29j 中的汉语借词：	*breŋ(上古汉语)	>	bjæng(中古汉语)	平	píng'平的,齐的'	>	瑶语支*beŋᴬ'水平的'

29k. 苗瑶语*ɯen (248)：苗瑶语*mphɯənH "撒/喷洒" 来自汉语的 "喷" 即 "飞溅，喷洒"，上古汉语*pʰˤur-s > 中古汉语 phwonH > 普通话 pèn。

29l. 瑶语支*ɯam (211)：瑶语支*sɯamᴬ "胡子" 来自汉语的 "髟"（即 "长发"，中古汉语 sræm > 普通话 shān）和瑶语支*jɯamA "庹" 来自客家话的/njam/ (Downer 1973:19)。

讨论：

只有一个借词可以作为对应组 29k 韵母的例证。

虽然 29l 也适合超级对应组 29，但我们把 29l 放在此处，是因为 29l 的两个汉语借词 "胡子" 和 "庹" 只在瑶语支中出现，没有在苗语支中出现，所以我们只是暂时将这两个词放在这里。

注释：

2. 比较汉语的 "箴" 即 "针"，上古汉语*t.q[ə]m > 中古汉语 tsyim > 普通话 zhēn。

3. Tan Trinh 巴哼语(Niederer 1997)代替了白云巴哼语（7）。

7 和 16. 尽管声母并不匹配，但这两个表示 "叶子" 的对应组可能放在一起比较好，因为它们都属于本组的韵母，并有相同的声调。因此，在韵母对应组 29b 中的 "叶子" 和 "睡着的" 也应放在此处，尽管它们似乎只在瑶语支中出现。比较原始马来-波利尼西亚语的*buluŋ "草药"，它在许多南岛语中也被用来表示 "叶子"（《南岛语比较词典》）。

9. 炯奈语（6）出自毛宗武、李云兵（2001）。

14 和 29. 这两个词可能与汉语的 "年"（上古汉语*[n]ˤi[n] > 中古汉语 nen > 普通话 nián）相关，但正如 Mortensen（2002）所说，它可能借自藏缅语（*s-niŋ "年"），因为这能更好地解释其软腭鼻音韵尾。

17. 也可参见海南金门方言的/gjo:m²/。

18. 江底勉语（王辅世、毛宗武 调查点 15）代替了罗香勉语（8）。

21. 标敏（10）的形式出自《苗瑶语方言词汇集》（1987）。

23. "鸟" 一词的韵尾-k 在苗语支中反映为软腭鼻音（转变为鼻音韵尾是以鼻音声母为条件的）。比较原始马来-波利尼西亚语的*manuk "鸟/鸡"（《南岛语比较词典》）和原始泰语的*n-lok "鸟"（李方桂 1977）。

24. 在这四种瑶语支语言中并未被证实，但江底勉语和湘南勉语的/khɔ⁷/是对应的。

26. 可能来自汉语"枕"（即"枕头"，上古汉语*[t.q][ə]mʔ > 中古汉语 tsyimX > 普通话 *zhěn*）的 C 调变体。

27. 长坪勉语（王辅世、毛宗武 调查点 18）是/phləm³/。与苗语支的*phroᶜ"吹（笛子）"（1.47/7）比较相似。

28. 可能与汉语的"樹"（即"树"，上古汉语*m-toʔ-s > 中古汉语 dzyuH > 普通话 *shù*）相同，但也比较一下孟高棉语的*t₂ʔɔɔŋ"树"（Shorto #491）。

31. 罗香勉语（8）和览金金门方言（9）的-w-是二次发展的结果：首先-j-脱落，然后-w-在双唇音和元音/a/中发展出来。

32. Downer（1973）指出该词与粤语/ŋan/"种子"之间的相似性。

32 和 33."种子"和"生的/不熟的"的韵母在江底勉语和湘南勉语中非常不同，此处并未列出江底勉语的/ŋiːm¹/和/ŋom⁴/和湘南勉语的/ŋiŋ¹/和/ŋəŋ⁴/。在还没有更好的替换选项时，这两个词先一起放在此处。

35. 苗语支的*mpruᴬ（1.49/16）"绿/蓝"可能与瑶语支的*ʔmeŋᴬ "绿/蓝"有关联。

30

30a. 苗语支*ʉŋ	1	2	3	4	5	6	7	苗语支			声母	苗语支
1. 落下	--	--	poŋ¹	paŋ¹ᵃ	poŋᴬ	--	--	*ʉŋ			1.1	*pʉŋᴬ
2. 苗族自称	m̥hu¹	ɕoŋ¹	hm̥ɔŋ¹	maŋ¹ᵇ	mjoᴬ	--	ŋŋ¹	*ʉŋ			1.8	*hmʉŋᴬ

对应组 30a 中的汉语借词:	*[ɢ]ʷˤaŋ(上古汉语)		>	hwang(中古汉语)	蝗	huáng'蝗虫'	>	苗语支*gʉŋᴬ'蚱蜢'
				tsuwng(中古汉语)	騣	zōng'鬃毛'	>	苗语支*tsʉŋᴬ①

30b. 苗瑶语*iŋ(9)	1	2	3	4	5	6	7	苗语支	苗瑶语	瑶语支	8	9	10	11	声母	苗瑶语/瑶语支
3. 去	moŋ⁴	moŋ⁴	mu⁴	məŋ⁴	muᴮ	ŋŋ⁴	nĩ²	*ʉŋ	*ʉŋ	*iŋ	miŋ²	niŋ²	--	mi²	1.9	*n-mʉŋ(X)
4. 举起, 抬起								*iŋ	niŋ⁵	niŋ⁵'	--	--			2.8	*hniŋᶜ

注释：

1. 可能来自汉语的"崩"即"落下，（山）崩塌"，上古汉语*Cə.pˤəŋ > 中古汉语 pong > 普通话 *bēng*。

2."勉"一词及其变体很可能来自汉语的"民"即"人民"，上古汉语*mi[n] > 中古汉语 mjin > 普通话 *mín*。

3. 注意声调在苗语支和瑶语支两个分支中并不对应（参见第二章 1.4 节）。

4. 尽管苗瑶语的声调与汉语不匹配，但该词很可能与汉语的"拎"即"携带，提"，粤语/nɪŋ¹/，普通话 *līng* 是同一个词。

---

① 汉语的"鬃毛"一词独立地借入瑶语支：*ʔdzɔŋᴬ（韵母对应组 29d）。

其他瑶语支对应组

　　将下列三组借词归入上述任何一个韵母对应组都不可能，因为它们并未表现出并入苗语支的任何证据，也不像瑶语支中的任何一个对应组的模式。

A. 瑶语支*iu(3)

A 组中的汉语借词：

kjuwX(中古汉语)	韭	*jiǔ*'葱属植物'	> 瑶语支*ɟiu^B
tsjuwX(中古汉语)	酒	*jiǔ*'烈酒'	> 瑶语支*tiu^B
mjewH(中古汉语)	廟	*miào*'寺庙'	> 瑶语支*miu^C

B. 瑶语支*u̯ok(258)

B 组中的汉语借词：

| tsyuwk(中古汉语) | 粥 | *zhōu*'稀饭' | > 瑶语支*tɟu̯ok^D |
| dzyuwk(中古汉语) | 熟 | *shú*'煮熟的/成熟的' | > 瑶语支*dɟu̯ok^D |

C. 瑶语支*ien(6)

C 组中的汉语借词：

| mjienH(中古汉语) | 面 | *miàn*'脸' | > 瑶语支*hmien^A |
| khen(中古汉语) | 牽 | *qiān*'牵头，引领' | > 瑶语支*khien^A |

3 声调的起源与发展

3.1 引言

最早对苗瑶语声调构拟进行深入研究的是张琨，他在数十年间发表了多篇文章（张琨 1947，1953，1966，1972）。Niederer（1998:216-250）对这项重要的工作进行了总结。在多数情况下，苗瑶语的调类与"中华文化圈"①内的汉语、越南语、泰语等语言是对应的，这些语言与汉语有深度接触，深受汉语影响。这些语言之间声调系统的相似性使得它们声调起源和发展的方式看起来与汉语类似。因此，我们假设苗瑶语声调的产生遵循了奥德里古尔（Haudricourt 1954b）对于越南语声调产生的一系列阐述。这一系列阐述认为，声调对立是随着音节末尾喉部辅音*-ʔ 和*-h (< *-s)的丢失而产生的，这种方式产生了 A、B、C 三种声调对立：

A（*∅） B（*ʔ） C（*h）

奥德里古尔（另见马提索夫 1973）曾提出，这三种声调分别是平调、升调和降调②，包含塞音*-p，*-t，*-k 韵尾的音节在之后发展出了自身的声调特征，也就是第四个声调类型 D。

在声母阻塞音清浊合并之后，这些原始的声调翻倍成 8 个，如下所示③：

1 清声母　A1（1）　B1（3）　C1（5）　D1（7）

2 浊声母　A2（2）　B2（4）　C2（6）　D2（8）

通常认为，高域声调（有清声母的 A1、B1、C1、D1）的音高原来要高一些，而低域声调（有浊辅音声母的 A2，B2，C2，D2）原来要低一些。前喉响音、清化响音和清声母都归入高调域。声母的清浊与音高对立之间的生理联系经过广泛的讨论，虽然在两者之间找到直接的因果关系，但是还存在一些问题，具体可参见 Hombert 1978，Hombert，Ohala and Ewan 1979，Maddieson 1984a 以及后面的 3.3 节。

在苗瑶语少数语言中，阻塞音合并以及声调分化并没有发生或者只有其中的一种发生，例如：富阳（苗语川黔滇方言）只有四个未分化的声调，而石门（苗语川黔滇方言）的声调则由于辅音声母的清浊而产生了分化，但同时它也保留了清浊对立。声调的连续分化只限于小范围（发生在个别的语言），也并不一定影响所有的调类。其中最常见的是由于声母送气与否导致的二次分化，例如川黔滇方言的宗地话、海南岛上的金门方言（更多例子可参看 Niederer 1998:246-247）。湘西苗语（North Hmongic）声调的二次分化则是由鼻冠音造成的（Niederer 1998:247-248）。该语系几乎所有的语言都显示，原始的八个调类中，有两个或两个以上的声调出现了合并。例如，B2 和 D1 在白苗中就已经合并了。

国外的一些学者们喜欢用调值（高平调、低升调等）的方式来分析，而不习惯于从历史调类（A1，A2，B1，B2 等）的角度来看待问题。但从历史调类来思考问题也许更有用：从辅音声母和辅音韵尾的角度来看，所有具有特定调类的词都有共同的历史来源（如：A1<*清辅音声母，开音节或鼻韵

---

① "Sinosphere" "中华文化圈"这一术语是由马提索夫创造的（马提索夫 1990），和"tonogenesis" "声调起源"（马提索夫 1970）这一术语同样有用。

② 另一方面，白保罗认为，原始的对立是降调（A）和升调（B），而 C 是后来增加的一个平调的变调（参看白保罗 1997）。

③ 在目前的研究工作以及研究亚洲声调语言的文献中，常常用数字 1-8 来表示这些调类。

尾音节）。当原始的辅音演变成声调时，属于某个调类的所有词汇都会遵循相同声调的演变规律一起演变。虽然语音学的研究表明，由于某些类型辅音的丢失会使新出现的声调都具有某种特征，但是一旦声调形成，它们就会迅速转变为其他特征：原本的高调可能会降低，低调会升高，声调可能合并，曲拱度简化等。因此一个语系的一些语言中，有特定调类的词会有不同的语音形式。例如，在苗瑶语中，调类为 A1 的词有许多不同的调值：可能是中升调、高平调、低升调、中降调或者中平调。这种跨语言的变异会出现在每种调类中。另一方面，调类本身非常稳定：在所有的苗瑶语中，同源词例如"给、深、三、茅草、蛇"不论在特定语言中调值如何，在该语系的每个语言中调类都是相同的（A1）。这种调类上的稳定性就解释了为何在苗瑶语历史音系中，声调是第一个被构拟出来的。

虽然上述亚洲声调发生的原因解释了苗瑶语声调的一般结构，但与声调发生相关的许多难题仍有待解决。其中两个问题是本章要讨论的实质内容。在 3.2 节中，我们将通过检验苗瑶语中的汉语借词来考察汉语及苗瑶语中声调产生的先后顺序。由于这两种语言中借词的调类有着完美的对应，因此，笔者认为词汇借贷是在两者都没有声调的时候发生的。在 3.3 节中，关于苗瑶语声调的发展，我们将提出一种详尽的语系内部的解释。基于声调反映模式以及某些带有非常态发声态的现代声调，我们认为，两个发声类型对立且有重叠的历史层次要先于并且导致了苗瑶语中的声调对立的形成。

3.2　汉语及苗瑶语声调发生的相对时间[①]

传统上，声调起源于音段特征这一解释似乎非常适用于苗瑶语。有很好的证据表明，喉部辅音韵尾的存在导致了最早的声调对立（见 3.3 节），后来声调连续分化也有相对充足的证据。但是，中华文化圈内的声调对立系统是怎样经过一些没有亲属关系的语群传播开的，我们对这个过程还存在很多疑问。白保罗明确地认为苗瑶语、泰语以及越南语中的整个声调对立系统（4 种调类 X 2 种调域）全都是从汉语中借用的，它们原本都是无声调的。也曾有其他学者暗示过这一点。白保罗曾写到"越南语在汉语的强大影响下丢失了孟高棉语原本的次要音节，**同时直接借用了汉语的声调系统**[②]"（白保罗 1997:4）。

来自早期中古汉语借词中的完美调类对应，有些学者认为在某种程度上应该归因于苗瑶语从汉语中借用了它的 4X2 声调系统。例如：林英（1972:56）在一篇写苗瑶语中汉语借词的文章中写道"如果我们将这些借词与切韵表中的相比较，可以发现：苗语借用的声调主要基于平上去入四个调类"[③]。下面是苗瑶语中的中古汉语借词的一些例词。这些汉语借词在双方的调类相同。

表 3-1　　　　　　　　　　　　苗瑶语的中古汉语借词

汉义	拼音	中古汉语	原始苗瑶语	调类
金（属）	jīn	kim	*kjeəm'gold'	A1
秧（苗）	yāng	ʔjang	*ʔjɛŋ^A(PH)	A1
千	qiān	tshen	*tshi̯en	A1
铜	tóng	duwng	*dɔŋ	A2
羊	yáng	yang	*ju̯ŋ	A2
银	yín	ngin	*ɲʷi̯en	A2
桶	tǒng	thuwngX	*thɔŋ(X)	B1

续表

汉义	拼音	中古汉语	原始苗瑶语	调类
瓦	wǎ	ngwæX	*ŋʷæX	B2
甑（煮饭的器皿）	zèng	tsingH	*tsjeŋH	C1
炭	tàn	thanH	*thanH	C1
灶	zào	tsawH	*N-tsoH	C1
箸（筷子）	zhù	drjoH	*drouH	C2
漆	qī	tshit	*thjet	D1
百	bǎi	pæk	*pæk	D1
十	shí	dzyip	*gjuep	D2①

对苗瑶语来说这似乎是合理的，因为不仅有内部的证据证明苗瑶语中有汉语式声调系统的发展，而且这一语系的语言显示每一层结构都有汉语影响的痕迹（见第六章 6.2 节，Downer 1973，Ratliff 1999b，2000，2001a）。但是说苗瑶语的人是怎么听取并且将汉语调类借用过来的呢？又是怎么听取并借用整个声调系统呢？语音信号中并没有能使他们这样做的信息。

在借出语的声调系统中，每一个调类都有自己的语言生态位，每一个词都有自己的调类。这些借词的调类从借出语到借入语中，又获得了相应的调类，这是怎么回事？借出语的声调系统怎么会那么完美地在借入语中产生？再者，声调产生于辅音特征丢失之后，借词从借出语进入到借入语中更难找到相应的语言生态位。

为了支持调类的借用时间在更早以前的观点，在理想的情况下，学者们希望可以看到一种现代的接触情况，已经发生或正在发生的接触，即相同结构的声调系统，而且借词在借出和借入的语言中调类相同。下面将回顾近期一种语言借用另外一种语言词汇的一些情况，主要包括有声调和无声调、借出语和借入语共四个因素。这四个因素之间存在四种接触的可能性，但其中的三种——无声调的借出语和有声调的借入语、有声调的借出语和有声调的借入语、有声调的借出语和无声调的借入语（主导理论），将被排除。排除的原因是：所有已知的案例都产生了与"调类借用"这一观点不同的结果。通过排除前面的三种接触模式和韵律系统在东南亚语言之间顺利地扩散这一背景，最合理的结论是：借用词汇时的情况应该是第四种接触模式，即无声调的借出语和无声调的借入语。根据沙加尔的观点，汉语声调的产生时间是在上古汉语之后、早期中古汉语之前，大约在公元前 500 年到公元 500 年之间（1999:101），早期中古汉语已经是有声调的语言了。基于较为整齐的音段对应，表 3-1 原始苗瑶语中的汉语借词的借入时间仅仅比早期中古汉语略早一些（或者说共同时代的前五百年）②，而这时汉语尚未产生声调。这个时期声调已经具备产生条件但还没有产生。是否是声调创新在汉语中出现，随后传播到该区域的其他语言中？目前这个观点尚不明确。因为存在同样可能：中华文化圈中的语言在大致相同的时间产生了声调。

3.2.1　不同接触模式中借词的调类匹配

下面我们将介绍汉语和苗瑶语声调借用时可能存在的四种接触模式。同时也将讨论已知的案例中每种接触模式所产生的声调结果，并将这种声调结果与汉语和苗瑶语中需要解释的对应模式进行比较③。

（1）借出语无声调，借入语有声调

对于借出语无声调、借入语有声调这种情况，马提索夫（2001:321-332）曾报告说在东南亚语言

---

① 这个也可能是藏缅语借词（见第五章第二节）。

② 蒲立本（1978）则认为声调的产生时间要晚一些，某些带有韵尾-s 的韵母到公元 6 世纪时都一直存在。

③ 马提索夫（2001）提供了一个实用的接触情况的目录，涉及到声调语言及非声调语言之间的借词，他还考虑了借出语言与接入语言的相对影响力。

中有一种基本策略的两个变体。这两个变体是：一两种常用声调被用作借词声调或者一种罕用声调作为借词声调。后者可以马上区别出借词（例如拉祜语和粤语中的英语借词）。目前也并没有任何报道说本族词中的声调对立全都会出现在来自非声调语言的借词当中。

"常见的借词声调"策略经常涉及这种观点，即试图通过声调来反映借出语中的重音或者语调起伏。Court 在 1975 年对沙墩泰语中的马来语借词进行了研究。研究表明，重音和语调之间的音高相关性在声调语言中会被重新解读为声调。他认为：马来语中短语结尾的开音节词用下降的语调表示，这些词借入沙墩泰语后，都归入高升降调；马来语中不会出现在语调峰值点上的其他音节，借入沙墩泰语后归入高平调。Gandour（1979）发现泰语中的大多数多音节英语借词都有相似的重音-声调对应。尽管细节上要复杂得多，但一般来说，英语中多音节词的重读音节都会用高调表示。

虽然美国的苗语使用者，现在都不会将本土化的英语借词改写为更容易看出声调匹配的苗文拼写方式（他们直接使用了英文的拼写），但早期本土化借词的变体显示出他们会采取一些相同的基本策略：尝试通过声调匹配来反映英语的语调或重音，或者直接使用"借词声调"（即将所有借词都归入某个声调）：

"America"

αmεlikà   中-中-中-低（尝试表现英语的语调）

àmèlĭkà   低-低-升-低（尝试表现英语的重音）①

àmèlĭkà   低-低-低-低（借词声调）

如果在 3.2 中列出的借词刚刚形成的时候，苗瑶语有声调而汉语没有声调，那么可能所有在早期中古汉语之前进入到苗瑶语中的汉语借词都会有一个或两个：即当时的"借词声调"，可能一个是常用声调，一个是罕见声调，也可能两个都是常用声调。对于这一历史层次的所有借词来说，这种声调类别可能之后归属于八大调类中的某一两个调类，而固有词则分布在八大调类中，同时，这种借词的声调类别在所有苗瑶语中调类可能都是相同的，但显然事实并非如此。

（2）借入语和借出语都有声调

"罕见的借词声调"策略也可以用于声调语言之间的借用 （马提索夫 2001:321）。例如，布努语——中国广西壮族自治区的一种苗瑶语族语言，它对汉语借词和壮语借词都会进行变调处理，而其本调只用于固有词汇中。显然，母语者认为这些少见的变调适用于标记所有"特殊用途"的词汇（母语人认为借词是特殊用途的词汇），变调也用于婴儿的名字，例如"小老鼠""小青蛙"等（毛宗武、周祖耀 1972，蒙朝吉 1983）。

但是，当借入语和借出语都是声调语言时，更常见的情况是：借入语在借词声调和自己本身的声调中寻求匹配。由于调类（所有被确认为有相同声调的词分出的类）随着时间的推移一直非常稳定，但调值却相当易变，因此调值在借出语和借入语之间很容易匹配，而调类确难以匹配。表 3-1中汉语借词的调类与原始苗瑶语的调类有很整齐的匹配，这个现象违背了借出语和借入语之间的调值匹配规律。

例如，苗瑶语中较新的汉语借词是通过匹配当地汉语方言词的调值与借入语中最接近的调值的方式来借入的。"现代的借词基本上都是用苗语声母、韵母以及声调来反映西南官话的音系"（应琳，1972:64）。在通行于苗语三个主要方言区——养蒿（黔东苗语）、吉卫（湘西苗语）、叙永（苗语川黔滇方言）的汉语方言中，有一个升调，在汉语方言中属于调类 C1（阴去）。汉语方言调类为 C1 的升调，借入苗语后，是按照其调值特征与当地苗语的调值进行匹配：每种苗语都选择升调进行匹配，即使养蒿话中升调对应的调类是 B1，吉卫话中对应的是 A1，叙永话中对应的是 D2。可见，汉语调类为 C1 的借词借入苗语不同方言，分别对应 B1、A1 和 D2 三个不同的调类。

例如：*zhàng* "丈"（长度单位，三又三分之一米），养蒿 tsaŋ B1 [35]，吉卫 ʈaŋ A1 [35]，叙永 tʂaŋ

---

① 虽然对英语母语者来说，重音是从第二个音节出开始下降，而不是第三个。

D2 [13]。又如：上 *shǎng*（开始，上（课）），养蒿 saŋ B1[35]，吉卫 ṣaŋ A1 [35]，叙永 ṣaŋ D2 [13]（《苗瑶语方言词汇集》1987）

L-Thongkum（1997）提到了一个有趣的关于正在发生的语言演变的个案研究。这个个案发现，泰国清迈附近的一个村庄中，年青一代的勉语（一种声调语言）使用者的语言正在发生变化。标准泰语（也是一种声调语言）被用作教学语言，北部泰语和标准泰语在泰国都广泛通行。在这种勉语方言中，使用者正逐步地将声调的数量从六个减少到五个，使得勉语变得跟标准泰语一样，并且还调整了勉语声调本身的调值使得它们更接近于泰语的调值。然而，勉语调值的接触性演变与勉语和泰语的调类对应没有关系。

表 3-2 演化中的勉语调值

演化中的勉语调值	泰语调值	勉语调类	泰语调类
33	33	A1	A1a，A2
31	51	A2	B1，C2，D2L
45	45	B1	B2
34	15	B2，C1	A1b
21	21	C2	C1，D1

最后，Chamberlain（1972）也简要解释过泰国东北部的五种泰语方言中老挝语借词的声调是如何分配的。所有这些语言，即借出语（老挝语）和借入语（五种泰语方言），都是有声调的。他这篇论文的目的是为了支持一种观点，即这些语言的使用者借用了调型而不是声调的分化合并模式。文中论证了这五种语言中的声调借用是由语音相似性的判断所支配的，以此来支持上述论点。虽然此处我们关心的是调类中个体的对应情况，而 Chamberlain 感兴趣的则是调类合并与分化的模式，但其实它们都是早期历史事件的遗迹，并且他的发现与我们此处所作的论断是一致的，即借用过程并不会引发借入语在它们自己的语言中复制借出语的历史。

因此，如果汉语和苗瑶语在词汇借用发生时都是声调语言，那么苗瑶语中的中古汉语借词就会有苗瑶语不同调类语音形式的具体音值，就像它们借用现代汉语时所表现的那样。这可能反映出一种趋势，即让借出语的声调尽可能地匹配借入语的声调。一方面，一个借词的调类不可能在所有借入语或借入语的不同方言中都匹配为一个相同的调类；另一方面，借入语也不可能将那个借词在借入语中的调类与借出语的调类相匹配。

（3）借出语有声调，借入语无声调

这是一种看待早期接触状态的传统观点，即早期汉语是有声调的语言，而原始苗瑶语是没有声调的语言，苗瑶语的声调是受汉语的影响而产生的，特别是澳泰语系假说认为原始苗瑶语与南岛语都是没有声调的语言（白保罗 1975）。但是目前，我们只有三种基本类型的证据证明这类接触的结果。第一种是：词汇借入时可能并不借入声调。因为借入语言的使用者听不出来声调，特别是如果两种语言接触程度很小，同时，借用的词汇又很少的话，就会出现这种情况，比如英语中少量的汉语借词：

麻将 májiàng ＞'mahjong'

乌龙 wūlóng ＞'oolong(tea)'

山东 Shāndōng ＞'shantung(silk)'

第二种是：在两种语言接触程度更深的情况下，我们可能会遇到 Filbeck（1972）提到的一种比较奇怪的情况，它存在于麻语（Mal）[①]的一种方言中（在谱系树更高一层的节点上被称作辛语（T'in）。

---

① 麻语和辛语均参见颜其香、周植志《中国孟高棉语族语言与南亚语系》（2012[1995]）中的译文。

这是一种东南亚地区无声调的孟高棉语，通行于泰国东北部。麻语产生声调的方式有两种。第一种是，在借入北部泰语的数词时，将其声调也一起借了进来。虽然这种情况可能是一种"背诵效应"，但这些数词在发音时即使是在快速的语流中也都会带有北部泰语的声调。与此同时，非数词的泰语借词都以升调的形式借入，因此这些非数词的泰语借词与它们在泰语中的调值不一致。为什么选择将非数词的泰语借词用升调借入？可能是由于升调具有显著性特征。例见表 3-3。

表 3-3　　　　　　　　　　　　**麻语中的泰语借词的声调**

泰语	麻语	意义
yâak	ɲǎak	困难
lâak	lǎak	拖拽
khὲɛk	khěɛk	客人
klaaŋ	kǎaŋ	中间

（Filbeck 1972:115）

这种升调也出现在麻语借自其他无声调的孟高棉语词汇中，并且难以解释的是，一些麻语的固有词也出现了这一升调。

第三种是：高强度的长期接触，这很可能最接近于无声调的原始苗瑶语从有声调的早期汉语那里获得声调的支持者们所倡导的一种理论。这就必须假定它们在很早的时候就开始接触了，同时也要考虑到汉语几个世纪以来对苗瑶语产生的强大而持久的影响。关于这一点也有一个很好的现代案例，面对分布广泛的多语环境，处于主导地位的声调语言（或者在此案例中是几种语言），它的韵律模式使得一个无声调语言发展出复杂的声调系统。这种情况与 Thurgood 在一系列论文中所讨论的回辉话的案例是一样的（完整解释和更多文献参见 Thurgood 1999）。海南岛的回辉话最初是一种无声调的南岛语，后来发展出了声调。回辉话在当地的闽方言和侗台语的黎语两种声调语言的影响下产生了声调。回辉话发展出来的声调系统本质上与 L-Thongkum 所描述的受泰语影响的勉语是相似的：回辉话声调的数量和调值与这两种相邻的语言的声调和调值几乎是一样的，回辉话的使用者也会说这两种相邻的语言（Thurgood 1999:231）。这是一个表层合并的案例：

表 3-4　　　　　　　　　　　　**回辉话与邻近语言的调值对应**

	回辉话	汉语（儋州市）	黎语（通什市）	黎语（元门乡）
高平调	55	55	55	55
降调	42	--	43	42
中平调	33	22	33	44
升调	24	35	13	13
低平调	11	11	11	11

但这种情况与我们试图理解的早期中华文化圈内的接触情况最关键的不同点是：回辉话是以自己的方式发展出声调的，采用的是 2X3 的系统。即声调产生的进程是先从声母清浊两分开始，再由韵尾造成后来的再次分化。因此，回辉话的调类与汉语借词的调类无法对应起来，因为汉语的 4X2 系统无法直接对应回辉话的 2X3 系统。回辉话中的汉语借词无论是什么调类，发音时都会选择与回辉话调值最相似的声调（Thurgood，私下交流 2002）。有一种假设是：借出语有声调，借入语无声调，这两类语言高强度的长期接触会使声调在东南亚语言中扩散。但是在此处我们并未发现以中华文化圈为特征的跨语言的调类对应模式。正如 Thurgood（1999:231）所说"回辉话并没有借别的语言的调类系统"。

（4）借出语和借入语都没有声调

由于在前三种接触情况下，我们都无法找到现代（或近代）的接触模型来解释中华文化圈内不同语言的调类对应，因此，我们必须要考虑最后一种可能性。如果上述的这些早期汉语借词（表 3-1）产生时，汉语和苗瑶语都没有声调，我们就可以假想一下这些借词跨语系的调类对应是如何产生的。苗瑶语借用汉语词汇时一同借用了（可能已经分解的）辅音（包括声母和韵尾），这些辅音最终转化为完整的声调。如果汉语和苗瑶语是以同样的方式发展出了声调，声调产生的过程是：辅音韵尾*-ʔ 和 *-h 的丢失而产生了 A、B、C 三种调类的对立（详见 3.1），这个声调产生的过程发生在东南亚整个区域。在声调产生的过程中，可能是由某个未知的触发语引发的，但不一定是汉语，然后我们就会得到这些常规的调类对应关系。这是对已经产生的情况的最有可能的解释。表 3-5 是四种接触的总结。

表 3-5   声调的四种接触类型

1. 借出语无声调，借入语有声调 常见声调的匹配（将重音和语调也视为声调）：英语＞苗语；马来语＞泰语；英语＞泰语 罕见声调的匹配：英语＞粤语，拉祜语	2. 借出语和借入语均有声调 调值匹配：现代汉语＞苗瑶语； 老挝语＞泰语方言 表层趋同：泰语＞勉语 罕见声调的匹配： 汉语、壮语＞布努语
3. 借出语有声调，借入语无声调 借入词汇但不借入声调： 汉语＞英语 个别词汇连同声调一起借入： 北部泰语＞麻语（数词） 区别性音高的匹配： 北部泰语＞麻语（非数词借词） 独立发源的声调系统，表层趋同： 汉语、黎语＞回辉话	4. 借出语和借入语均无声调 两者都保持无声调状态 两者都变成声调语言

3.2.2   中华文化圈的语言共同发展出声调

假设汉语借给苗瑶语表 3-1 的借词时，汉语和苗瑶语本身是无声调的，这些借词的声调都是后来平行产生的。支持这一假设的一个强有力的证据是：大部分学者都认为上古汉语没有声调（梅祖麟 1970，白一平 1992，沙加尔 1999），而上古汉语的借词层也表现出规律的调类对应（表 3-6）。表 3-6 展示了比表 3-1 更古老的汉语借词层，这些借词在上古汉语和原始苗瑶语中都是没有声调的，但有相似的辅音韵尾，后来这些汉语借词在汉语和苗瑶语中都平行发展出相同的调类。由此可以说明：后期的借词也是在借入之后才在这两个语系平行发展出声调。

表 3-6   古汉语与原始苗瑶语的调类对应

	中古汉语	上古汉语	原始苗瑶语	汉语和苗瑶语的调类
廪（谷仓）	lǐn	limX	*(pə.)r[ə]mʔ	*rɛmX	B2
铁	tiě	thet	*l̥ˤik	原始苗瑶语*hrɛkᴰ	D1
力（力量）	lì	lik	*kə.rək	原始苗瑶语*-rək	D2

虽然与汉语的接触很可能是导致苗瑶语和其他南方语言成为单音节词语言进而倾向于声调化的原因（马提索夫 1973:89），但汉语在这一地区是否比其他语言更早产生声调还并不明确。由于之后的声母合并引起补偿性质的声调分化可以理解为波浪式扩散到整个东南亚地区，所以从最初的少数语言平行产生声调再扩散为区域性现象也是有道理的。如果我们接受苗瑶语在其声调产生之前就借入了早期的汉语借词这种观点，那么就没必要再解释这些语言是如何借用声调系统和历史调类这个不成熟的问题。此外，基于音段对应关系，这些早期借词可以追溯到哪个年代，在汉语和深受汉语影响的语言中声调产生的时间也可以追溯到那个年代。将来对汉语声调起源的探讨不应该只依靠汉语的内部证据，也应该利用其他语言的汉语借词来追溯声调产生这一重要的语言类型变化的起源时间。

3.3 从发声态到声调的演变[①]

在以声母清浊为条件的声调二次分化中，正如引言中所描述的经典情况那样，音高的对立不是马上就实现的，而是经历了发声态对立的过渡阶段。原始的浊音声母通过元音气嗓音化的过渡阶段演变成低调域声调，这也是原始浊声母留下的遗迹：ba>pa̰>pà[②]。Thurgood（2002）用大量的跨语言证据和语音学上的证据清楚地论证了这一发展阶段，这里不再赘述。在本节中，我们将会讨论音高模式、残留发声态的对立、元音音质以及现代苗瑶语中复杂的曲拱型声调。我们只能假设一个更早的发声态对立，这个发声态的对立是因为喉部辅音韵尾-ʔ和-h 的脱落而产生的，这样才能解释上述现象。喉塞音韵尾-ʔ和-h 韵尾的脱落应该会导致嘎裂和气嗓，这一点是没有争议的（Thurgood 2002:341-342）。但是为了解释在现代苗瑶语中观察到的模式，我们必须假设，曾经有过一个时期，这两种发声态的对立是共存的，即最早的发声态对立是由于辅音韵尾对立的消失，而近期的发声态对立是由于声母清浊对立的消失。换而言之，这个更早的发声态的对立是由于喉音韵尾-ʔ和-h 的脱落而产生。在这个对立尚未消失之时，由于辅音声母清浊对立消失又产生了新的发声态的对立。这两种不同类型的新老发声态对立，可能存在时间上的共存关系。因此，A，B，C 这三个传统的调类最初是常态音、嘎裂音和气嗓音三种发声态类型的对立，这些古老的"声调"在清浊阻塞音声母合并的时候仍然主要靠发声态来区分，后来产生的声调分化（A1/A2 等）最初是由第二层发声态对立的引入导致的。因此，声调产生的过程可能经历了四个阶段。第一阶段可能是前发声态或前声调阶段：

	A	B	C
第一阶段	CV(N)	CV(N)ʔ	CV(N)h

第二阶段可能涉及喉部辅音韵尾-ʔ和-h 的脱落以及随之而来的发声态对立的形成：

	A	B	C
第二阶段	CV(N)	CV̰(N)	CV̤(N)

第三阶段，可能对应了一个时期。这个时期内第二阶段的发声态对立还没有完全演变为声调，与此同时"声调"分化又刚刚开始。这种由于清浊阻塞音声母合并而触发的"声调"分化起初是一种发声态的分化，在某种程度上时至今日仍是发声态的分化。因此，第一层发声态（第二阶段）的对立是常态音、嘎裂声、气嗓音三者的对立，第二层次发声态（第三阶段）的对立是常态音和气嗓音的对立，第一层次的发声态对立与第二层次的发声态对立发生了部分重合（也就是第三阶段）。

	A	B	C
第三阶段	CV(N)	CV̰(N)	CV̤(N)
	CɦV(N)	CɦV̰(N)	CɦV̤(N)

最后的第四阶段反映了现在的语言事实，大部分苗瑶语都有声调，并且只以常态音和音高对立为特征。但是，需要注意的是，整个语系中气嗓音只是偶尔见于 A2 调类的语音形式，在 B2 调类的语音形式中仍然比较普遍，而在 C2 调类的语音形式中它比常态音还要常见。

---

① 这一部分材料的早期版本是 1999 年在洛杉矶召开的美国语言学会会议上汇报的。我非常感谢刘海勇在这一论题研究初期给予的帮助。

② 气嗓音在汉语文献中经常被认为是浊送气声母（pɦa）。事实上，在声调分化的早期阶段，气嗓音的特征在声母中可能更为显著。pà 表示低调域，而不是去声。

	A	B	C
第四阶段	CV(N)	CV(N)	CV(N)
	CV(N) ~ C̬V̬(N)	CV(N) ~ C̬V̬(N) ~ CV̬(N)	C̬V̬(N) ~ CV(N)

用来证明这个假设的证据由四个完全独立的事实组成。我们会在下面的 3.3.1-3.3.4 节中进行讨论，这些事实只能通过假设一个发声态的对立来解释，这个发声态的对立是由于辅音韵尾脱落而产生的，并且在声调分化的时候仍然存在着。

3.3.1 现代苗瑶语中低调的分布

以上描述的历史演变的第一种模式是，反映古代辅音声母清浊的相对音高调值在整个语系中或多或少地保留在调类 B 和调类 C 中，而不是在调类 A 中。也就是说，低调域声调 B2 和 C2 的现代声调在实际音高上比与之对应的较高调域 B1 和 C1 要更低。另一方面，在调类 A 中，对于任何给定的苗瑶语方言，都不可能预测出 A2 的现代声调在音高上是高于还是低于与之对应的 A1 调。曾有一份调查涵盖了 70 种苗瑶语语言或方言（其中有一些是不同的语言，有一些是同一个语言但声调不同的方言），包括：王辅世和毛宗武 1995 年构拟的 22 种语言或方言（遗漏了没有经历声调分化的复员苗语），张琨 1972 年搜集的 43 种语言或方言（不包括王辅世和毛宗武（1995）中的方言以及没有经历声调分化的方言），青苗（Andruski & Ratliff 2000），巴哼语的两种方言（Niederer 1997），会晒勉语（Strecker 1990）以及标敏方言（Solnit 1985）。这 70 种方言中的 81%（即 57 个调查点）的样本，B2 低于 B1；89%（即 62 个调查点）的样本 C2 低于 C1。这证明了浊辅音声母的"抑调效应"。另一方面，只有 50% 的样本（即 35 个调查点）A2 在音高上低于 A1[1]。许多 B2 和 C2 声调也有气嗓的特征（C2 稍多于 B2），这也许可以用来解释为什么这些声调的音高要相对低一些。

但问题出现了，为什么 A2 不是这样？由于这个调类词汇中的古浊声母肯定也影响了后面的元音使其产生了气嗓的特征，也许这样会抑制音高。调类 A 与调类 B 和 C 之间的差异是如何形成的？如果假设第一层发声态（常态音、嘎裂声、气嗓音）三者的对立与第二层次发声态（常态音和气嗓音）二者的对立是共存的，那么就能解释这个问题。B2 和 C2 的音节，会受到由原始浊声母发展而来的气嗓和韵尾引发的气嗓或嘎裂的双重影响，来自于原始浊声母和韵尾的双重影响都有可能抑制音高。然而在 A2 中，只受到声母引发的气嗓的影响，其所受到的音高抑制不及 B2 和 C2 明显。

3.3.2 现代苗瑶语中发声态对立的残留

在不同的调类中气嗓音有不同的表现。这些调类派生于现代苗瑶语的原始浊声母：（1）气嗓音在 A2 调类中非常罕见，即便出现也比较弱：例如瑶族的布努语（王辅世，毛宗武 1995:35）；（2）气嗓音在 C2 调类中较为常见，并且出现时气化程度比较强：比如黔东方言养蒿话（王辅世，毛宗武 1995:32），青苗（Andruski & Ratliff 2000）；（3）苗瑶语中 B2 调类带有气嗓音的词在频率和稳固性方面介于上述两种状态之间，表现出一种中间状态。在 A2 调中气嗓音相对少见，可归因于 A 调类音节中无标记的常态发声态占主导地位。C2 调中气嗓音较为常见，是因为韵尾导致的气嗓音和声母导致的气嗓音重合了。而另一方面 B2 调则呈现出一种中间的状态，即 B2 调音节中来自浊音声母的气嗓音与来自于韵尾的嘎裂音在音节的中间位置汇合。就整个语系而言，带有 B2 调的词出现气嗓音的频率要低于带有 C2 调的词，但却高于带有 A2 调的词，这些 A2 调的词最初是以常态浊音为其特征的。因此，根据气嗓音在那些有原始浊声母的音节中的表现，我们认为有以下蕴含共性：如果在某个特定的方言中，A2 调的词是气嗓音，那么 B2 和 C2 调的词也是气嗓音；如果特定方言中 B2 调

---

[1] Niederer 1998 (239–243)通过调域分析了所有调类中的音高，而这种分析并没有产生如此显著的结果。但有趣的是，在她的五种语言样本中，调类 A 中的高调域和低调域都有平调，低调域总是高于高调域。但这种结果也可能是偶然的。

的词是气嗓音,那么 C2 调的词也是气嗓音①。

另外,在现代金门方言的一些土语中调类 B 似乎还保留着嘎裂音。对此最好的证据来自会晒勉语,它的 B1 和 B2 调类(53ʔ)在末尾有喉化的现象:"调类 B 在音节的最末尾似乎有短暂的喉化。……调类 B 对应着中古汉语的上声,这已被构拟为喉塞音韵尾(主要参见梅祖麟(1970))"(Strecker 1990:29)。但是,在该方言中,C2 调也被喉化了,而且这种喉化贯串了整个音节。Strecker 暂时将 C2 调的喉化特征也归属于 C 调类的喉塞韵尾,但这种说法可能很难成立,因为 B 调和 C 调一定对应着不同的音节类型。更有可能的情况是,由于 C2 和 D2(22)调已经合并,所以紧喉特征是由 D2 调音节的性质引发的,它也有塞音韵尾(D1 调也被喉化了)。

在览金金门方言(王辅世,毛宗武 1995:37)中,调类为 C2 的词调值为 31,并且是一个紧调。然而,由于这一声调降到了音高范围的最低点,这可能是由于嘎裂音的自然断裂,伴随着声调下降降到了正常音高范围之下(气嗓音)。但 B2 调类不仅不是一个低调,还是一个"特别紧"的紧调(44)②。

3.3.3 气嗓音与元音音质分化

这一假设还有来自元音音质的证据。这一证据时至今日只存在于一种语言中,即苗语川黔滇方言麻山次方言的宗地话。在宗地话中,B2 和 C2 调类中存在一种常规元音音质的高化现象,即"喉部松弛效应"(马提索夫 1973:76),B2 和 C2 调中不再有气嗓音特征。B2 和 C2 调类的元音高化是由于气嗓音导致的。但 A2 调中却没有出现元音高化现象,因为 A2 调的气嗓音较弱或消失。由于气嗓音的消失,宗地苗语早期发声类型的对立目前只剩下元音音质的对立。

表 3-7　　　　　　　　　　　　宗地苗语气嗓音消失引起的元音高化

	B2 和 C2 调	其他声调
韵母 3③	e	æ
韵母 5,15,16	əa	a
韵母 6,12,17	o	ɔ
韵母 7	u	o
韵母 8	u	ou
韵母 13	ɯ	ə
韵母 18,19	ein	æin
韵母 29,30	əŋ	aŋ

(王辅世 1994:4-5;王辅世,毛宗武 1995:34)

3.3.4 作为发声态"转换开关"的复杂的曲拱声调

复杂的曲拱调几乎只出现在调类 B 中④。这可以理解为音节在从常态转化到嘎裂(B1)以及气嗓转换到嘎裂(B2)的过程中所需要的"换挡"。现在,这些具有复杂曲拱声调的调类 B 的词汇不

---

① 声调合并会掩盖这种模式。泰国清莱优勉语的气嗓音仅出现在 B2 调类中,但 C2 和 D2 调已经合并为 11 调(Downer 1961, Purnell 即将出版),这掩盖了发声态最初的分布。同样地,标敏方言的气嗓音仅出现在 A2 调类中,但 B2、C2 和 D2 调类已经合并为 42ʔ调(Solnit 1985:182)。由于 A2 调的词是气嗓音,所以 B2 和 C2 调的词可能最初都是气嗓音,并且已经合并的 42ʔ调以一个喉塞音作为韵尾反映了塞音韵尾已经合并了。苗语川黔滇方言滇东北次方言的石门(大花苗)是一个真正的例外。石门苗语里,A2、B2 和 D2 调中都有气嗓音,但 C2 调中却没有。

② Niederer(1998:249–250)提到了泰国优勉语在 C2 调类中有嘎裂音,而且只出现在 C2 调类中。但 Downer(1961:532)把 C2 调描述为"非常低而且略微下降,还伴随着某种轻微的喉塞(即"嘎裂")"。鉴于该降调是从"很低的"位置开始下降的,所以这里的嘎裂也可以归属于气嗓音。22 表示嘎裂音贯穿整个音节。下同。

③ 音节尾编号指的是本书(以及王辅世(1994))中的调类编号。

④ 以下情况例外:A1 炯奈语(王辅世,毛宗武 1995#13)读 343,A1/C1/D1 金地金门方言(Niederer 1998#37)读 354,A1 会晒勉语(Strecker 1990)读 534,D1 会晒勉语(Strecker 1990)读 4232,C2 新寨(Niederer 1998 #24)读 343。

再有嘎裂声的特征，早期的发声态对立目前只保留了复杂曲拱声调的对立。

以下复杂曲拱声调的例子来自王辅世、毛宗武 1995 年的文章（WM），Niederer 1998 年的文章（N）以及张琨 1972 年的文章（C）：

表 3-8　　　　　　　　　　　　　　　　　　苗瑶语的曲拱调

B1 类曲拱调（<常态到嘎裂）	B2 类曲拱调（气嗓到嘎裂）
宗地（WM#7）[①]232	Hsiao-miao-chai 苗语 (C #15) 213
Shuijungping Mang (N #23) 232	都安 苗语(C #51) 231
Biao Muen (N #32) 354	七百弄 布努语 (WM #10) 232，454
泰国/老挝 勉(N #33) 452	梅竹 布努语 (N #25) 231
梁子 金门 (WM #19) 545	大坪江 勉 (N #30) 231
揽金 金门 (WM #20) 434	泰国/老挝勉 (N #33) 231
海南 金门 (N #35) 354	江底 勉 (WM #15) 231
Hwei-kang-pa 瑶语 (C #67) 453	湘南 勉 (WM #16) 232
	罗香 勉 (WM #17) 213
	长坪 勉 (WM #18) 121
	Hsing-an 瑶语 (C #63) 231
	Hwei-kang-pa 瑶语 (C #67) 231

在白苗中新产生的复杂声调 213，按照其国外苗文形式被称作-d 调。这一例子给出了例证，即当必须在两种发声态之间过渡时，复杂的曲拱调是如何形成的。少数有这种声调的词是由 21ʔ 调的方位词和 33 调的指示词组成的短语发展而来（Ratliff 1992a:112-120，根据 Downer 1967:597-598）[②]。这类短语的第一个音节由于调类为 D2，因此是喉化音或者嘎裂声，在韵尾处有一个喉塞音，第二个音节为常态发声态。在最终形成的复杂曲拱调中没有喉化或嘎裂特征。

$$tɔ^{21ʔ} \quad nɔ^{33} \quad ⇒ \quad tɔ^{213}$$

那里　　指示词　　在那里

3.3.5　小结

下表是在"分层发声态假说"的基础上苗瑶语声调发生的过程：

表 3-9　　　　　　　　　　　　　　　　　　苗瑶语声调产生的过程

苗瑶声调	苗瑶声母	古发声态		现代发声态
A 常态	清	A1 常态-常态	>	常态
	浊	A2 气嗓-常态	>	常态（少见：气嗓）
B 嘎裂	清	B1 常态-嘎裂	>	常态
	浊	B2 气嗓-嘎裂	>	常态或气嗓（少见：紧喉）
C 气嗓	清	C1 常态-气嗓	>	常态
	浊	C2 气嗓-气嗓	>	气嗓或常态

正如前文所述，这一假设的证据来自于 70 个苗瑶语方言样本中，调类为 A2 的词，B2 的词以及

---

① （WM#7）表示材料来源。W 表示王辅世，M 表示毛宗武。7 表示第 7 个调查点。下同。

② 其他有指示词（或呼语）词通过这套词的类推作用也发展出了 213 调。

C2 的词在音高上的不对称性。在多数方言中，B2 和 C2 的音高要低于 B1 和 C1，这表明原始浊声母预期的抑调效应，而 70 种方言中只有 35 种 A2 音高低于 A1。很明显，来自原始浊声母的气嗓音，再加上来自韵尾的非常态发声态，使得 B2 和 C2 的音高继续被抑制。但是在常态声的 A2 中，浊声母带来的气嗓音效应相对短暂。可以预想的是，在 A2 音节中气嗓音较为罕见，并且当出现的时候也较弱（例如，在布努语瑶里话中），在 C2 音节中则较为常见并且稳定（例如，养蒿话）。在宗地话中 B2 和 C2 的词表现出元音高化，即喉部松弛效应。一些金门方言 B2 调的词仍然有紧喉或者嘎裂声的特点（如会晒金门瑶话、览金金门瑶话）。最后，双重曲拱调（升降或降升）仅在一些方言的调类 B 中出现，反映了古发声态在音节的中间部分转换成嘎裂声。

发声态有层次的对立是孟高棉语的典型特征，其中一些语言最近才开始发展出声调（参阅比尔语支的 Chong 语—Diffloth 1989，L-Thongkum 1991），但是亚洲的三种语系汉语、侗台语和苗瑶语却从未被证实过，这些语言现在全都是声调语言，并且有相似的现代声调系统和声调发展历史。因此，构拟原始苗瑶语不同层次的发声态对其他两个语系不同层次的发声态构拟都有借鉴。

4 形态

4.1 引言

除了合成构词之外，现代苗瑶语中词汇内部几乎没有其他的结构。在原始苗瑶语层面，复杂结构的词汇也只有零星的证据。但是鉴于语言在整个历史过程中很少在形态类型方面保持不变，因此，我们希望能在这些"孤立语"中找到并且应该能找到一些新的形态发展的证据以及古形态对立的痕迹。

在中华文化圈内的所有语言中发现，形态发展过程包括：两个语素的合成构词和四个语素的双重合成构词（如 ABAC 或者 ABCB，重复的部分可能完全一样或者语义上密切相关）。重叠构词也非常普遍。在苗语族语言中，一些语言的相互前缀*sji^{A-D}(2.28/2)与动词词根的韵或调相和谐（王辅世 1994:43，Ratliff 1992a:40-42）[①]。在白苗的合成词中，可以由变调来表示细微的意义差别（Ratliff 1992a:58-62）。在苗语滇东北方言中曾有报道说量词中的元音交替反映了相关名词的特征（王辅世 1972）。此外，在白苗中，象声词中存在通过辅音、元音以及声调交替表示不同意义的模式（Ratliff 1986b，1992a:136-163）。毫无疑问的是，这些语素内部的交替在该语系其他语言中也存在，我们非常期待针对这些问题能有更深入的研究工作。

4.2 名词前缀[②]

苗瑶语中的名词经常带次要音节。这种情况在一些语言中较为常见，还有一些语言中则较为少见。一些次要音节音节很明显就是现在的前缀，而另外一些可能是古代的前缀。由于这些音节的功能更像是构词成分而不是通常意义上表示语法意义的前缀，并且在不同语言之间特定前缀与特定词汇或词汇的语义类之间的联系并没有一致性，所以构拟这些次要音节特别困难。本节也考虑了这些次要音节/前缀能构拟的程度。

4.2.1 现代苗瑶语的名词前缀

（1）前缀的形式和功能

在形式上，苗瑶语的名词前缀常常是"单辅音声母/零声母+单元音韵腹"的开音节。这些前缀的辅音和元音在任何语言中只代表音系库中对立组的一部分。它们是非重读的，在一些语言中它们还与所附着的名词相和谐（Chen 1993）。

苗瑶语中名词前缀有着较弱的分类功能。在个别语言中，通常能将名词分为如"人""动物"以及"工具"等等，常用某个前缀而不是另一个前缀以显示这些类别，虽然在某些语言中这一系统已经弱化到只有一个前缀来标记名词类别。与数量词系统的状态相比，这些前缀的功能立刻引发了这一系统的状态问题，主要由于这两个系统的功能都是标记名词类别。在第六章中，我们将展示一些证据来表明前缀系统是这一语系名词的原生系统，而量词系统则是借自汉语。

---

① 苗语的相互态可能是借自汉语的"廝"（中古汉语 sje "相互" > 普通话 si "一起"）参见沙加尔（1999：70）关于汉语如何用该词表示相互态的讨论。

② 此部分在 Ratliff 2006 年的文章基础上修改而来。

（2）苗瑶语系中前缀系统的年代和分布

除了音系和语义弱化方面的证据，Chen（1993）还对两个现代的用法提出了论证，用以支持这类前缀在苗瑶语系中非常古老的观点：（1）与年轻人相比，该前缀在老年人中更为常用；（2）该前缀更多地出现在固定短语而不是新的词汇组合中。此外，该前缀在苗瑶语系中的分布指向同一个结论（见下文）。最后，来自独立研究的证据表明，原始苗瑶语的双音节模式也间接支持前缀的存古性（见 4.2.4 节）。

在苗瑶语系中，与汉语的接触强度和这种前缀系统的强弱情况有关。众所周知的是，苗瑶语系中，在文化和语言方面，瑶语族的语言比苗语族语言表现出更强的汉语接触效应。例如，不像苗族人，瑶族人信奉道家文化，他们会在宗教仪式以及歌曲中使用汉语，也会在宗教经文中使用汉字（Lemoine 1982，Purnell 1991，1998）。他们既使用汉语数词也使用本土数词（Purnell，即将出版）。在苗语族和瑶语族之间找到同源词的分化也很普遍，其中苗语更多地保留本族词，而瑶语则是用汉语借词来替代（见第七章，第一节）。

本着这种与汉语接触程度的差异，苗语族语言比瑶语族语言保留了更多的本族的名词前缀。一个主观感受是，苗语族语言似乎总体上表现出最古老的特征，例如巴哼语，有着更丰富的前缀（见下文 4.2.2 节）。从瑶语族语言来看，勉方言、金门方言以及标敏方言的前缀要少于最保守的瑶语藻敏方言（广东省西北部），以至于与其他方言相比，藻敏方言独立成为了一个支系。毛宗武，蒙朝吉，郑宗泽（1982）指出藻敏方言中经常使用的名词前缀/ʔa-/与标敏、优勉-金门两个支系的语言不同，这两个支系的语言仅仅只在少数名词中有选择性地出现前缀。在早期的田野调查报告中，藻敏方言被描述为一个"隔离的、受汉语方言影响最小的"方言（Wong 1939:425）。因此，这种"隔离"与前缀的保留之间似乎存在着相关性。

但是，尽管这种名词前缀系统很明显非常古老，但在苗瑶语系的某些语言中，名词前缀至今仍然非常显著，甚至出现在一些民族自称中。例如：苗语滇东北方言的 <u>A-Hmao</u>，湘西苗语的 <u>Qo-Xiong</u>，巴哼语的 <u>Pa-Hng</u>，布努语的 <u>Pu-nu</u> 等等。这主要是因为类别名词语法化为新前缀，为前缀提供了持续不断的来源。

4.2.2　跨语言的前缀变体

名词前缀来源于类别名词，本来是名词与名词组成的复合词中的第一个成分。这一过程是独立的，并且正在苗瑶语系的某些语言中进行着。例如，白苗的 kab/ka¹ 在苗语川黔滇方言和黔东方言的同源词意为"昆虫"，也用于合成词的昆虫名称中（kab laug sab /ka¹ lau⁶ ʂa¹/ 蜘蛛；kab tuas /ka¹ tua⁴ᐟ⁷/ 毛虫；kab nqos vias /ka¹ ɴqɔ⁴ᐟ⁷ via⁴ᐟ⁷/ 蝗虫；等等）。但这一名词已经开始泛化了，现在也可以作为"虾、蟹、鼹鼠"中的第一个成分。白苗中的 tub /tu¹/ "儿子/男孩"现在也作为复合词的一部分用来指代"男人"，而不论是否年轻。例如 tub-rog /tu¹ rɔ⁶/ "士兵（字面意思为'男孩—战争'）"。

另外也有一个同样历史过程的例子，虽然较为古老，但是仍然可以被还原。在白苗中有一个常见的类别名词或者前缀 pob/pɔ¹/，作为合成词中第一个成分，表示"块状物"，如"石头、结(名词)、树桩、耳垂"。Pob 是一个借词，源于汉语的"包"意为"包裹、捆绑、块"，这个词很可能最初是作为名词借入的。虽然这个词也可以作为量词，（ib pob mov / i¹ pɔ¹ mɔ³/，"一包（量词修饰语）米"。但这不是典型前缀的特点，它更常用的功能是作为前缀附着于另一个词前，修饰这个名词。例如：ib(一) lub(个) pob(前缀)-zeb(石头) /i¹(一) lu¹(个) pɔ¹(前缀) ʐe¹(石头)/ "一块石头"（详情参见第 6 章，6.2.4 节对 pob 的讨论）。它与语言接触以及两种苗瑶语的名词分类系统有关。

哪些前缀附着于哪些名词，在整个语系中存在着很明显的不同，因此很难明确地构拟出原始语共享的前缀或前缀与名词的组合，只能推测出原始苗瑶语有前缀。从下面给出的"尾巴、石头、鼻子"的例子就可以看出，整个语系中单个的同源名词可能会采用各种不同的前缀。

表 4-1 "尾巴、石头、鼻子"在苗瑶语系中所采用的前缀

尾巴（苗瑶语 *tɯiX (2.1/8)>白苗 ko-tw /ko⁵tuɯ⁵/）			
养蒿（黔东）	qɑ¹-ta³	吉卫（湘西）	pi³-tɤ³
梅珠（布努）	ku¹-tau³	白云（巴哼）	tɛ²-tɛ³

石头（苗瑶*-ʔrəu (2.55/3) > 白苗 pob-zeb /po¹ ʐe¹/）			
养蒿（黔东）	po³-ɣi¹	吉卫（湘西）	qo¹-ʐu¹
石门（滇东北）	a1-və1	梅珠（布努）	fa³-ɣə¹
白云（巴哼）	ʔã[33]-jo¹		

鼻子（苗瑶 *mbruiH (1.51/8) > 白苗 qhov-ntswg /qhɔ³ ŋtʃɯ⁶/）			
养蒿（黔东）	po³- nɛ⁶	吉卫（湘西）	pɑ³/⁷-mpɤ⁶
叙永（川黔滇）	tsɿ⁵-ŋdzu⁶	石门（滇东北）	a¹-mpy⁶
梅珠（布努）	pi³-ntsau⁶		

即使是在现代语言或方言中，变异也十分显著。下面是巴哼语两个方言的一组同源名词。这组同源词可以来阐释这种变异，其他几个名词在这两种方言中都有同样的前缀（例子都来源于 Niederer 1997）。

表 4-2 一组同源名词在巴哼语两个方言的前缀变异

	白云（中国广西）	越南北部（*Tan Trinh*）
大腿	tɤ[33①]-pe¹	ko[31ʔ]-pe¹
牙齿	ʔæ̃[35]-mĩ³	tɤ[33]-mĩ³
手指	ka[35]-wa³	tɤ[33]-tɔ[33]-ŋgwa³
猪	ŋ̩[21ʔ]-me⁵	ta[33]-mbe⁵
鱼	ŋ̩[21ʔ]-mjo⁴	ta[33]-mbjo⁴
鹰	ʔŋ̩[21ʔ]-kwɤ³	ta[33]-kwɤ³
昆虫	ŋ[21ʔ]-kɛ¹	ta[33]-kɤ¹
臭虫	ŋ[21ʔ]-pɪ⁵	ta[33]-pɪ⁵
蚂蚁	ka[21ʔ]-m̩ je³	ta[33]-ka[31ʔ]-phe³
树	tɛ[33]-pja¹	ʔa[33]-pa¹
花	ʔæ̃[35]-pɛ²	tɕo[31ʔ]-pɤ²
凿子	tɛ[33]-tɕĩ4	pa[31ʔ]-tɕĩ4
秤	tɛ[33]-ŋɔ̝⁵	pa[31ʔ]-ŋɔ̝⁵
弓	ka[21ʔ]-ŋ̩ẽ³	pa[33]-ŋ̩ĩ³

通过表 4-2 可以观察到两个结果：首先，在越南北部 *Tan Trinh* 中，tɤ[33]-tɔ[33]-ŋgwa³ "手指"和 ta[33]-ka[31ʔ]-phe³ "蚂蚁"这两个词都包含两个前缀，这证明了前缀的活跃性。其次，某些前缀可以与这些方言中的某个语义类相关联，但是一旦上升到语言级别，就很难对每个单独的前缀赋予分类功能。显然，在原始苗语以及原始苗瑶语中，为这些前缀赋予一般含意的难度相应地大很多。

上面举例说明的相当大的跨语言变异的部分解释是：每种特定的语言和方言内部都有一定的前

---

① 表 4-2 中，加[]的号码表示调值，不加的表示调类。如 tɤ[33] 表示 33 调值，ŋgwa³ 表示调类是 3。

缀变异，在某些名词中较多，在一些名词中较少①。一个前缀的泛化会独立地出现在每种语言或方言中，这就产生了上述令人困惑的情况。例如，在白苗中，名词 ntsej "耳朵" 可以出现以下前缀，具体取决于耳朵的哪些地方是关注的焦点：pobntsej (包-耳) "外耳"；qhov-ntsej (洞-耳) "耳道"；taub-ntsej (瓜-耳) "耳垂"。

我们也许能构拟出某个前缀的某些特征。Strecker（1989）曾构拟了一个原始苗语的前缀*qouA。最常遇到的前缀的确有软腭或者小舌音声母（或者喉塞音声母）以及调类 A。由于这个前缀所修饰的名词指的是苗语中的动物、植物、无生命物和抽象物，这就很难确定前缀的核心意义②。因此，构拟出某个特定的"前缀-名词"组合明显是不可能的。有可能构拟出来的只有作为整体的名词类的"词缀-词根模型"。

4.2.3　前缀替代声母

在构拟工作中，在一组同源词中发现一个或多个声母不对应，但韵母和声调完美对应，这个情况并不罕见。出现在名词中，最简单的解释是"前缀替代声母"的过程（马提索夫 1997），由于前缀中的元音脱落，前缀的声母代替了词根的辅音声母。但是，鉴于上述例子中前缀有明显的变异，所以在原始语的层面上构拟某一个特定的前缀并不是一个好想法。表 4-3、4-4、4-5 中有三个词，每一个词的形式都很类似，但是每个点的单辅音声母都不同。

表 4-3　　　　　　　　　　"骨头"（苗瑶语*tshuŋX (3.2/28) > 白苗 txha /tsha5/）

养蒿(黔东)	shoŋ³	金秀（勉）	buŋ³
吉卫（湘西）	soŋ³	梁子（金门）	tθuŋ³
先进（川黔滇）	tshaŋ⁵	三江（标敏）	sjɔŋ³
复员（川黔滇）	tshoŋᴮ		

虽然 Peiros (1998:158) 提出这个词与孟高棉语有关，但不论是从孟高棉语中相似的词还是从苗瑶语内部的音系发展来看，都不能很好地解释勉方言中"骨头"一词的双唇音声母。它似乎是"前缀替代声母"一个很好的例子，特别是考虑到身体部位的词汇中前缀的广泛使用。

表 4-4　　　　　"鬃毛"（原始苗语 *tsuŋA 3.1/30 > 白苗 txoob /tsɔŋ1/；瑶语 *ʔdzɔŋA 3.4/29）

养蒿（黔东方言）	soŋ¹	江底（勉）	dzoŋ¹
吉卫（湘西苗语）	tsoŋ³	梁子（金门）	dɔŋ¹
先进（川黔滇）	tsoŋ¹	三江（标敏）	tsɔŋ¹
复员（川黔滇）	pjoŋᴬ		

这显然是来自汉语"鬃"（中古 tsuwng>普通话 zōng）的借词。鉴于韵母的对应不一致，似乎已经分别独立地借入到苗瑶语系的两个分支中。但是没有任何证据在汉语或其分支方言中存在双唇音声母：复员中的双唇音声母显示出前缀占位的证据。

表 4-5　　　　　　　　　"鹰"（苗瑶语 *qlaŋX (6.31/24) > 白苗 dav /ʔda3/）

养蒿(黔东)	laŋ³	江底（勉）	tɕa:ŋ³
吉卫（湘西）	qwei³	梁子（金门）	tlaŋ³
先进（川黔滇）	tlaŋ³	东山（标敏）	klaŋ³
高坡（川黔滇）	ploŋ³		

① 感谢 David Mortensen 对此处的建议。
② *qouᴬ 在译者的母语（苗语湘西方言矮寨话）中，不用于表示动物的名词。

"鹰"这个词并不是苗瑶语所独有的，这几乎是在东南亚所有语言中都共同享有的一个众所周知的词，并且到处都有这个"舌面音-流音"复辅音声母的词。因此、川黔滇方言高坡话中的双唇音声母也是前缀占位的证据。

难以理解的某个声母对应的复杂性也可以归因于相同的过程。"手"这个词是王辅世（1994）、王辅世、毛宗武（1995）的构拟中该声母对应组的唯一成员。这个词毫无疑问是同源词，因为韵母和声调的对应非常规律。他列出的 9 种苗语族语言的形式以及巴哼语（Niederer 1997）、畲语（王辅世、毛宗武 1995）中的形式如下（并未列出瑶语中的同源形式，因为它们都以/p-/开头）：

表 4-6　　　　　手（原始苗瑶语 *-bɔuX (1.3/3) > 白苗 *tes* /te^4/）在苗瑶语中的读音

养蒿（黔东）	pi^4	吉卫（湘西）	tɯ^4
先进（川黔滇）	te^4	石门（滇东北）	di^4
青岩（川黔滇）	tsa^4	高坡（川黔滇）	kæ^4
枫香（川黔滇）	pi^4	复员（川黔滇）	wei^B
白云（巴哼）	tɛ-pɯ^4	多祝（畲）	khwa^4
宗地（川黔滇）	ʂe^4		

根据瑶语的证据，我们可以确信"手"的原始形式中有一个双唇音声母（在这个例子中是由于有一个低调域的声调，一个*b-）。巴哼语的词形显示，构拟这个词声母的难处可能要归咎于苗瑶语系中各种语言对不同前缀的吸收，该构拟很难反映出所有后代语言声母的具体音值（王辅世一开始把原始苗语中的这个声母构拟为*bz-，后来改为*bdz-，把原始苗瑶语构拟为*bwdz，但这种方法忽略了一些声母，并且也只是简单地组合了其他声母）。值得注意的是，苗瑶语名词中这些身体部位的词通常带着前缀（Chen 1993）。但是在白苗中，"脚"的单念形式则是 ko-taw/ko^{5}tau^5/，它的确有一个前缀，但是"手"的单念形式 tes/te^4/则没有前缀，不是说一直都没有，而是它将前缀吸收了。

虽然"手"在其声母对应的复杂性上的确非常独特，但另一个词"刺"（原始苗语 *-bo^B 1.3/7）却与"手"类似，该组词基本都是双唇音，但吉卫话中声母却为 t-，畲语中则是 k-：

表 4-7　　　　　　　　　　　　　"手、刺"在苗瑶语中的读音

	手	刺		手	刺
养蒿（黔东）	pi^4	pə4	宗地（川黔滇）	ʂe^4	pɯ4
吉卫（湘西）	tɯ^4	to4	复员（罗泊河）	wei^B	vuB
先进（川黔滇）	te^4	po4	枫香（川黔滇）	pi^4	--
石门（滇东北）	di^4	bo4I	白云（巴哼）	tɛ-pɯ^4	--
青岩（川黔滇）	tsa^4	pau4	多祝（畲）	khwa^4	khu4
高坡（川黔滇）	kæ^4	pə4			

前缀占位可以解释这些不规则的对应关系是如何形成的（即便不能解释原因）：不同的语言中不同的前缀被吸收是偶发的，当前缀替代声母这一过程已经发生，我们就不能期待一个同源词中的一套声母与另个一同源词中的一套声母完全重合。

4.2.4　名词前缀与原始苗瑶语的双音化

尽管"前缀-名词"结构的古老特征已经被论证过了，但还有一个问题是苗瑶语系中的"前缀-名词"结构究竟有多古老，为原始语构拟一个名词前缀的位置是否合适。可能可以认为这是一个相当晚近的发展，是一个新的转向复合的结果，主要证据是苗瑶语系中所有语言的前缀都没有一致性。

但多数特定结构构拟的假设都有一系列的证据，这些证据表明了语言在早期阶段形态类型的一般情况。独立的证据显示，原始苗瑶语并不像现在的大多数苗瑶语言那样孤立语特征明显。在苗瑶语系中，双音节名词内前缀变异的构拟必须考虑跨句法范畴的早期双音节研究，这也有许多不同的前沿研究的支持。下面的 4.4 节讨论了一种双音节的模式：基于声调变化构成意义相关的词来进行早期前缀的构拟。这里我们简要介绍另外两种模式：（1）"塞音-流音"复辅音声母的词与巴哼语双音节词的对应，（2）某些带有不寻常的声母的词与其他语系语言中双音节词的相似性。

（1）"塞音-流音"型复辅音的诠释

首先，正如在"构拟的引言"（第二章，2.1.2.3 节）中所说的，"塞音-流音"型复辅音的构拟，难点在于似乎存在比原始语候选的"塞音-流音"型复辅音更多的对应（Ratliff 1995，Solnit 1996，Neiderer 1999）。Solnit 对苗瑶语中不确定的舌背/流音复辅音对应的可行解决方案进行了很好的方法论探讨，包括：增加流音的数量，增加舌背音的数量，或者增加词形库藏以包含双音节词。这里我们选择的方法（Ratliff 1995，1999b）是原始语中既有"紧密"的复辅音也有"松散"的复辅音，即 CCV 和 C-CV 两种结构都存在，第二种不能与双音节结构明显区分。这解释了"松散"型复辅音中第一个辅音（C）的偶发性，并且这也与孟高棉语和藏缅语中的"一个半音节"模式非常吻合。沙加尔对上古汉语词族的讨论中也提出了相似的观点，他将不带前缀的词根与融合了前缀的词根以及松散地附着了前缀的词根区别开来，"假设每一个前缀……都以这两种形式存在，即融合的和松散附着的，这三种形式在上古汉语中并存，可能是文体或者社会变体"（沙加尔 1999:15）。

在苗瑶语中，即使词汇属于紧密型复辅音（CCV），也可能显示出松散化的迹象。这表明，沙加尔描述的汉语的同样类型的变体也同样适用于苗瑶语。例如，Niederer (2004:140)提出的巴哼语的三种双音节形式。表 4-8 用"狗、蛆、圆/周围"三个例词显示巴哼语与苗瑶语系中其他语言单音节形式的对比：

表 4-8　　　　　　　　　　**巴哼语与苗瑶语系其他语言音节形式对比**

"狗"（苗瑶语 *qluwX (6.31/3) > 白苗 *dev* /ʔde3/）			
吉卫（湘西）	qwu³	白云（巴哼）	ta¹-ljɔ̃⁷
先进（川黔滇）	tle³	Tan Trinh（巴哼）	ka/ta¹-ljɔ̃⁷
复员（罗泊河）	qleiᴮ		
梁子（金门）	klu³		
"蛆"（原始苗语 *klaŋC (5.31/24) > 白苗 *kas* /ka⁷/）			
养蒿（黔东）	kaŋ⁵	白云（巴哼）	kɛ¹-lõ⁷
石门（滇东北）	kau⁷	Tan Trinh（巴哼）	kɤ¹-lõ⁷
（标敏方言东山话中"虫"的同源词为/ klaŋ¹/）			
"圆/周围"（原始苗瑶语 *glun 6.33/27）①			
养蒿（黔东）	leŋ²	白云（巴哼）	ka1-lɔ̃4
叙永（川黔滇）	khun²	Tan Trinh（巴哼）	ka1-lɔ̃4
东山（标敏）	klin²		

上述的这些词，Niederer (2004:140-141)写道，"上面的例子……还不够完整，不足以让我们探讨有规律的对应，但是它们也高度提示并且促使我们不要仅仅只看单音节，因为在许多情况下，巴哼语的形式都指向古代的双音节形式"。应该指出的是名词前缀是否应该与复辅音的问题联系起来，无

---

① 在这个例子中，词根可能是来自汉语"轮"（中古 lwin> 现代汉语 lun）的借词。因此，很难知道巴哼语是一个松散地复辅音还是一个前缀。

论是松散型还是紧密型，都不明确。由于所有的句法范畴都在这些对应组中呈现，复辅音的变异可能反映着另外一个范围更广的现象。

（2）与其他语系双音节的联系

最后，还有证据表明在特定对应关系中存在早期双音节，这一点可以通过将这些词与该区域其他语系的语言中结构和语义上相似的词进行比较得出。例如，一个众所周知的例子是苗瑶语中的"鸟"*m-nɔk（2.9/29），它与原始马来-波利尼西亚语系的*manuk（《南岛语比较词典》）有着惊人的相似之处。通过声母的分布可以发现原始苗瑶语也有松散型复辅音：所有语言中同源词的声母都是舌冠鼻音，除了巴哼语的双唇音/mo⁶/是个例外（对这个词的详细讨论参见白保罗（1986）和Strecker（1987a，b）对巴哼语（或者Na-e）古语词以及对苗瑶语系中巴哼语地位的学术对话）。

关于不常见的苗瑶语对应和来自其他语系词汇之间的联系，另一个例子是"蜈蚣"一词——原始苗语中为*khluwᴰ（5.32/9），原始瑶语中为*səpᴰ（2.13/7），这两个构拟合在一起就类似于孟高棉语的*k-əl-ʔeːp"蜈蚣"（Diffloth 1994）。

当然，目前尚不清楚这些借用的（也可能是继承的）双音节词在苗瑶语中是否也是双音节。就"蜈蚣"这个词来说，一开始看起来是苗语借用了第一个音节，瑶语借用了第二个音节。但是苗语中的第7调，由养蒿（苗语黔东方言）中的/khu7/证实是来源于具有-p或-t韵尾的音节。声调与瑶语中的对应，瑶语也保留了-p韵尾，这表明整个双音节词是原始苗瑶语借用的。在这两种情况下，两个音节中的成分都留存了下来，使得这些苗瑶语中最初为双音节的词后来被简化成单音节词成为可能。

总之，分类前缀在原始语中起到了名词分类的功能，这一看法似乎是合理的，正如它们在现代苗瑶语系中一些较为保守的语言中的功能一样。但是跨语言的前缀变异使得我们不可能构拟出特定的前缀并将其与特定的名词联系起来。我们在现代语言中看到的变异可能也曾是原始语的特征。考虑到我们对古代双音节的理解还在发展中，不指定前缀内容，但是为名词构拟分类前缀的位置，这似乎是最为谨慎的办法。

4.3　鼻冠音

鼻冠音是多数苗语族语言音系库藏的标志性特征。有学者认为：鼻冠音显示了一个成分与声母融合，鼻冠音的来源存在两种可能性：第一种可能性是古代苗瑶语双音节词的痕迹（见前文）；第二种可能性是古形态的残留。第一种可能性认为：由于双音节词的第一个次要音节的弱化（鼻音可能在第一个音节的声母位置，更可能是第一个音节的韵尾）从而形成鼻冠阻音，这个过程的解释是合理的，但目前并没有证据表明曾经发生过这种情况。只有少数的词可以构拟成第一个音节是鼻音声母的双音节词：*m-nɔk"鸟"（2.9/29），*n-mɛj"拥有"(1.9/11)，*n-mɯŋ(X)"去"(1.9/30)。为什么会出现这种构拟？是因为在现代的少数方言中出现了第一个音节的鼻音声母代替了第二个音节的鼻音声母的情况（参见第二章2.1.2.1的表2-4）。至于第二种可能性，苗瑶语中，鼻冠音作为形态手段仅出现在少量汉语借词中。在本土词汇中，尚未在整个语系的范围内发现这种指向鼻冠音早期形态作用的对立。

尽管如此，汉语借词中这种鼻音成分的形态作用仍然相当有趣。在表4-9中的两对例子中，每一对成员之间的语义关系都不相同，且两者似乎并没有相同的语素出现：

表 4-9　　　　　　　　　　　　苗瑶语中的汉语借词鼻音成分的作用

请用汉语借词"下"、原始苗瑶语 *GaX"低/短"（5-6.3/4）与原始苗语和原始瑶语比较：

原始苗语 *ɴɢaᴮ（<*NGaX）"下去，向下"（5-6.6/4）

原始瑶语 *ɣaᶜ"下去，向下"（5.13/4）

请用汉语借词"清"与原始苗瑶语 *tshjiəŋ"新"（3.17/18）和 *ntshjiəŋ"清澈"（3.20/18）比较

Downner（1973:14-16）也讨论了两对瑶语勉方言词，这两对都是汉语借词，他认为其中鼻冠音作为形态功能主要反映在每一对词中的第二个词的浊声母上。表 4-10 显示借自汉语"拆"在瑶语中分化为/tshɛʔ⁷/"拆毁"和/dzɛʔ⁷/"破裂的"，借自汉语的"开（及物动词）"在瑶语中出现了及物和不及物两种用法。

表 4-10 瑶语中的汉语借词鼻音成分的作用

请比较瑶语的/tshɛʔ⁷/"拆毁"和 /dzɛʔ⁷/'破裂的'
请比较 /khɔi¹/ '打开(及物)'（< 原始瑶语 *khuɔi^A，5.2/11) vs. /ɡɔi¹/ '（不及物）'

他写道，"虽然这些词在苗语中并没有同源词，但似乎我们必须在这些情况下假设有一个带有鼻冠音的前缀。如表 4-10 中的"打开"和"拆毁"，原始瑶语不带鼻冠音的*khɔi 和*tshɛ́k 是主动动词，原始瑶语带有鼻冠音的*nkhɔi 和*ntshɛ́k 是不及物动词，而且由于这些词都来源于汉语，我们必须假设这个前缀在借用时仍然有着活跃性"（Downner 1973: 16）。因此，尽管他认为鼻冠音是苗瑶语固有的派生手段，但是在下文中我们将会讨论，原始苗瑶语固有词的鼻音前缀演化为鼻冠音并没有证据。苗瑶语中汉语借词的鼻音形态作用似乎更有可能是从汉语那里随着借词整体借用而来的，而不是单独地借用了汉语的鼻音形态作用。

在其他的情况下，鼻冠音似乎是音系上的特点，不是形态上的特点。请比较苗语白苗话的 *kaum* [kau⁸] "十"与 *nees nkaum* [nɛŋ⁴ᐟ⁷ ŋkau⁸] "二十"。在"二十"nkaum 中的鼻冠音是前一个词 nees 的鼻音韵尾与后面紧密结合后的残留。

相似的效应可以在苗语白苗话的 *xeeb-ntxwv* [xɛŋ¹ ndzɯ³] "后代"看到。这个词借自汉语的"孙子"。此外还有来自借词音系的证据：例如，白苗的使用者在借用有浊塞音语言中的词时，会使用鼻冠塞音（因此，白苗通过老挝语/bìa/借用的法语"bière"的借词 npias "啤酒"有鼻冠音）。因此在一些语言中，可以将鼻冠阻音简单分析为浊阻音，或者弱阻音和强阻音的对立。

关于词汇中鼻冠音的对应，在原始苗瑶语的构拟中主要可以分为两种模式。第一种模式，也是最常见的模式：苗语族中的鼻冠塞音和鼻冠塞擦音声母对应瑶语族中浊塞音和浊塞擦音声母。例如：

表 4-11 苗语族鼻冠音与瑶语族浊阻音的对应

	养蒿	吉卫	白苗	勉	原始苗瑶语
茅草	qɛ¹	--	ɴqɛŋ¹	ga:n¹	*NKan (5-6.4/19)
盐	ɕi³	ntɕɯ³	ɳʈʂe³	dau³	*ntsjəuX (3.19/3)
鱼	zɛ⁴	mʑɯ⁴	ɳʈʂe⁴	bjau⁴	*mbrəuX (1.51/3)
做梦	pu⁵	mpei⁵	mpau⁵	bei⁵	*mpeiH (1.4/12)
害怕	ɕhi¹	ŋtɕha⁵	ɳʈʂhai⁵	dʑa⁵	*ntshjeH (3.20/10)
名字	pi⁵	mpu⁵	mpe⁵	bu⁵	*mpɔuH (1.4/3)
戴上（帽子）	tɛ⁵	ntu⁵	ntɔŋ⁵	dɔŋ⁵	*ntɔŋH (2.4/29)

在表 4-11 的词以及更多的词中并没有发现语义相关，带鼻冠音的词在语义上也没有一致性，可以很明显地看到，带有鼻冠音的词不属于任何特定的词类。找不到由"鼻冠音-非鼻冠音"构成的词对。

第二个模式，也是次要模式：苗语族中的清塞音和清塞擦音声母对应着瑶语族中的浊塞音和浊塞擦音声母，例如：

表 4-12　　　　　　　　　　　苗语族清阻音和瑶语族浊阻音的对应

	养蒿	吉卫	白苗	勉	原始苗瑶语
深	to^1	to^1	tɔ^1	do^1	*N-tṳo (2.1/7)
土地	ta^1	tɯ^1	te^1	dau^1	*N-təu (2.1/3)
粪便	qɑ^3	qɑ^3	qua^3	dai^3	*N-KəjX (5-6.1/15)
半天	taŋ^4	--	ta^4	da:m^2	*N-dam(X) (2.3/24)
豪猪	ɕen^6	tɕi^6	tʂau^6	dei^6	*N-dzjeiH (3.18/12)
翅膀	ta^7	tei^7	ti^7	da:t^7	*N-tat (2.1/4)

从表 4-12 的模式中也看不出古苗瑶语形态的痕迹；同样，找不到一个"浊音成分-非浊音成分"构成的词对。即便浊音成分在这里可以看做是鼻音，也找不到任何语义或语法特征将这些有鼻冠音的词联系起来。

4.4　古前缀的痕迹[①]

除了名词前缀，原始苗瑶语中词缀形态的痕迹在现代语言中并不是继续作为词缀，也不是像通常一样体现在辅音声母中，它们深深嵌入到词的韵核中，转化为对声调的影响。

声调

独立语素→前缀　→(C)C(C)V(C)←后缀　←独立语素

语法成分合并时，它们首先会使得最外层（即声母和韵尾的辅音）变形。由于这些辅音的特征在声调发生和分化中发挥着作用，因此，在声调发展的过程中，这些辅音特征的对立也许会作为声调的对立转移到韵核上。所以，通过鉴别有共同的核心意义和共同的音段但声调不同的词对，才能发现最古老的形态对立。通过声调产生的条件，从理论上可以将声调对立追溯到声调起源的音段上。

在实际中，以这种方式构拟词缀是很困难的。为了能确保任何特定的原始苗瑶语前缀（或后缀）被鉴别，需要满足三个要求：（1）必须有一些词对反映彼此间的形态关系；（2）这些词对要保持一致的形式/意义关系；（3）来自苗瑶语系两个分支的证据必须能够支撑这种构拟。鉴于这些要求，目前还不太可能鉴别出原始语的单个黏着语素（除了 4.3 节中讨论的名词前缀，这些前缀不断地更新）。但是早期形态仍存在着。下面将会对其进行描述，希望能有更多的研究工作能够提出更多证据，特别是在数量上，这可以使少数古苗瑶语黏着语素的构拟成为可能。

4.4.1　同一调类中的奇/偶数声调对

这一部分讨论的词对的声调可以追溯到同一个历史调类，这个调类尚未分化。该声调由于阻音声母中原始声母清浊对立的中和而分化为两个调类，高调域的声调来源于清声母，低调域的声调来源于浊声母（见第三章）。倒推的话，最合理的假设是：辅音声母的清浊对立是由于古前缀浊化或清化的影响造成的。

（1）具有不同含义的奇/偶数声调的词对

表 4-13 的两个词对显示了原始苗瑶语表使动的清声母前缀或表状态的浊声母前缀的存在，或者是同时存在。

---

① 本节包含一些 Ratliff 1986a 以及 1986c 文章中的材料。

表 4-13	原始苗瑶语清浊对立的词对
*təjH "杀" (2.1/15)	*dəjH "死" (2.3/15)
*ʔ-mɛj (>*ʔmuɣA) "抓" (1.7/11)	*n-mɛj "有" (1.9/11)

表 4-13 中声母清浊对立的苗瑶语词汇 "杀" "死" 与南岛语的 *pa-aCay "杀" 以及 *ma-aCay "死" (《南岛语比较词典》) 表现出惊人的相似性。事实上,两种构拟形式之间的对应关系非常强烈,需要历史上的解释,无论是语言接触还是共同继承,该对应都不是偶然的[①]。

表 4-13 中带有清声母的 "抓" 与浊声母的 "有" 之间的关系,与上面的 "杀" 和 "死" 之间的关系类似。清声母的使动前缀可以解释前者 "抓",浊声母的表状态前缀可以解释后者 "有"。与用声母 *m- (参见 "声母 1.9") 构拟的其他词不同,在瑶语金门方言中,"有" 带有声母 /n-/,因此这个词可以构拟出一个鼻冠音[②]。这两个词似乎与原始苗瑶语的 *mɛj-X "买" (1.9/11) 和 *mɛj-H "卖" (1.9/11) 共享同一个词根。这四个词构成一套表示 "占有" 意义的动词。"买" 和 "卖" 本应该有一个辅音后缀,辅音后缀分别变成声调 B 和声调 C,或者通过 C 调的派生,"卖" 本应该来源于 "买" (见下文 4.4.2 节)。由于这几个词与汉语中的 "买" 和 "卖" 非常相似,因此以前别的学者认为它们是汉语借词也有它的道理。但是,苗瑶语中 "抓" 和 "有" 与 "买" 和 "卖" 四个词之间的关系令人怀疑它们借自汉语的可能性。如果我们认同这四个词是建立在同一个词根上,那我们就需要更多的证据来证明下列观点哪一个是正确的:(1) 苗瑶语中的四个词全都借自汉语 (其中两个后来在汉语中丢失);(2) 汉语从苗瑶语中借用了其中两个词;(3) "买" 和 "卖" 是两个语系中共同继承下来的。

第三个词对:*cæwB "身体/躯干" (4.1/3) 和 *ɟæwB "腿/四肢" (4.3/3),说明了部分-整体的关系,也是目前为止该类型唯一的例子。这个词对中声母的清浊对立来自什么样的前缀,尚不得而知,因为基于一个例子而得出结论是不可能的。

清/浊对立的词对在上古汉语中也存在 (Norman 1988:85),由于苗瑶语中有大量的汉语借词,因此在苗语中找到两个阐述相同关系的声母清浊对立的借词词对并不奇怪。如:

借自上古汉语的 "炙",在原始苗语中有 *ciC "烧/烤" (4.1/1) 和 *ɟiC "燃烧/烧着的" (4.3/1) 的词对;借自上古汉语的 "著",在原始苗语中有 *trɔC "穿上/穿着 (鞋)" (2.46/6) 与 *drɔC "射中,击中" (2.48/6) 的词对。

借词词对 "穿上/穿着 (鞋)" 和 "射中,击中" 初看很奇怪,但了解其汉字 "著" 所代表的意义范围和来源后就能理解了:(1) 上古汉语 *trak > 中古汉语 trjak "放置、涂上;穿着" > 现代汉语 zhuó,(2) 上古汉语 *[d]rak > 中古汉语 drjak "触摸,附着" > 现代汉语 zhuó。在音系上也匹配得很整齐:苗语中的 C 调可能来源于原始苗瑶语的 C 调,也可能来源于以 *-k 为韵尾的音节。

最后,我们在苗语白苗话中也发现了同样的词对,都涉及 A 调的分化,第一个是固有词,第二个是汉语借词。固有词对如:hlob /hl̥ɔ1/ "变大 (增长)" 和 loj /lɔ2/ "大的" (原始苗瑶语 *hljo "大",2.41.1/7)。汉语借词 "正",在白苗话中形成 ncab /nca1/ "变直" 和 ncaj /nca2/ "直的" (原始苗语 *ɲciaŋA "直",4.4/26) 的词对。"大" 和 "直" 这两个词根都有高域声调,这点在很多语言中已得到证实 (见上面两个例子 "大" 和 "直" 的构拟)。现在在白苗话中低域声调的词 loj /lɔ2/ "大的" 具有基本含义,而高域声调的词 hlob /hl̥ɔ1/ "变大 (增长)" 则有主动 (完成或者使动) 的意义。这个词对只在白苗话中出现,不太有说服力,可以说是内部拟测指向了相同的分析,尽管理想情况是在亲属语言中看到证据[③]。目前尚不清楚这些词对是保留了在其他方言中丢失的古对立特征,还是呈现了小地理范围内的创新。

---

① 关于 "杀" 和 "死",苗瑶语和南岛语之间的联系比南岛语和侗台语之间的更强烈:原始台语有 *taːi "死" (有清声母而不是浊声母),但没有相匹配的 "杀",而苗瑶语中这一对则有两个成员,并且两个都有前缀的痕迹。

② "去" 的模式也是一样的,也可以构拟出一个鼻冠音声母:*n-muŋ(X) (1.9/30)。

③ 苗语先进话,是白苗话的近亲语言,也有一个第 2 调的 /ŋtɕaŋ2/ "直",但并没有证据表明先进话有一个第 1 调的致使动词。

（2）具有相同含义的奇/偶数声调的词对

张琨（1972:563）发现少数词显示出既有高域又有低域的声调。他认为该发现暗含着古前缀要么使词对的一个成员清化，要么使另一个成员浊化。在他提出的案例中，这些词对在现代不同方言中词汇意义是相同的，所以只能暂时构拟出由清浊对立所显示的意义对立（他也并不试图去这样做）①。鉴于上面的两个词对"杀/死"和"抓/有"是奇/偶数声调的词对，奇数调的"杀"和"抓"可能来自清音的表示主动的前缀，偶数调的"死"和"有"可能来自浊音的表示状态的前缀。这些意义不同的词对可以为意义相同的词对提供例证。表 4-14 列出的词对虽然在原始苗瑶语中清浊声母不同、意义不同，但在现代方言或语言中，其意义是相同的。

表 4-14 　　　　　　　　　　　　　原始苗瑶语清浊声母的演变

原始苗瑶语	>	古苗瑶语	现代方言声调
*s-naŋX "给…穿"	>	*hnaŋX "给…穿"	3
*naŋX "穿着"	>	*naŋX "穿着"	4
原始苗瑶语	>	原始苗语	现代方言声调
*s-buŋA "弄倒"	>	*puŋA "弄倒"	1
*buŋA "落下，倒"	>	*buŋA "落下，倒"	2
原始苗瑶语	>	原始瑶语	原始苗语
苗瑶语*(S-)mruǥŋH "听"	>	*s-mruǥŋC "听"，5 调	*mrɔŋC "听见"，6 调

作者认为，表 4-14 中原始苗瑶语*s-naŋX "给…穿"的致使前缀*s-演变为古苗瑶语的*h，在现代方言中读为第 3 调。原始苗瑶语*naŋX "穿着"没有致使前缀，在现代方言中读为第 4 调。在现代方言中意义相同，都是"穿"。（*(h)naŋX "穿/穿着"，2.8/24，（h）表示原始调类在现代语言反映为 3 调或 4 调，见第 3 章）。

同样地，张琨还注意到黔东苗语方言中构拟的*puŋA "落下，倒"（1.1/30）也有低域调，就像上述的"给…穿"（高域，致使）和"穿着"（低域，状态）一样，我们的构拟见表 4-14 中。在"穿/穿着"的例子中，3 调和 4 调在现代方言中出现得相当均衡。但是在"落下，倒"的例子中，更多的方言是清声母、第 1 调，根据上面的推测，应该表示致使，是及物动词，但这个词在现代方言中的意义显然是不及物的。因此如果上文的假设是正确的，我们预计的"落下，倒"在现代方言应该普遍是浊声母、第 2 调。

表 4-14 的最后一对词对，在现代苗语和现代瑶语中存在差异，苗语是第 6 调，瑶语是第 5 调。原始苗语构拟为 *mrɔŋC "听见"，原始瑶语构拟为*s-mruǥŋC "听"，原始苗瑶语构拟为*(S-)mruǥŋH（1.54/29）"听"。

表 4-14 中词对的意义构拟是推测性的，只是基于这些词对的声调分化成了高域调或者低域调而做出的语义对立的推测。推测的原因是"杀"和"死"、"抓"和"有"等 4.4.1（1）的词对存在语义对立。

4.4.2 声调派生

现代苗瑶语的一些有意思的词对体现原始苗瑶语的一种派生形式，涉及 C 调（源自音节韵尾的 -h < *-s）、A 调和 B 调。派生模式有 A 调派生出 C 调以及 B 调派生出 C 调两种模式。C 调的词可能是由 A 调或 B 调的词派生而来的，从而形成 C 调的词与 A 调或 B 调的词，词义相关且词性对立。在汉语（Downer 1959）和泰语（Li 1970，Manomaivibool 1980）中，由 A 调或 B 调的词派生出 C

---

① 作者在这里没有讨论的两个词是名词："田"（白苗 loo '庄稼'）和"舌头"。虽然可以用前缀来解释"田"一词在现代方言中存在 5 调和 6 调之间的差异，但是却很难想象它原来的形式和意义。张琨报道 8 调的"舌头"出现为 7 调，可能只是一个不规则形式。

调的词被认为是一种形态变化过程。由于苗瑶语也属于中华文化圈，有学者认为苗瑶语的"A 调-C 调"和"B 调-C 调"的词对也应该与汉语和泰语一样反映了 A 调的词或 B 调的词的派生过程。但是 C 调的词是否是从 A 调或 B 调的词派生而来，或者说发生得更早一些，在音节最后的辅音脱落变成声调以前。如果是这种情况，这些派生为 C 调的词应该会反映出古后缀*-s。

　　A 调或 B 调的词派生为 C 调的词的形态变化过程证据不足，派生过程中词的语法功能变化也不清楚。下面三组词对显示原始苗瑶语的名词派生原始苗瑶语的动词（每组词对中的第二个成员的调类都是 C，此处用大写 H 表示，见第三章）。

表 4-15　　　　　　　　　　　　　　原始苗瑶语声调派生

词对	原始苗瑶语		
	A 调	>	C 调
第一组	*grəun "动物脂肪/油"（5.48/21） （>原始苗语*grəŋ^A）	>	*grəunH "肥胖"（状态动词，5.48/21）
	B 调	>	C 调
第二组	*pjiəuX "果实"（1.16/1）	>	*pjiəuH "结（果子）" （>原始苗语 *pji^C，1.16/1）
第三组	*douX "火"（2.3/13）	>	*douH "爆炸"（2.3/13）①

　　需要注意的是，表 4-15 "动物脂肪/油" > "肥胖"的例子中，派生出来的状态动词"肥胖"比名词"动物脂肪/油"在现代语言中分布更广泛，名词仅在苗语中得到证实。在"果实" > "结果"的例子中，名词"果实"分布更广泛，派生出来的动词"结果"仅在苗语中被证实。

表 4-16　　　　　　　　　　　　　　原始苗瑶语声调派生

词对	原始苗瑶语		
	A 调	>	C 调
第一组	*grəun "动物脂肪/油"（5.48/21） （>原始苗语*grəŋ^A）	>	*grəunH "肥胖"（状态动词，5.48/21）
	B 调	>	C 调
第二组	*pjiəuX "果实"（1.16/1）	>	*pjiəuH "结（果子）" （>原始苗语 *pji^C，1.16/1）
第三组	*douX "火"（2.3/13）	>	*douH "爆炸"（2.3/13）②
	A 调	>	C 调
第四组	*klæŋ "昆虫/蠕虫"（5.31/24）	>	*klæŋH "蛆"（5.31/24）> 原始苗语 *klaŋ^C
第五组	原始苗语 *ʔŋəŋ^A "在/住"（4.7/21）	>	原始苗语 *jəŋ^C "是"（4.12/21）

　　表 4-16 中的最后两个词对都是词性不变的派生词对。第四组词对 A 调的词在原始苗瑶语中表示"昆虫/蠕虫"，在原始苗语派生为 C 调的"蛆"，表明语义范围缩小，但词性不变，仍是名词，这种派生词仅在苗语中得到证实。表 4-16 中的第五个词对，只能构拟为原始苗语中的两个动词：A 调的

---

　　① 另一个词可能属于第三对词所代表的语族：原始苗语 *towD '点燃，生火'（2.1/13），来自一个假定的原始苗瑶语形式 *touC（其中 'C' 代表一些塞音）。4.4 节中讨论的致使前缀可以使词根中的声母 *d- 清化。但是声调却表明这些词以*-p 或者*-t 结尾，这也必须加以解释。

　　② 另一个词可能属于第三对词所代表的语族：原始苗语 *towD '点燃，生火'（2.1/13），来自一个假定的原始苗瑶语形式 *touC（其中 'C' 代表一些塞音）。4.4 节中讨论的致使前缀可以使词根中的声母 *d- 清化。但是声调却表明这些词以*-p 或者*-t 结尾，这也必须加以解释。

*ʔɲənᴬ "在/住" (4.7/21)和 C 调的*jəŋᶜ "是" (4.12/21)。

　　这一对不是很典型的派生模式，因为在苗语中这个词对的声母不同，"在/住"有一个硬腭清鼻音声母，"是"有一个硬腭滑音声母。但是"在/住"和"是"各自的声母在不同方言中也存在硬腭鼻音声母和硬腭滑音声母的变体。如原始瑶语*ʔjəmᴬ "在/住"（4.10/21）就是硬腭滑音声母，苗语白苗话中的三组词：nyob "在/住"、nyog "正确/合适"、yog "是"也有鼻音和滑音的变体。此外，"在/住"和"是"之间的语义关系并不清楚，尽管这两个词都可以归入到"是"这一概念下，但是 A 调的"在/住"派生出 C 调的"是"语义关系不够明确。

5 数词、人称代词及指示词

5.1 引言

历史语言学家们对构拟封闭的词类如数词、代词以及指示词非常感兴趣，因为这些词借用的概率更小，因此能为较远的亲属关系提供更有利的证据。但是，如果能够确定这些词类中特定的词是借用的，它们也可能有助于更加精确地理解什么应该算作"核心词汇"（如果"核心词汇"能够被识别出来的话）。在苗瑶语中，数词主要由借词组成，而代词和指示词则主要由固有词构成。

除了借用别的语言的词汇以外，这三种所谓的"封闭"词类彼此之间又略微"开放"，也会互相借用，因为它们在概念上以及历史上有一定的关联。例如，在一些苗语方言中，数词"2"嵌入到双数代词中（"你们+二">"你们俩"），在苗语川黔滇方言中第二人称单数的代词"你"，演变为指示词"那"（靠近听话人处）。在苗语白苗中，指示词"那儿"演变为第三人称复数人称代词"他们"，指在"在'那儿'的他们"。

5.2 数词

表 5-1 是苗瑶语中数词 1-10，100 和 1000 中可被构拟出的最古老的形式。借词的源语言（或语群）形式及其来源已在表 5-1 中给出。汉语的形式出自白一平和沙加尔的研究（2009），藏缅语的形式来自马提索夫（2003）（<y>在藏缅语声母中用<j>来表示便于比较）。

表 5-1　　　　　　　　　　苗瑶语数词的源语言形式及其来源

数词	苗瑶语	源语言形式	来源	声母/韵母
1	*ʔi	*ʔi[t]	上古汉语（一）	7.1/2
2	*ʔui	(none)	无	7.1/14
3	*pjɔu	(none)	无	1.16/3
4	*plei	*-ləy	藏缅语	1.31/12
5	*prja	*-ŋja	藏缅语	1.46.1/4
6	*kruk	*k-ruk	藏缅语	5.46/9
7	*ŋjiᶜ (M) *djuŋH (HM)	*ni	藏缅语	5.24/1 2.18/28
8	*jat	*-rjat	藏缅语	4.12/4
9	*N-ɻuə	*gəw	藏缅语	4.3/16
10	*gjuɛp	*g(j)ip *[g][i]p	藏缅语 上古汉语（十）	5.18/9
100	*pæk	pæk	中古汉语（百）	1.1/5
1000	*tshjen	tshen	中古汉语（千）	3.2/20

（1）原生数词

很长一段时间以来，学者们都知道苗瑶语中的低数词是从藏缅语中借来的（Downer 1971; Benedict 1987a; Dempsey 1995; Peiros 1998; Mortensen 2002），而苗瑶语中的高数词则是从汉语中借来的。因此，原生的数词很少，仅有"二"和"三"，可能还有"一"。

"二"：*ʔui，这个词在苗瑶语中相当稳定。韵母*ʔui 只出现在"二"一个词中，很难将它处理为对应组。但是本书和王辅世（1994）的构拟（韵母14）都将*ʔui 处理为一套独立的对应组。巴哼语以及一些瑶语方言中的声母/v-/似乎是/*ʔu-/的强化。

"三"：*pjɔu，在苗语族许多语言中，"三"与第一人称代词复数形式相同（见 5.3 节），这使得一些人认为二者是同源的。这种假设在有双数代词的语言中是很合理的（"我""我们俩""我们仨（或更多）"）。此外，瑶语第一人称代词复数的意义并不是严格意义上的 bwo¹"我们"，而可能是范围更广泛的"群"，因此，它也可以进入到第二和第三人称的复合词中，（例如，勉语的/mwei²-bwo¹/"你-群"，这显然不是"你-我们"）。但是苗语现代方言的形式显示，"三"的构拟应该带有介音*-j-，以及勉语和金门方言中的浊声母显示，瑶语中的"我们"带有鼻冠音，因此这里"三"被构拟为*pjɔu，"我们"则构拟为 *N-pɔu①。虽然这些词最终可能都是相关的，但目前无法证明这种关系。②

（2）苗瑶语数词中的藏缅语借词

从表 5-1 可以看出，原始苗瑶语的"四"（有一个前置声母*p-）和"六"，瑶语的"七"，原始苗瑶语的"八"和"十"，与藏缅语构拟的形式非常相似，构拟起来没有特别困难。

"九"：*N-ɟuə。构拟"九"相对困难。白保罗（1987a:14）把苗瑶语的"九"构拟为*gj[ou]ᴬ。他认为这种形式最早来源于藏缅语的*d-gəw，后来通过藏缅语中的某个未知的语言，这个未知的语言将语音形式*-g(j)u 借给苗瑶语。这似乎是合理的，但是勉方言和金门方言的"九"的声母/d-/有两点与*-g(j)u 不符：一是它的发音部位（如果是前缀代替的话，就能得到解释，见第 4 章，2.3 节）不同，二是瑶语中/d-/是浊音，而瑶语的浊音应该对应苗语的鼻冠音，而苗语鼻冠音并没有出现，这表明应该构拟为一个声母前的鼻音成分*N-（见第 2 章，第一节）。但是构拟为一个声母前的鼻音成分*N-并没有直接的证据，也可能是浊塞音，就像藏缅语构拟的*d-gəw。除了这两个问题以外，苗瑶语和藏缅语和汉语的"九"（上古汉语 *(tə.)[k](w)uʔ > 中古汉语 kjuwX > 现代汉语 jiǔ）应该是同一个词。

作者认为苗瑶语从"四"到"十"之间的两个数词——"五"和"七"，更难解释为源自藏缅语的借词。但白保罗（1987a:13-14）考虑到有一定程度的相似性，试图将两者与藏缅语联系起来，因为他认为苗瑶族人可能将"四"到"十"的数词成套借用。他认为存在某个未知藏缅语的语言，这种语言是"苗瑶语借出语"，通过这个未知藏缅语将"四"到"十"的数词成套借入苗瑶语。虽然从总体上看较为合理，但从细节来看这些解释并不太有说服力。下面是白保罗对苗瑶语借用藏缅语"五"和"七"的解释。

"五"：*pra。白保罗（1978a:13）写道，藏缅语的*r-ŋa (Matisoff 2003 *ŋa)与*b-ŋa 交替出现。在"苗瑶语借出语"的藏缅语中，*r-并没有脱落，而是添加了一个双唇音。之后，*r-占据了词根的鼻音声母（就像它在已经证实的情况中的那样），最终形成了*b-ra。之后，前缀声母清化为*pra。Mortensen (2002:4-5)指出，尽管辅音声母存在问题，但是韵母之间的对应关系与藏缅语的*s-la 和苗瑶语的*hlaH"月亮/嘴"（见第 7 章）之间的对应关系是一样的。

"七"：苗瑶语 *djuŋH; 瑶语 *ŋjiᶜ。白保罗（1987a：13-14）写道，"瑶语的'七'和苗语'七'都来源于藏缅语的 * snis（马提索夫 2003 年文章中构拟的词根* ni 已在上表中给出）。为了从藏缅语的* snis 得到它的"苗瑶语借出语"的形式*zńis，白保罗认为应该建立浊化规则和区域性的腭化规则。

---

① 另一个问题是云南河口瑶族梁子乡的勉语中，"我们"/bu1/的元音比"三"/po1/中的元音舌位更高（王辅世，毛宗武 1995:113）。

② 苗瑶语的"三"也显示出与孟高棉语的"三"的相似性：*pi? (Shorto #98)。

但是，从这种中介形式*zn̩is 得到他构拟的苗瑶语的*zn̩[ia]^C，进而得到目前构拟出的原始苗瑶语的*djuŋH 是相当困难的。白保罗认为，从"苗瑶语借出语"的中介形式*zn̩is > 他构拟的苗瑶语的*zn̩[ia]^C > 后来的韵母鼻化 > 鼻音声母的脱落。但我们预想的是原始苗瑶语中的鼻音声母持续存在于苗语中。此外，他构拟的韵母无法解释苗语中的圆唇元音。例如，苗语黔东方言（Mhu）/ɕoŋ⁶/，湘西方言（Qo Xiong）/tɕoŋ⁶/，活聂畲语/tshuŋ⁶/等等（第 28 套韵母）。另一个词"年"显示了这种不规则的对应关系：苗瑶语中的*hŋuəŋH "年"（4.8/29）以及苗语中的*ɕŋɛ^C "年"（4.13/29，白苗中为 xyoo），两者可能都来源于藏缅语的*s-niŋ "年"（Mortensen 2002）。本书将"七"构拟为（苗瑶语）*djuŋH 和（瑶语）*ŋji^C，在苗语都是圆唇元音，在瑶语都不是，这很难处理为对应组。最可能的解释是"七"有*djuŋH 和*ŋji^C 两个形式，这两个形式被苗语支和瑶语支分别借用，也许是两个不同的直接来源，因此，我们不能为苗瑶语构拟单一的形式。

（3）苗瑶语数词中的汉语借词

"一"：*ʔi。虽然勉方言的"2"和"3"是本族词，但"一"显然是从汉语中借用的：形式为/jet⁸/，从上古汉语*ʔi[t] > 中古汉语 ʔjit > 现代汉语 yī 可以推知。但是，由于"一"是第一调存在于苗瑶语系语言中，白保罗（1975，1987a）认为第一调是苗瑶语的固有形式，或者更准确地说，是澳泰语系苗瑶语族的固有特征。

本书作者认为苗瑶语的数词"一"是汉语借词。原因主要有三点：第一个原因是，"一"是一个比较特殊的数词，因其常与数词以外的词类与概念相联系。马提索夫（1997:17）写道，"它的高频出现会使其形态音系不规律，并与其他语素进行特殊融合"比较英语中与"一"语义相关的多个同源异形词[①]：one，an，once，only，alone，anon，onion，eleven 等，它们都是以某种方式从原始印欧语的*oino-发展而来。虽然 one"一"发展出以上多个语义相关的词群，但不一定会使得原来的 one"一"的语义发生改变，并导致它被代替。但是原始苗瑶语的"一"被代替的情况可能发生在原始苗瑶语更早的阶段中，就像后来勉方言的那样。双语人可能很容易地就吸收他们所熟知的汉语词汇，进而用汉语借词的"一"来代替苗瑶语固有"一"。

"一"是汉语借词的第二个原因是：苗瑶语中的"一"同样也显示出跨语系的音系不规则性，不像"二"和"三"[②]在音系上那么稳定。这种音系不规则的性质也佐证了汉语和苗瑶语共享数词"一"的假设[③]。

"一"是汉语借词的第三个原因是：较为保守的语言如巴哼语、湘西苗语以及炯奈语都有 B 调的形式而不是更为广泛的 A 调形式。作者认为这个 B 调形式反映了上古汉语的*-t 韵尾，上古汉语的*-t 在巴哼语、湘西苗语以及炯奈语中演变为喉塞音（第三章中曾说过 B 调来源于原始语中音节最后带的喉塞音）。鉴于巴哼语和湘西苗语都偶然地保留了原始苗瑶语韵母后半部分的一些特征（包括苗瑶语中闭音节反映形式为不同的元音，见第二章，第一节），我们就可以预计，如果任何苗语中有塞音韵尾的汉语借词反映形式为 B 调，那么他们应该就是巴哼语、湘西苗语和炯奈语。

"十"：*gjuɛp。苗瑶语"十"的来源可能是藏缅语的*g(j)ip 或者上古汉语的*[g][i]p(> 中古汉语 dzyip > 现代汉语 shí）。既然"四"到"九"这些低数词是借自藏缅语，而高位数词一般都借自汉语，那么介于低位数词和高位数词之间的"十"就不清楚是借自上古汉语还是原始藏缅语了。

"百"：*pæk。鉴于白一平和沙加尔为上古汉语构拟的介音是*-r-，因此苗瑶语中的汉语借词"百"是来源于中古汉语（公元 500 年）而不是上古汉语（公元前 1500 年）。因为苗瑶语中的*pæk "百"并没有反映出介音*-r-的痕迹，并且苗瑶语和中古汉语的韵母对应整齐。

"千"：*tshiɛn。 毫无疑问来源于中古汉语 tshen (> 现代汉语 qiān)。

[①] "同源异形词"是指同一个词汇组但形式不同的成员。

[②] 湘西苗语中的/a3/并没有问题：它是过渡状态的原始苗语的形式*ʔi 在湘西苗语中有规律的发展。

[③] 也可能是这个词和其他基本词汇如"舌头、喝酒/抽烟"一样，证明了汉藏语和苗瑶语之间存在深层的发生学关系。（见第 6 章 6.2.2 节）

　　除了"百""千"这些汉语借词在苗瑶语中作为基本数词，许多语言还保留了"二"到"九"的汉语借词作为次要数词用于数词的复合形式中（例如通过"10+1"的形式组合成的 11 到 19 或者"n X 10（+1）"的形式组成 20 或者以上的数字）。在勉方言中，两套完整的数词，一套是固有词加上藏缅语借词，另一套是汉语借词，两套数词系统成系统地同时使用（见 Purnell 1968，即将出版）。而在苗语白苗话中，只有次要数词"二"出现在涉及与"20"的组合相关的词中："十"是/kau⁸/，"二十"是/nɛŋ⁴-ŋkau⁸/[①]，其中/nɛŋ⁴/来源于汉语的"二"（中古汉语 nyijH > 现代汉语 èr）[②]。有趣的是苗语支的炯奈话，同时使用两套数词，并且在复合数词中也显示出非常有意思的数词语素音位变体（毛宗武 & 李云兵 2001:299）。

5.3　人称代词[③]

　　最近对东南亚语言人称代词系统的讨论（例如，Compton 1994）认为：东南亚语言的人称代词系统与世界其他地区相比相对"开放"一些，并以一些复杂方式与亲属称谓相互影响，还有一些人称代词借自其他语言。不同语域可能需要为每一个人称/数量组合选择不同的代词。苗瑶语的代词系统似乎并没有这种流动性，也许这反映出苗族瑶族社会中的平等性。苗瑶语的人称代词系统相对稳定，这使得所有的单数人称代词以及复数第一人称代词都符合核心词的标准，在构拟中也会非常有用。第二人称代词的双数形式、第三人称代词复数形式及双数形式是人称代词单数形式以不同的方式扩展而来的，不同的语言扩展的方式不同。复数第二人称代词是古苗瑶语就有的，可以构拟出来。

　　下面只列出了一些经过广泛验证的（可能是最古老的）人称/数量组合中的词根。三个代词——第一人称单数、第二人称单数以及第二人称复数，与侗台语以及南岛语表现出惊人的相似性。白保罗（1975:202 ff.）指出这与他提出的澳泰语系假说相关。该假说认为苗瑶语、侗台语和南岛语属于同一个语系。

　　与表 5-2 不同的词根在后面的文本中会注明（数字表示构拟的代词属于哪一个声母和韵母对应组）：

表 5-2　　　　　　　　　　　　　原始苗瑶语人称代词构拟

	单数	复数
第一人称	*kɛŋ^B (5.1/22) < *ku-	*N-pɔu (1.1/3)
第二人称	*muei (1.9/8)	*mi̯əu (1.9/1)
第三人称	*ni̯æn(X) (2.9/1)	--

　　单数第一人称代词：*kɛŋ^B。在苗瑶语系中的"我"可以构拟为*kɛŋ^B、*ku-X、*ʔe^A 三种不同的词根，但不一定是同一个历史层次，苗语中的*kɛŋ^B（白苗 kuv）是最古老的一种，因为在该语系的两支（苗语川黔滇方言以及瑶语标敏方言/kəu³/，/kɔ³/）中都出现了这个词根。由于这些形式不能放到任何现有的苗瑶语韵母组当中，因此无法构拟出原始苗瑶语的形式。但是，在早期阶段，它肯定有一个*k-声母和一个后圆唇元音。因为在苗语单词中，其他元音前的*k-声母后移为 q-，但这个词中的*k-则没有（见第 2 章，第 1.2 节）。以这种方式演绎得到的苗瑶语的*ku-X 与侗台语的第一人称单数代词及其构拟的原始台语*k[əu]^A (Li 1977)和原始仡央语*ku^A（Ostapirat 2000）非常相似。此外，

[①] 见第 4 章第 3 节对鼻冠音来源的讨论。在/ŋkau8/的例子中，这非常明显是音系上，而不是形态上的前缀。

[②] / nɛŋ4 是一个借自汉语"二"的借词。这一点不仅仅从形态上可以看出：苗语这个词的鼻音韵和声调不是对应的，但它的形式却跨语系地与用于复合数词的"二"相对应，这些对应又是较大的对应组的一部分，这些对应组又显然是来源于汉语的。

[③] 本节是基于在曼谷举办的"第十一届东南亚语言学会年会"上发表的文章（Ratliff, 2001b）。这一部节以及下一节中一些特定的语言形式材料来自《苗瑶语方言词汇集》（养蒿、吉卫、叙永、石门、布努、勉、标敏）；Niederer 2001a（长袍瑶=Peitungnuo）；Niederer 2001b（巴哼语，Nau-Klau）；Edmondson 2001（Na-Meo）；王辅世等，1985（养蒿，吉卫，先进=大南山），Heimbach 1979（白苗），Lyman 1974（青苗）；毛宗武、蒙朝吉、郑宗泽 1982（勉语，布努语，拉珈语）；毛宗武 & 蒙朝吉 1986（畲语），新谷忠彦、杨昭 1990（海南勉语）；Solnit 1982（标敏）；Ostapirat 2000（仡佬语）。拉珈语和仡佬语属于台-卡岱语。

它还和原始马来-波利尼西亚语的*-ku "我的"（《南岛语比较词典》）很相似①。有趣的是，第二个基于仡佬语的原始仡央语 "我（主格）/我（宾格）" 的词根是*ʔeᴬ (Ostapirat 2000)，它与原始瑶语的*ʔjaᴬ (4.10/4)非常相似。

复数第一人称代词：*N-pɔu。参见 5.2 的数词 "三" *pjɔu（白苗 peb），它与复数第一人称代词非常相似。复数第一人称代词的原始意义类似于 "群"。这一意义提供了与数词 "三" 联系的桥梁。由于复数第一人称代词在多种语言中是用 "人称代词单数+'群/三'" 组成（见下文复数第二人称以及复数第三人称的部分）。第一人称代词*N-pɔu 前置浊音声母*N-功能未知，这里构拟*N-主要是为了解释瑶语的勉方言和金门方言中的浊声母/b-/（见第 2 章，1.2.1 节的前置声母部分）。瑶语标敏方言的复数第一人称代词/ta³/则表现不同，它与拉珈语的/ta²/以及仡佬语的/ta¹/较为相似。

单数第二人称代词：*mu̯ei。苗瑶语的*mu̯ei 出现在除了苗语川滇黔方言以外的所有其他分支语言中，因此它似乎是原始的单数第二人称代词。它与原始南岛语*Simu 的第二个音节非常相似，*Simu '第二人称代词'>原始马来-波利尼西亚语的*imu（《南岛语比较词典》）。一些川黔滇方言用的是另一个词根*gɯᴬ (5.3/8)：先进/kau²/、 白苗 koj /kɔ²/、石门/tɕy⁶/、布努/kau²/、Nau-klau /kɯ²/。

复数第二人称代词：*mi̯əu。主要词根是*mi̯əu，主要分布于瑶语海南金门方言以及苗语中（白苗 nej）。苗瑶语中构拟的单数第二人称形式*mu̯ei 和复数第二人称形式*mi̯əu 之间的相似性使我们想起了原始南岛语中*-mu。*-mu 包含在原始南岛语的*Simu 和*kamu 两种构拟中。原始南岛语的*Simu 演变为单数第二人称代词或复数第二人称代词，而原始南岛语中*kamu 仅演变为复数第二人称代词（《南岛语比较词典》）。也可能是苗瑶语中两个第二人称代词的词根*mi̯əu（复数）和*mu̯ei (单数)反映了一个不包含数量的第二人称代词词根。苗语石门方言和瑶语勉方言用 "单数第二人称代词+'群'（后缀）" 组成复数第二人称代词。石门：/mi⁶-tsao²/；勉：/muei²(~mei²)-buo¹/。

单数第三人称代词：*ni̯æn(X)。苗瑶语的*ni̯æn(X)反映形式出现在除了吉卫（湘西苗语）以外的其他所有语言中。吉卫的单数第三人称代词是/wu³/。这一点似乎有些不可思议，因为跨语言的单数第三人称代词并不是一个非常稳定的人称代词（斯瓦迪士 100 词表以及马提索夫的 200 词表（1978:283-296）中都没有单数第三人称代词而只有单数第一人称代词和单数第二人称代词）。*ni̯æn(X)的反映形式会出现在第 2 调（苗语和瑶语中都存在）或者第 4 调（范围较广，但仅在苗语中存在），因此，它的原始声调已经不清楚了。王辅世和毛宗武（1995）提出第 2 调是最基本的，因为它出现在那些没有变调的苗语方言中，但 2 调>4 调不是一个典型的声调变化（见第 2 章，第 1.4 节），因此 4 调在其他语言中不能解释为是一个变调。

复数第三人称代词：无法为苗瑶语构拟复数第三人称代词的形式，也无法分别为苗语或瑶语构拟出来，下面列出了共享的词根：

表 5-3　　　　　　　　　　　苗语支复数第三人称代词共享的词根

养蒿（苗语黔东方言）	mɛ²
布努（苗语支布努语）	mu²
Nau-klau（苗语支布努语）	mbe²
长袍瑶（苗语支布努语）	mu²

在这些语言中，令人困惑的是，单数第二人称代词、复数第二人称代词以及复数第三人称代词都具有声母 m-以及第 2 调。但它们又不一样，比如养蒿话中，单数第二人称代词为/moŋ²/，复数第二人称为/maŋ²/，复数第三人称为/mɛ2/②。

---

① 另一个苗语单数第一人称代词*wɛŋᴮ (1.12/22)与*kɛŋᴮ (5.1/22)的韵母组相同，这两者在苗语中呈现互补分布。
② 但在苗语支有复数第二人称和第三人称合并的例子：叙永/ne⁴-me⁴/，Pei-tung-nuo /ma1/。在这两个例子中，没有足够的信息说明哪一个已经被泛化了，因为这些形式不能完全对应其中第二或第三人称代词中的主要词根。

但是，更常见的是，通过含有单数第三人称代词的短语来组成复数第三人称代词，例如：

表 5-4　　　　　　苗瑶语单数第三人称代词加其他成分构成复数第三人称代词

养蒿（苗语黔东方言）	nen²-to⁴ '他/她+那些'
先进（苗语川黔滇方言）	ŋi⁴-mpau⁸ '他/她+多'
巴哼（苗语支）	nɯ⁴-mɯ⁴ '他/她+?'
畲语（苗语支）	nuŋ⁴-ne² '他/她+?'
勉	nen²-bwo¹ '他/她+群'

此外，还有一些语言使用较为难以切分的成分：吉卫/tɕi³-mji²/，Na-Meo /mi¹-ʔa¹/、/na¹-se¹/，"其他人"。其他一些语言采用语义相关的其他词类来表示复数第三人称代词。如：青苗 puab /pua¹/ < "群"，白苗 lawv /lau³/ < lawm /lau⁸/ "（那些）在那儿的" (Ratliff 1992a:123-125)。

双数人称代词：苗瑶语多数语言或方言的双数人称代词涉及 "2" 这个数字本身。因此，不能将双数人称代词作为单独的成分进行构拟，虽然 "2" 的派生词以及与之相关的短语用来表示 "一对人" 无疑已经在苗瑶语系中使用了很长时间。

如果双数第一人称代词有单独的形式，则它与数词 "2" 的形式相同，或者音系上由 "2" 弱化而来：[①]

表 5-5　　　　　　　　双数第一人称代词与数词 "2" 的关系

养蒿（黔东苗语）	ʔo¹ '二'，'我俩'
叙永（川黔滇苗语）	ʔao¹ '二' > ʔa¹ '我俩'
布努（苗语支）	ʔau¹ '二' > ʔa¹ '我俩'

因此，双数第一人称代词似乎是最基本的双数代词。如果要使用短语，那么它会像叙永的 "我们+俩+量词（指 "人" 的量词）" 或者勉语的 "我们/群+ '二'"。

双数第二和第三人称代词通常都有相对应的复数代词的音段（偶尔是弱化而成），同时还具有数词 "2" 的声调（第 1 调）。这表明它们是融合形成的，其中原始短语中的每个词（"你们-俩""他们-俩"）都贡献了一个成分。用 "第二/三人称代词+ '二'" 的短语表示双数人称代词也是非常普遍的。

表 5-6　　　　　复数第二/三人称代词与 "二" 融合构成双数第二/三人称代词

	双数第二/三人称代词	复数第二/三人称代词
养蒿（黔东）	maŋ¹ 你们-俩	maŋ² 你们
白苗（川黔滇）	ne¹ 你们-俩	ne² 你们
布努（苗语支）	mi¹ 你们-俩	mi² 你们
布努（苗语支）	mu¹ 他们-俩	mu² 他们
Nau-klau（苗语支布努语）	ma¹ 你们-俩	ma² 你们

包括式与排除式：对于几个相隔甚远的语言，Na Meo (东部苗语支)，以及瑶语的勉方言和金门方言，复数第一人称代词存在包括式和排除式的区别。

表 5-7　　　　　　　复数第一人称代词分为包括式和排除式的语言

	包括式	排除式
Na Meo (东部苗语支)	mi¹-pai	nɔŋ³-pai
勉（瑶语）	buə¹	jiə¹-buə¹
海南金门（瑶语）	ʔban¹	ʔbuu¹ (= "群")

[①] 白苗的 wb/ʔɯ'/ "我们俩" 似乎与 ob/ʔɔ'/ "2" 并没有共时的关系，但是根据 Lyman (1979:29)，在与之亲属关系密切的青苗中，双数第一人称代词的发音有变体：ʔɯ' ~ ʔi' ~ ʔe'。

由于 Na Meo (东部苗语支)与瑶语的勉方言和金门方言之间虽然有发生学上的关系但比较疏远，且在地理上也相隔甚远，因此其包括式与排除式的对立在苗瑶语系中可能是古老的特征。目前在许多地方已经丢失，或者可能没有被调查到。

新谷忠彦、杨昭(1990)记录了瑶语海南金门方言中一种奇特的复数第三人称代词的包括式和排除式的对立：

<table>
<tr><td align="center">包括式</td><td align="center">排除式</td></tr>
<tr><td align="center">ta²-ʔbuu¹ 'ʔ-群'</td><td align="center">nan²-ʔbuu¹ '他/她-群'</td></tr>
</table>

关于这些词是如何使用的，并没有任何信息，它们可能是作为第三/第四人称的对立，即近指的"他们"与远指的"他们"，但这只是一种猜测。

5.4　指示词[①]：基于人称的系统

苗瑶语的指示词系统中，在原始苗瑶语这个历史层次，只有近指指示词"这"可以很确定地构拟为*ʔneinX (2.7/25，白苗为 no)。对于远指来说，可以构拟出原始苗语的*ʔi^B"那/前者"（7.1/2，白苗为 i）以及可能与之相关的原始瑶语的*ʔwe^B"那"(1.10/10)。另一个苗语的指示词，在白苗中为 ub"远"，表示离说话人更远的距离。它不能完整地构拟出来，但是构拟的形式应该有一个 1 调和喉音声母。这些形式的意义和用法在不同语言中并不能完全对应，因此很难构拟出一个苗瑶语的指示词系统以及它们在这个系统中的地位。这些形式可能具有更广泛的指示性而不仅仅只是简单的指示功能。

在苗瑶语系中，人们发现，不仅基于说话者距离的指示词中有预期的对立（这/那-近指/那-远指），也零星地出现了（或者只是零星的记录）基于听话人的接近程度的对立（"这"-靠近我方/"那"-靠近你方/"那"-你我都不靠近/"那"-远），分别被称为第一、第二以及第三人称指示词以及"远指"指示词。就像上面描述的双数人称代词一样，似乎每种语言中的第二人称指示词都是重新造出来的，虽然它可能是基于单数第二人称代词，但也可能是基于其他词汇材料创造的。

表 5-8　　　　　　　　　　苗瑶语中基于人称的指示词系统

	"这"-第一人称	"那"-第二人称	"那"-第三人称	"那"-远指
西部苗语支				
白苗	nɔ⁵	kɔ⁵	ndaɯ⁸ᵇ	u¹
		(kɔ² '你')		
青苗	nɔ³	kɔ³	ndaɯ⁸ᵇ	u⁵
		(kɔ² '你')		
布努	nau³	kau²'那-中'		uŋ¹
		(kau² '你')		
东部苗语支				
养蒿	noŋ³	nen³ ← → moŋ²	ε¹
		(moŋ² '你') ↗ (nen² '他')	
瑶语				
勉	nai³	nai⁶ '那-靠近你方		uə³
		(məj² '你')		

在布努语中，第二人称指示词直接来自单数第二人称代词。在白苗话和青苗话中，第二人称指示词使用单数第二人称代词"你"的声母和韵母，但采用的是第一人称指示词的声调，以此来表明

---

① 本节的内容主要基于 Ratliff1997 年文章的一部分。

它属于指示词类。

在养蒿话中，存在一种有趣的意义交替以及声调融合，单数第二人称代词 moŋ² "你" 用作第三人称指示词 moŋ² "那"，而单数第三人称代词 nen² "他" 用作第二人称指示词 nen³ "那"。而单数第二人称代词与第三人称指示词是相同的，都是 moŋ²。第二人称指示词 nen³ 将声调变为 3 调，跟第一人称指示词 noŋ³ 属于同一调类，以此表明它属于指示词类，正如白苗话和青苗话的那样。

勉方言第二人称指示词 nai⁶ "那-靠近你方" 则有不同的来源：它与原始瑶语单数第二人称代词 məj² "你" 不同源，它是第一人称指示词 nai³ 改变声调之后得到的（Court 1985，毛宗武、蒙朝吉、郑宗泽　1982）。

虽然不能构拟出苗瑶语的第二人称指示词的形式，但在苗瑶语系的各个语言中，带有这种功能的新一代形式表明，这种对立本身是很古老的。另一方面，现有的证据不能保证，在单个苗瑶语的指示系统中出现的对立能在更古老的历史层次上被构拟出来：例如，Gerner (2009)记录了个别苗瑶语中基于海拔高度（高、中、低）以及方向（前、后）的指示词对立；Ratliff（1992a:104-112）为川黔滇苗语基于地理特征名词（山、坝子）的指示词找到了词源①。

---

① Ratliff 讨论的地理特征指示词与 Gerner 讨论的海拔高度指示词重叠。

6 语言接触

6.1 引言

在能够构拟出历史的整个 2500 年以及在此之前很长一段时间里，苗瑶语主要通行于农业资源丰富的地区，这类区域可以支持大量人口的生活，因此语言非常丰富，也具有多样性（Bellwood 1996，2001，2005）。在构拟出的原始语之前，苗瑶语的使用者就已经与中国南方以及东南亚地区一些其他语系语族的使用者接触了。这些使用者包括汉藏语、侗台语、南亚语和南岛语的使用者。最终的挑战是要找到有说服力的证据，用以证明苗瑶语在发生学上与一个或多个的语系语族有更密切的关系，而不是与其他语系都有泛亲缘关系。但是，由于本书的目的是为苗瑶语提供一种全新的构拟，并且是讨论语系内部的一些历史演变问题，因此这里不会讨论苗瑶语跟其他语系亲属关系远近的问题。

在关于语言接触的这一章中，值得注意的是，不同时期分别有人提出各种可能的观点，认为苗瑶语和它周边某个相邻的语言存在发生学上的关系。多数中国学者都认为苗瑶语是汉藏语系的一部分（例如王辅世 1986，潘悟云 2006）。对于那些支持"大汉藏语系"观点的人来说，苗瑶语和侗台语之间的关系是建立在它们与汉语共同的词汇以及类型学的联系上。Forrest (1973 [1948]:93-103)，Haudricourt (1966)，以及 Peiros (1998:155-160)在少数共享的高质词汇的基础上提出苗瑶语可能与孟高棉语（或者更高一层的南亚语）有发生学上的关系。白保罗（1975）曾提出澳泰语系的假设，他认为苗瑶语、侗台语以及南亚语都属于这一语系。虽然没有学者说苗瑶语和藏缅语有紧密的发生学关系，但是那些认为苗瑶语与汉藏语有关联的学者，认为苗瑶语要么就是其下属的一个语族，要么与汉藏语一起，都是华澳语系的一部分（沙加尔 2005），那么这些学者也就必须接受苗瑶语和藏缅语之间存在较远的亲属关系的观点。

苗瑶语与这些不同语系之间的词汇联系都具有足够的说服力，这使得各个著名的学者提出了不同语系归属。也有人认为存在一种古老而模糊的"东亚语系"，正如 Starosta (2005)提出的那样。虽然这种结构也不是不合理，但由于证据有限，很难为此辩护。由于方法论的限制，更近的目标是在一定时间框架内（约 10000-12000 年）确定一个最合适的语系，它与苗瑶语的关系是对等的，或者苗瑶语从属于它。由于这项工作还未完成，苗瑶语、侗台语、南岛语以及南亚语之间共享的关系词在构拟时作为苗瑶语固有词被呈现出来。关于他们之间的关系是接触还是继承，我们并没有采取任何立场。汉语是苗瑶语通行地区中，与苗瑶语接触的最重要的语言，我们将在 6.2 节中进一步讨论。本章的最后一部分，6.3 节将会总结迄今为止苗瑶语与该地区其他语系语言之间发现的最佳的词汇联系。

6.2 汉语

6.2.1 音系

苗瑶语的音段特征和韵律特征可以看到汉语的影响。苗瑶语的汉语借词的辅音特征包括送气音、擦音、塞擦音以及鼻冠音（见"第 2 章苗瑶语构拟的 2.1.2.2 节"）。在第 2 章构拟的声母表中，括号中是仅由汉语借词组成的对应组。这些声母可以分组如下：

1）所有唇化声母：*ŋʷ, *ŋʷ, *kʷj, *gʷj, *qʷ

2）所有软腭鼻音：*ŋ, *ŋʷ, *ŋj

3）带有硬腭滑音的某些声母：*mpj, *thj, *ndj, *kʷj, *gʷj, *ŋj, *xj, *ɣj, *klj, *ɢlj

4）某些擦音：*ɣ, *xj, *ɣj, *ɦ

在上述几组声母中，1）和2）只出现在汉语借词中，3）和4）可以出现在汉语借词和固有词中。

仅由汉语借词组成的原始苗瑶语韵母对应组（*-iɛp, *-uat, *-æk, *-uam, *-eəm, *-uən, *-əan, *-iəŋ[①], *-iuŋ）在第 2 章构拟的韵母表中用斜体表示。这些韵母都是闭音节韵母，但闭音节韵母这个特点并不重要，因为闭音节韵母在固有词中也非常常见。原始苗语韵母*-iaŋ (第 26 韵母组)是唯一一个只出现在汉语借词中的韵母。

某些韵律特征可以归因于与汉语的接触，包括长短元音（见 2.1.3.2）、声调以及由清浊阻音声母合并导致的声调分化。这些韵律特征虽然是汉语的特点，但可能并不是起源于汉语，作为韵律特征的长短元音以及声调，可能是扩散引起的（Matisoff 2001，L-Thongkum 1997），并且可能是起源于该地区的任何地方，随后传播到相邻的语言（见第 3 章，第 3.2.2 节）。因此，它们可能代表了一种对汉语的底层影响而不是汉语对该地区其他语言的表层影响，这是无法辨别的。但是，一旦被汉语所吸收，这些特征的传播会更为便利。

汉语借词中 n-和 l-的交替：除了上面所描述的汉语对苗瑶语音段特征的大规模影响，下面一组词在苗瑶语中都有 n-和 l-声母（王辅世和毛宗武 1995 中的 211.1 声母），它们呈现出一种有趣的小模式：

表 6-1   苗瑶语汉语借词中的 n-和 l-交替情况

原始苗语 *ʔlo B (2.40/7) '折断'	"拗"'折断'（中古汉语 ʔæwX > 现代汉语 ǎo）
原始瑶语 *ʔnəuB (2.7/7) '折断'	
原始苗语*ʔlɛŋᴬ(2.40/22)'量词-碗/屋'	"庵"茅舍'（中古汉语 ʔom > 现代汉语 ān）
原始瑶语 *ʔnɛəmᴬ(2.7/22)'量词-碗/屋'	
原始苗语 *ʔlɛŋ B (2.40/22) "短"	
原始瑶语 *ʔnəŋ B (2.7/22) "短"	

基于"折断"一词，我们可以假设这三个词用不同的策略来处理一个没有声母的词：苗语采用的是 l-，瑶语采用的是 n-。同样可能发生的是，借出语——汉语在词汇借贷产生以前就已经发展出了辅音声母 l-和 n-，苗语借入了带有"l"的汉语方言的词汇，而瑶语则借用了带有"n"的方言的词汇。通用量词（量词"碗、屋"，见后面的 6.2.4 节）来源于汉语，这一点只是推测。目前尚未找到"短"这一词的汉语语源。

瑶语中也有词汇显示出 n-声母和 l-声母的交替。在表 6-2 中的第一个词中，原始*n-声母的交替存在于借出语中，这里的借出语明显是汉语粤方言。表 6-2 中的第二个词"用"，上古汉语的*l>y-在不同语言中反映为/n-/或/l-/。这个词与上面的词有不同的对应模式，并且瑶语的声母也无法构拟出来。表 6-2 中的"要"也是相同的模式，也可能是个借词，虽然目前没有确定其来源[②]。

表 6-2   瑶语中 n-声母和 l-声母交替的词汇

原始瑶语 *hnəmB~hləmB (2.8/22) '想，想念'	念 '念/爱'（中古汉语 nemH > 粤方言 /nɐm3/ (~lɐm3/)
原始瑶语 *[n/l]oŋC (28) "用"	"用"（上古汉语 *mə-loŋ-s>中古汉语 yowngH>现代汉语 yòng）
原始瑶语 *[n/l]oŋC (28) "要求"	

---

① *-iəŋ 作者在此处说是用于拼读汉语借词的韵母，但在第二章的表 2-27 中，并未用斜体表示。

② 清莱勉语的第三个词中/n-/和/l-/之间也有地理范围小的变体，苗瑶语 *-ʔroŋH 'good' (2.55/29): /loŋ5/ ~ /noŋ5/ (Purnell, 私下交际 2008).这个声母对应不像这里讨论的借词那样，在瑶语族中并没有表现出/n-/和/l-/的变体，但却显示出这两种音倾向于交替出现。

6.2.2　词汇

在王辅世和毛宗武（1995）的 829 个同源词组中，大约有 35% 是源自汉语①。这些词中的大多数与中古汉语以及现代汉语形式相似，此外它们的文化性质也显示出是借用的②。

原始苗瑶语中也有一些文化词，与中古汉语相比，它们与上古汉语更加匹配。例如"铁""村庄"以及"谷仓/粮仓"。也有一些基本词，主要是身体部位（"舌头"）以及少数动词（包括"下降，矮/短""在远处""喝/吸""唱/叫""切开"），它们在苗瑶语和汉语中都非常古老。最后一组词最令人感兴趣，这些词与借词常见的语义场不匹配，例如商业、技术、农业、畜牧业以及社会。原始苗瑶语的构拟与中古、上古汉语的形式之间的联系以及"汉-苗瑶语"词汇中既有基本词又有文化词这个现象显示了三种可能的历史解释：（1）接触时间长而且密切，基本词和文化词都被借用（见 Thomason 2001:63-65 对"所有概念都可能被借用"的讨论）；（2）中古汉语中的词是借用的，而上古汉语中的词则是祖语中的共同保留；（3）中古汉语中的词是借用的，上古汉语的词则是借词和共同保留词的混合。虽然这种构拟的一个重要假设是苗瑶语词汇中的汉语成分极大地反映了语言接触（见第一章，1.3 节），但这并不排除一小部分核心同源词存在的可能性。关于这个问题还有许多工作要做，并且需要在汉语史方面专家的配合下进行。

6.2.3　句法

苗瑶语的形态句法和句法都受到汉语的强烈影响。尽管细节上可能有所不同，但在苗瑶语中，汉语的所有的类型特征都非常明显：形态上，苗瑶语的特点是缺乏屈折形态，大量使用复合以及重叠构词；句法上，苗瑶语的语序为 SVO 语序，并列式结构（动词并列、名词并列、小句并列）而不是嵌入式结构，它们都使用是非问句、"是不是"的结构以及不发生移位的疑问词、"遭受"义被动句以及体标记而不是时标记；句尾词表明说话人的态度。

在一些苗瑶语中，汉语借词在语法功能词（虚词）中占有突出地位。因此，在某些情况下，我们可以说汉语语法的一个特定结构已经跟随表明其功能的词的借用转移到苗瑶语中。下面的例子虽然来自于东南亚的苗语白苗话，但可以假设它是苗瑶语系中其他语支的典型代表。

表 6-3　　　　　　　　　　　　　白苗话借自汉语的语法功能词

tau [tau⁵] < 原始苗瑶语 *təuk (2.1/6)	"得"（上古汉语 *tˤək > 中古汉语 tok > 现代汉语 dé）
动词: '得到/获得'	动词: '获得，得到'
助词: 过去时 (位于动词前)	
情态:能力，可能 (位于动词后)	
sib [ʃi¹] 相互前缀 < 原始苗语 *sji^(A-D) (2.28/2)	"廝"现代汉语 sī '互相'
lawm [lau⁸] 完成体标记	"了"现代汉语 le 完成体标记③
tabsis [ta¹ ʃi^(4/7)] '但是'	"但是"现代汉语 dànshì '但是'
vim(chij) [vi⁸ chi²] '因为'	"為此"现代汉语 wèicǐ '因为'

---

① 这 829 个词组故意排除了最明显的汉语借词（王辅世，毛宗武 1995:19）。最近一项针对白苗的研究（Ratliff 2009a,b）表明，1290 个词条中只有 15% 的词可以确定是汉语借词，这对汉语为主导的观点是一种挑战。但这却是一个误导人的数据，在白苗中，许多意义是由一个短语组合而不是单个词来表示的。考虑到本研究是一个更大项目中的参考大纲，因此如果一个复合词或者短语是汉语词和固有词的混合（或者是所有汉语词组成的一个新短语），那么就不把它算作借词。

② 最近的借词在跨语言的音段构成上太过于一致，但在声调的对应上却不够一致，（例如汉语的"上"，'开始'（现代汉语 shàng） > 养蒿 saŋ3 [35], 吉卫 ṣaŋ1 [35], 叙永 ṣaŋ8 [13]）。很明显，说话人是双语者，知道这些词还有它们的汉语发音。分派给每一个词的本土调是借入语言中与汉语声调语音上最接近的调。因此借词声调带不同的历史调类，并且也没有跨语言地对应（见第 3 章，3.2.1 节）。

③ 这一组两者之间的联系首先见于 Fuller 1986 年的文章。

6.2.4 量词结构

量词结构是与汉语接触带来的语法变化的一个例子。它是本书唯一一个受到密切关注的句法结构，但并不是说它是唯一一个可以讨论语法协调性变化的例子。仍有许多有趣的工作等待完成。例如，汉语对苗瑶语语序、动词的体范畴以及各种小句连接的影响。

苗瑶语通常有两个名词分类系统：数量词以及分类前缀。这在东南亚语言中都有很好的体现。两个系统并存的情况并不罕见，每个系统无疑都用相同的方式对名词进行分类。正如苗语白苗话的名词短语：*ib lub pob-zeb*，大致意思是"'一'+量词（庞大的东西）+ 块-石头'"。两种语法系统功能上的冗余是长期的语言接触和多语制的结果。下面的证据表明量词结构虽然是现代苗瑶语的标志性特征[①]，但都是从汉语中借来的，而分类前缀系统在现代语言中仅仅起着边缘性的功能，是固有的系统。鉴于上述例子中，苗语白苗话的量词 lub 的同源词在整个语系中都存在，原始苗语是*ʔlɛŋ^A (2.40/22)，原始瑶语是*ʔnɛɔm^A (2.7/22) "量词-碗/屋"。原始苗瑶语可能有能产性高的前缀系统，并且在一些短语中，又有量词。前缀系统和短语中的量词刺激了完整量词系统的形成。但是，即使是最古老的量词以及其他常见的量词可能都是从汉语借用的（见上面的 6.2.1 节），后面将展示这些量词。

数量词以及分类前缀不仅具有同样的分类功能，而且可以被重叠用于语义分类。例如，对于人/动物/有生命物类（不同语言以不同方式细分该类），既有量词又有前缀；对于无生命物也是既有量词也有前缀。基于形状的量词与基于形状的身体部位前缀一起用于身体部位的词中（例如，白苗 *ib tus ko-tw* "一 +量词（短东西）+把手（类别名词）-尾巴（名词）"，或者简单说"一条尾巴"[②]。

但是，量词和前缀这两种分类元素之间存在重要的结构差异。所有苗瑶语中名词短语的核心结构是相同的，都是" [[数词 + 量词]QP + [(前缀)-名词 + 形容词]NP]NP "（QP=量词短语，NP=名词短语）结构。不同的只是指示词的语序，指示词在苗语中是在短语尾，在瑶语中是在短语首。

苗语中名词短语的结构层次中，数词和量词形成了一个论元 QP（量词短语），名词及其修饰语形成另一个论元 NP（名词短语）。反映在那些有变调规则的语言中，该规则体现在量词短语的成分之间或名词短语的成分之间而不是量词短语和名词短语之间，也就是说数词可以改变量词的声调，前缀可以改变名词的声调，但量词不能改变前缀的声调。类似的，前缀可以显示出声母的音位变体，或者是前缀在元音或者声调上改变从而达到与中心名词的和谐。而量词并没有表现出与中心名词的和谐[③]。

进一步的区别还有以下的内容（也可参见陈其光 1993）：（1）量词和"类别名词+名词=复合名词"中的类别名词在句法上和音系上比前缀更加稳固。由于这个原因，通常很容易识别出量词的来源（白苗 thoob "桶" > ib thoob dej "一桶水"），而前缀在语义和音系上都弱化了。（2）与量化名词和有定名词组合时，量词是必需的，而前缀则是可选的。在那些前缀可选的语言中，（真正的）前缀的使用似乎是受到语体和韵律的制约。（3）量词可以用作代词代替完整的名词短语，而前缀则不能用作代词。

（1）量词语法化的两条路径

第一条语法化的路径是受汉语的影响。量词结构是从汉语中借来的，最初可能是随着双方贸易借用必要的汉语量词（measure word）而传入的。量词结构来源于汉语可以通过苗瑶语中的大量的借自汉语的量词得以体现（其中一些借自汉语的量词将在下面介绍）。从苗瑶语的量词结构建立开始，从汉语中借用量词导致原生词汇语法化，是第一条非常直接的路径。从话语方面考量，这可能也有利于借用的发生。Aikhenvald (2000:387)指出"量词的广泛借用，是由于量词在话语中的重要作用：一旦建立了指称对象，就可以用量词来表达，因此量词在话语中似乎比名词本身出现的频率更高"。

---

① Nichols (1992:132–133)将苗瑶语置于数量词"温床区域"的中心地带。

② Ko 是一个白苗的前缀，也用于"脚"（ko-taws）和"竹笋"（ko-kaus）中，名词 ko 的意思"手柄、把手"（例如 ko taus 斧头柄）似乎与之相关。

③ 这一点似乎存在一个例外，贵州省威宁彝族、回族及苗族自治县石门坎乡的川黔滇苗语和滇东北次方言，具有可以改变元音和声调的量词，以表明中心名词是强大形式、普通形式还是小称的（王辅世 1972）这似乎是独立发展出来的。

Aikhenvald (2000)发现北阿拉瓦克的 Resígaro 语从相邻的无亲属关系的 Bora 语中借入了许多量词，是由于话语方面的原因。

第二条语法化的路径是来源于前缀，这种前缀又来源于"类别名词+名词=复合名词"中的类别名词。这一过程是独立的、不受汉语影响的、正在进行的。例如，苗语白苗话的 kab "昆虫"在西部苗语支和东部苗语支的同源词中用作昆虫名称复合词中的类别名词，但它们也开始扩大使用范围，用作"虾、蟹、鼹鼠"等复合名词中的类别名词（"昆虫"＞"小型动物"）。类似地，白苗话中的 tub "儿子/男孩"也在复合名词中用作类别名词，用来表示男人，而不论是否年轻（例如 tub+rog "士兵"，字面意思是"男孩+战争"）。事实上，这些类别名词在语音上弱化，意义上也泛化，这些都促进了类别名词的语法化。

但值得注意的是，在苗瑶语中，并没有证据表明存在下面的连续统："名词 ⇒类别名词 ⇒量词"。而 Delancey(1986)对泰语的研究以及 Bisang (1999)对苗语、泰语和越南语的研究则认为："名词 ⇒类别名词 ⇒量词"通常是东南亚语言量词的起源。如果有证据表明类别名词发展成为量词而不是前缀，那么我们就可以说量词是在语言内部形成的，并且也没有必要从语言接触的视角来解释。但目前不仅没有证据表明"名词 ⇒类别名词 ⇒量词"，而且还有证据表明白苗话中有向相反方向的变化："量词⇒类别名词"，这是一个"逆语法化的过程"，（Loke(1997)描述了汉语中类似的发展过程，他将其称之为"重新语法化"）。

苗语白苗话中的"量词⇒类别名词"的演变是一种受限的现象，通常出现在中心名词语义未指定并且使用集合量词 cov "群"的情况下（Ratliff 1991）：

表 6-4   "量词⇒类别名词"在白苗话的演变条件之一

一本书			一些书	
ib	phau	ntawv	cov	phau-ntawv
一	量词-堆	纸	量词-群	书
一个词			一些词	
ib	lo	lus	cov	lo-lus
一	量词-一口	语言	量词-群	词

表 6-4 中如果没有表示"堆积或堆叠"的量词 phau，ntawv "纸"就不能理解为"书"。因此，当需要强调"许多书"时，由于每一个名词短语只能受一个量词修饰，因此表示"群、组"的量词取代了表示"堆积、堆叠"的量词。之后，消除歧义的量词附加到语义未指定名词前作为一个类别名词。表 6-4 中的"词"的短语中可以发现同样的转化：当添加 cov "群"时，表示"一口"的量词 lo 就被取代了，并且会附着到语义未指定名词 lus "语言"。

下面还有三个苗语白苗话中量词用作类别名词的例子。这些例子不涉及语义未指定名词，因此没有办法追踪其发展路径：

表 6-5   "量词⇒类别名词"在白苗话的演变条件之二

一首歌			两行婚嫁歌词		
ib	zaj	kwv txhiaj	ob	zaj	zaj-tshoob
一	量词-行	歌	二	量词-行	婚嫁歌
一团米饭			两块石头		
ib	pob	mov	ob	lub	pob-zeb
一	包-块	饭	二	量词-碗/屋	石头
一条路			财富		
ib	txoj	kev	txoj-hmoov		
一	量词-长度	路			

表 6-5 中的三个量词都源于汉语。其中的 zaj 和 txoj 作为量词被借用（见下文），然后"向右"转化成了类别名词。pob 可能是作为名词从汉语的"包"（现代汉语 bāo，"包裹；一捆，一块"）借用来的，目前它以三种方式使用——独立的名词、量词以及类别名词。它现在也逐渐发展成一个前缀。可能有的人认为 pob 的量词功能来源于类别名词的功能，但由于它是这一类型中唯一一个多功能名词，并且由于是汉语借词，很难将其解释为语言内部由类别名词发展成为量词的语法化过程。

总而言之，在苗语白苗话中，一些名词被用作量词（如：xib"箭"，thoob"篮"，nplooj"叶"），还有一些名词被用作复合名词中的类别名词（如：kab"昆虫"，tub"儿子/男孩"），还有一些类别名词会降级为前缀（如：qhov"洞""东西"用作名词化标记；pob"丛，团"，用于表示圆状物或形状大的物体名词前），但名词通常不会通过类别名词再变成量词，这就证明量词和前缀两个独立的分类系统并存，并且有"名词⇒量词"和"类别名词⇒前缀"两个独立的语法化过程而不仅仅只是一个：

表 6-6　　　　　　　　　　　　　　　量词语法化的两条路径

名词		类别名词	未被证实的演化途径
⇓	↗	⇓	"类别名词⇒量词"
量词		前缀	并没有被证实

以上的分析显示：量词和前缀虽然都有语义分类功能，但是彼此之间很少有语法关系。"苗瑶语中的量词结构是从汉语中借用的"这一观点可以从无亲属关系的语言以及整个语系的语言中得出四种间接证据来支持：（1）量词系统跨语言的"可借用性"，（2）苗瑶语中广泛使用的量词的词源是汉语，（3）具有分类功能的前缀系统早于量词系统产生，（4）分类前缀系统的保留程度与与汉语接触的程度具有相关性。与汉语接触深的语言或方言，分类前缀系统的保留不及与汉语接触较少的语言或方言好。

（2）量词系统跨语言的可借用性

量词是可以借用的。特别是在分析型语言中，它们是独立的词类。

"名词的语义功能和句法功能越发达，就越容易扩散。也就是说，最频繁扩散的新模式是量词结构，这些量词具有明确的语义来源。具有名词一致关系的语言，一致关系的标记不容易扩散。许多北阿拉瓦克语中，由"指类名词+领属名词"构成的被领属量词结构都是从加勒比语中借用的。例如：Palikur、Island Carib、 Bahwana……在南亚地区，量词系统已经从该地区的印度-雅利安语扩散到了达罗毗荼语中。间接地区域性扩散可能导致量词系统的部分重组。这就涉及到将新的量词类型引入到已经具有量词的系统中去。（Aikhenvald 2000:383-384）"

在亚洲，一个众所周知的例子是日语借用汉语的量词。两个系统重叠也不罕见，即使看起来两个系统重叠没有一个明确的目的："……担忧某种语法现象的结束和下一种语法现象的开始是没有意义且徒劳的，因为新的语法现象不断地建立在旧现象的意愿与让步之上"（马提索夫1991:447）。

（3）单个量词的词源

上面讨论的最常见的苗瑶语量词，如：原始苗语 *ʔleŋ^A (2.40/22)和原始瑶语的*ʔncɔŋ^A (2.7/22)是同源词，表示"量词-碗/屋"，它们可能来源于一个义为"小屋"的汉语名词。除了这两个量词，还有许多古老的基本量词和最新的抽象量词显然都来源于汉语。

一些最常见的量词都是借词，它们表现出有规律的对应，并且出现在整个语系中（苗语白苗话量词的国外苗文以斜体表示）。

表 6-7　　　　　　　　　　　　　　　苗瑶语中的汉借量词之一

1. 量词-工具	*rab* /ʈa1/ < 原始苗语 *traŋA	"張",上古汉语 traŋ > 中古汉语 trjang > zhāng
	原始瑶语 *truŋA	'量词-扁平的东西'(<'铺开');最初用作"弓"的量词,在公元前 200 年汉代时用作古筝的量词
2. 量词-被子	*phob* /phɔ1/ < 原始苗语 *phəan	"片",中古汉语 phenH > piàn "一边的"
3. 量词-行(文,话)		"行",中古汉语 hang > háng "量词-行"
养蒿 /ɣoŋ1/,吉卫 /zoŋ2/,白苗 zaj /zɑ2/,叙永 /zoŋ2/,布努 /haŋ4/,瑶语 /hɔːŋ2/		
4. 量词-东西		"件",中古汉语 gjenX > jiàn "量词-件"
养蒿 /tɕin6/,吉卫 /cɛ6/,布努 /cin6/,标敏 /iɛn6/		

另一种常见的量词,既可用于生命体(动物和人)也可以用于按长短划分的对象中较短的那一个。考虑到两个语系中通过形式相似的语素来区分对象的语义相似性,这一量词似乎也来源于汉语:

表 6-8　　　　　　　　　　　　　　　苗瑶语中的汉借量词之二

5. 量词-马	*tus* /tu4/ < 原始苗语 *dəŋB	"頭",中古汉语 duw > tóu,量词-动物
也作量词-短(长度,例如 粉笔)		试与名词"头"比较,在复合词中用于指一支粉笔、铅笔头和烟头
	(勉语 /tau2/,金门方言 /tau2/ 都是近期借自 tóu)	

还有一些明显的近代汉语借词,其中一些非常抽象,这些苗语白苗话的量词证明了这一点:

表 6-9　　　　　　　　　　　　　　　白苗话中的汉借量词

6. 量词-长东西 *txoj* /tsɔ2/,(两个语族中都有独立的非对应借用)	"條",现代汉语 tiáo:量词-长东西'(<'细枝')
7. 量词-种 *yam* /ja8/	"樣",现代汉语 yàng:外观、模式、种类、类型
8. 量词-种 *hom* /hɔ8/	號",现代汉语 hào:名称;标记;顺序,大小,数量

(4) 相对顺序

较新的借用名量词系统层次在固有的前缀名词分类系统之上,即苗瑶语系中前缀更为古老,这可以从独立的证据中得到支持。前缀是东南亚语言中的词缀区域特征类型,它们不仅在藏缅语和孟高棉语中占主导地位,而且现在,在中华文化圈的核心——汉语和苗瑶语等多数分析型语言中,它们也正在被构拟出来。正如第四章中解释的,目前除了 C 调的派生过程(4.2.2 节),我们能够构拟出一小部分苗瑶语的形态,所有的证据都表明原始苗瑶语的附着语素是前缀。首先,这里讨论的名词性前缀(4.2 节),早期的层次就已经有了令人困惑的对应模式,其中来自不同前缀的辅音在不同语言中代替了词根声母(4.2.3 节)。鉴于它们在巴哼语中是作为双音节词存在的,因此这些双音节词的前缀暗示了现代的复杂复辅音的来源也可能是前缀(4.2.4)。有一些词对表明,在(前)原始语中的古前缀表示了动词的致使/状态的区别(4.4.1 节)。陈其光(1993)提供一些苗瑶语中前缀存古性的额外证据:老年人使用前缀的频率要高于年轻人,并且前缀形式保留在固定短语中,且不会经常出现创新。

另一方面,量词没有表现出古老的证据。原始苗瑶语中唯一可以构拟出的量词是上面讨论过的,用于修饰"房屋"和"碗"的"大块东西"的量词,这个特定的量词可能是固有的,也可能来源于汉语。此外,明显是汉语借词的苗瑶语量词的构拟更多地与中古汉语而不是上古汉语对应。这并不奇怪,因为量词是在汉语特定的历史时期发展出来的(Erbaugh 1986,Loke 1997)。量词在商周时期(公元前 1400-公元前 221)的早期用法仅限于有价值的物品,在汉朝之前(公元前 206-公元 220),量词都还没有被广泛地使用。沙加尔(1999:107)假设上古汉语用于区分可数和不可数的*k-前缀的脱落可能刺激了汉语量词系统的发展。该区域所有的语言在汉语或者台语的量词系统的刺激下,可能在大致相同的时间形成了量词。

（5）前缀的地理以及发生学分布

正如第 4 章 4.2.1 节中解释的那样，与汉语接触的程度和分类前缀的保存之间存在关联。一般来说，与瑶语族语言相比，苗语族语言与汉语的关系更远，并且苗语比瑶语保留了更多的前缀。在瑶语族语言中，勉/金门方言以及标敏方言的前缀要少于最保守的藻敏方言，后者与其他方言差异较大以至于形成了一个单独的支系。藻敏方言通常用前缀/ʔa-/来标记名词（毛宗武、蒙朝吉、郑宗泽 1982），而在其他瑶语中，只有少部分名词可以选择性地添加前缀。在早期的田野调查报告中，藻敏方言被描述成一个"偏僻的"并且"受邻近汉语方言影响最小"的语言（Wong 1939:425）。

6.3 与其他语系的词汇联系

正如本章开头所解释的，虽然汉语是主要的接触语言，但苗瑶语也表现出与该地区其他语言的词汇联系。在本节，我们将介绍可以将苗瑶语与其他语系语族联系起来的强有力的词汇证据，同时也会简要地进行讨论。这些词汇清单可以无限扩展，但是各种可比项变得越来越没有把握。这里的目的是排除所有没有把握的可比项，只选择最可信的可比项。对于这些具有联系的词汇，需要有一个接触或者共同继承的解释——由于所有方面都高度相似，这种相似性似乎不太可能是偶然的。

6.3.1 藏缅语

苗瑶语中的许多基本词以及文化词似乎都是藏缅语的借词。最为大家普遍认可的一种观点是，这些借词是在这两个语系的地理重心没有像现在这样广泛分离的时候产生的。现代苗瑶语的重心位于东边——从湘西南部地区经过黔东南以及广西壮族自治区西半部的南北线。就语言的数量以及使用者人数来看，藏缅语的中心在西边——中国的西部（包括西藏）、缅甸、孟加拉国、尼泊尔以及不丹（马提索夫 2003:3-4）。白保罗（1987a）、 Ratliff（2001a）以及 Mortensen（2002）都曾做过苗瑶语中的藏缅语借词的研究。白保罗观察到苗瑶语中最重要的藏缅语借词都在界限明确的语义集合内，这显示它们都是作为界限明确的语义集合成套被借用的。他写道"这些借词……反映了一种完全不同的'借用环境'，可以说比起苗瑶中的汉语借词，语义范围扩散得更少，借词稀少且严格地限定于特定的类别"（白保罗 1987a:20）。

数词"四、五、六、七、八、九"还有可能包括"十"是作为一组从某个藏缅语中借用的，见第 5 章，5.2 节。表 6-10 中的词显示苗瑶语中有大量的清化响音对应于藏缅语的前缀*s-，但这可能是作者曾关注这一特定对应的偶然结果（Ratliff 2001a）。其中藏缅语的构拟来自马提索夫（2003）。

表 6-10 　　　　　　　　　　　　　　　苗瑶语中的藏缅语借词

关于天象的词		
	原始苗瑶语	原始藏缅语
1. 太阳/日/天	原始苗语 *hnɛŋA (2.8/22)	*s-nəy
	原始瑶语 *hnuoiA (2.8/11)	
2. 月亮/月份	原始苗瑶语 *hlaH (2.41/4)	*s-la
3. 夜晚/暗	原始苗瑶语 *hməŋH (1.8/21)	*s-mu:ŋ '暗'
亲属关系词		
4. 嫂/儿媳	原始苗瑶语 *ʔŋam (4.7/24)	*nam '媳'
5. 婿	原始苗瑶语 *ʔweiX (1.10/12)	*krwəy
其他		
6. 切片	原始苗瑶语 *hlep (2.41/10)	*s-lep
7. 足迹	原始苗瑶语 *hmjænX (1.23/19)	*s-naŋ '跟随'①
8. 马	原始苗瑶语 *mjænB (1.24/19)	*mraŋ

---

① 在藏缅语中，景颇语中有*mənāŋ "同伴"（Matisoff 2003:304）。Lai 语中有 neʔ-hnaŋ "脚印"（Kenneth Bik，私下交际 1999）。

6.3.2　侗台语

藏缅语对苗瑶语的影响与侗台语对苗瑶语的影响之间的不同正好与我们的预计相反。如今侗台语的使用者是整个区域内最靠近苗瑶语使用者的：贵州省（壮族、侗族、水族）、广西壮族自治区（壮族、侗族）、东南亚（老挝、泰国）、海南岛（黎族）。尽管如此，这两个语系所共享的大多数词汇都是近期的借词。这两个语系仅仅共享了极少数的古老的基本词，而且在这些极少数的词中，有一半还是苗瑶语与南岛语的共同词汇。苗瑶语与藏缅语、侗台语之间的借用模式的差异可能可以阐明 2500 年前的语言地图与现在的语言地图有何不同。白保罗（1975，将苗瑶语、侗台语以及南岛语归入到他提出的'澳泰语系'中）和 Downer（1978，研究台语与瑶语之间的词汇联系）都做过苗瑶语和侗台语之间词汇联系的研究。表 6-11 只列出了两个语系之间最古老以及最可信的一些词汇的联系。在假设它们都是借词的情况下，不包括瑶语和侗台语之间独有联系的那些词（如"覆盖""埋""男性青年"），同样地，也不包括那些假设为苗瑶语和侗台语所共享的汉语借词（如"劈""鸡"）。

原始台语的构拟来自李方桂（1977），原始侗水的构拟来源于 Thurgood（1988），原始仡央语的构拟来自于 Ostapirat（2000），原始南岛语（缩写为 AN）以及原始马来-波利尼西亚语（缩写为 MP）的构拟来自白乐思（Blust）的《南岛语比较词典》，下面的列表以及后面的列表中的构拟都是来自这些材料。

表 6-11　　　　　　　　　　　　　苗瑶语与侗台语的关系词

	原始苗瑶语	原始侗台（台卡岱）语
1. 鱼	原始苗瑶语 *mbrəuX (1.51/3)	台语 *plaA1
		侗水语 *mprai3
		仡央语 *p-laA
2. 孤儿①	原始苗瑶语 *mbrəjH (1.51/15)	台语 *braB2
		仡央语 *bɣuŋB2
3. 野狗	原始苗瑶语 *hmaŋC (1.8/24)	台语 *hmaA1 "狗"
		侗水语 *k-hma1 "狗"
		仡央语 *x-maA "狗"
4. 猴②	原始苗瑶语 *ʔlinA (2.40/18)	台语 *liŋA2

表 6-12　　　　　　　　　　　苗瑶语与侗台语和南岛语的关系词

	原始苗瑶语	原始侗台语	原始南岛语
5. 死	原始苗瑶语 *dəjH (2.3/15)	原始台语 *tɑːiA1	AN *ma-aCay
6. 鸟	原始苗瑶语 *m-nɔk (2.9/29)	原始台语 *nlokD2S	MP *manuk
		原始侗水语 *mluk8	
		原始仡央语 *ŋokD	
7. 单数第一人称	原始苗瑶语 *kɛŋB (5.1/22)	原始台语 *kĭəuA	MP *-ku 'my'
		原始仡央语 *kuA	
8. 单数第二人称	原始苗瑶语 *mɥei (1.9/8)	原始台语 *m[aï][ŋ]A	AN *-mu③
		仡央语 *məA/B	

---

① 在泰语和老挝语中有一个前缀 /kam-/，这可能与苗瑶语的鼻冠音有关。这个词在苗瑶语中也有"竹笋"的意思，但在侗台语中则没有这个意思。

② 比较瑶语的 *ʔbiŋA "猴子"，两者有相同的韵和调，侗台语中的形式无助于解释其不同的声母，b-声母可以反映旧双音节形式中的第一个音节（也可能反映在苗语的 *ʔ- >高域调中）。

③ 南岛语的 *-mu 是未指定数量的第二人称后缀（《南岛语比较词典》）。未涉及侗台语的苗瑶语/南岛语之间的联系参见 6.3.4 节。

6.3.3 孟高棉语

一些重要的苗瑶语词汇在孟高棉语中有形式和意义相似的对应词。如上所述，早期的学者认为这些相似性非常重要，并且基于这些匹配的质量，提出这两个语系之间存在发生学关系。但是，直到近期都还没能完全构拟出孟高棉语①，因此很难证明原始苗瑶语与原始孟高棉语本身的关系（先前的研究引用了支系的构拟或者个别语言的词汇）或者孟高棉语与苗瑶语之间存在有规律的对应关系。Sidwell 出版了已故学者 H.L.Shorto 对原始孟高棉语的构拟（Shorto 2006）大大改变了这种情况。

下面列出的是目前发现的最可信的关系词。表 6-13 包含了独特的苗瑶语与孟高棉语的关系词，表 6-14 还包含了南岛语的词汇，显示了"南方大语系"的丰富图景（包括南亚语，孟高棉语，以及南岛语）。孟高棉语的构拟来自 Shorto（2006）；下面的数字指的是他的词目。

表 6-13　　　　　　　　　　　　　苗瑶语与孟高棉语的关系词

	原始苗瑶语	原始孟高棉语
1. 水	*ʔɥəm (7.1/29)	*ʔ[o]m (#1298)
2. 血②	*ntshjamX (3.20/24)	*jhaam (#1430A)
3. 哭③	*ʔɲæmX (4.7/20)	*yaam (#1381)
4. 树	*ntjɥəŋH (2.19/29)	*t2ʔŋɔɔ\t (#491)

表 6-14　　　　　　　　　　苗瑶语与孟高棉语、南岛语的关系词

	原始苗瑶语	原始孟高棉语	原始南岛语
5. 满	*pɥɛŋX (1.1/22)	*[d]pu[ə]ŋ (#907B)	MP *penuq
6. 射	*pənX (1.1/21)	*paɲʔ (#905)	MP *panaq
7. 尾④	*tɥeiX (2.1/8)	*[k]ɗuut (#1017B)	MP *buntut
8. 做梦	*mpeiH (1.4/12)	*mp[ɔ]ʔ (#105)	MP *hi(m)pi

有趣的是，苗瑶语一些表示昆虫的词与孟高棉语中对应的词非常相似。这些孟高棉语表示昆虫的词也出现在该地区许多其他语言中。我们想知道的是什么性质的接触情况导致了这些不起眼的生物的名字被借用（孟高棉语以及其他形式的材料来自 Shorto 2006）：

表 6-15　　　　　　　　　　　　苗瑶语与孟高棉语的"昆虫"词

	原始苗瑶语	原始孟高棉语	其他
5.蚂蚁	原始苗瑶语*mbrɔD(1.51/6)	*suuc '叮'(#873B) >高棉语 srəmaoc '蚂蚁'	台语 mót '蚂蚁'，马来语 semut '蚂蚁'
6.蜈蚣	原始瑶语*səpD (2.13/7)	*[k]ʔiip (#1226G) > 拉瓦语 saʔaip	老挝语 khep7
7.蚱蜢	原始苗瑶语 *klup (5.31/9)	(#1256aA) > 高棉语 kɔndo:p	
8.头虱	苗瑶语 *ntshjeiX (3.20/12)	*ciiʔ (#39) '头虱' > 拉瓦语 səiʔ '头虱'，Kuy ɲcɛ: '头虱'	

---

① Peiros（1998）的确构拟了下表中某些孟高棉语的形式，但他将其称之为"预构拟"以表明这些构拟只是暂时的。

② 参阅 Ferlus（2009），他曾讨论过两个语系中的这个词以及孟高棉语中的构拟，他写道苗瑶语中的韵尾-X（> B 调，见第 3 章）以及原始越芒语韵尾的喉化音之间的对应关系加强了相似性。

③ 像苗瑶语一样，一些孟高棉语中的"哭"也有硬腭鼻音声母：Chrau *ɲi:m, Sre *ɲim, Bahnar *ɲəm, Jeh *ɲa:m。Shorto 认为这是来自重叠形式*yaamyaam，其中的-my- > ɲ-。

④ 孟高棉语和南岛语中都是指的鸡尾巴（或臀）（高棉语/kɔntù:t/'家禽的臀'），苗瑶语中这个词更像是一般的"尾巴"。

6.3.4　南岛语

在上面提及的苗瑶语与侗台语和孟高棉语接触的部分也涉及了南岛语，这清楚地表明南岛语在成为东南亚群岛地区的主要语系之前就已经接触了大陆的语言。南岛语的大陆起源问题在过去的十五年中引起了学界的广泛关注，不仅是语言学家，还有遗传学家和考古学家（例如，参阅亚洲大陆/南岛联盟会议的论文（檀香山 1993），它们发表在 Oceanic Linguistics 33.2 以及 Sagart，et al. 2005 上）。

除了上面列出的"鸟""满""射"等词以外，苗瑶语和南岛语之间还有一些独特的关系词，表 6-16 中列出了一些可信度最高的关系词。表 6-16 的三个词——"死""单数第一人称""单数第二人称"在 6.3.2 节的"表 6-12 苗瑶语与侗台语、南岛语的关系词"中出现过，在苗瑶语（但侗台语中没有）中"死"的对应扩展到了形态上相关的"杀"（见第 4 章，4.4.1 节），并且单数第一人称和单数第二人称代词的对应扩展到了复数第二人称代词（见第 5 章，5.3 节）。

表 6-16　　　　　　　　　　　苗瑶语与孟高棉语、南岛语的关系词

	原始苗瑶语	原始南岛语
1. 死	原始苗瑶语 *dəjH (2.3/15)	AN *ma-aCay
2. 杀	原始苗瑶语 *təjH (2.1/15)	AN *pa-aCay
3. 单数第一人称	原始苗语 *kɛŋB (5.1/22)	MP *-ku
4. 单数第二人称	原始苗瑶语 *mɥei (1.9/8)	AN *-mu '第二人称'
5. 复数第二人称	原始苗瑶语 *mjəu (1.9/1)	AN *-mu '第二人称'
6. 软	原始苗瑶语 *mlɥɛjH (1.39/11)	MP *ma-lumu
7. 咬	原始苗瑶语 *dəp (2.3/7)	MP *ketep
8. 虫/蚯蚓/蛆	原始苗瑶语 *klæŋ (5.31/24)	AN *qulej '蛆'
	原始苗语 *klaŋC (5.31/24)	
9. 虱	原始苗瑶语 *tɛmX (2.1/22)	MP *tumah '衣服上的虱'

7 古代苗瑶社会

7.1 引言

    本章研究古代苗瑶社会的方法是对王辅世和毛宗武 1995 年著作中那些古老且原生的非基本词汇进行初步且浅显的分类，其目标是描绘出在原始语使用时，其环境以及日常生活的一些特征。但是，每一个标准都需要进一步地解释，并且承认这种描写还存在许多问题。

    第一个标准是有文化意义的非基本词汇。对于非基本词汇问题是最令人感兴趣的，因为这些词可以比较具体地揭示一定人群的环境、实践以及信仰。当我们的目的是阐明较远的发生学关系时，像"水"这样的基本词是最合适的，因为具有基本义的词存在于所有语言中，因此可以确保找到可比项。但另一方面，像"裹脚"（包裹腿部）这样的词，考虑到不同的穿着习惯，在姐妹语言中找不到对应的词，但事实上，"裹脚"（包裹腿部）一词在苗瑶语中非常古老，这一事实表明古代社会的独特的文化细节。但是，如果基本词是具有文化意义的集合（数字、颜色词等）中的成员，那么我们在考察非基本词汇时也会涉及这些基本词。

    第二个标准是很古老的词，即该词在苗瑶语系两个语族中都出现，这是建立最古老词汇层的一种无可争议的方式。原始苗瑶民族尚未出现互相兼用彼此母语的"原始苗语-原始瑶语"的"双语制"，因此在苗瑶语系两个语族中都出现的最古老的词不太可能是原始苗瑶语互相借用的结果。因为"双语制"这种现象一般会出现在民族国家中较大的语言群体，而原始苗瑶民族不属于这样的语言群体。

    但更具争议的是，苗语的词，如果在瑶语中与之语义对应的词是明显的汉语借词，那么笔者认为苗语词是古老的。这似乎可以通过具有相同含义的苗语固有词以及瑶语中的汉语借词的频率所证明。例如：

表 7-1   原始苗语固有词对应原始瑶语汉语借词

例词	原始苗语	原始瑶语	来源	汉语词
脸	bow^B	hmiəən^A	<	面 *miàn*
心	prow^B	sim^A	<	心 *xīn*
脓	bu̯ei^C	nɔŋ^C	<	膿 *nóng*
雾	hu^A	mow^C	<	霧 *wù* (粤方言 /mou⁶/)
白	qlow^A	bæk^D	<	白 *bái*
红	ʔlin^A	sek^D	<	赤 *chì*
斧	tu̯ei^C	pou^B	<	斧 *fǔ*
碗	de^B	ʔwɛən^B	<	碗 *wǎn*
槽	qroŋ^A	dzu^A	<	槽 *cáo*
厚	tæ^A	ɦu̯ei^B	<	厚 *hòu*

    虽然其他解释也是可能的，但苗语中的许多固有词在瑶语中都有同义词，而瑶语中这些词都是相对近期的汉语借词。这说明表 7-1 中的这些苗语词汇可能比构拟的原始苗语更加古老，也许属于

原始苗瑶语的古老词汇，在两个语族分离之后，瑶语中这些词就被汉语借词替代了。还有其他证据表明汉语和瑶语的使用者之间的接触程度相对更高。例如，与苗语的使用者不同，瑶语使用者信仰道教，他们在宗教仪式以及歌曲中都是用汉语，在宗教著作中使用汉字（Lemoine 1982，Purnell 1991，1998）。瑶语还同时使用汉语数词以及原生数词（Purnell 1968，即将出版）。

第三个标准是固有词汇，但固有词既难以证明也难以确定。不过是否是原始苗瑶语的固有词并不重要，因为有一些非固有词在古代苗瑶文化中非常重要。例如，我们都知道汉语词汇"金""银""铜""铁"在两千多年前的原始苗瑶语中也存在，因此这些金属也是古代苗瑶社会的重要组成部分。但这一章不包括与汉语有明确联系的词汇，因为我们要了解的是哪些东西是苗瑶民族在自然环境、文化特征以及工艺品方面独有的。如果汉语和苗瑶语没有发生学关系，这个问题仍有待解决（见第6章的讨论），这些个别的词更有可能显示了"前原始语"世界的一些方面，即与汉语接触以前的社会。但是，有时候鉴别汉语借词较为困难，一些汉学家们无疑可以为下面列出的一些可能是苗瑶语本土词找到其汉语来源。此外，这里有意地包含一些与汉语有联系的词（如"米/穗"），因为有证据表明是汉语从苗瑶语中借用的而不是反过来。最后，由于该地区其他一些语系语族之间的发生学关系尚未制定出来，因此苗瑶语和该地区其他语系语族共同具有的某个词（如"野狗"，是苗瑶语和侗台语共有的）也可能反映出一种发生学的关系（因而也就是原生词）而不是借贷关系。在深入研究之前，这里也包含了这样一些词。

本章旨在提供关于苗瑶古代社会方面值得深入研究的古老词汇的意义概述。未来的研究，应该更多地关注苗瑶语中最古老的汉语借词层，还应该增加更多的原始苗瑶语固有词用于比较研究。

7.2　发源地①

由于一些民间故事的出版，这些故事讲述了北方寒冷土地上的迁徙，那里的人们穿着动物毛皮，阳光只照射半年的时间（参见 Savina 1924）。这引发了这个族群的人本身以及这一族群以外的人对苗瑶族群起源的好奇心。但是，到目前为止还没有任何语言学的证据表明苗瑶族群曾在中国南方以外的地方生活过。正如沙加尔（1995:341）写道："历史学、语言学以及人类遗传学的证据表明：种植水稻的原始苗瑶语使用者们应该是长江流域早期水稻培育者的后代，而不是黄河流域早期培育小米的农民的后代……中国的历史记载提到，在汉代时，汉族称苗族瑶为"蛮"，并且确信他们生活在长江流域中部，苗瑶族群种植水稻的传统，在构拟的词汇中显而易见……也支持这个观点；最后，人类遗传学家近期的工作为当今中国两个人口发展的中心提供了证据：一个中心是黄河流域，另一个是长江流域。他们的数据表明苗瑶语的使用者与第二个中心有大量的关联。"

为了支持上面描写的原始苗瑶语使用者发源地的图景，有三种动物和三种植物的古老词汇明确与长江以南的省份有联系。长江流域的这些独立词汇呈现出一种惊人的一致，这也为下面的观点增加了证据，即当原始苗瑶语被使用时苗瑶族群位于中国的南方，这是作为语言学的证据可以让我们追溯得最早的时期②。

三种动物分别是"穿山甲"（manis pentadactyla 或者 manis javanica），"画眉鸟"（garrulax canorus canorus）以及"獐子"（hydropotes inermis）。其中一个在原始苗瑶语中构拟为：*rɔiH"穿山甲"（2.57/6，白苗中为 zaug）。另外两个在原始苗语中的构拟为：*coŋ^A "画眉鸟"（4.1/29，白苗中为 coob）；以及*ŋguei^B "獐子"（5.6/12）③。在中国，穿山甲分布在长江流域以南（中国野生动物 Wildlife of China：69）。根据《辞海》记载，画眉是一种非迁徙鸟类，常见于长江流域南部，而獐子则分布在长江流域

---

① 第 7.2，7.3 和 7.4 节是基于 Ratliff 发表于 2004 年的文章的修改稿。

② 当然，如果苗族人群是在语言学研究可恢复的时期以前分布在北方地区，那么北方动植物的一部分属于要么已经丢失，要么重新分配给南方的物种。因此，这并不与迁徙自北方的理论相悖。

③ 在白苗中并没有这个词（它的形式应该是 nkaus），但请比较 kauv 麂子。

中下游的河谷地区，在东南沿海的芦苇滩和草原上也有分布。

三种植物分别是"白茅，或茅草（imperata cylindrica）"、葱属植物（也叫"大葱或蔬荞"（allium chinense））以及药用的"鱼腥草(houttuynia cordata)"。"白茅"在原始苗瑶语中构拟为：*NKan"白茅"（5-6.4/19，白苗中为 nqeeb），另外两种在原始苗语中的构拟为：*ɡləŋᴮ"葱属植物"（6.33/21，白苗中为 dos"小洋葱，韭菜"），以及*truwᴰ"鱼腥草"（2.46/9，白苗为 tshuaj kab raus 中的 raus）。《中国草地资源图集》（1996）显示用于茅草屋顶的热带茅草随着北纬 33 度向北移动到北纬 34 度而逐渐消失，也就是分布于中国南部。葱属植物可作药用，它的叶子和根也可作蔬菜食用。它在广西、湖南、贵州、四川以及广东都有种植（《辞海》；Anderson 1993:213），因此，也是生长在长江以南的省份。

7.3 狩猎

所有与狩猎相关的古老词汇似乎都是固有词，或者与东南亚其他语言相似而不仅仅是与汉语相关。毫无疑问，这表明狩猎活动曾经对现在以农业为主的苗瑶族群特别重要[1]。

苗瑶语的"弩"（苗语 *hnænᴮ 2.8/19，白苗 hneev；瑶语 *hnəkᴰ 2.8/7）是一个著名的泛东南亚词根：比较原始孟高棉语 *snaʔ"弩"（Shorto #97），原始台语*hnaa B1"弩"（Li 1977），以及汉语的"弩"（上古汉语 *[n]ˤaʔ > 中古汉语 nuX > 现代汉语 nǔ）。原始苗瑶语*pənX"射（箭）"（1.1/21，白苗 pov '扔、掷'）同样是一个分布广泛的词根：比较原始孟高棉语 *paŋʔ"射"（Shorto #905），以及原始马来-波利尼西亚语 *panah"射（火枪）"（Dempwolff 1938）。

有些语言保留了原始苗语词*ndroᶜ"追，跟"（2.51/7，白苗 nrog）的原始义，但在东南亚的苗语方言中，有语义的发展："追踪" > "跟随" > "陪伴" > "和"。名词"足迹/轨迹"（1.23/19，白苗 (h)neev）可以构拟为原始苗瑶语的*hmjænX。

"肉/野味"这个词可以构拟为原始苗瑶语*NGej，并且似乎是原生的（5 6.6/10，白苗 nqaij）。虽然不可能弄清是哪些动物被猎杀，但原始苗瑶语野生动物的词包括*qrep"熊"（6.46/10，白苗 dais）以及"猴子"（苗语 *ʔlinᴬ 2.40/18，白苗 liab；瑶语 *ʔbiŋᴬ 1.4/18），而原始苗语的野生动物包括*priᴰ"野猫"（1.46/2，白苗 plis）以及*hmaŋᶜ 野狗（1.8/24，白苗 hma）。

7.4 农业

在古代苗瑶民族的任何一种假设的图景中，水稻一定占据着重要的地位。苗瑶语表示水稻的词不太可能与邻近的语系语族具有相似含义和相似形式，而许多非稻作物（玉米、大豆、荞麦，各种类型的马铃薯和豆类）的词语则可能与邻近的语系语族具有相似含义和相似形式。值得注意的是，苗瑶语与主要种植水稻的民族的语言如侗台语、南岛语的水稻词并无太多联系（Hartmann 1998，Blench 2005）。虽然苗瑶语中也有"秧苗""镰刀"等与水稻种植相关的词语借自汉语，但"水稻/稻田""糙米""米饭"等关键的词却并没有显示出借用的证据[2]。相反，"米/谷穗"这个词表现出苗瑶语对汉语的早期影响。如果史前种植小米的汉人从他们南边的苗瑶民族学到了如何种植水稻，那么这种早期影响也是可以理解的（张德慈 1983:70）。

有三个词并没有找到令人信服的外部联系。这三个词是：苗瑶语*mbləu"水稻/稻田"（1.36/3，

---

① 这个词组可以添加一个可能与"集群"相关的古词表，例如"蘑菇""花""水果""葡萄""李子""柿子""鸡蛋""贝壳""产卵/下蛋"，"巢""蜂蜡""根""青的/生的"，以及各种昆虫的词，但由于这些词在许多文化中都很常见，因此它们并不能显示太多的文化信息。

② 白一平（引自 Haudricourt and Strecker 1991:339）和沙加尔（1995:337）都认为汉语的"稻；稻田"（上古汉语 *[l]ˤuʔ > 中古汉语 dawX > 现代汉语 dào）与苗瑶语的*mbləu"水稻"之间可能存在关联。虽然现在更加怀疑，但他们仍然认为这是一种可能性（私下交流，2008）。他们还看到苗瑶语的*hnrəaŋH"米饭"与汉语的"饷"（给在田间劳动的人送饭）> 带给田间劳动的人的食物（上古汉语 *ŋaŋ(ʔ)-s > 中古汉语 syangH > 现代汉语 xiǎng）。

白苗 nplej），苗瑶语 *hnrəaŋH "米饭"（2.53/21，白苗 hno），以及苗语的*ntsuwC "糙米"（3.4/9）①。下面的第四个固有词 "晒" 可能最初与水稻农业相关，但现在具有范围更广的含义：苗语*ʔrinA "晒（稻米）"（2.55/18，白苗 ziab）。苗瑶语中的 "稻穗" 在汉语中也存在，可能是由于汉族与南方水稻种植者的接触而形成的：*hnɔn "谷穗" > "袋子/口袋"（2.8/24，白苗 hnab "谷穗;袋子/口袋"）。这个词在苗瑶语中非常普遍，意思是 "谷穗"。但只有在苗语中，它的隐喻引申义才是 "袋子/口袋"，它在汉语中对应的仅有派生义 "囊"（上古汉语 *nˤaŋ > 中古汉语 nang > 现代汉语 náng）。然而，接触情况要比这更加复杂：藏缅语也有*s-nam "穗子"（Matisoff 2003），这似乎是同一个词。

7.5　清算与测量

正如第五章中讨论的，苗瑶语中只有很少的原生数词和量词能被构拟出来：较为核心的如*ʔuі "二"（7.1/14，白苗 ob），*pjɔu "三"（1.16/3，白苗 peb），以及原始苗语*ntoC "很多/许多"（2.4/6，白苗 ntau）。数词 "一" 和其他 "十" 以上的高数词都是汉语借词，并且原始苗瑶语从原始藏缅语中借用了 "四" 到 "九" 的数词，（"十" 自然也是借用的，但很难弄清借用的来源是汉语还是藏缅语）。尽管这些借词可能替代了本土 "四" 到 "十" 的数词，但也可以想象只有 "二" "三" 以及 "很多" 几个词也可以满足古代苗瑶民族的日常交际需求。

较古老的苗语测量词有：*ɡraŋA "庹"（6.48/24，白苗 daj），*qroC "拃"（6.46/7，白苗 dos）。用身体部位作为测量的参照是许多东南亚语言的特征：例如，L-Thongkum 2002 (415-418) 列了一串这一类型测量术语的清单，可以为原始卡都语构拟出精确的语义。

7.6　物质文化

苗瑶语中关于房屋的词汇以及房屋、地面组成部分的词汇较为古老：苗瑶语*prjəuX "房屋"（1.46.1/3，白苗 tsev），*ɡruᶒ ŋ "门/大门"（5.48/29，白苗 rooj）；苗语*nthaŋA "阁楼"（2.5/24，白苗 nthab），*qroŋA "水槽"（6.46/28，白苗 dab）。苗瑶语的 "扇子" *mbljæp（1.36.1/5，白苗 ntxuam）看起来并不像汉语，可以暂时认为它是一个较古老的固有词。苗瑶语中用于捆绑东西的 "竹条" *ɲcəuk（4.4/6，白苗 ncau）也相当古老，但是这可能是借自汉语的 "竹"（上古汉语 *truk > 中古汉语 trjuwk > 现代汉语 zhú）。还有四种工具也可以在原始苗语中构拟出来：*mblowD "鞭子"（1.36/13，白苗 nplawm），*tᶒueiC "斧"（2.1/12，白苗 taus），*thoᶒ ŋB "风箱"（2.2/28）②，以及*tsæC "钩镰，砍刀"（割灌刀）（3.1/5，白苗 txuas）

在服装和制衣领域，下面的词可以构拟到原始苗瑶语的层次：*ntət "织"（2.4/7，白苗 ntos），*ntei "布"（2.4/12，白苗 ntaub）以及*nduH "苎麻/麻"（2.6/16，白苗 ntuag）③。"梭" 这个词只能较为确定地构拟到原始苗语层次：*NGəŋB（5-6.6/21，白苗 nqos）——虽然在原始瑶语中 "梭" 的形式也可能是相关的（*NGlowB，6.36/16）。特定的服饰无法构拟到原始苗瑶语的层次，以下的四个词虽然只可以构拟到原始苗语的层次，但可以推测这是原始苗瑶民族共有的一些物件。这四个词原始苗语的构拟是：*tinA "裙"（2.1/18，白苗 tiab），*nthroᶒ ŋA "绑腿"（2.50/29，白苗 nrhoob），*bɔC "镯子"（1.3/6，青苗 paug），*mphleA "戒指"（1.35/10，白苗 nplhaib）

物质文化的另外两个词在语义上是孤立的。进一步的研究可能会发现它们要么是较古老的借词，

---

① 没有在白苗中得到证实。苗语中 "糙米" 的另一个词是*tshɛŋB (3.2/22, 白苗 txhuv)。这个词最初的意思可能是 "小米"，因为这个词在先进话和石门话（川黔滇方言）中具有这一意义。

② 这个词在白苗中并不存在（但假如存在，形式应该是 thav）。

③ 另外，虽然这对我们这里的论证的目的不重要，但苗瑶语有固有词*(h)naŋX "穿上/穿着（衣服）"（2.8/24, 白苗 hnav）以及*ntoᶒ ŋH "戴上/戴着（帽子）"（2.4/29, 白苗 ntoo）。

要么原始含义不像今天看起来那样"现代"：原始苗瑶语的*N-kjaj"药"（5.16/15）[1]以及原始苗语的*ntow[B]"纸"（2.4/13，白苗 ntawv）。

7.7　非物质文化

唯一一个可以追溯到原始苗瑶语的颜色词是"黑"，也许还可以加上"绿/蓝"，而"白"和"红"只能构拟到原始苗语层次。由于瑶语是用汉语的"白"和"赤"来表示"白色"和"红色"，因此，"黑""白"和"红"这三个颜色词可能同样古老，只是"白"和"红"在瑶语中被汉语借词替代了。颜色词的类型学研究（Berlin and Kay 1969, Kay and McDaniel 1978, Baxter 1983）表明，如果一种语言只有四种颜色，则很有可能是"黑""白""红""绿/蓝"[2]。因此，汉语借词"黄"（上古汉语 *N-kʷˤaŋ > 中古汉语 hwang > 现代汉语 huáng） > 苗语 *ɢʷaŋ[A]（5-6'.3/24，白苗 *daj*）和之后出现的专门用于指"蓝"的词是颜色语义场中增补的新成员而不是替换。由于原始苗语和原始瑶语两个分支的韵母和声调不对应，原始苗瑶语层面很难构拟出"黑"这个词。尽管他们都反映了同一个词根：原始苗语的*qrɛŋ[A]（6.46/22，白苗 dub）以及原始瑶语的*qriɛk[D]（6.46/1）。"绿/蓝"这个词在声母和韵母的对应上表现出更大的困难，但尽管如此，王辅世和毛宗武（1999:57）将原始苗语的*mpru[A]（1.49/16，白苗 ntsuab)以及原始瑶语的*ʔmeŋ[A]（1.7/29)放到了一起。原始苗语中的"白"是*qlow[A]（6.31/13，白苗 dawb），原始苗语中的"红"是*ʔlin[A]（2.40/18，白苗 liab）。

苗瑶语系中较为古老且稳定的表示"身体伤害"的词包括疼痛、疾病和受伤三种概念，在原始苗瑶语中只用*ʔmun"疾病/疼痛"（1.7/27，白苗 mob）一个词表示，而在其他语言中通常用不同的词表示。

宗教信仰语义场的词只能分别在原始苗语和原始瑶语中构拟出来：原始苗语*qraŋ[A] 灵/鬼魂（6.46/24，白苗 dab）；原始瑶语的*hmjæn[B] "灵/鬼魂"（1.23/19）[3]以及原始苗语的*bra[A] "魂"（1.48/4，白苗 plig）。"日/天"（原始苗语 *hnɛŋ[A] [2.8/22，白苗 hnub]，原始瑶语 *hnuɔi[A] [2.8/11]）和"月亮/月份"（原始苗瑶语 *hlaH [2.41/4，白苗 hli]）都较为古老，但显然不是原生的：它们作为一组词借自原始藏缅语的*s-nəy 和 *s-la（Benedict 1987a, Mortensen 2002）。白保罗较为合理地假设：这两个词与太阳和月亮崇拜有关，并且由于两个族群之间文化的接触而被借用。在与乐器有关的词中，只有"鼓"这个词是固有并且较古老的：原始苗瑶语 *ndruX (2.51/16，白苗 nruas)。由于它是宗教仪式中最常使用的乐器，因此最适合放在宗教信仰这一类别。

---

[1] 这个词在白苗中并不存在（但假如存在，形式应该是 kuab）。

[2] 另一种可能的四色组合是白-暗（黑/绿/蓝）-红-黄（Baxter 1983:4–5）。

[3] 这些词中有两个可能是借词：苗语的"灵魂"（<藏缅语*b-la，请参看 Benedict 1987a and Mortensen 2002。瑶语的"精神/鬼魂"（<上古藏语*sman 或者侗水语 *hmaaŋ），请参看 Ratliff 2001a。

参考文献

中文参考文献

［1］张琨：《苗瑶语声调问题》，《国立中央研究院历史语言研究所集刊》1947 年第 16 期。

［2］陈其光：《苗瑶语前缀》，《民族语文》1993 年第 1 期。

［3］夏征农、陈至立主编：《辞海》，上海辞书出版社 2010 年版。

［4］毛宗武、李云兵.《巴哼语》，上海远东出版社 1997 年版。

［5］毛宗武、李云兵著.《炯奈语研究》，中央民族大学出版社 2002 年版。

［6］毛宗武、蒙朝吉编著.《畲语简志》，民族出版社 1986 年版。

［7］毛宗武编：《瑶族语言简志》，民族出版社 1982 年版。

［8］蒙朝吉：《瑶族布努语 1'至 4'调的形成和发展》，民族语文，1983 年第 2 期。

［9］中央民族学院苗瑶语研究室编：《苗瑶语方言词汇集》，中央民族学院出版社 1987 年版。

［10］王辅世：《苗语方言声韵母比较》，《第 12 届汉藏语言学会议》，1979 年。

［11］王辅世：《苗语古音构拟》，国立亚非语言文化研究所，1994 年。

［12］王辅世：《苗语简志》，民族出版社 1985 年版。

［13］王辅世、毛宗武：《苗瑶语古音构拟》，中国社会科学出版社 1995 年版。

［14］中国野生动物保护协会.《Wildlife of China（中国野生动物）》，中国林业出版社.

［15］中国科学院国家计划委员会自然资源综合考察委员会.《中国草地资源》，中国地图出版社 1996 年版。

英文参考文献

ACD = Blust，Robert. n.d. Austronesian comparative dictionary. Manuscript.

Aikhenvald，Alexandra Y. 2000. Classifiers: a typology of noun categorization devices. Oxford: Oxford University Press.

Aikhenvald，Alexandra Y. and R. M. W. Dixon (eds). 2001. Areal diffusion and genetic inheritance: problems in comparative linguistics. Oxford: Oxford University Press.

Anderson，Edward F. 1993. Plants and people of the Golden Triangle: ethnobotany of the hill tribes of Northern Thailand. Portland: Dioscorides Press.

Andruski，Jean and Martha Ratliff. 2000. Phonation types in production of phonological tone: the case of Green Mong. Journal of the International Phonetic Association 30:37-61.

Anttila，Raimo. 1972. An introduction to historical and comparative linguistics. New York: Macmillan.

Baxter，William H. 1983. A look at the history of Chinese color terminology. Journal of the Chinese Language Teachers Association 18:1-25.

Baxter，William H. 1992. A handbook of old Chinese phonology. Berlin: Mouton de Gruyter.

Baxter，William H. 2000. An etymological dictionary of common Chinese characters. Manuscript.

Baxter，William H. and Laurent Sagart. 2009. The Baxter-Sagart reconstruction of Old Chinese. http://www-personal.umich.edu/~wbaxter/

Bellwood，Peter. 1996. The origins and spread of agriculture in the Indo-Pacific region. In David R. Harris (ed.) The origins and spread of agriculture and pastoralism in Eurasia. London: University College London Press.

Bellwood，Peter. 2001. Archaeology and the historical determinants of punctuation in language family origins. In Alexandra Aikhenvald and R. M. W. Dixon (eds)，27-43.

Bellwood，Peter. 2005. Examining the farming/language dispersal hypothesis in the East Asian context. In Sagart，Blench，and Sanchez-Mazas (eds)，17-30.

Benedict，Paul K. 1942. Thai，Kadai，and Indonesian: a new alignment in Southeastern Asia. American Anthropologist 44.4:576-601.

Benedict，Paul K. 1972. Sino-Tibetan: a conspectus. Cambridge: Cambridge University Press.

Benedict，Paul K. 1975. Austro-Thai language and culture with a glossary of roots. New Haven: Human Relations Area Files Press.

Benedict，Paul K. 1986. Miao-Yao enigma: the Na-e language. Linguistics of the Tibeto-Burman Area 9.1:89-90.

Benedict，Paul K. 1987a. Early MY/TB loan relationships. Linguistics of the Tibeto- Burman Area 10.2:12-21.

Benedict，Paul K. 1987b. Archaic Chinese initials. Manuscript.

Benedict，Paul K. 1996. Monic *clur and other Southeast Asian 'dogs'. Mon-Khmer Studies 26:3-6.

Benedict，Paul K. 1997. Interphyla flow in Southeast Asia. Mon-Khmer Studies 27:1-11.

Berlin，Brent and Paul Kay. 1969. Basic color terms: their universality and evolution. Berkeley: University of California Press.

Bertrais，Yves. 1979 [1964]. Dictionnaire hmong-français. Bangkok: Sangwan Surasarang.

Bisang，Walter. 1999. Classifiers in East and Southeast Asian languages: counting and beyond. In Jadranka Gvozdanović (ed.) Numeral types and changes worldwide，113-185. Berlin: Mouton de Gruyter.

Blench，Roger. 2005. From the mountains to the valleys: understanding ethnolinguistic geography in Southeast Asia. In Sagart，Blench，and Sanchez-Mazas (eds)，31-50.

Blust，Robert. n.d. see ACD.

Chamberlain，James R. 1972. Tone borrowing in five northeastern dialects. In Jimmy G. Harris and Richard B. Noss (eds) Tai phonetics and phonology，43-46. Bangkok: Central Institute of English Language，Mahidol University.

Chang，Kun. 1953. On the tone system of the Miao-Yao languages. Language 29:374-378.

Chang，Kun. 1966. A comparative study of the Yao tone system. Language 42:303-310.

Chang，Kun. 1972. The reconstruction of Proto-Miao-Yao tones. Bulletin of the Institute of History and Philology 44:541-628.

Chang，Kun. 1976. Proto-Miao initials. Bulletin of the Institute of History and Philology 47:155-218.

Chang，Te-Tzu. 1983. The origins and early cultures of the cereal grains and food legumes. In David N. Keightley (ed.) The origins of Chinese civilization，65-94. Berkeley: University of California Press.

Compton，Carol. 1994. Choosing Lao pronouns for conversational purposes: negotiating and establishing relationships verbally. In Karen L. Adams and Thomas John

Hudak (eds) Papers from the Second Annual Meeting of the Southeast Asian Linguistics Society (1992)，135-146. Tempe，Arizona: Program for Southeast Asian Studies.

Court，Christopher. 1975. The segmental and suprasegmental representation of Malay loanwords in Satun Thai: a description with historical remarks. In Jimmy G. Harris and James R. Chamberlain (eds) Studies in Tai linguistics in honor of William J. Gedney，67-88. Bangkok: Central Institute of English Language，Office of State Universities.

Court，Christopher. 1985. Fundamentals of Iu Mien (Yao) grammar. PhD dissertation，University of California，Berkeley.

Craig，Colette (ed.). 1986. Noun classes and categorization. Amsterdam and Philadelphia: John Benjamins.

Culas，Christian and Jean Michaud. 2004. A contribution to the study of Hmong (Miao) migrations and history. In Tapp，Michaud，Culas，and Lee (eds)，61-96.

Delancey，Scott. 1986. Toward a history of Tai classifier systems. In Craig (ed.)，437-452.

Dempsey，James M. 1995. A reconsideration of some phonological issues involved in reconstructing Sino-Tibetan numerals. PhD dissertation，University of Washington.

Dempwolff，Otto. 1938. Vergleichende Lautlehre des Austronesischen Wortschatzes (Band I-III). Berlin: Dietrich Reimer.

Diffloth，Gérard. 1989. Proto-Austroasiatic creaky voice. Mon-Khmer Studies 15:139-154.

Diffloth，Gérard. 1994. The lexical evidence for Austric，so far. Oceanic Linguistics 33:309-321.

Downer，Gordon B. 1959. Derivation by tone-change in Classical Chinese. Bulletin of the School of Oriental and African Studies 22:258-290.

Downer，Gordon B. 1961. Phonology of the word in Highland Yao. Bulletin of the School of Oriental and African Studies 24:531-541.

Downer，Gordon B. 1963. Chinese，Thai，and Miao-Yao. In H. L. Shorto (ed.) Linguistic Comparison in South East Asia and the Pacific，133-139. London: School of Oriental and African Studies，University of London.

Downer，Gordon B. 1967. Tone-change and tone-shift in White Miao. Bulletin of the School of Oriental and African Studies 30:589-599.

Downer，Gordon B. 1971. The further relationships of the Miao-Yao languages. Paper presented at the 4th International Conference on Sino-Tibetan Languages and Linguistics，Indiana University，Bloomington.

Downer，Gordon B. 1973. Strata of Chinese loanwords in the Mien dialect of Yao. Asia Major 18.1:1-33.

Downer，Gordon B. 1978. The Tai-Yao connection. Paper circulated at the 11th International Conference on Sino-Tibetan Languages and Linguistics，Tucson，Arizona.

Downer，Gordon B. 1979. The rimes of Proto-West-Miao. Paper presented at the 12th International Conference on Sino-Tibetan Languages and Linguistics，Paris.

Downer，Gordon B. 1982. Problems in the reconstruction of Proto-Miao-Yao. Paper presented at the 15th International Conference on Sino-Tibetan Languages and Linguistics，Beijing.

Duanmu，San. 1999. The syllable in Chinese. In Harry van der Hulst and Nancy A. Ritter，(eds) The syllable: views and facts，477-500. Berlin: Mouton de Gruyter.

Edmondson，Jerry. 2001. Na-Meo. Manuscript.

Erbaugh，Mary S. 1986. Taking stock: the development of Chinese noun classifiers historically and in young children. In Craig (ed.)，399-436.

Ferlus，Michel. 2009. Le mot 'sang' en austroasiatique. Mon-Khmer Studies 38:25-39.

Filbeck，David. 1972. Tone in a dialect of T'in. Anthropological Linguistics 14:111-118.

Forrest，R. A. D. 1973 [1948]. The Chinese language，third ed. London: Faber and Faber.

Fuller，Judith W. 1986. Chinese le and Hmong lawm. Paper presented at the 19th International Conference on Sino-Tibetan Languages and Linguistics，Columbus，Ohio.

Gandour，Jackson T. 1979. Tonal rules for English loanwords in Thai. In Theraphan LThongkum，Vichin

Panupong，Pranee Kullavanijaya，and M.R. Kalaya Tingsabadh (eds) Studies in Tai and Mon-Khmer phonetics and phonology in honour of Eugénie J. A. Henderson，94-105. Bangkok: Chulalongkorn University Press.

Gerner，Matthias. 2009. Deictic features of demonstratives: a typological survey with special reference to the Miao group. Canadian Journal of Linguistics 54.1.

Gordon，Matthew. 2002. A phonetically driven account of syllable weight. Language 78:51-80.

Gordon，Raymond G.，Jr. (ed.). 2005. Ethnologue: languages of the world，15th edition. Dallas: SIL International. Online version: http://www.ethnologue.com/

Hartmann，John. 1998. A linguistic geography and history of Tai meuang-fai [ditch-dike] techno-culture. Journal of Language and Linguistics 16.2:67-100.

Haudricourt，André G. 1954a. Introduction à la phonologie historique des langues Miao-Yao. Bulletin de l'École Française d'Extrême-Orient 44:555-574. (Reprinted in Problémes de phonologie diachronique，by André G. Haudricourt，1987，183-208. Paris: Société pour l'Étude des Langues Africaines=SELAF.)

Haudricourt，André G. 1954b. De l'origine des tons en vietnamien. Journal Asiatique 242:69-82. (Reprinted in Problémes de phonologie diachronique，by André G.

Haudricourt，1987，147-160. Paris: Société pour l'Étude des Langues Africaines=SELAF.)

Haudricourt，André G. 1966. The limits and connections of Austroasiatic in the northeast. In Norman H. Zide (ed.) Studies in comparative Austroasiatic linguistics. The Hague: Mouton.

Haudricourt，André G. and David Strecker. 1991. Hmong-Mien (Miao-Yao) loans in Chinese. T'oung Pao 77.4-5:335-341.

Heimbach，Ernest E. 1979. White Hmong-English dictionary，revised ed. Linguistics Series 4，Data Paper 75. Ithaca: Cornell University Southeast Asia Program，Department of Asian Studies.

Hombert，Jean-Marie. 1978. Consonant types，vowel quality，and tone. In Victoria A.

Fromkin (ed.) Tone: a linguistic survey，77-112. New York: Academic Press.

Hombert，Jean-Marie，John J. Ohala，and William E. Ewan. 1979. Phonetic explanations for the development of tones. Language 55:37-58.

Jenks，Robert D. 1994. Insurgency and social disorder in Guizhou: the "Miao" Rebellion，1854-1873. Honolulu: University of Hawaii Press.

Johnson，Michael. 2002. The reconstruction of labial stop + sonorant cluster in Proto-Far-Western Hmongic. Transactions of the Philological Society 100.1:25-58.

Kay，Paul and Chad K. McDaniel. 1978. The linguistic significance of the meanings of basic color terms. Language 54:610-646.

Kosaka，Ryuichi. 2002. On the affiliation of Miao-Yao and Kadai: can we posit the Miao-Dai family? Mon-Khmer Studies 32:71-100.

Kwan，Julia Chin. 1966. Phonology of a Black Miao dialect. MA thesis，University of Washington.

L-Thongkum，Theraphan. 1991. An instrumental study of Chong registers. In J. H. C. S.Davidson (ed.) Austroasiatic languages: essays in honour of H. L. Shorto，141-160. London: School of Oriental and African Studies，University of London.

L-Thongkum，Theraphan. 1993. A view on Proto-Mjuenic (Yao). Mon-Khmer Studies 22:163-230.

L-Thongkum，Theraphan. 1997. Tone change and language contact: a case study of Mien-Yao and Thai. In Arthur S. Abramson (ed.) Southeast Asian linguistic studies in honour of Vichin Panupong，153-160. Bangkok: Chulalongkorn University Press.

L-Thongkum，Theraphan. 2002. The role of endangered Mon-Khmer languages of Xekong Province,

Southern Laos in the reconstruction of Proto-Katuic. In Marlys Macken (ed.) Papers from the Tenth Annual Meeting of the Southeast Asian Linguistics Society (2000), 407-429. Tempe, Arizona: Program for Southeast Asian Studies.

Lemoine, Jacques. 1972. Un village Hmong Vert du haut Laos. Paris: CNRS.

Lemoine, Jacques. 1982. Yao ceremonial paintings. Bangkok: White Lotus Co.

Li, Fang-Kuei. 1970. Some tonal irregularities in the Tai languages. In Roman Jakobson and Shigeo Kawamoto (eds) Studies in General and Oriental Linguistics, 415-422. Tokyo: TEC Corp.

Li, Fang-Kuei. 1977. A handbook of comparative Tai. Oceanic Linguistics Special Publication 15. Honolulu: The University Press of Hawaii.

Loke, Kit-Ken. 1997. The grammaticalisation and regrammaticalisation of Chinese numeral classifier morphemes. Journal of Chinese Linguistics 25.1:1-19.

Lyman, Thomas Amis. 1974. Dictionary of Mong Njua. The Hague: Mouton.

Lyman, Thomas Amis. 1979. Grammar of Mong Njua (Green Miao). Sattley, California: The Blue Oak Press.

Maddieson, Ian. 1984a. The effects on F0 of a voicing distinction in sonorants and their implications for a theory of tonogenesis. Journal of Phonetics 12:9-15.

Maddieson, Ian. 1984b. Patterns of sounds. Cambridge: Cambridge University Press.

Manomaivibool, Prapin. 1980. Tonal derivation in Thai. Computational Analyses of Asian and African Languages 13:165-172.

Mao, Tsung-Wu [Mao, Zongwu] and Tsu-yao Chou. 1972. A brief description of the Yao language. In Purnell (ed.), 239-255.

Matisoff, James A. 1970. Glottal dissimilation and the Lahu high-rising tone: a tonogenetic case-study. Journal of the American Oriental Society 90.1:13-44.

Matisoff, James A. 1973. Tonogenesis in Southeast Asia. In Larry M. Hyman (ed.) Consonant types and tone. Southern California Occasional Papers in Linguistics No. 1, 71-95. Los Angeles: The Linguistics Program, University of Southern California.

Matisoff, James A. 1978. Variational semantics in Tibeto-Burman. Philadelphia: Institute for the Study of Human Issues.

Matisoff, James A. 1990. On megalocomparison. Language 66.1:106-120.

Matisoff, James A. 1991. Areal and universal dimensions of grammatization in Lahu. In Elizabeth Closs Traugott and Bernd Heine (eds) Approaches to grammaticalization, Vol. 2, 383-453. Amsterdam and Philadelphia: John Benjamins.

Matisoff, James A. 1997. Sino-Tibetan numeral systems: prefixes, protoforms and problems. Canberra: Pacific Linguistics.

Matisoff, James A. 2001. Genetic versus contact relationship: prosodic diffusibility in South-East Asian languages. In Alexandra Y. Aikhenvald and R. M. W. Dixon (eds), 291-327.

Matisoff, James A. 2003. Handbook of Proto-Tibeto-Burman. Berkeley: University of California Press.

Mei, Tsu-lin. 1970. Tones and prosody in Middle Chinese and the origin of the rising tone. Harvard Journal of Asiatic Studies 20:86-110.

Mortensen, David. 2002. A preliminary survey of Tibeto-Burman loanwords in Hmong-Mien languages. Paper presented at the 35th Annual Conference on Sino-Tibetan Languages and Linguistics, Arizona State University, Tempe.

Nichols, Johanna. 1992. Linguistic diversity in space and time. Chicago: University of Chicago Press.

Niederer，Barbara. 1997. Notes comparatives sur le Pa-hng. Cahiers de Linguistique Asie Orientale 26.1:71-130.

Niederer，Barbara. 1998. Les langues Hmong-Mjen (Miáo-Yáo): phonologie historique. Munich: Lincom Europa.

Niederer，Barbara. 1999. Further investigation into Pa-hng dialectal diversification. Paper presented at the 9th Annual Meeting of the Southeast Asian Linguistics Society，University of California，Berkeley.

Niederer，Barbara. 2001a. Changpaoyao personal pronouns. Manuscript.

Niederer，Barbara. 2001b. Pa-hng and Nau-klau personal pronouns. Manuscript.

Niederer，Barbara. 2004. Pa-hng and the classification of the Hmong-Mien languages. In Tapp，Michaud，Culas，and Lee (eds)，129-146.

Norman，Jerry. 1988. Chinese. Cambridge: Cambridge University Press.

Norman，Jerry and Tsu-lin Mei. 1976. The Austroasiatics in ancient south China: some lexical evidence. Monumenta Serica 32:274-301.

Ostapirat，Weera. 2000. Proto-Kra. Linguistics of the Tibeto-Burman Area 23.1.

Pan，Wuyun. 2006. On the genetic relationship between the Miao-Yao languages and the Sino-Tibetan languages. Paper presented at the Workshop on Language and Genes in East Asia/Pacific，December 12-13，Uppsala，Sweden.

Peiros，Ilia. 1998. Comparative linguistics in Southeast Asia. Canberra: Pacific Linguistics.

Posner，Rebecca. 1997. Linguistic change in French. Oxford: Oxford University Press.

Pullum，Geoffrey K. and William A. Ladusaw. 1996. Phonetic symbol guide，second ed. Chicago: University of Chicago Press.

Pulleyblank，Edwin G. 1978. The nature of the Middle Chinese tones and their development to Early Mandarin. Journal of Chinese Linguistics 6.2:173-203.

Pulleyblank，Edwin G. 1991. Lexicon of reconstructed pronunciation in Early Middle Chinese，Late Middle Chinese，and Early Mandarin. Vancouver: University of British Columbia Press.

Purnell，Herbert C. Jr. 1965. Phonology of a Yao dialect spoken in the province of Chiengrai，Thailand. Hartford Studies in Linguistics 15.

Purnell，Herbert C. Jr. 1968. Appendix A: Numbers. In Sylvia J. Lombard (complier) Yao-English dictionary. Linguistics Series 2，Data Paper 69，317-320. Ithaca，New York: Cornell University Southeast Asia Program，Department of Asian Studies.

Purnell，Herbert C. Jr. 1970. Toward a reconstruction of Proto-Miao-Yao. PhD dissertation，Cornell University.

Purnell，Herbert C. Jr.，(ed.). 1972. Miao and Yao linguistic studies: selected articles in Chinese. Translated by Chang Yu-hung and Chu Kwo-ray. Linguistics Series 5，Data Paper 88. Ithaca，New York: Cornell University Southeast Asia Program，Department of Asian Studies.

Purnell，Herbert C. Jr. 1991. The metrical structure of Yiu Mienh secular songs. In Jacques Lemoine and C. Chien (eds) The Yao of south China: recent international studies，369-398. Paris: Pangu，Editions de l'A.F.E.Y.

Purnell，Herbert C. Jr. 1998. Putting it all together: components of a secular song in Iu Mien. In Shobhana Chelliah and Willem de Reuse (eds) Papers from the Fifth Annual Meeting of the Southeast Asian Linguistics Society (1995)，277-302. Tempe，Arizona: Arizona State University Program for Southeast Asian Studies.

Purnell，Herbert C. Jr. Forthcoming. A Iu-Mien-English Dictionary with Cultural Notes. DeKalb，Illinois:

Northern Illinois University Center for Southeast Asian Studies.

Ratliff，Martha. 1986a. The morphological functions of tone in White Hmong. PhD dissertation，University of Chicago.

Ratliff，Martha. 1986b. Two-word expressives in White Hmong. In Glenn L. Hendricks，

Bruce T. Downing，and Amos S. Deinard (eds) The Hmong in Transition，219-236. New York: Center for Migration Studies.

Ratliff，Martha. 1986c. An analysis of some tonally differentiated doublets in White Hmong (Miao). Linguistics of the Tibeto-Burman Area 9.2:1-35.

Ratliff，Martha. 1991. Cov，the underspecified noun，and syntactic flexibility in Hmong. Journal of the American Oriental Society 111.4:694-703.

Ratliff，Martha. 1992a. Meaningful tone: A study of tonal morphology in compounds，form classes，and expressive phrases in White Hmong. DeKalb，Illinois: Northern Illinois University Center for Southeast Asian Studies.

Ratliff，Martha. 1992b. Tone language type change in Africa and Asia: !Xu，Gokana and Mpi. Diachronica 9.2:239-257.

Ratliff，Martha. 1992c. Form and function in tone languages. In Laura A. Buszard-Welcher，et al. (eds) Special Session on the Typology of Tone Languages，Berkeley Linguistics Society 18，134-44. Berkeley: Berkeley Linguistics Society.

Ratliff，Martha. 1995. The reconstruction of Proto-Hmong-Mien liquids. Paper presented at the 5th Annual Meeting of the Southeast Asian Linguistics Society，University of Arizona，Tucson.

Ratliff，Martha. 1997. Hmong-Mien demonstratives and pattern persistence. Mon-Khmer Studies 27:317-328.

Ratliff，Martha. 1998. Ho Ne (She) is Hmongic: one final argument. Linguistics of the Tibeto-Burman Area 21.2:97-109.

Ratliff，Martha. 1999. Sino-Hmong-Mien phonology. Paper presented at the 32nd International Conference on Sino-Tibetan Languages and Linguistics，University of Illinois，Urbana-Champaign.

Ratliff，Martha. 2000. Numeral classifiers and classifying nominal prefixes in Hmong-Mien: one more story of contact and its grammatical consequences. Paper presented at the 10th Annual Meeting of the Southeast Asian Linguistics Society，University of Wisconsin，Madison.

Ratliff，Martha. 2001a. Voiceless sonorant initials in Hmong-Mien: Sino-Tibetan correspondences. In Graham Thurgood (ed.) Papers from the Ninth Annual Meeting of the Southeast Asian Linguistics Society (1999)，361-375. Tempe: Arizona State University Program for Southeast Asian Studies.

Ratliff，Martha. 2001b. A review of Hmong-Mien personal pronouns. Paper presented at the 11th Annual Meeting of the Southeast Asian Linguistics Society，Mahidol University，Bangkok.

Ratliff，Martha. 2002. Reconstruction arts: vowel feature condensation in Hmongic. Paper presented at the 35th International Conference on Sino-Tibetan Languages and Linguistics，Arizona State University，Tempe.

Ratliff，Martha. 2004. Vocabulary of environment and subsistence in the Hmong-Mien protolanguage. In Tapp，Michaud，Culas，and Lee (eds)，147-165.

Ratliff，Martha. 2005. Timing tonogenesis: evidence from borrowing. In Patrick Chew (ed.) Special session on Tibeto-Burman and Southeast Asian Linguistics，Berkeley Linguistics Society 28，29-41. Berkeley，California: Berkeley Linguistics Society.

Ratliff，Martha. 2006. Prefix variation and reconstruction. In Thomas D. Cravens (ed.) Variation and

Reconstruction，165-178. Amsterdam and Philadelphia: John Benjamins.

Ratliff，Martha. 2007. Contrastive vowel length in Mienic: inheritance or diffusion? In

Shoichi Iwasaki，Andrew Simpson，Paul Sidwell，and Karen Adams (eds) Papers from the Thirteenth Annual Meeting of the Southeast Asian Linguistics Society (2003)，225-231. Canberra: Pacific Linguistics.

Ratliff，Martha and Judith R. Holst. 2005. De-coupling basic and stable. Paper presented at the 17th International Conference on Historical Linguistics，University of Wisconsin，Madison.

Sagart，Laurent. 1995. Chinese 'buy' and 'sell' and the direction of borrowings between Chinese and Hmong-Mien: a response to Haudricourt and Strecker. T'oung Pao 81.4-5:328-342.

Sagart，Laurent. 1999. The roots of Old Chinese. Amsterdam and Philadelphia: John Benjamins.

Sagart，Laurent. 2005. Sino-Tibetan-Austronesian: an updated and improved argument. In Sagart，Blench，and Sanchez-Mazas (eds)，161-176.

Sagart，Laurent，Roger Blench，and Alicia Sanchez-Mazas (eds). 2005. The peopling of East Asia: putting together archaeology，linguistics and genetics. London: Routledge Curzon.

Savina，F. M. 1924. Histoire des Miao. Paris: Société des Missions-Etrangères.

Shintani，Tadahiko L. A. and Zhao Yang. 1990. The Mun Language of Hainan Island: its classified lexicon. Tokyo: Institute for the Study of Languages and Cultures of Asia and Africa.

Shorto，H. L. 2006. A Mon-Khmer comparative dictionary，ed. by Paul Sidwell. Canberra: Pacific Linguistics.

Solnit，David B. 1982. Biao Min field notes. Card file.

Solnit，David B. 1985. Introduction to the Biao Min Yao language. Cahiers de Linguistique Asie Orientale 14.2:175-191.

Solnit，David B. 1996. Some evidence from Biao Min on the initials of Proto-Mienic (Yao) and Proto-Hmong-Mien (Miao-Yao). Linguistics of the Tibeto-Burman Area 19.1:1-18.

Starosta，Stanley. 2005. Proto-East Asian and the origin of dispersal of the languages of East and Southeast Asia and the Pacific. In Sagart，Blench，and Sanchez-Mazas(eds)，182-197.

Strecker，David. 1987a. Some comments on Benedict's "Miao-Yao enigma: the Na-e language". Linguistics of the Tibeto-Burman Area 10.2:22-42.

Strecker，David. 1987b. Some comments on Benedict's "Miao-Yao enigma": addendum. Linguistics of the Tibeto-Burman Area 10.2:43-53.

Strecker，David. 1989. Hmongic noun prefixes. Paper presented at Annual Meeting of the Linguistic Society of America，New York.

Strecker，David. 1990. The tones of the Houei Sai dialect of the Mun language. Cahiers de Linguistique Asie Orientale 19.1:5-33.

Sun，Hongkai. 1992. Language recognition and nationality. International Journal of the Sociology of Language 97:9-22.

Taguchi，Yoshihisa. 2005. Purnell's *T and the reconstruction of Proto-Hmong-Mien cluster initials. Paper presented at the 38th International Conference on Sino-Tibetan Languages and Linguistics，Xiamen University.

Taguchi，Yoshihisa. 2006. Rhotic and cluster initials in Proto-Hmong-Mien. Paper presented at the 39th International Conference on Sino-Tibetan Languages and Linguistics，University of Washington.

Tapp，Nicholas，Jean Michaud，Christian Culas，and Gary Yia Lee (eds). 2004. Hmong/Miao in Asia. Chiang Mai，Thailand: Silkworm Press (distributed by University of Washington Press).

Thomason，Sarah G. 2001. Language contact: an introduction. Washington， D.C.: Georgetown University Press.

Thomason，Sarah G. and Terrence Kaufman. 1988. Language contact，creolization，and genetic linguistics. Berkeley: University of California Press.

Thurgood，Graham. 1988. Notes on the reconstruction of Proto-Kam-Sui. In Jerold A. Edmondson and David B. Solnit (eds) Comparative Kadai: linguistic studies beyond Tai，179-218. Dallas，Texas: SIL and University of Texas，Arlington.

Thurgood，Graham. 1999. From ancient Cham to modern dialects: two thousand years of language contact and change. Oceanic Linguistics Special Publication No. 28. Honolulu: University of Hawai'i Press.

Thurgood，Graham. 2002. Vietnamese and tonogenesis: revising the model and the analysis. Diachronica 19.2:333-363.

Wang，Fushi. 1972 [1957]. The classifier in the Wei Ning dialect of the Miao language in Kweichow. In Purnell (ed.)，111-185.

Wang，Fushi. 1986. A preliminary investigation of the genetic affiliation of the Miao-Yao languages. Paper presented at the International Symposium on the Minority Nationalities of China，January 27-29，Santa Barbara，California.

Wessing，Robert. 1986. The soul of ambiguity: the tiger in Southeast Asia. DeKalb: Northern Illinois University Center for Southeast Asian Studies.

Wong，Sik-Ling. 1939. Phonetics and phonology of the Yao language: description of the Yau-ling dialect. Lingnan Science Journal 18.4:425-455.

Wurm，Stephen A.，et al. (eds). 1988. Language atlas of China. Hong Kong: Longman.

Ying，Lin. 1972. Chinese loanwords in Miao. In Purnell (ed.)，55-81.

索引

索引说明：L=level，指的是以下构拟的历史层次：1 是原始苗瑶语，2 是原始苗语，3 是原始瑶语；WO=王辅世毛宗武 1995 年构拟的声母；WR=王辅世毛宗武 1995 年构拟的韵母 [1]。例词的排列以第一个汉字的汉语拼音为序。

	上古	中古	声母	韵母	中文	英文	构拟	L	WO	WR	章节
			2.56	22	艾草，蒿属植物	artemisia	*hrɛŋ^B	2	581	100	
愛	*[q]ˤəp-s	ʔojH	7.1	11	爱	love，to	*ʔu̯oi^C	3	709	188	
			4.12	4	八	eight	*jat	1	444	127	5.2,6.3.1,7.5
			6.31	13	白	white	*qlow^A	2	649	263	7.1,
白	*bˤrak	bæk	1.3	5	白	white	*bæk^D	3	3	72	7.1,7.7
			5-6.4	19	白茅草	cogon grass	*NKan	1	616	99	4.3,7.2
楊	*laŋ	yang	4.12	26	白杨	poplar tree	*jjaŋ^A	2	xx	xx	
百	*pˤrak	pæk	1.1	5	百	hundred	*pæk	1	1	72	2.1.4,3.2,5.2
			1.17	10	半	half	*phje^C	2	xx	xx	
里	*(mə.)rəʔ	liX	2.42.1	2	半里	half kilometer	*ljɨX	1	288	35	
			2.3	24	半天	half (of day)	*N-dam (X)	1	207	97	4.3
			3.21	13	绊倒	stumble	*ndzjow^D	2	xx	xx	
			2.5	29	绑腿	puttees	*nthrɔŋ^A	2	257	123	2.1.2.2,7.6
裹	*[k]ˤo[j]ʔ	kwaX	5-6.2	8	包装/打包	pack/ wrap	*qhʉ^B	2	614	242	
			2.28	29	薄	thin	*sjɔŋ^A	2	323	142	
姌	*n[a]mʔ	nyemX	4.9	20	薄	thin	*ɲen^B	2	405	24	
薄	*ᶜə-[b]ˤak	bak	1.3	1	薄	thin	*bi̯ɛk^D	3	39	148	
			5.33	12	薄	thin	*glæi^C	3	579	132	
			1.1	22	饱	full	*pu̯ɛŋX	1	61	252	6.3.3
			2.3	13	爆炸	explode	*douH	1	207	263	4.4
			2.13	22	被子	quilt	*su̯ɛŋ^C	3	179	252	
鼻	*m-[b]i[t]-s	bjijH	1.51	8	鼻	nose	*mbruiH	1	78	226	2.1.2.2,4.2.2
			4.8	4	（用后背）背	carry on back	*hɲa^C	3	403	130	
辮	*-[b]ˤe[n]ʔ	benX	1.21	18	编辫子/辫子	braid/a braid	*mbjinX	1	54	7	4.4
			2.4	7	编织	weave	*ntət	1	208	222	7.6
			7.13	18	编织/编（某物）	weave/plait	*hin^A	2	719	7	
織	*tək	tsyik	3.1	1	编织/纺织	weave	*tsi̯ɛk^D	3	181	110	
			1.4	9	蝙蝠	bat (animal)	*ʔbuj^A	3	16	243	
鞭	*pe[n]	pjien	1.1	18	鞭	whip	*pin^A	3	1	6	
			1.36	13	鞭子	whip	*mblow^D	2	90.1	273	7.6
			1.9	29	扁担	carrying pole	*mu̯ən^B	3	21.1	85	

	上古	中古	声母	韵母	中文	英文	构拟	L	WO	WR	章节
			6.46	12	冰	ice	*qr_uei^D	2	697	167	
			1.7	27	病/痛	illness/ pain	*ʔmun	1	7	195	7.7
			1.46	3	播种	sow	*præw^A	2	73	113	
扇	*[l][a][n]-s	syenH	4.13	24	簸	winnowing fan	*ɕiəŋ^A	3	191	121	
			1.46	29	簸谷/扬谷	winnow	*proŋ^B	2	73	248	
			4.8	27	簸谷/扬谷	winnow	*hɲum^C	3	403	136	
			1.1	24	簸箕	winnowing fan	*ʔwaŋ^A	2	10	121	
			2.4	12	布	cloth	*ntei	1	232	208	7.6
			6.3	8	布谷鸟	cuckoo	*ɢʉ^B	2	xx	xx	
惭	*[dz]ˤam	dzam	3.3	24	惭愧	ashamed	*dzaŋ^A	2	111	158	
廪	*(pə.)r[ə]m̥	limX	2.57	22	仓谷/粮仓	barn/granary	*rɛmX	1	605	174	3.2,6.2.2
蠓	*mˤoŋʔ	muwngX	1.9	21	苍蝇	fly (N.)	*məuŋX	1	9.1	218	
			6.46	28	槽	trough	*qroŋ^A	2	697	180	7.1,7.6
槽	*[dz]ˤu	dzaw	3.3	16	槽	trough	*dzu^A	3	111	115	7.1
			1.23	4	草	grass	*hmja^B	3	44	130	2.1.2.2
			2.13	6	草鞋	sandals，straw	*səuk^D	3	179	241	
插	*mə-[tsʰ]<r>op	tsrhɛp	2.47	10	插，插入	insert	*threp	1	137, 254	87	
			5.18	1	茶	tea	*gji^B	2	471	81	
茶		dræ	4.3	4	茶	tea	*ɹa^A	3	399	149	
			3.3	24	柴	firewood	*dzaŋ^A	3	111	101	
			4.8	23	肠子	intestines	*hɲeuŋX	1	404	153	
肠	*lraŋ	drjang	6.33.1	24	肠子	intestines	*ɢljaŋ^A	3	675	120	
味	*m[ə][t]-s	mjɨjH	1.8	12	尝/试	taste/try	*hmeiH	1	xx	xx	
			6.31	5	偿还	repay	*qlau^B	3	649	152	
			2.42	3	（时间）长	long (time)	*ləu	1	216	96	
			3.1	5	长柄钩刀	billhook	*tsæ^C	2	157	149	7.6
			2.57	3	巢	nest	*-rəuX	1	605	96	
炒		tsrhæwX	4.2	5	炒	fry	*chau^B	3	350	171	
			1.27	18	炒锅	cooking pot/pan	*wjin^B	2	36	7	
秤	*thəŋ-s	tsyhingH	2.2	29	秤	balance	*nthjʉəŋH	1	376	102	4.2
			2.9	27	吃	eat	*nuŋ^A	2	237	62	2.1.4
			4.9	27	吃	eat	*ɲən^C	3	237	62	2.1.4
迟	*lrəj	drij	2.18	12	迟，晚	late	*djæi^A	3	351	132	
			2.1	4	翅膀	wing	*N-tat	1	205	107	4.3
抽	*lr̥u	trhjuw	2.47	7	抽，拉出	pull out	*thro^C	2	254	206	
			5-6.3	7	（粥）稠	thick(porridge)	*gət^D	3	543	108	
			1.16	1	臭虫	bedbug	*pji	1	25	1	4.2
			4.12	22	臭椿	tree of heaven	*jɛŋ^A	2	xx	xx	
			2.5	16	除草/用耘锄整（地）	weed/hoe	*nthu^C	2	xx	xx	

	上古	中古	声母	韵母	中文	英文	构拟	L	WO	WR	章节
造	*(mə-)tsʰˤuʔ-s	tshawH	3.3	7	到达/抵达	reach/arrive at	*dzoᶜ	2	159	206	
			1.36	3	稻子/稻谷	rice plant/paddy	*mbləu	1	90.1	96	7.4
得	*tˤək	tok	2.1	6	得到/获得	get/gain	*təuk	1	205	241	6.2.3
			2.3	21	等待	wait	*dəŋᴮ	2	207	214	
			2.16	3	等待	wait	*tjɔuᴮ	3	361	244	
凳		tongH	2.1	22	凳	stool/ bench	*təŋᶜ	3	205	102	
下	*[g]ˤraʔ	hæX	5-6.3	4	低/矮	low/short	*GaX	1	615	130	4.3,6.2.2
			2.19	9	滴下	drip	*ʔdjɛpᴰ	3	424	163	
筒	*lˤoŋ	duwng	2.48	28	笛子/管子	flute/tube	*droŋᴬ	2	255	178	
底	*tˤijʔ	tejX	2.4	1	底层	lower level	*ʔdiᴮ	3	232	18	
			2.1	3	地	earth	*N-təu	1	205	96	4.3
地	*[l]ˤej-s	dijH	2.3	10	地/未灌溉的土地	Land/non-irrigated	*dejᶜ	3	207	37	
			5.1	8	弟弟	younger brother	*ku̯eiX	1	541	242	2.1.2.2
			1.9	8	第二人称单数（你）	2SG (you)	*mu̯ei	1	21.1	242	5.3,6.3.2,6.3.4
			5.3	8	第二人称单数（你）	2SG (you)	*gu̯ᴬ	2	xx	xx	5.3
			1.9	1	第二人称复数（你们）	2PL (you-all)	*mi̯əu	1	xx	xx	5.3,6.3.4
			2.9	1	第三人称单数（他/她/它）	3SG(he/she/it)	*ni̯æn(X)	1	213.1	81	2.1.4,5.3
			1.12	22	第一人称单数（我）	1SG (I/me)	*wɛŋᴮ	2	12	215	5.3
			5.1	22	第一人称单数（我）	1SG (I/me)	*kɛŋᴮ	2	541	268	5.3,6.3.2,6.3.4
			4.1	4	第一人称单数（我）	1SG (I/me)	*ʔjaᴬ	3	442	130	5.3
			1.1	3	第一人称复数（我们）	1PL (we/us)	*N-pɔu	1	61	244	5.2,5.3
			2.1	13	点燃	ignite/light	*towᴰ	2	xx	xx	4.4
蓝	*ᶜə.[r]ˤam	lam	5.36	24	靛蓝	indigo	*ŋglam	1	522	154	
			1.4	5	叼	hold in mouth	*mpæᴮ	2	4	168	
			3.19	18	钉（钉子）	drive in (nail)	*ntsjinᶜ	2	316	5	
			5.48	21	动物油脂	animal fat/oil	*grəŋᴬ	2	279	214	4.4
			1.8	10	动物油脂	animal fat/oil	*hmejᴬ	3	8.1	37	
			5.18	9	陡峭	steep	*gjujᴮ	3	411	260	
			3.5	28	陡峭的	steep	*ntshoŋᴬ	2	161	178	
			5.1	9	斗笠	bamboo hat	*kuwᴰ	2	541	224	2.1.2.2
腐	*[b](r)oʔ	bjuX	7.13	8	豆腐	bean curd	*hʉᴮ	2	xx	xx	
			2.4	13	肚脐	navel	*ntəut	1	208	255	2.1.2.1
			2.4	22	短	short	*ʔlɛŋᴮ	2	211.2	104	6.2.1

	上古	中古	声母	韵母	中文	英文	构拟	L	WO	WR	章节
			2.7	22	短	short	*ʔnənᴮ	3	211.2	104	6.2.1
碓		twojH	2.1	11	碓	tilt-hammer/ pestle	*tu̯oiᶜ	3	217	188	
			1.1	18	躲	hide oneself	*piŋᶜ	3	1	8	
			1.33	xx	额头	forehead	*bl-ᴬ	1	87	197	
			4.8	20	额头	forehead	*hŋenᴬ	2	404	24	
			3.16	8	恶臭的	malodorous	*tsju̯eiH	1	121	242	
			2.1	22	儿子/男孩	son/boy	*tu̯ɛn	1	217	100	4.2,6.2.4
			1.51	3	耳朵	ear	*mbræu	1	78	113	
			7.1	14	二	two	*ʔu̯i	1	709	20	5.2,7.5
			4.13	24	繁殖/增殖	breed/ propagate	*ɕaŋᶜ	2	443	121	
			2.46	21	返回	return	*trənᴮ	2	253	218	
			2.4	24	芳香的，芬芳的	fragrant	*ntaŋ	1	208	158	6.3.2
			1.46	3	房子	house	*prəuX	1	73	96	7.6
車	*[t.qʰ](r)ᴬ	tsyhæ	3.17	15	纺车	spinning wheel	*tshju̯aᴬ	2	xx	xx	
放	*paŋ-s	pjangH	1.1	21	放	let go	*puŋᶜ	3	1	218	
			4.1	24	飞	fly, to	*ʔjaŋᶜ	2	442	121	
			2.4	15	飞	fly, to	*ʔdəiᶜ	3	208	151	
			5.48	21	肥胖	fat，to be	*grəunH	1	279	214	4.4
			1.49	8	肺	lung	*mpru̯ᶜ	2	76	242	
沸	*-p[u][t]-s	pjijH	1.4	12	沸腾（不及物）	boil (INTR)	*mpu̯æiH	1	16	39	
			4.12	6	分解	dissolve	*jəukᴰ	3	444	241	
煬	*laŋ	yang	4.12	24	分解/融化	dissolve/melt	*jaŋᴬ	2	456	66	
煬	*laŋ	yang	4.12	28	分解/融化	dissolve/melt	*ju̯ŋᴬ	3	456	66	
			3.5	19	分散，散开	disperse	*dzhanᶜ	3	161	99	
			4.1	5	风	wind	*N-cæwH	1	457	171	
橐	*thˤak	thak	2.2	28	风箱	bellows	*thoŋᴮ	2	206	178	7.6
蘆	*[r]ˤa	lu	2.42	13	风箱	bellows	*louᴬ	3	216	263	
			3.19	13	封住，堵住，塞住	stop up/ plug	*ntsjot	1	316	256	
			1.36.1	29	疯狂的	crazy	*mbljɔŋᴬ	2	xx	xx	
			2.57	15	锋利	sharp	*-rajH	1	605	151	
			4.1	24	蜂蜡，蜜蜡	beeswax	*N-ci̯æŋ	1	457	139	
			2.55	4	蜂蜜	honey	*ʔraᴬ	2	xx	xx	
伏	*[b]ək-s	bjuwH	1.3	16	孵化	hatch	*bu̯əH	1	15	191	
拂	*pʰut	phjut	1.2	7	拂	sweep	*phu̯ətᴰ	3	14	108	
浮	*m.b(r)u	bjuw	1.6	1	浮	float	*mbji̯əuᴬ	3	30	210	
			2.4	24	浮，漂浮	float	*ntaŋᴬ	2	xx	xx	
撫	*[pʰ](r)aʔ	phjuX	1.32	8	抚摸	stroke	*phlu̯ᶜ	2	xx	xx	
撫	*[pʰ](r)aʔ	phjuX	1.32	27	抚摸	stroke	*phlunᴬ	3	xx	xx	
			2.1	12	斧	axe	*tu̯eiᶜ	2	205	39	7.1,7.6

	上古	中古	声母	韵母	中文	英文	构拟	L	WO	WR	章节
斧	*p(r)aʔ	pjuX	1.1	13	斧	axe	*pou^B	3	1	263	7.1
腐	*[b](r)oʔ	bjuX	1.3	15	腐坏/变质	bad/spoiled	*bu̯a^B	2	3	151	
			2.42	8	腐烂	rot	*lʉ^A	2	216	242	
父	*[b](r)aʔ	bjuX	1.16	4	父亲/男性	father/male	*pja^X	1	61	92	
婦	*C.ə.[b]əʔ	bjuwX	1.6	22	婦，儿媳妇/新娘	daughter-in-law/bride	*mbu̯ɛŋ^B	3	18	252	
			4.2	12	腹部，肚子	belly	*chu̯ei^A	2	434	208	
			1.6	7	覆盖	cover, to	*mbo^C	2	6	225	
			1.1	7	覆盖（自己）	cover self	*ʔwo^B	2	10	206	
			5.1	21	覆盖，盖住	cover, to	*kom^B	3	553	193	6.3.2
			7.13	18	盖（瓦）	cover (with tile)	*hi̯əm^{B/C}	3	720	135	6.3.2
			2.6	15	甘薯	sweet potato	*ndu̯əj	1	222	189	
			2.56	18	肝	liver	*-hri̯ən	1	581	119	2.1.3.1
槁	*[kh]ˤawʔ	khawX	5-6.2	5	干的/枯萎的	dry/withered	*Khæw^X	1	614	114	2.1.2.2
			7.1	15	干活/工作	do/work	*ʔəj^H	1	709	151	
淨	*N-[dz]eŋ-s	dzjengH	3.6	21	干净	clean	*ndzəŋ^C	3	114	140	
			3.5	2	干净的	clean	*ntshi^A	2	161	35	
			3.2	3	钢	steel	*tshæw^A	2	158	77	
			2.56	18	高	high/tall	*-hri̯əŋ	1	581	159	2.1.3.1
			3.19	16	高粱	sorghum	*ntsju^C	2	xx	xx	
報	*(mə-)pˤuk-s	pawH	1.4	7	告诉	tell	*ʔbo^C	3	16	225	
			2.3	4	哥哥	elder brother	*da	1	207	130	
鳩	*[k](r)u	kjuw	6.4	16	鸽子	pigeon	*ɴqu^A	2	616	191	
鴿	*[k][ə]p	kop	5-6.1	29	鸽子	pigeon	*kɔp^D	3	541	219	
割	*mə-kˤat	kat	5-6.1	4	割	cut	*kat^D	3	553	88	
			2.5	24	阁楼	attic	*nthaŋ^A	2	209	121	2.1.2.2,7.6
			4.3	28	根	root	*ɻoŋ^A	2	435	178	
			3.6	28	根	root	*ndzuŋ^A	3	162	249	
匠	*S.[b]aŋ-s	dzjangH	3.3	26	工匠	craftsman	*dzi̯ɔŋ^H	1	111	65	
			2.8	19	弓弩	crossbow	*hnæn^B	2	212.1	129	2.1.4,4.2,7.3
			2.8	7	弓弩	crossbow	*hnək^D	3	212.1	129	2.1.4,7.3
			5.31	3	公路/道路	road/way	*kləu^X	1	517	96	
鉤	*mə-qˤ(r)o	kuw	5-6.4	3	勾子	hook	*ɴqæw^C	2	616	115	
			5.1	28	沟渠	ditch	*koŋ^A	2	541	26	
狗	*Cə.kˤ(r)oʔ	kuwX	6.31	3	狗	dog	*qluw^X	1	649	115	4.2.4
			4.1	21	狗吠	bark, to	*cuŋ^C	3	433	218	
			2.2	2	箍	hoop	*thi^C	2	206	35	
			1.5	1	谷壳/糠	chaff/husk	*mphi̯ek	1	40	148	2.1.2.2
			1.17	5	谷壳/糠	chaff/husk	*S-phjæ^C	2	59	149	
囊	*nˤaŋ	nang	2.8	24	谷穗/袋子	grain head/bag	*hnɔn	1	212.1, 236	121, 45	7.4

	上古	中古	声母	韵母	中文	英文	构拟	L	WO	WR	章节
			2.3	19	后背	back (of body)	*dan^B	3	207	80	
			2.1	5	厚	thick	*tæ^A	2	205	168	7.1
厚	*-[g]ˤ(r)oʔ	huwX	7.15	3	厚	thick	*ɦɔu^B	3	720	115	7.1
			1.9	4	厚/密	thick/dense	*mak^D	3	9.1	184	2.1.2.2
髯	*nam	nyem	4.9	24	胡须	beard	*ɲaŋ^C	2	405	45	
髥	*s[ˤ]ram	sræm	2.13	29	胡须	beard	*suam^A	3	203	211	
			2.1	9	葫芦	gourd	*tuw^A	2	205	260	
			1.34	2	蝴蝶	butterfly	*mpleuH	1	52	35	
			1.3	24	花	flower	*bjaŋ	1	39	121	2.1.2.2,4.2
			2.41	20	花瓣	petal	*hlem^C	3	215	59	
滑	*Nə-gˤrut	hwɛt	6.6	9	滑的/打滑的	smooth/ slippery	*ɴɢʮat	1	630	183	
			4.1	29	画眉鸟	thrush (huà méiniǎo)	*cɔŋ^A	2	433	85	7.2
			3.18	4	唤醒，叫醒	wake	*dzja^D	2	315	92	
黄	*N-kʷˤʼaŋ	hwang	5-6ʼ.3	24	黄	yellow	*ɢʷaŋ^A	2	687	121	7.7
皇	*[ɢ]ʷˤaŋ	hwang	1.12	24	黄	yellow	*wjəŋ^A	3	687	121	7.7
瓜	*kʷˤra	kwæ	5-6ʼ.1	4	黄瓜	cucumber	*Kʷa	1	661	92	2.1.2.2
蝗	*[ɢ]ʷˤaŋ	hwang	5.3	30	蝗虫	grasshopper	*guŋ^A	2	543	233	
			5.31	9	蝗虫，蚂蚱	grasshopper	*klup	1	517	271	6.3.3
			1.4	3	灰	grey	*ʔbɔu^B	3	16	77	
			3.17	12	灰烬	ashes	*tshjuəiX	1	326	207	
			2.1	3	回答	answer	*tau	1	205	95	
			1.9	16	回家	return home	*mu^B	3	9.1	225	
			2.42	7	回来	come back	*ləwX	1	216	206	
			4.3	15	会面	meet	*ɹua^C	2	xx	xx	
			5.49	7	混浊的	turbid	*ŋkro^B	2	280	206	
			5.49	7	混浊的	turbid	ŋgro^B	2	280	206	
			5.36	13	混浊的	turbid	*ŋglok^D	3	522	203	
			4.3	18	活的	alive	*ɹin^A	2	xx	xx	
			2.3	13	火	fire	*douX	1	207	263	4.4
			3.17	10	饥饿	hungry	*tshje	1	314	73	
雞	*kˤe	kej	5-6.1	10	鸡	chicken	*Kəi	1	613	261	2.1.2.2,6.3.2
			4.8	11	挤，压，榨	squeeze	*hɲai^C	3	403	55	
			4.4	7	记得	remember	*ɲco^C	2	436	225	
			5.16	24	记得	remember	*kjjəŋ^C	3	469	121	
戟	*[tsʰ]rək	tsrhik	3.19	3	戟，锋利	sharp	*ntsjæw^C	2	xx	xx	
稷	*[ts]ij	tsij	2.16	15	稷/粟	millet	*tjəi^A	3	349	94	
價	*mə.qˤ<r>aʔ-s	kæH	5-6.4	4	价格	price	*ɴqa^C	2	616	92	2.1.2.2
			1.3	8	肩	shoulder	*bʉ^C	2	3	242	

	上古	中古	声母	韵母	中文	英文	构拟	L	WO	WR	章节
擔	*mə-tˤam	tam	2.4	24	肩扛	carry on shoulder	*ntam	1	208	97	
			4.1	3	肩扛	carry on shoulder	*cæwᶜ	2	xx	xx	
攪	*kˤruʔ	kæwX	5.31	2	煎炸	fry	*kleu	1	541	35	
			2.1	10	捡/夹住	pick up/clamp	*teᴰ	2	205	87	
夾	*kˤ<r>ep	kɛp	4.4	7	捡起，拾起	pick up	*ʔɟəpᴰ	3	436	106	
			5.2	13	捡起，拾起	pick up	*khowᴰ	2	xx	xx	
	*mə-krawʔ	kæwX	5.34.1	2	剪刀	scissors	*ʔgljieuᴮ	3	532	2	
			4.6	6	剑	sword	*ɲɟəukᴰ	3	354	241	
			5-6.2	18	姜	ginger	*qhinᴮ	2	638	83	
薑	*kaŋ	kjang	5.17	21	姜	ginger	*khjuŋᴬ	3	167	218	
角	*k.rˤok	kæwk	5.31	22	角	horn	*klɛŋ	1	577	215	
			2.1	13	脚	foot	*towᶜ	2	205	263	
			2.48	7	脚步	step	*droᴬ	2	255	206	
接	*[ts]ap	tsjep	3.1	10	接收/借入	receive/ borrow	*tsep	1	109, 157	68	
			1.16	1	结(果实)	bear fruit	*pjiᶜ	2	xx	xx	4.4
			4.3	29	结束，完成	finish	*ɟʐɲᴮ	2	399	123	
媼	*ʔˤuʔ	ʔawX	7.1	3	姐姐/妻子	elder sister/wife	*ʔəuX	1	709	96	
			1.35	10	戒指，指环	finger ring	*mphleᴬ	2	xx	xx	2.1.2.2,7.6
假	*Cˤə.kˤraʔ	kæX	5-6.1	4	借	borrow	*KaX	1	613	92	
斤	*[k]ər	kjin	5'.16	20	斤	catty	*kʷjan	1	481	23	2.1.2.2
金	*[k](r)[ə]m	kim	5.16	23	金	gold	*kjeəm	1	469	265	3.2,7.1
			2.28	12	筋，肌腱	sinew	*sjuͅeiᴮ	2	323	208	
筋	*(Cˤə.)[k]ə[n]	kjin	5'.16	19	筋，肌腱	sinew	*kʷjanᴬ	3	481	99	
緊	*Ki[n]ʔ	kjinX	5.16	27	紧的	tight	*kjənᴮ	3	469	62	
			1.18	9	进入	enter	*bjuͅɛk	1	27	224	
			2.55	3	近，附近	near	*-ʔræwᶜ	2	580	259	
			2.13	7	近，附近	near	*sətᴰ	3	155	89	
漬	*[dz]ek-s	dzjeH	3.3	12	浸泡	soak	*dzeiH	1	111	39	
			3.19	3	浸泡	soak	*ntsjæwᶜ	2	316	259	
			2.3	7	浸泡	soak	*doᴬ	3	207	225	
			1.9	21	精制（面粉）	fine (flour)	*mənX/H	1	21.1	176	
頸	*keŋʔ	kjiengX	6.31	24	颈，脖子	neck	*qlaŋ	1	649	120	
頸	*keŋʔ	kjiengX	6.1	28	颈，脖子	neck	*qoŋᴮ	2	613	216	
			4.3	16	九	nine	*N-ɻuͅa	1	447	191	5.2,6.3.1,7.5
韭	*[k](r)uʔ	kjuwX	4.3	ᴬ	韭	ᴬllium	*ɻiuᴮ	3	435	3	
酒	*s.quʔ	tsjuwX	4.1	13	酒	liquor	*cowᴮ	2	433	263	
酒	*s.quʔ	tsjuwX	2.1	ᴬ	酒	liquor	*tiuᴮ	3	205	3	
故	*kˤa(ʔ)-s	kuH	6.1	7	旧，老	old	*quͅoH	1	613	206	
臼	*[g](r)[u]ʔ	gjuwX	4.3	7	臼	mortar/treadmill	*ɻoᴮ	2	435	225	

上古	中古	声母	韵母	中文	英文	构拟	L	WO	WR	章节
		1.1	5	臼齿	molar tooth	*pæ	1	1	149	
		2.9	23	舅舅	mother's brother	*neuŋX	1	213.1	153	
		1.24	29	舅妈	wife of mother's brother	*mjəŋ^A	3	45	102	2.1.2.2
嚼	*[dz]ewk	dzjak	4.1	15	咀嚼	chew	*cỵa^C	2	433	94	
拎			2.8	30	举	lift	*hniŋ^C	3	212.1	9	
		5.16	20	举起	lift	*kjeŋ	1	397	44	
抉	*qʷˤet	ʔwet	1.1	10	抉，挖	dig	*ʔwet^D	3	10	50	
		2.56	16	蕨	fern	*-hru^A	2	581	191	
蕨	*-kot	kjwot	5'.16	7	蕨	fern	*kʷjət^D	3	481	146	
开	*N-[k]ʰˤəj	khoj	5.2	11	开	open	*khỵɔi^A	3	554	188	4.3
		1.1	13	开（门）	open (door)	*pow^D	2	1	256	
		2.4	7	砍，剁，劈	chop	*ntəwX	1	208	206	
		1.3	7	看见	see	*bỵət	1	15	108	
		2.4	3	烤火	warm self by fire	*ntauH	1	208	76	
		1.32	12	壳/覆盖物	shell/covering	*phlei	1	86	208	2.1.2.2
		2.8	29	咳嗽	cough	*hnɔp	1	212.1	254	
渴	*Nə-qʰˤat	khat	5-6.5	4	渴的	thirsty	*NKhat	1	617	221	
客	*kʰˤrak	khæk	5-6.2	5	客人	guest	*Khæk	1	xx	xx	2.1.4
		5.1	13	啃，咬	gnaw	*kow^D	2	541	273	2.1.2.2
風	*prəm-s*prəm	pjuwngH-pjuwng	1.1	28	空气，风	air	*poŋ^C	2	1	178	
孔	*[k]ʰˤoŋʔ	khuwngX	5-6.2	21	孔，洞	hole	*qhəŋ^B	2	614	218	6.2.4
		5-6.5	5	口干/口渴	dry/thirsty	*NKhæj	1	617	169	
		4.7	20	哭泣，流泪	weep	*ʔnæmX	1	403	79	6.3.3
堀	*k.tʰˤut	khwot	5.2	13	堀，洞	hole	*khot^D	3	554	256	
		7.1	18	苦的	bitter	*ʔim	1	709	4	
		2.56	10	快	quick	*hre^C	2	581	37	
捷	*[dz][a]p	dzjep	4.1	9	快，捷	quick	*cỵep	1	191	163	
箸	*[d]rak-s	drjoH	2.48	13	筷子	chopsticks	*drouH	1	255	263	3.2
		5.31	24	昆虫/蠕虫	insect/worm	*klæŋ	1	517	63	4.2,4.4,6.2.4,6.3.4
廣	*kʷˤaŋʔ	kwangX	5-6'.1	24	宽广	wide	*KʷỵaŋX	1	661	121	
		1.51	4	辣	spicy	*mbrat	1	78	107	
		2.3	15	来	come	*daj	1	207	150	2.1.3.1
陋	*[r]ˤo-s	luwH	6.36	16	褴褛的/破烂的	ragged/ shabby	*NGlu^C	2	654	191	
懒	*[r]ˤanʔ	lanX	5.36	19	懒	lazy	*ŋglæn^B	2	546	247	
		2.48	16	牢固的/耐用的	firm/durable	*dru^A	2	xx	xx	
		2.42	12	老	old	*lỵei^B	2	xx	xx	
祖	*[ts]ˤaʔ	tsuX	3.16	7	老虎	tiger	*tsjo^B	2	313	206	
		5.36.1	19	老虎	tiger	*ŋgljæn^A	3	510	175	

	上古	中古	声母	韵母	中文	英文	构拟	L	WO	WR	章节
			1.48	15	老鼠	rat	*bruaᶜ	2	xx	xx	
			2.9	24	老鼠/田鼠	mouse/rat	*naŋᴮ	2	213.1	177	
			2.9	3	老鼠/田鼠	mouse/rat	*nauᴮ	3	213.1	177	
			1.4	16	雷	thunder	*mpuə	1	16	191	
			1.2	7	雷	thunder	*S-phoᴬ	2	59	206	
			2.1	24	肋骨	rib	*tamX	1	205	154	
			2.8	22	类似，像	resemble	*hnəŋᴮ	3	212.1	102	
累	*[r]ˤuj-s	lwojH	2.42	8	累	lazy	*lu̯eiᶜ	3	228	39	
			2.7	27	冷	cold	*ʔnu̯əmHᵂ	1	211.1	98	
梨	*[r][ə][j]	lij	2.57	15	梨	pear	*rəj	1	582	94	
李	*[r]əʔ	liX	2.41	18	李子	plum	*hli̯əŋX	1	239	159	
			5.2	13	李子	plum	*khowᴬ	2	542	263	
力	*kə.rək	lik	2.57	7	力量	strength	*-rək	1	605	206	2.1.4,3.2
力	*kə.rək	lik	5.32	7	力量	strength	*khləkᴰ	3	578	167	2.1.4
笠	*(kə.)rəp	lip	2.57	7	笠，竹帽	bamboo hat	*rəpᴰ	3	605	106	
			3.1	5	连接	join	*tsæᴰ	2	xx	xx	
聯		ljen	2.42.1	22	聯（粤语/ly:n2/）缝	sew	*lju̯ɛnᴬ	3	558	100	
鎌	*[r]em	ljem	2.42.1	18	镰刀	sickle	*ljim	1	312	5	2.1.2.2,7.4
			1.3	13	脸	face	*bowᴮ	2	3	263	7.1
面	*[m]e[n]-s	mjienH	1.8	ᶜ	脸	face	*hmienᴬ	3	32.1	6	7.1
			5.16	22	（天）冷	cold (day)	*kju̯ɛŋᴮ	3	481	252	
			3.3	18	凉（水）	cool (water)	*dzinᴮ	2	159	83	
两		ljangX	2.42	26	两（40克）	tael (40 grams)	*li̯aŋᴮ	2	300	161	
两		ljangX	2.42.1	26	两（40克）	tael(40 grams)	*lji̯oŋᴮ	3	300	161	2.1.2.2
黄	*N-kʷˤaŋ	hwang	5-6'.4	24	亮	bright	*ʔgʷi̯əŋᴬ	3	640	121	
量	*[r]aŋ	ljang	2.42.1	22	量（米）	measure (rice)	*lji̯ɛŋᴬ	2	288	252	2.1.2.2
			2.56	5	量（米）	measure (rice)	*hrauᴬ	3	581	171	
			2.4	22	量词，（一）碗/（一）屋	bowls/ houses	*ʔlɛŋᴬ	2	211.2	173	6.2.1,6.2.4
隻	*tek	tsyek	3.1	1	量词,（一）只（鸟）	CL- bird	*tsi̯ɛkᴰ	3	157	148	
			2.42	19	量词,（一）个（人）	CL-people	*lan	1	216	118	
			4.2	28	量词,（一）间（房）	CL-rooms	*choŋᴮ	2	xx	xx	
句	*[k](r)o-s	kjuH	5.16	13	量词,（一）句	CL-sentences	*kjouᶜ	3	397	263	
			2.4	7	量词,（一）口	CL-mouthfuls	*ʔloᶜ	2	214	225	6.2.4
			2.4	1	量词,（一）块（田地）	CL-fields	*ʔli̯əuᶜ	3	238	210	
			2.3	22	量词,（一）匹（马）	CL-horses	*dɛŋᴮ	2	207	100	6.2.4
片	*pʰˤˤe[n]-s	phenH	1.2	21	量词,（一）片	CL-quilts	*phəan	1	2	194	6.2.4
			2.7	22	量词,（一）碗（一）屋	CL-bowls/ houses	*ʔnɛəmᴬ	3	211.2	173	6.2.1,6.2.4

	上古	中古	声母	韵母	中文	英文	构拟	L	WO	WR	章节
張	*traŋ	trjang	2.46	24	量词，（一）张（工具）	CL-tools	*traŋ^A	2	265	250	6.2.4
張	*traŋ	trjang	2.46	28	量词，（一）张（工具）	CL-tools	*truŋ^A	3	265	250	6.2.4
			3.1	2	晾（衣服）	dry (clothes)	*tsek^D	3	157	17	
燎	*[r]awʔ	ljewX	2.41.1	13	燎（即"烧（山）"）	burn (mountain)	*hljow^B	2	287	263	
			4.6	27	淋，浇	water, to	*ɲɟun^A	3	354	231	
			1.33.1	4	灵魂/幽灵	soul/spirit	*blja^A	2	99	92	7.7
			6.36	8	流动，流淌	flow	*ɴɢlɨ^B	2	654	242	
流	*[r]u	ljuw	2.57	1	流淌	flow	*rɟəu^C	3	605	210	
			5.46	9	六	six	*kruk	1	277	204	2.1.4,5.2,6.3.1,7.5
龍	*mə-roŋ	ljowng	2.57	28	龙	dragon	*-roŋ	1	582	216	
龍	*mə-roŋ	ljowng	5.31.1	28	龙	dragon	*kljuŋ^A	3	601	249	
聾	*[r]ˤoŋ	luwng	2.42	28	聋	deaf	*loŋ^A	2	216	179	
			2.4	21	聋	deaf	*ʔduŋ^A	3	244	218	
漏	*[r]ˤo-s	luwH	5.51	7	漏	drip	*ŋgro^C	2	282	206	
獐	*taŋ	tsyang	4.1	28	鹿	deer	*cuŋ^A	3	397	249	
露	*[r]ˤak-s	luH	2.42	8	露	dew	*lɨ^C	2	xx	xx	
頹		dwoj	2.3	9	落（雨）	fall (of rain)	*duj^A	3	207	243	
崩	*Cə.pˤəŋ	pong	1.1	30	落下	fall	*pɯŋ^A	2	1	9	4.4
			1.36	8	落叶，掉落	shed leaves/drop	*mbluei^C	3	90.3	170	
			6.3	12	落在……（之上），跌倒	fall (over)	*ɡuei^C	2	615	39	
			1.49	16	绿/蓝	green/blue	*mpru^A	2	76	57	7.7
			1.7	29	绿/蓝	green/blue	*ʔmeŋ^A	3	76	57	7.7
馬	*mˤraʔ	mæX	1.24	19	马	horse	*mjæn^B	2	33.2	247	6.3.1
			1.5	5	蚂蚁	ant	*mphæ^B	2	5	168	4.2
			1.51	6	蚂蚁	ant	*mbrɔ^D	2	78	241	6.3.3
			4.5	1	蚂蚁	ant	*ɹhɟəu^B	3	185	210	
			5-6.1	10	骂/诅咒	scold/curse	*qe^C	2	613	40	
			7.13	20	骂/诅咒	scold/curse	*hɟem^C	3	613	40	
斂	*[r][a]m-s	ljemH	2.42.1	21	埋	bury	*ljən^B	2	288	214	
			1.31	9	埋	bury	*plop^D	3	73	271	6.3.2
買	*m.rˤajʔ	mɛiX	1.9	11	买	buy	*mɛjX	1	9.1	93	2.1.3.1,4.4
			1.9	27	麦子	wheat	*muŋ^C	2	xx	xx	
賣	*m.rˤajʔ-s	mɛiH	1.9	11	卖	sell	*mɛjH	1	9.1	93	2.1.3.1,4.4
			1.34	3	盲，瞎	blind	*ʔblɔu^B	3	16	244	
			1.31	28	猫头鹰	owl	*ploŋ^D	2	xx	xx	
緻	*[d]ri[t]-s	drijH	3.3	10	美丽的	beautiful	*dzej^C	3	174	37	
			5.48	29	门/大门	door/gate	*ɡrɰeŋ	1	279	46	7.6

续表

	上古	中古	声母	韵母	中文	英文	构拟	L	WO	WR	章节
			3.4	9	米，糙米	rice，husked	*ntsuw^C	2	160	260	7.4
米	*[m]ˤijʔ	mejX	1.8	12	米，糙米	rice，husked	*hmei^B	3	8.1	170	
			3.2	22	米/稷/粟	rice/millet	*tshɛŋ^B	2	158	252	7.4
饟	*ŋaŋ(ʔ)-s	syangH	2.53	21	米饭，煮饭	rice，cooked	*hnrəaŋH	1	260	101	7.4
粔	*[g](r)aʔ	gjoX	5.19	16	米糕	rice cake	*ŋkjuəX	1	508	191	
			1.9	8	蜜蜂	bee	*muei^B	3	21.1	37	
			1.32	xx	面/脸颊	cheek/face	*phl-^C	2	xx	xx	
			1.31	12	面粉	flour	*pluei^B	2	85	208	
			1.8	30	苗族	Hmong	*hmɯŋ^A	2	8.2	9	
廟	*[m](r)aw-s	mjewH	1.9	^	庙宇	temple	*miu^C	3	33.1	3	
			1.4	3	名	name	*mpɔuH	1	64	77	4.3
著	*[d]rak	drjak	2.48	6	命中，击中目标	hit target	*drɔ^C	2	255	187	4.4
			7.13	7	磨（锋利）/碾碎	sharpen/grind	*ho^B	2	551	225	
菇	*mə.kˤa	ku	5.19	3	蘑菇	mushroom	*ŋkjæu	1	472	259	
			1.16	4	木盆	wooden basin	*pjat^D	3	37	127	2.1.2.2
			3.4	24	墓地/坟墓	grave/tomb	*ntsaŋ^C	2	160	66	
			3.1	13	墓地/坟墓	grave/tomb	*tsou^B	3	109	263	
			2.3	8	哪个	which	*dɯ^C	2	207	242	
			2.41	15	哪个	which	*[hl]ai^C	3	719	74	
			1.1	10	那	that	*ʔwe^B	3	10	73	5.4
			7.1	2	那（指示代词）/前者	that/the former	*ʔi^B	2	xx	xx	5.4
			2.40.1	9	男性	male	*ʔljuw^B	2	286	260	
			4.3	24	（指人）男性	male (human)	*ȵiaŋH	1	435	121	
			2.51	21	内部	interior	*ndrəŋ^C	2	xx	xx	
			2.55	21	嫩的，柔软的	tender	*ʔrəunH	1	580	214	
			3.3	13	能够	able	*dzow^A	2	159	263	
泥	*nˤ[ə]j(ʔ)	nej	2.8	1	泥	mud	*hni^A	3	212.1	1	
			5.4	7	泥泞的	muddy	*ŋko^D	2	544	222	
年	*[n]ˤi[n]	nen	4.8	29	年	year	*hȵuɐŋH	1	404	102	5.2
年	*[n]ˤi[n]	nen	4.13	29	年	year	*ɕəŋ^C	2	443	102	5.2
			2.41.1	5	年轻	young	*hljæ^D	2	287	168	
幼	*[ʔ](r)iw-s	ʔjiwH	4.1	9	年幼的/幼小的	small/young	*ʔjuw^C	2	442	243	
秫	*m.lut	zywit	1.36	9	黏的/黏的	glutinous/sticky	*mblut	1	90.1	239	
			5.21	29	（液体）黏稠	thick (liquid)	*ŋgjɔŋ^C	2	474	123	
			2.57	7	碾碎（谷子）	grind (grain)	*ro^D	2	582	222	
			2.9	29	鸟	bird	*m-nɔk	1	213.2	205	2.1.2.1,2.1.4,4.2.4,6.3.2
			1.16	18	鸟嗉囊	crop of bird	*pjin^B	2	49	43	
			2.57	4	尿	urine	*-raX	1	84	130	

	上古	中古	声母	韵母	中文	英文	构拟	L	WO	WR	章节
			2.4	2	捏，挤，榨，压，搯	squeeze/pinch	*ʔliᶜ	2	214	35	
			1.46	7	拧，挤，绞	wring	*proᶜ	2	73	206	
			4.12	7	牛	cow/ox	*joᴮ	2	xx	xx	
			5-6.4	21	牛哞哞叫/吼叫	low/below	*ɴqənᴮ	2	xx	xx	
圈	*m-qʰ(r)aʔ	ngjoX	5.36	16	牛栏	cattle pen	*ŋgluə	1	546	191	
			1.2	15	扭，搓	twist/rub	*S-pʰua̯ᴬ	2	59	164	
			4.13	5	扭，搓	twist/rub	*ɕætᴰ	3	59	164	
拗	*qˤriwʔ	ʔæwX	2.4	7	拗，折断	break	*ʔloᴮ	2	211.2	206	6.2.1
拗	*qˤriwʔ	ʔæwX	2.7	7	拗，折断	break	*ʔnəuᴮ	3	211.2	206	6.2.1
			1.3	12	脓	pus	*bu̯eiᶜ	2	3	39	7.1
膿	*[n]ˤuŋ	nowng	2.9	29	脓	pus	*nɔŋᶜ	3	213.1	142	7.1
			1.2	10	女儿/女孩	daughter	*mpʰjeᴰ	2	53	48	2.1.2.2
媳		sik	4.13	1	女儿/女孩	daughter /girl	*ɕiɛkᴰ	3	359	148	
			1.9	18	女性	female	*minᴰ	2	33.2	13	
			1.3	7	女性/女人	female/woman	*boᴬ	2	xx	xx	
			1.1	12	女婿	son-in-law	*ʔweiX	1	10	39	6.3.1
			5.21	28	爬行，蠕动	crawl	*ŋgjoŋᶜ	2	474	216	
			4.7	22	爬行，蠕动	crawl	*ʔɲɛɔŋᴬ	3	403	215	
耙	*[b]ˤra	bæ	1.3	4	耙	rake，to	*baᴬ	3	3	149	
拍	*mə-pʰˤrak	phæk	1.6	5	拍	clap	*mbæᴬ	2	6	168	
拍	*mə-pʰˤrak	phæk	1.5	5	拍	clap	*bʰækᴰ	3	28	72	
			4.4	3	攀登，爬	climb	*ɲcæwᶜ	2	436	96	
			1.2	8	刨	push earth aside	*pʰʉᴬ	2	2	242	
			2.3	22	佩戴(珠宝)	put on/wear (jewelry)	*dəŋᴬ	3	207	102	
			4.5	16	喷洒/洒出	sprinkle/spill	*ɲchuᴮ	2	437	191	
			7.1	21	膨胀，肿胀	swell	*ʔɔumH	1	709	193	
奉	*pʰ(r)oŋʔ	phjowngX	1.2	22	捧	carry in 2 hands	*pʰu̯ɛŋᴮ	2	14	252	
抱		bawX	1.3	13	捧	hold with 2 hands	*bouᴬ	3	3	263	
劈	*(m-)pʰˤek	phek	1.2	2	劈	split/chop	*phek	1	50	34	6.3.2
			2.1	13	皮肤	skin	*N-top	1	205	237	2.1.2.1
			2.3	18	平的	level	*dinᴬ	2	xx	xx	
平	*breŋ	bjæng	1.3	29	平的	level	*beŋᴬ	3	3	46	
			2.51	28	平原（平地）	plain(level ground)	*ndroŋᴮ	2	xx	xx	
破	*pʰˤaj-s	phaH	1.2	15	破	cut open	*phajH	1	2	150	6.2.2
			5-6.1	18	葡萄	grape	*qinᴮ	2	613	119	
			2.18	28	七	seven	*djuŋH	1	339	180	5.2,6.3.1,7.5
			5.24	1	七	seven	*ŋjiᶜ	3	573	18	5.2,6.3.1,7.5
			1.1	3	妻子/姐姐	wife/elder sister	*ʔwæwᴮ	2	10	259	

	上古	中古	声母	韵母	中文	英文	构拟	L	WO	WR	章节
漆	*[tsʰ]i[t]	tshit	2.17	10	漆	lacquer	*thjet	1	134	51	3.2
骑	*[g](r)aj	gje	4.3	10	骑	ride	*ɹej	1	435	37	
			5'.18	4	起来	get up	*gʷjaX	1	507	130	
			2.28	13	起立/站起	stand/get up	*sjouX	1	323	263	
千	*s-n̥ˤi[n]	tshen	3.2	20	千	thousand	*tshien	1	134	24	3.2,5.2
牵	*[k]ʰˤi[n]	khen	5-6.2	C	牵头，带领	lead，to	*khienᴬ	3	542	6	
			6.36	18	前表面	front surface	*ɴɢlinᴬ	2	654	64	
			2.6	24	前面	in front	*ndaŋᶜ	3	210.1	101	
錢	*N-ts[a][n]	dzjen	3.3	20	钱	money	*dzi̯en	1	111	24	
			5.34	18	浅的	shallow	*ŋkli̯əŋX	1	604	83	
			4.9	20	浅的	shallow	*ɲenᴮ	2	405	64	
			7.13	5	抢劫	rob	*hæᴰ	2	xx	xx	
蕎		gjew	4.3	3	荞麦	buckwheat	*ɹæu	1	435	259	7.4
橋	*[g](r)aw	gjew	4.3	16	桥	bridge	*ɹow	1	435	172	
梯	*l̥[ə]j	thej	2.41	5	桥	bridge	*hlæᴬ	2	215	168	
			5.31	5	切	cut	*klæp	1	577	144	
			2.41	10	切成薄片	slice	*hlep	1	215	91	2.1.2.1,6.3.1
茄		gja	4.3	4	茄子	eggplant	*ɹa	1	435	130	
			5-6.6	15	勤奋的	diligent	*NGəjH	1	630	151	
			5-6.1	24	青蛙	frog	*KæŋX	1	625	63	2.1.2.2
			2.28	2	（重量）轻	light(weight)	*-sji̯eu	1	59	35	
			5-6.3	10	倾斜，歪	slant	*ɢeᴬ	2	xx	xx	
清	*N-s-r̥eŋ	tshjeng	3.2	18	清楚	clear	*ntshji̯en	1	317	159	4.3
醒	*[s]ˤeŋʔ	sengX	2.13	18	清醒，醒	sober up	*siŋᴮ	3	143	8	
			4.1	28	蚯蚓	earthworm	*N-cuŋ	1	160,433	250,180	
			5.31	24	蛆	maggot	*klaŋᶜ	2	517	63	4.2.4,4.4,6.3.4
			6.1	15	娶（妇）	marry(a woman)	*quaᶜ	2	xx	xx	
			1.9	30	去	go	*n-muŋ(X)	1	9.2	9	2.1.2.1,2.1.4,4.3,4.4
			4.2	10	去皮，刮毛，剃须	peel/shave	*cheᴰ	2	xx	xx	
			2.1	18	裙子	skirt	*tinᴬ	2	205	43	7.6
裙	*[g]ur	gjun	5.18	27	裙子	skirt	*gjunᴬ	3	411	195	
染	*n[a]mʔ	nyemX	4.9	27	染	dye，to	*ɲumᶜ	3	405	136	6.3.2
民	*mi[ŋ]	mjin	2.9	19	人	person	*næŋᴬ	2	45	247	
民	*mi[ŋ]	mjin	1.24	19	人/勉人	person/ Mien	*mjænᴬ	3	45	247	2.1.2.2
識	*s-tək	syik	3.1	1	认识/认出	know/recognize	*tsiɛkᴰ	3	181	148	
			1.39	11	柔软的	soft	*mlu̯ɛjH	1	93	75	6.3.4
			5-6.6	10	肉	meat	*NGej	1	630	37	7.3
			7.1	4	肉	meat	*ʔaᴮ	3	709	187	

	上古	中古	声母	韵母	中文	英文	构拟	L	WO	WR	章节
			4.1	24	洒出，流出	spill	*(ʔ)jamᶜ	3	442	78	
噴	*pʰˤur-s	phwonH	1.5	29	撒/喷洒	scatter/ sprinkle	*mphu̯ənH	1	5，17	142，248	
			1.16	3	三	three	*pjou	1	61	77	5.2,5.3,7.5
			2.55	29	森林	forest	*-ʔrɔŋᴮ	2	580	102	2.1.2.2
			2.1	15	杀死	kill	*təjH	1	205	151	4.4,6.3.4
			3.17	6	筛，筛出	sieve，to	*tshjɔᶜ	2	xx	xx	
			2.55	18	晒干	dry (rice) in sun	*ʔrinᴬ	2	580	119	7.4
			1.3	3	山	mountain	*bæwᴮ	2	3	244	
			7.1	5	山口，关口	mountain pass	*ʔæ⁽ᶜ⁾	1	709	54	
峽	*N-kˤrep	hɛp	6.33	13	山口，关口	mountain pass	*ɢlowᴰ	2	651	273	
			5.33	20	山脉	mountain (range)	*gli̯emᴬ	3	579	40	
			2.42.1	10	闪电	lightning flash	*ljeᴰ	2	288	91	
			2.42.1	7	闪电	lightning flash	*ljəpᴰ	3	498	106	
			1.36.1	5	扇子	Fan	*mbljæp	1	78	86	7.6
			1.1	3	烧	burn	*pouᴮ	3	13	77	
			1.17	3	烧（及物）	burn (TR)	*phjæwᴮ	2	50	244	
			5.46	12	烧东西（及物）	burn (TR)	*kru̯eiᴮ	2	277	39	
灼	*[t]ewk	tsyak	2.18	1	烧伤/烫伤	burn	*dji̯ɛkᴰ	3	183	148	
舌	*m.lat	zyet	1.36	10	舌头	tongue	*mblet	1	90.1	51	4.4,6.2.2
			2.7	24	蛇	snake	*ʔnaŋ	1	211.1	158	
			1.1	21	射击	shoot	*pənX	1	13	176	6.3.3,7.3
			4.13	28	伸长，拉伸	stretch	*ɕoŋ	1	443	216	
			4.1	3	身体/躯干	body/trunk	*cæwᴮ	2	xx	xx	4.4
			1.51	24	呻吟/悲叹	groan/moan	*mbraŋᴬ	2	78	250	
			2.1	7	深	deep	*N-tu̯o	1	205	225	4.3
			3.16	2	什么	what	*tsjiᴮ	2	xx	xx	
升	*s-təŋ	sying	2.28	18	升（称粮食的单位）	measure for grain	*sjinᴬ	2	323	64	
			4.9	29	生的/未成熟	raw/unripe	*ɲu̯emX	2	405	41	
聲	*[l]eŋ	syeng	2.13	18	声音	sound	*siŋᴬ	3	167	8	
			2.56	16	声音/噪音	sound/noise	*-hruᴬ	2	581	191	
			2.41	5	绳子	rope	*hlæᶜ	2	215	149	
繩	*m.ləŋ	zying	2.41.1	24	绳子/腰带/细绳	sash/cord/rope	*hljaŋ	1	215	101	
			2.4	22	湿的	wet	*ntu̯en	1	220	100	
十	*[g][i]p	dzyip	5.18	9	十	Ten	*gju̯ɛp	1	471	163	3.2,4.3,5.2,6.3.1,7.5
			2.55	3	石头	stone	*-ʔrəu	1	580	96	2.1.2.2,4.2.2,6.2.2
			5-6.1	15	屎	excrement	*N-KəjX	1	613	151	2.1.2.2,4.3
			1.9	18	柿子	persimmon	*minᴮ	2	33.2	7	

	上古	中古	声母	韵母	中文	英文	构拟	L	WO	WR	章节
柿		dzyiX	2.18	15	柿子	persimmon	*djəi^B	3	351	94	
			4.12	21	是	be	*jəŋ^C	2	444	214	4.4
是	*[d]eʔ	dzyeX	2.18	10	是	be	*djej^B	3	351	37	
			3.16	21	释放，放走	let go	*tsjəŋ^C	2	313	218	
收	*s-kiw	syuw	2.28	9	收	receive /gather in	*sjuw^A	2	xx	xx	
			1.3	3	手/手臂	hand/arm	*-bɔuX	1	63	77	2.1.2.1,4.2.3
			2.4	4	手指	finger	*nta^B	2	208	203	2.1.4
			2.4	13	手指	finger	*ʔdok^D	3	208	203	2.1.4
			1.3	6	手镯	bracelet	*bɔ^C	2	3	187	7.6
			5.18	21	手镯	bracelet	*gjəm^A	3	472	229	
			3.6	12	（人）瘦	thin (person)	*ndzu̯ei^C	2	162	132	
			4.12	3	叔叔	uncle	*jæuX	1	444	259	
			2.57	5	梳子	comb	*ræ^C	2	582	149	
			2.55	12	蔬菜	vegetable	*ʔræi	1	580	132	
			2.28	20	熟	cooked/ripe	*sjen^B	2	323	24	
熟	*[d]uk	dzyuwk	2.18	B	熟	cooked/ripe	*dju̯ok^D	3	363	258	
			5.21	29	熟睡，睡着	asleep	*ŋgjəm^A	3	474	192	
樹	*m-toʔ-s	dzyuH	2.19	29	树	tree	*ntju̯əŋH	1	424	102	6.3.3
			1.47	16	树	tree	*S-phru^A	2	11	191	4.2
立	*(kə.)rəp	lip	2.57	1	竖起	erect，to	*ri̯ɛp^D	3	605	162	
			2.28	21	刷	wipe	*sjəŋ^C	2	323	218	
刷	*[s][r][o]t	srwæt	2.13	13	刷	wipe	*sot^D	3	179	256	
			1.35.1	10	双胞胎/孪生	twin	*mplje^A	2	xx	xx	
			2.1	3	霜	frost	*tæw^C	2	205	96	
			5.21	13	双/对	pair	*ŋgjow^D	2	474	186	
雙	*[s]ˤroŋ	sræwng	2.13	28	双/对	pair	*suŋ^A	3	179	218	
			2.57	20	双/对	pair	*reŋ^C	3	582	44	
			7.1	29	水	water	*ʔu̯əm	1	10,709	212, 246	6.3.3
淋	*[r][ə]m	lim	2.57	21	水	water，to	*rəm^A	3	605	229	
			1.16	1	水果	fruit	*pji̯uX	1	49	210	4.4
牛	*[ŋ]ʷə	ngjuw	5.9	23	水牛/牛	water buffalo/cow	*ŋiuŋ	1	549	196	
瘡	*[tsʰ]raŋ	tsrhjang	3.2	24	水泡/疮/疖疮	sore/boil/ blister	*tshaŋ	1	158	120	
			5'.16	10	水泡/疮/疖疮	sore/boil/ blister	*kʷjej^A	3	171	37	
			3.2	15	水獭	otter	*ntshju̯a^A	2	317	94	
			1.1	8	睡觉/躺下	sleep/ lie down	*pu̯eiH	1	13	242	
			6.46	15	撕，扯	tear，to	*qru̯a^C	2	697	94	
廝	*se	sje	2.28	2	廝（相互义）	RECIPROCAL	*sji^A-D	2	xx	xx	4.1,6.2.3
			2.3	15	死	die	*dəjH	1	207	151	4.4,6.3.2,6.3.4
			1.31	12	四	four	*plei	1	85	208	5.2,6.3.1,7.5

	上古	中古	声母	韵母	中文	英文	构拟	L	WO	WR	章节
			4.1	18	（鸟的）嗉囊/砂囊	crop (of bird)/ gizzard	*ciŋᴮ	3	400	8	
送	*[s]ˤoŋ-s	suwngH	2.13	28	送	send/ deliver	*suŋH	1	155	180	
酸	*[s]ˤo[r]	swan	2.13	9	酸的	sour	*suj	1	119	260	
葫	*[g]ˤa	hu	5-6.3	4	蒜，大蒜	garlic	*ɢaᴬ	2	615	92	
			5-6.6	21	梭子	shuttle	*ɴɢəŋᴮ	2	618	138	7.6
			6.36	16	梭子	shuttle	*ɴɢlowᴮ	3	654	172	7.6
缩	*[s]ruk	srjuwk	4.11	9	缩水，萎缩	shrink	*hjuk	1	551	203	
			4.7	18	所有格	POSSESSIVE	*ʔɲiənᴬ	3	403	159	
荅	*[t]ˤ[ə]p	top	2.3	9	荅，豆子	bean	*dup	1	207	271	7.4
蹋	*lˤap	dap	2.3	5	踏，践踏，踩	step on/ tread	*dæᴰ	2	xx	xx	
			2.8	22	太阳/（一）天，（一）日	sun/day	*hnɛŋᴬ	2	224	188	2.1.2.1,6.3.1,7.7
			2.8	11	太阳/（一）天，（一）日	sun/day	*hnu̯ɔiᴬ	3	224	188	2.1.2.1,6.3.1,7.7
炭	*[tʰ]ˤa[n]-s	thanH	2.2	19	炭	charcoal	*thanH	1	206	99	3.2
湯	*lˤaŋ	thang	2.41	24	湯，烫伤	scald	*hlaŋᴬ	2	215	45	
炙	*t^k	tsyek	4.3	1	烫伤/烧着	burn/be alight	*ɟiᶜ	2	183	148	4.4
脱	*lˤot	dwat	5-6'.3	4	逃脱	escape	*ɢʷaᴰ	2	663	203	
桃	*lˤaw	daw	6.33	5	桃	peach	*ɢlæw	1	651	171	
			7.13	22	陶罐/土坛	clay pot/earthen jar	*hɛŋᴬ	2	719	47	
			1.48	1	套索/陷阱	noose/trap	*briᴮ	2	xx	xx	
蔓	*ma[n]-s	mjonH	1.8	25	藤	vine	*hmein	1	8.2	170	
歌	*[k]ˤaj	ka	5-6.1	15	啼叫	crow, to	*KajH	1	625	150	
蹄	*[d]ˤe	dej	2.3	10	蹄	hoof	*dej	1	207	37	
蹢	*tˤek	tek	2.46	12	蹄/爪/指甲	hoof/claw/ nail	*tru̯eiᶜ	2	253	208	
			2.1	22	体虱	louse, body	*tɛmX	1	205	174	6.3.4
			1.12	22	天	sky/heaven	*wɛŋ	1	12	104	
			2.6	22	天	sky/heaven	*ndɛuŋ	1	210.1	268	
			6.6	22	天	sky/heaven	*ɴɢɛuŋ	1	630	268	
田	*lˤiŋ	den	2.42.1	18	田地	field	*ljiŋ	1	312	8	
甘	*[k]ˤam	kam	5-6.1	24	甜，甘	sweet	*Kam	1	613, 625	45, 154	2.1.2.2
			4.12	10	舔	lick	*-jep	1	444	87	
			1.8	23	跳蚤	flea	*hmiəŋ	1	20	269	
鐵	*lˤik	thet	2.41	9	铁	iron	*hluwᶜ	2	311	224	3.2,6.2.2,7.1
鐵	*lˤik	thet	2.56	9	铁	iron	*hrɛkᴰ	3	311	224	3.2,6.2.2,7.1
			1.54	29	听	listen	*(S-)mru̯ɔŋH	1	21.2	85	4.4
			2.8	21	听见，听到	hear	*hnəumX	1	212.1	193	
			1.36.1	5	同时吃米饭和食物	have food with rice	*mbljæᶜ	2	xx	xx	

	上古	中古	声母	韵母	中文	英文	构拟	L	WO	WR	章节
銅	*-lˤoŋ	duwng	2.3	29	铜	copper	*dɔŋ	1	207	142	3.2,7.1
桶		thuwngX	2.2	29	桶	bucket	*thɔŋ(X)	1	206	142	3.2,6.2.4
			4.9	20	偷	steal	*ɲemH	1	405	59	
			1.47	12	头	head	*S-phreiX	1	11，97	208	
			1.31.1	12	头发/毛	hair	*pljei	1	97	208	
			3.2	12	头虱	louse，head	*ntshjeiX	1	317	208	6.3.3
			2.40.1	16	兔子	rabbit	*ʔljuᴮ	2	286	172	
			4.3	3	腿/树枝	leg/branch	*ɹæwᴮ	2	xx	xx	4.4
			2.7	7	吞	swallow，to	*ʔnəkᴰ	3	211.1	129	
			5-6.6	21	吞咽	swallow，to	*ɴɢənᴮ	2	618	214	
			6.4	13	吞咽	swallow，to	*ɴqowᶜ	2	616	263	
脱	*lˤot	thwat	2.4	9	脱落/逃脱	peel off/ escape	*ʔdutᴰ	3	208	239	
瓦	*[ŋ]ʷˤra[j]ʔ	ngwæX	5'.9	5	瓦	tile	*ŋʷæX	1	561	149	2.1.2.2,3.2
曲	*kʰ(r)ok	khjowk	5.5	9	弯曲的	crooked	*ŋkhuwᴰ	2	545	224	
			3.6	5	玩耍	play	*N-dzæwH	1	198	114	
			2.42	1	晚，迟	late	*liᶜ	2	216	81	
碗		ʔwanX	1.1	21	碗	bowl	*ʔwənᴮ	3	10	157	7.1
			2.3	10	碗	bowl	*deᴮ	2	207	73	7.1
萬	*ma[n]-s	mjonH	1.12	26	万	ten thousand	*wiaŋᶜ	2	xx	xx	
			2.8	27	忘记	forget	*hnuŋᴮ	2	236	58	
			4.8	13	忘记	forget	*hn̥ouᴮ	3	236	58	
望	*maŋ-s	mjangH	1.9	24	望	look at	*maŋH	1	9.1	158	
			2.1	8	尾巴	tail	*tu̯eiX	1	217	242	4.2.2,6.3.3
			1.31	24	胃	stomach	*plaŋᴬ	2	85	45	
			2.13	1	胃	stomach	*siᴬ	3	167	1	
			1.1	22	喂	feed	*pɛŋᴬ	2	xx	xx	
暑	*s-taʔ	syoX	2.28	7	温暖	warm	*sji̯ouX	1	347	134	
			4.1	29	蚊子	mosquito	*ʔjɔŋᴮ	2	442	248	
			2.9	22	问	ask	*nɛŋᶜ	2	225	61	
			2.9	11	问	ask	*nu̯aiᶜ	3	225	61	
蝸	*[k]ʷˤraj	kwæ	6.3	8	蜗牛	snail	*ɢɥᴬ	2	639	242	
蝸	*[k]ʷˤraj	kwæ	5.31	8	蜗牛	snail	*klu̯eiᴬ/ᴮ	3	637	242	
蝸	*[k]ʷˤraj	kwæ	5-6'.31	10	蜗牛	snail	*kʷlejᴬ	3	589	37	
			2.1	5	握/握手	hold/grasp hand	*tæᴮ	2	xx	xx	
烏		ʔu	7.1	16	乌鸦	crow (bird)	*ʔuᴬ	2	xx	xx	
			5.32	9	蜈蚣	centipede	*khluwᴰ	2	578	153	4.2.4
			2.13	7	蜈蚣	centipede	*səpᴰ	3	167	106	4.2.4,6.3.3
			1.46	4	五	five	*pra	1	73	92	5.2,6.3.1,7.5
			2.28	22	午饭	midday meal	*sjɛŋᶜ	2	xx	xx	

续表

	上古	中古	声母	韵母	中文	英文	构拟	L	WO	WR	章节
霧	*m(r)o-s	mjuH	1.9	16	雾	fog	*mowᶜ	3	9.1	172	
			7.13	16	雾/云	fog/cloud	*huᴬ	2	719	191	7.1
			3.4	10	吸	suck	*ntseᴰ	2	xx	xx	
			4.3	12	膝盖	knee	*ɟuəiH	1	447	39	
澡	*mə.[ts]ˤawʔ	tsawX	3.4	5	洗（手）	wash (hands)	*ntsæwX	1	160	114	
			3.5	16	洗涤	launder	*ntshuH	1	161	111	
			5-6.2	10	系，捆；盘（腿）	tie/cross (legs)	*qheᴬ	2	614	261	
细	*[s]ˤ[i][j]-s	sejH	2.13	12	细小/精细	small/fine	*sæiᶜ	3	11	132	
狭	*N-kˤ<r>ep	hɛp	5-6.6	10	狭窄	narrow	*ɴɢeᴰ	2	618	48	
狭	*N-kˤ<r>ep	hɛp	7.13	10	狭窄	narrow	*hepᴰ	3	618	48	
			3.18	10	下巴/下颌	chin/lower jaw	*dzjeᴰ	2	xx	xx	
			2.3	21	下沉	sink	*dəŋᴬ	2	207	176	
			2.6	3	下蛋	lay eggs	*ndəuH	1	210.1	96	
下	*[g]ˤraʔ	hæX	5-6.6	4	下降	descend	*ɴɢaᴮ	2	618	130	4.3,6.2.2
下	*mə-[g]ˤraʔ-s	hæH	5.13	4	下降	descend	*ɣaᶜ	3	402	130	4.3,6.2.2
黄	*N-kʷˤaŋ	hwang	5-6'.3	24	鲜艳的/明亮的/浅色的	bright/light	*ɢʷaŋᴬ	2	663	121	
			6.46	13	咸的	salty	*qrowᶜ	2	697	263	
醝	*[dz]ˤaj	dza	3.6	15	咸的	salty	*ndzaiᴬ	3	162	74	
嫌	*N-kˤem	hem	5.13	20	嫌，不喜欢	dislike	*ɣiemᴬ	3	402	40	
			1.2	7	线	thread	*S-phoᴮ	2	59	206	
			2.13	9	线	thread	*sujᶜ	3	179	243	
			1.4	9	响/声音	loud/sound	*ʔbujᴬ	3	16	243	
念		nemH	2.8	22	想	think of	*hnəmᴮ~*hləmᴮ	3	212.2	174	6.2.1
			3.5	8	象	elephant	*ntshʉᶜ	2	161	242	
象	*s-[d]aŋʔ	zjangX	5.3	26	象	elephant	*ɣjiɔŋᴮ	3	195	65	
			2.51	12	小伙子	young man	*ndrʉeiᶜ	2	258	39	
			1.21	5	小伙子	young man	*mbjauᴬ	3	30	171	6.3.2
			5.31	19	小母鸡/母鸡	pullet/hen	*klanᶜ	3	577	99	
			5.46	7	笑	laugh	*krət	1	277	222	
			2.49	18	楔入	wedged in	*ntrinᶜ	2	xx	xx	
屦	*kro-s	kjuH	5.17	6	鞋子	shoes	*khjɔᶜ	2	470	187	
鏤	*[r]ˤo-s	luwH	2.56	12	写	write	*hrʉeiᶜ	2	581	208	
寫	*s-qʰᴬʔ	sjæX	5.28	4	写	write	*xjaᴮ	3	143	130	
心	*səm	sim	2.13	18	心	heart	*simᴬ	3	167	5	7.1
			1.31.1	13	心脏	heart	*pljowᴮ	2	97	263	7.1
清	*N-s-r̥eŋ	tshjeng	3.17	18	新的	new	*tshjiən	1	314	83	4.3
			5-6.1	22	星星	star	*qəŋᴬ	2	613	100	
			1.9	3	兄弟	brother	*mouᴮ	3	21.1	77	

续表

上古	中古	声母	韵母	中文	英文	构拟	L	WO	WR	章节
		2.49	21	胸部/胸腔	breast/chest	*ntrəŋ^A	2	xx	xx	
		6.46	10	熊	bear	*qrep	1	673	124	7.3
		2.28	7	休息	rest，to	*sjo^C	2	323	225	
補	*(mə)-pˤaʔ	puX	1.19	4	修补	repair/ mend	*mpjaX	1	40	130	
		1.23	18	嗅，闻	sniff at	*hmjɨəmH	1	32.2	135	2.1.2.1
		2.4	6	许多	many/much	*ntɔ^C	2	208	232	7.5
		4.12	2	（头顶上的）旋	whorl at top of head	*jɨ^B	2	xx	xx	
剉	*[tsʰ]ˤoj-s	tshwaH	2.2	3	削尖，磨快；磨碎，碾碎	sharpen/ grind	*dhjæu^C	3	376	259	
		3.2	24	血	blood	*ntshjamX	1	341	97	6.3.3
		5.51	10	寻求庇护	seek shelter	*ŋgre^D	2	282	220	
鴨		ʔæp	7.1	7	鸭子	duck	*ʔap	1	709	105	
		6.3	15	鸭子	duck	*ɢua^C	2	627	151	
		1.23	18	牙齿	tooth	*hmjinX	1	32.2	7	4.2
		1.4	29	岩石	rock	*ʔbeŋ^C	3	4	46	
		3.19	3	盐	salt	*ntsjəuX	1	316	96	4.3
		5.5	13	烟尘	soot	*ŋkhow^A	2	xx	xx	
目	*[m][u]k	mjuwk	1.9	11	眼睛	eye	*mɥɛjH	1	21.1	75	
秧	*ʔaŋ	ʔjang	4.1	22	秧苗	seedling	*ʔjɛŋ^A	2	454	160	3.2,7.4
秧	*ʔaŋ	ʔjang	4.1	24	秧苗	seedling	*ʔjaŋ^A	3	454	160	7.4
羊	*ɢ(r)aŋ	yang	4.12	28	羊	sheep/goat	*juŋ	1	456	179	3.2
養	*[ɢ](r)aŋʔ-s	yangH	4.12	22	养（鸡）	raise (chickens)	*jɛŋ^C	2	444	252	
養	*[ɢ](r)aŋʔ	yangX	4.12	28	养（鸡）	raise (chickens)	*juŋ^B	3	456	180	
		5.17	9	痒/搔痒	itch(y)/ scratch(y)	*khjuɛt	1	470	70	
		6.31	15	腰	waist	*qlajX	1	649	150	2.1.3.1
		2.3	7	咬	bite	*dəp	1	207	106	6.3.4
		7.13	10	舀	ladle，to	*he^D	2	719	68	
斟	*t.[q][ə]m	tsyim	2.4	22	舀	ladle，to	*ʔdəm^B	3	208	174	
		5.16	15	药	medicine	*N-kjaj	1	472	112	7.6
要	*ʔew-s	ʔjiewH	4.1	16	要/想要	ask for/want	*ʔju^B	2	442	191	
		xx	28	要求	ask for	*[n/l]oŋ^C	3	213.3	216	6.2.1
		1.8	24	野狗	wild dog	*hmaŋ^C	2	xx	xx	6.3.2,7.3
貍	*[m]ə.rə	li	1.31.1	2	野猫	wildcat	*plji^D	2	97	15	7.3
		1.36	29	叶子	leaf	*mbloŋ^A	2	90.1	192	6.2.4
		2.9	29	叶子	leaf	*nɔm^A	3	90.1	192	
		1.8	21	夜晚	night	*hmaŋH	1	20	140	2.1.2.1,2.1.2.2,6.3.1
		5.31	5	液体/汤	liquid/soup	*klæwX	1	xx	xx	
		3.16	7	腋窝	armpit	*tsjo^{C/D}	2	313	258	
一	*ʔi[t]	ʔjit	7.1	2	一	one	*ʔɨ	1	709	35	5.2,7.5

上古	中古	声母	韵母	中文	英文	构拟	L	WO	WR	章节
		6.48	24	一臂距离	span，arm	*ɢraŋ^A	2	699	121	7.5
		4.12	29	一臂距离	span，arm	*ju̯am^A	3	444	211	
		2.55	9	衣服	clothes	*ʔruj^A	3	580	260	
		1.33	18	贻贝/蚌	mussel/clam	*blin^C	2	xx	xx	
銀	*[ŋ]rə[n]	ngin	4'.9	18	银	silver	*ɲʷi̯ən	1	417	137	3.2,7.1
		2.55	10	隐藏，隐瞒	conceal	*ʔre^D	2	580	48	
		1.1	4	樱桃	cherry	*ʔwa^A	2	xx	xx	
鷹	*q(r)əŋ	ʔing	6.31	24	鹰/隼	eagle/hawk	*qlaŋX	1	649	120	4.2.3
硬		ngængH	5.24	20	硬/固体	hard/solid	*ŋjeŋ^C	3	573	44	
伏	*[b]ək-s	bjuwH	1.3	16	拥抱，抱窝	embrace	*buə^H	1	15	172	
用	*mə-loŋ-s	yowngH	xx	28	用	use	*[n/l]oŋ^C	3	213.3	216	6.2.1
		2.42.1	15	用来	used to	*lju̯a^C	2	288	151	
		2.4	2	用手指弹	flip with finger	*ntik	1	208	15	
		6.46	24	幽灵/鬼	spirit/ghost	*qraŋ^A	2	697	45	7.7
		1.23	19	幽灵/鬼	spirit/ghost	*hmjæn^B	3	44	42	2.1.2.2,7.7
		1.9	11	有	have	*n-mɛj	1	9.2	93	2.1.2.1,2.1.3.1, 4.3,4.4
缺	*[k]ʷʰˤet	khwet	5-6'.4	10	有个缺口	have a gap	*NKʷet	1	664	91	
		4.1	16	诱捕/诱入圈套	trap/ensnare	*cu^A	2	xx	xx	
		1.51	3	鱼	fish	*mbrəuX	1	78	96	4.2.2,4.3,6.3.2
		2.46	9	鱼腥草	*houttuynia cordata*	*truw^D	2	253	224	7.2
		2.9	28	雨	rain	*m-noŋ^C	2	213.2	178	2.1.2.1
		1.36	28	雨	rain	*mbluŋ^C	3	90.1	180	
芋	*[ɢ]ʷ(r)a-s	hjuH	1.12	13	芋	taro	*wouH	1	12	263	
園	*[ɢ]ʷan	hjwon	1.12	24	园子	garden	*waŋ^A	2	12	45	
園	*[ɢ]ʷan	hjwon	1.11	27	园子	garden	*hwun^A	3	11	231	
		6.33	27	圆的	round	*ɢlun	6	651	231	4.2.4
迂	*qw(r)a	ʔju	6'.1	3	远	far	*qʷuw	1	661	115	6.2.2
		2.41	4	月亮/月份	moon/month	*hlaH	1	215	92	2.1.2.1,6.3.1,7. 7
		2.13	20	月首/朔日	first day of month	*seŋ	1	167	44	
		7.1	29	云/霾	cloud/haze	*ʔɔŋ^C	2	709	248	
		2.28	16	在…之上	on top of	*sju^A	2	xx	xx	
		4.7	21	在/住	be at/live	*ʔɲəŋ^A	2	403	229	4.4
		4.1	21	在/住	be at/live	*ʔjəm^A	3	403	229	4.4
鑿	*[dz]ˤawk	dzak	3.3	6	凿子	chisel	*dzəuk	1	111	241	4.2
早	*Nə.[ts]ˤuʔ	tsawX	3.4	7	早	early	*ntsi̯ouX	1	184	134	
竈	*[ts]ˤuk-s	tsawH	3.1	7	灶	stove	*N-tsoH	1	157	225	3.2
眨	*mə-tsˤr[a]p	tsrɛp	3.19	10	眨	wink	*ntsjep	1	340	220	
摘	*(mə-)t(ˤ)rek	trɛk	2.51	12	摘叶子	strip leaves	*ndru̯ei^C	2	258	208	

上古	中古	声母	韵母	中文	英文	构拟	L	WO	WR	章节
		5.6	12	獐子	river deer	*ŋgᵤeiᴮ	2	546	39	7.2
		2.4	3	长的	long	*ntauX	1	208	76	6.3.4
		2.6	24	长剑	sword，long	*ndaŋᴬ	2	210.1	120	
父	*[b](r)aʔ	bjuX	1.1	7	丈夫	husband	*N-poX	1	1	225
		4.7	5	爪子/猛禽的爪	claw/talon	*ʔnauᴮ	3	403	152	
			7	照顾	look after	*ʔroᴮ	2	xx	xx	
		2.7	25	这	this	*ʔneinX	1	211.1	36	5.4
箴	*t.q[ə]m	tsyim	5.16	29	针	needle	*kjɔŋᴬ	2	469	142	
箴	*t.q[ə]m	tsyim	2.13	18	针	needle	*simᴬ	3	167	5	
枕	*[t.q][ə]mʔ	tsyimX	4.4	29	枕头	pillow	*ɲcᵤəmH	1	364	246	
甑	*s-təŋ-s	tsingH	3.16	22	蒸饭器	rice steamer	*tsjɛH	1	313	104	3.2
别	*N-pret	bjet	1.1	12	知道	know	*pei	1	1	39
直	*N-t<r>ək	drik	3.21	3	直	vertical /upright	*ndzjæwᶜ	2	xx	xx	
正	*teŋ-s	tsyengH	4.4	26	直的	straight	*ɲciaŋᴬ	2	436	161	4.4
		2.4	13	纸	paper	*ntowᴮ	2	208	263	7.6,6.2.4
纸	*[k.t]eʔ	tsyeX	2.16	10	纸	paper	*tjejᴮ	3	349	37	
		6.46	7	指距，一拃	span，finger	*qroᶜ	2	697	206	7.5
		3.19	20	窒息，呛	choke	*ntsjeŋH	1	436	44	
		3.16	13	雉鸡，野鸡	pheasant	*tsjowᴰ	2	313	273	
中	*truŋ	trjuwng	2.49	28	中心/中间	center/middle	*ntroŋ	1	256	178	
種	*toŋʔ-s	tsyowngH	2.16	22	种	grow	*n-tjᵤɛŋH	1	169	252	
		4.3	21	种植	plant，to	*ɟəŋᶜ	2	xx	xx	
		4.3	1	种植（及物）	grow (TR)	*ɟiᴮ	2	435	210	
		2.53	29	种子	seed	*hnrᵤem	1	259	60	
		2.23	25	重	heavy	*hnjeinX	1	404	26	
		5.21	21	舟/船	boat/ship	*ŋgjəŋᴬ	2	474	214	
		3.4	24	舟/船	boat/ship	*ʔdzaŋᴮ	3	160	101	
粥	*t-quk	tsyuwk	2.16	B	粥	porridge	*tjᵤokᴰ	3	169	258	
		4.7	24	妯娌	sister-in-law	*ʔɲam	1	403	97	6.3.1
		1.4	5	猪	pig	*mpæᶜ	2	4	168	4.2,7.1
豚	*[d]ʕu[n]	dwon	2.3	28	猪	pig	*duŋᴮ	3	243	180	7.1
		5-6.3	19	竹管，竹筒	bamboo pipes	*gænᴬ	2	xx	xx	
竹	*truk	trjuwk	4.4	6	竹篾	bamboo strip	*ɲcəuk	1	352	241	7.6
		1.51	15	竹笋/孤儿	bamboo shoot/orphan	*mbrəjH	1	78	94	6.3.2
		5-6.2	29	竹碗	bamboo bowl	*khɔkᴰ	3	542	205	
		2.41	7	竹子	bamboo	*hləwX	1	215	206	
		2.48	13	竹子	bamboo	*drowᴰ	2	255	263	
		5.51	4	拄拐杖	lean (on stick)	*ŋgraᶜ	2	282	92	

	上古	中古	声母	韵母	中文	英文	构拟	L	WO	WR	章节
			2.2	7	煮（及物）	boil (TR)	*thoᴬ	2	xx	xx	
			7.13	12	煮（及物）	boil (TR)	*hu̯eiᶜ	2	731	39	
煮	*taʔ	tsyoX	2.16	13	煮（及物）	boil (TR)	*tjouᴮ	3	349	263	
			2.6	16	苎麻/大麻	ramie/hemp	*nduH	1	210.2	111	7.6
			4.6	3	柱子	pillar	*ɲɟæu	1	438	259	
著	*trak	trjak	2.46	6	著/穿（鞋子）	put on/wear(shoes)	*trɔᶜ	2	253	232	4.4
			1.7	11	抓住，抓紧	grasp	*ʔmu̯ɛᴬ	2	7	75	4.4
鬥	*tˤok-s	tuwH	2.49	9	（公牛用头）撞（人或物）	butt (of bulls)	*ntruwᶜ	2	256	243	
			5-6.1	29	庄稼	crops	*qoŋᴬ	2	xx	xx	
			2.51	7	追踪，跟踪	track, to	*ndroᶜ	2	258	206	7.3
捉	*[ts](ˤ)rok	tsræwk	2.16	29	捉	take	*tjɔkᴰ	3	349	205	
			2.6	3	桌子	table	*ndouᴬ	3	210.1	123	
			2.48	29	桌子/长凳	table/bench	*drɔŋᴬ	2	255	85	
撅	*[g]ot	gjwot	4.4	13	啄/挖	peck/dig	*ɲcowᴰ	2	352	273	
撅	*[g]ot	gjwot	4.4	13	啄/挖	peck/dig	*ɲcowᴰ	2	436	273	
			2.8	24	紫苏	perilla	*hnaŋᴮ	2	xx	xx	
			5-6.3	21	自己	oneself	*gənᴬ	3	543	157	
鬃		tsuwng	3.1	30	鬃毛	mane	*tsu̯ŋᴬ	2	157	233	4.2.3
鬃		tsuwng	3.4	29	鬃毛	mane	*ʔdzɔŋᴬ	3	157	233	4.2.3
			4.12	29	走路	walk	*jənᴬ	3	444	102	
			1.23	19	足迹/痕迹	footprint/track	*hmjænX	1	32.2	247	6.3.1,7.3
嘴	*[ts]ojʔ	tsjweX	4.6	9	嘴/鸟喙	mouth/beak	*ɲɟuj	1	354	243	
坐	*[dz]ˤo[j]ʔ	dzwaX	3.3	8	坐	sit	*dzu̯eiᴮ	3	123	39	
			1.4	12	做梦	dream	*mpeiH	1	4	208	4.3,6.3.3